ORTOGRAFÍA REAL
DE LA LENGUA ESPAÑOLA

EMILIO ROJAS

EDITER

Portada: Lorena Alcaraz y Bernardo Arcos.

Revisión tipográfica: Luis Rodríguez Bandala.
Tipografía: Abel Hernández Rodríguez.
Supervisión, revisión y diseño: Emilio Rojas.

Primera edición: octubre de 1997; 15,000 ejemplares.

© 1997
ISBN 968-6966-16-1

EDIT.E.R. S.A. DE C.V.

Gob. Rafael Rebollar 55-1
Col. San Miguel Chapultepec,
Delegación Miguel Hidalgo, México, D.F.
Teléfonos: 272 73 29 y 515 02 45
FAX: 272 73 29

Impreso en México
Printed in Mexico

Dedico esta obra a la juventud
para que, estudiándola,
obtenga la riqueza de su lengua
y usándola, con propiedad y corrección,
la porte con dignidad y elocuencia.

PRÓLOGO

Una de las grandes diferencias que existen entre el hombre y el animal es la facultad de hablar que permite manifestar lo que sentimos, queremos, imaginamos o creemos, y con ello establecemos la comunicación con nuestros semejantes, con los que, a través del intercambio de pensamientos, sueños y experiencias, se ha logrado el enriquecimiento cultural del ser humano.

Desde el inicio de la humanidad, como una más de las actividades del hombre, ha existido la preocupación de legar a generaciones futuras —y también en su presente—, las ideas propias o ajenas, lo descubierto, la historia y, en sí, todo lo que se ha creído relevante; de ahí nace la necesidad de plasmar el habla a través de signos y figuras, y al implantarse los alfabetos, el hombre inventa la escritura.

En un principio, la escritura es grabada sobre piedra; después se hace sobre el papiro que es el antecedente directo del papel, y finalmente, se crea la imprenta, se fabrican las máquinas de escribir y se desarrolla la tecnología electrónica hasta llegar a las computadoras, impresoras y redes de comunicación, así como todos los sistemas y materiales inherentes a la escritura.

A lo largo de este proceso de miles de años, el objetivo primordial del hombre ha sido dejar para la posteridad, de manera gráfica, el habla humana, pero cada vez en forma más completa y eficaz hasta permitir la identificación inmediata del tono, de la intención con la que se habla, e inclusive obtener —a través de los escritores y sus obras— vívidas atmósferas, épocas, costumbres, reflexiones, vivencias, etc., que llegan a despertarnos diversos sentimientos.

Con el alfabeto y la consecuente construcción de palabras para integrar frases, oraciones y después textos completos, se tiene la necesidad de definir normas, significados y usos. Por lo anterior, de manera general, se instituye la Filología —ciencia que estudia las lenguas a través de textos literarios— y los diccionarios, que integran, por orden alfabético o ideológico, a todas las palabras de un idioma o de una ciencia.

Cada una de las partes que constituyen o rodean a un individuo, desde muy diversas perspectivas, lo van a definir ante una escala social. Una de esas partes, vital e inseparable en el hombre, es hablar, y hacerlo con errores podrá ser terrible; sin embargo, éstos se pueden corregir en el transcurso de decirlos o quizá pasen inadvertidos porque quienes escuchan cometen los mismos errores. Escribir es más delicado; lo que mal se habla se lo lleva el viento y lo que mal se escribe, escrito queda, como prueba —en la mayoría de los casos— de incultura, porque demuestra la poca o nula afición a los libros que nos dan: motivación de ideas; conceptos y pensamientos diversos; nuevas y mejores formas de ser y de vivir; comprensión de épocas, costumbres y ciclos del hombre; adquisición de experiencia y de información a través de obras técnicas, científicas o las literarias con las vivencias y vicisitudes de los personajes.

Cultura y bien escribir van hermanados porque con la lectura se va logrando una mejor ortografía y redacción por la memoria visual que se adquiere al ver, una y otra vez, palabras bien escritas y bien redactadas; con esto, cuando escribimos mal algún texto, no sabemos por qué, pero estamos ciertos de que tiene errores —ortográficos, de sintaxis, de puntuación, de léxico apropiado, analógicos, etc.— que procedemos a corregir.

Quienes tienen y usan la comunicación, manejan niveles de poder y obtienen mayores compensaciones que los que carecen de ella. Uno de los medios de comunicación es la palabra escrita, la cual debe ser sin equívocos o incomprensiones, pues de otra manera se entorpecerá o inclusive se anulará dicha comunicación. En este punto es imprescindible la ortografía porque a través de las letras se representan los sonidos del lenguaje.

LA ORTOGRAFÍA

Tener ortografía, esto es, escribir correctamente, no es algo que pueda ser reducido a meras reglas, y la razón de ello se debe a que los idiomas modernos han tenido, a través de los siglos, una construcción discontinua, durante la cual han asimilado modos y elementos de fuentes muy diversas. El español, por ejemplo, es una lengua cuyo vocabulario procede en un 75% del latín vulgar, y hoy puede decirse que es un latín evolucionado a partir de un proceso histórico de muchos y considerables cambios. Por ello, reconocer el componente latino de nuestro idioma es una cosa, y vivir las actuales dinámicas del lenguaje —fuertemente versátiles—, es algo muy distinto.

La ortografía de la lengua española —del ya casi Siglo XXI de la era moderna— no es la misma de hace quinientos años o de hace dos siglos, ni siquiera la de inicios de este Siglo XX, y esto se debe a que la ortografía de una lengua viva es el modo de escribir que deriva de un proceso colectivo que resulta de las diversas experiencias de muchas civilizaciones y generaciones. Por tanto, lo que se expresa como reglas ortográficas debería más bien entenderse como las generalizaciones que provienen de la estabilización constante del idioma.

El español es un idioma de *flexión analítica* y el latín, contrariamente, fue una lengua de *flexión sintética*. Por ejemplo, *Homo homini lupus* —a la letra, *Hombre, lobo del hombre*—; el predicado *homini lupus,* debería traducirse como *lobo de la humanidad*; la palabra latina *homo,* más que *hombre,* quiere decir *el ser humano.* Tenemos, entonces: *El ser humano, lobo de la humanidad;* y como se podrá observar en la traducción, ésta tiene la ausencia del artículo.

¿Cómo afecta esta diferencia de dinámicas de sintaxis a la ortografía? La afecta en la ultraestructura misma de las palabras, ya que una dinámica de flexión se le reconvierte a otra que es analítica y, por tanto, adopta nuevas leyes de construcción lógica.

Es necesario tomar otros ejemplos, dado que la expresión ortográfica no puede deducirse tan sólo por situar el fundamento etimológico de tal o cual vocablo, ni mucho menos por la extensión de acontecimientos repetitivos que asumen formulaciones relativamente fijas a manera de reglas. El aprendizaje y aplicación de las reglas otorga oficio, es cierto, pero algunas veces no es del todo comprensible.

Una buena ilustración de lo anterior la proporcionan las palabras hueso, hueco y huevo. Sus raíces no tienen la letra hache, y los derivados de estas palabras lo demuestran al conservar la ortografía latina original —osamenta, oquedad, óvalo, por citar algunos ejemplos—. La evolución de estos vocablos muestra una mutación ortográfica, la que termina por incluirse dentro de una regla particular. Si bien osamenta que deriva de hueso, y oviducto que deriva de huevo, pierden la hache impuesta como norma al diptongo inicial *ue,* términos como huerto, del que derivará hortelano, o huestes que proviene de hostil, no mostrarán la misma pérdida.

La razón es sustancialmente etimológica: *ossum, vacuus, ovum,* las palabras latinas de las que surgen hueso, hueco y huevo respectivamente, incorporan la hache a causa del diptongo inicial; y como sus derivados no reincluyen el diptongo, la hache desaparece: osamenta, oquedad, óvalo.

Aún en palabras como huérfano, que es de origen griego, se observa la misma particularidad de mutación ortográfica, la misma evolución, la misma fenomenología; ejemplo: orfandad.

Lo que se ve a través de los ejemplos anteriores es el porqué de una regla y su excepción, su cimiento histórico, su institucionalización, sus maneras de segregarse.

En otras palabras, el problema de las reglas y las excepciones en la ortografía puede ser simplemente resuelto por la memoria y la práctica, dentro de ciertos límites. Como ya se mencionó, se trata de la adquisición de un oficio que nos conecta al manejo de nuestro idioma. Un oficio necesario en todos los niveles en los que comunicarse demanda la pulcritud que concierne a la imagen personal y que garantiza la eficiencia del mensaje.

¿Por qué tener adecuada ortografía? ¿Por qué aprender algo que no parece ser realmente indispensable? Tal vez la única forma de verlo sea a través de un impacto contundente:

PROIVIDO HESTASIONARCE EN ESTE CITIO.

¿Se puede tomar en serio algo así? Uno puede criticar, reír, o ambas cosas; pero el mensaje quedará relegado a segundo término; el texto no inspirará ningún respeto, ni tampoco lo habrá para quien lo escribió.

Por supuesto se trata de una ejemplificación infantil, lo que no excluye, de ninguna manera, su valor didáctico, y como se observa, una aceptable ortografía tiene una enorme importancia. Esta importancia se asienta en la comunicación misma, para la cual, en el idioma español, existen cientos de miles de palabras; esta exuberancia se debe a la dilatada experiencia de las muchas culturas que contribuyeron a su existencia. Se trata de un idioma que fermenta sus particularidades desde la época en la que la dominación romana es influida por los mismos pueblos conquistados. Es un *latín vulgar*, coloreado de palabras griegas, reteñido de vocablos árabes, contrastado por galicismos, anglicismos, germanismos, e inclusive enriquecido con palabras de origen nahua, maya, etc., todo ello mezclado en una regia reacción química que no concluye ni concluirá.

Podría decirse que su ortografía encubre este hacerse y rehacerse del idioma.

Dicho en forma concreta: La ortografía española, como la de cualquiera otra lengua que emplee signos fonéticos para su escritura, se genera desde fuentes que le aportan una cierta herencia, la cual es transformada por la misma individualización regional del idioma. Por ello es que, en algunos casos, el solo conocimiento de las etimologías no es suficiente para definir la estructura ortográfica de una palabra.

Esto también requiere ejemplo: *zambullir* proviene del latín *sub-bullire*

—bajo el hervor—. La pregunta sería por qué *zambullir* adopta la zeta inicial en contradicción a la raíz sub. Idénticamente ocurre con la palabra zócalo que se escribe con **z** y debería ser con **s** ya que proviene del latín *socculus* —base pequeña de una construcción—. Nuevamente, la etimología es pasada por alto en relación a la ortografía actual de la palabra.

El ejemplo de mayor peso a este respecto puede observarse en el impacto que tuvo la conquista en México. Las palabras nahuas que pasaron a ser de uso en la lengua española solían presentar dificultades de pronunciación que obligaron —a corto, mediano y largo plazos— a una aplicación artificiosa de los recursos ortográficos del idioma. El mismo nombre México es una ilustración del fenómeno.

Este nombre propio, México, es de raíces inciertas. Tal vez, como institucionalmente se aduce, proviene de **Meztli**, luna, y **co**, lugar; pero también se ha propuesto que deriva de las voces nahuas **mexixi**, mala hierba, y **co**, lugar. Como sea, la intercalación de la **x** en el vocablo obedeció a la imposibilidad de transcribir, por medio de otra letra hispana, la pronunciación original escuchada por los conquistadores. Cuando sus documentos de relación llegaron a España, los peninsulares dieron otra lectura fonética al término. Los resultados, a la larga, son que, en Latinoamérica y el resto de los países que emplean el alfabeto latino, a excepción de la misma España, México se escribe con **x**, y en prosodia hispánica se interpreta como **j** (Méjico), en tanto que las naciones anglosajonas —como Estados Unidos— la pronuncian con el sonido **cs** (Mecsico); la prosodia italiana le otorga a esta **x** un sonido de **s** alargada (Messico); y en las lenguas germánicas esta misma **x** nahua equivale al sonido **sh** (Meshico).

El resultado final de todas estas interpretaciones colectivas ha sido una ortografía diferida sobre una pronunciación jamás aclarada.

En cuanto a por qué se producen tales saltos en la estructura escrita de la lengua, a eso sólo puede responderse que es el resultado —en siglos— de la evolución misma. En realidad no puede haber reglas inamovibles frente a algo tan vivo y duradero como un idioma, al cual una comunidad sigue construyéndolo, influyéndolo y cambiándolo. Cada generación reforma el idioma, lo cambia, lo encara a nuevas realidades y experiencias, lo enriquece, lo satura de su propia cosmovisión y le inserta nuevas palabras salidas de cierta necesidad y no de las reglas. Un ejemplo muy actual en México es la palabra **checar** (usada en casi todos los niveles sociales, incluso los educativos) que se le utiliza (y muy mal) de forma múltiple para decir: checar la tarjeta (no se checa, se marca); checar las cuentas (no se checan, se revisan o cotejan); checar los papeles o documentos de equis lugar (no se checan, se revisarán o buscarán); checar el motor del auto o el aire de las llantas (no se checará, se revisará); checar a la novia porque... (no se va a checar, se va a vigilar), etc.

En este sentido, un idioma es un conjunto de parámetros que se utilizan para la comunicación a gran escala; por tanto, el idioma, lejos de ser rígido, es cada vez más flexible, con mayores posibilidades de dar a entender lo que cada término entraña.

Al margen de lo anterior, existe el problema de no integrar la ortografía a la comprensión de las palabras. Esto ha sido una seria falla en la enseñanza de la lengua española: se ha omitido casi por estatuto, convirtiéndola así en un esquema desértico en el cual nos expresamos sin tener las ideas o imágenes concretas y exactas de lo que decimos.

Para comprender las dimensiones esenciales de un planteo con tal compromiso, es necesario tener en cuenta la inmensa repercusión social que tiene la lengua escrita. Es mediante ella con la que el pensamiento humano enfrenta el porvenir.

Es vital que se renueve la habilidad de comprender, y esto no puede lograrse con la sola enunciación de normas, aunque las normas son la herramienta imprescindible de la ortografía; por ello, el aprendizaje debe ser similar al de la forma oral que se basa en el conocimiento práctico de las palabras mismas.

LA IMPORTANCIA DE LOS VERBOS

La columna vertebral de cualquier idioma se basa en pocas palabras; éstas son las palabras madre, puras o simples, también llamadas primitivas.

Las palabras puras o simples del actual idioma español son tan sólo alrededor de 3,500; pero ya compuestas o derivadas en otras, alcanzan a superar la cantidad de 300,000, principalmente porque de las palabras puras o simples, 700 son verbos que se componen con prefijos para formar un total de 4,200 (3,550 con -ar; 300 con -er; 350 con -ir), verbos que con sus conjugaciones dan como resultado 180,000 nuevas palabras, y otras 50,000 compuestas con pronombre(s) para formar enclíticos (palabra verbal unida a uno o dos pronombres: lléva-te-lo, trae-me, cómpranos, etc.), además de que los verbos pueden llevar los sufijos -ble y -dor(a) (abarcable, bebible, abarcador(a), bebedor(a)), con lo que, en total, representan el 80% de las palabras; con esto se puede afirmar que el Español es un idioma activo y de gran vivacidad.

Está por demás decir, entonces, que el verbo es la base del idioma y, por lo mismo, de las palabras, razón por la cual será de vital importancia su estudio, pues de los verbos y sus conjugaciones emanarán normas ortográficas de gran valía, entre otras, las de la acentuación en que por diptongos rotos los copretéritos de los verbos en -er, -ir, se hacen palabras graves con terminación en vocal (bebí-a, sabí-a, reí-a, decí-a), como igualmente sucede con todos los 4,200 verbos (-ar, -er, -ir) en su pospretérito (amarí-a, sabrí-a, dirí-a).

Con respecto a la misma acentuación, las palabras agudas y graves que llevan acento ortográfico están basadas en los verbos y de igual forma las esdrújulas y sobreesdrújulas a través de los enclíticos. En relación a bien escribir la letra **b**, su principal regla, que abarca a 14,200 palabras, está en el copretérito de los 3,550 verbos en -ar (amar: amaba, amabas, amábamos, amaban), y la regla subsecuente más importante también de la **b**, que puede contener a 2,500 palabras, es empleando el sufijo -**ble** que se deriva de los verbos, y con tan sólo estas dos reglas se resuelve el bien escribir de 16,700 palabras de las aproximadamente 32,000 que tienen la letra **b**. Será también en los verbos donde se encuentren los mayores problemas para dilucidar la ortografía de las letras porque, en algunos casos, algunas letras cambian por otras o las adquieren.

LA APORTACIÓN DE ESTA OBRA

Para poder estudiar y aprender verdaderamente a la ortografía del idioma español, es de vital importancia saber qué es en cuanto a su magnitud. Así como no sabremos Geografía si no sabemos cuántos y cuáles son los países del mundo, de igual forma no sabremos Ortografía si no sabemos, de manera general, cuántas y cuáles son las palabras de uso común que integran a la lengua hispana, y de forma particular, cuántas y cuáles son las palabras que tienen tal o cual letra, estableciéndose verdaderas reglas, más concretas, de fácil aprendizaje, con la totalidad de las palabras que las contienen, y, sobre todo, indicándose las que primero se deben estudiar porque tales reglas, por su uso y número, son las más importantes.

Lograr lo anterior llevó años de investigación, de estudio, de análisis y deducción analítica, representada por axiomas que se avalan con sus comprobaciones. Esto representó vaciar cientos de veces las palabras de uso común del Diccionario de la Real Academia y de otros, complementarios, para presentar, de manera accesible, a todas las palabras y letras del idioma, según correspondía a su tratamiento.

Con este estudio presentado de manera pedagógica y didáctica, ahora sí se podrá aprender la ortografía y, aunque seguirá siendo arduo su aprendizaje, nunca más será incomprensible o complicada, porque el idioma español —aun con algunas fallas estructurales— es una lengua armoniosamente organizada en la que —casi matemáticamente— grupos de vocablos y de letras se conjuntan y complementan para mostrarnos a cada palabra con su particular riqueza expresiva, aunado a decirnos cómo se integran, de qué manera se escriben, y cómo se forma y transforma su significado —siempre en función de su radical— a través de prefijos, sufijos, desinencias verbales o al unirse a otras palabras.

Considerando que nunca con anterioridad se había tratado a la ortografía del idioma español de manera tan completa y exhaustiva, pero a su vez de fácil comprensión, sabemos que esta obra cubrirá el gran hueco que por décadas existió para su aprendizaje. Hoy, a partir de este libro, al fin habrá nuevas generaciones que podrán sentir el orgullo, el placer y la satisfacción de saber escribir bien, y el usar y comprender mejor a su propia lengua.

Por todo lo anterior, sabemos que esta obra cumplirá con el propósito de enriquecernos con este español nuestro, hablado de muchos modos según la geografía y las comunidades involucradas, y que es el tercer idioma más extendido del orbe. Es un idioma armonioso, corpóreo, activo, con alrededor de 300,000 palabras de uso común —cada una con su propio significado— con las que se puede decir materialmente cualquier cosa. Pareciera una trivialidad afirmar que mediante una lengua se pueda decir y escribir cualquier cosa; pero, la verdad es que pocos idiomas en el mundo tienen y exhiben tal poder de expresión.

EDITER

NOTA:

En el transcurso de esta obra, constantemente se estarán dando las cantidades de palabras que existen en relación a la información o regla que las contiene. Dichas cantidades son aproximadas porque no se trata de aprenderse números, sino de dar un pormenor de las palabras que existen en tales casos para, de esta manera, aquilatar su importancia por la cantidad existente y el uso que las caracteriza. Sin embargo, con algunas ejemplificaciones, por ser pocas o de relevancia, sí se dan cantidades concretas.

ANTECEDENTES

Idioma es la lengua propia de un pueblo o comunidad de pueblos. Ejemplos: lengua alemana, francesa, japonesa, inglesa, española, etc.

El **idioma español** es una lengua neolatina y es la oficial de España y de Hispanoamérica.

El idioma español es una de las lenguas modernas llamadas romances, románicas o neolatinas, derivadas del latín*, como lo son también el francés, el italiano, el portugués, el catalán, el gallego, el provenzal y el rumano.

Como dato, en la Edad Media —que termina con el Renacimiento a finales del siglo XV y principios del XVI— el país de España era un conjunto de reinos y cada uno tenía su propia lengua; el aragonés en el reino de Aragón; el valenciano en el de Valencia, etc. A partir de los siglos XI y XII el reino de Castilla —llamado así porque estaba en la meseta de castillos— se fue imponiendo sobre los demás reinos hasta dominarlos y hacer que la lengua castellana fuera la predominante y oficial en el siglo XIII, durante el reinado de Alfonso X "El Sabio". El nombre de **lengua castellana** se conservó hasta el año de 1925 cuando la Real Academia de la Lengua le dio el nombre de **idioma español** por su calidad de lengua oficial de España.

El idioma español es la lengua más difundida de todas las que proceden del latín y esto es, porque los españoles la propagaron, como medio de expresión, en América, norte de Africa y en Oceanía. Actualmente, en este fin del siglo XX, de cerca de 6,000 millones de habitantes que existen en el mundo, alrededor de 450 millones hablan español en 22 países.

El **alfabeto** o **abecedario** es la reunión de todos los signos o letras de una lengua que sirven para transmitir cualquier comunicación. La palabra alfabeto se formó de las primeras letras del idioma griego: alfa y beta; y abecedario viene de a, b, c, d.

El alfabeto del idioma español actualmente consta de 27 letras: cinco vocales y 22 consonantes. En marzo de 1994 la Real Academia de la Lengua

---

* Idioma hablado por los romanos, quienes, entre otras muchas regiones, conquistaron y ocuparon, durante ocho siglos, la península ibérica formada por España y Portugal.

suprimió las letras **ch** y **ll** por ser letras compuestas: la **ch** con las letras **c** y **h** y la **ll** como una **l** doble, aunque ambas, siguen uniéndose para tener el sonido de **che** y de **ll** que las caracteriza en las palabras.

Minúsculas	Mayúsculas	Pronunciación	Minúsculas	Mayúsculas	Pronunciación
a	A	a	ñ	Ñ	eñe
b	B	be	o	O	o
c	C	ce	p	P	pe
d	D	de	q*	Q*	cu
e	E	e	r	R	erre
f	F	efe	s	S	ese
g	G	ge	t	T	te
h	H	hache	u	U	u
i	I	i	v	V	uvé
j	J	jota	w	W	doble u
k	K	ka	x	X	equis
l	L	ele	y	Y	ye/i griega
m	M	eme	z	Z	zeta
n	N	ene			

Letra (o gramema) es cada uno de los signos del alfabeto que indican los sonidos de una lengua, los que por sí solos no expresan una idea.

Las letras o fonemas (sonidos) se dividen en vocales y consonantes.

Las **vocales** son las letras que representan un sonido vocálico (sonido producido por la vibración de la laringe mediante una simple emisión de aire). Las vocales son cinco: **a, e, i, o, u**, a las que se puede añadir, en determinados casos, fonéticamente, la ''y''. Las vocales se dividen en: vocales fuertes: **a, e, o**; y vocales débiles: **i, u**.

Las **consonantes** son las letras que sólo pueden pronunciarse con una vocal, a excepción de la ''y''. Es importante señalar que consonante viene de *consonancia* que es la reunión de sonidos acordes y a través de esta uniformidad de sonidos, nace el lenguaje con el bien decir y escribir de las sílabas y, posteriormente, de las palabras.

---

* La letra **q** no existe por sí sola pues no hay una sola palabra que la contenga individualmente. Siempre va, inseparablemente unida a la **u** (**qu**), siempre con sonido de **K**, y siempre, también, ante la vocal **e** o la vocal **i**: **que, quisiera, acapulqueño, abarques, quilogramo**, etc.

Sílaba, es una o varias letras que se pronuncian en una sola emisión de voz.

Palabra, es la sílaba o conjunto de sílabas que sirven para expresar una idea. Las palabras se agrupan en: sustantivos, adjetivos, verbos, adverbios, artículos, pronombres, preposiciones, conjunciones e interjecciones.

Frase, es el conjunto de palabras que, aunque tienen un sentido, carece de verbo y, por tanto, no indica acción, pasión o estado. Ejemplos: Las flores blancas; El rocío de la mañana; Arturo en el jardín.

Oración o enunciado, es el conjunto de palabras con las que se expresa un pensamiento completo y, por lo mismo, contiene uno o varios verbos. Ejemplos: Las flores blancas *son* de gran hermosura; El rocío de la mañana *es* fresco; Arturo en el jardín *siente* el placer de la Naturaleza y le **produce** felicidad.

Texto, es todo escrito formado por oraciones y frases en relación a un asunto —científico, histórico, literario, etc.

En la elaboración de cualquier texto —carta, informe, anuncio, circular, obra literaria, libros de diversa índole, etc.—, para su correcta escritura, intervienen diferentes reglas emanadas de la **Gramática** —ciencia de las reglas de una lengua hablada o escrita—, a saber:

La **Analogía**, que enseña, de manera particular, el valor de los vocablos y las alteraciones que tienen algunas palabras para significar su género, número, modo, tiempo y persona.

La **Sintaxis**, que enseña a coordinar y unir las palabras para formar oraciones y expresar conceptos.

La **Prosodia**, que enseña la correcta pronunciación de las palabras.

Y la **Ortografía**. . .

La palabra **ortografía**, etimológicamente, proviene de dos términos griegos:

Orto: correcto, correcta.
Grafos: escritura.

Así pues, **ortografía** significa: la correcta escritura.

De manera más amplia, **ortografía** es el arte de escribir correctamente las palabras de un idioma.

LA SÍLABA

Una **sílaba** puede ser una vocal, pero normalmente, es la unión de dos o más letras en que siempre existirá una vocal. En todos los casos, una **sílaba** se pronuncia en una sola emisión de voz, y su uso corresponde a dos exclusivas razones:

1) Dividir en dos partes una palabra porque no cabe en un renglón.

2) Y la más importante que es: saber la división silábica que tiene una palabra para bien hablarla de acuerdo a donde recae su mayor entonación y en relación a esta entonación, saber tildarla cuando deba llevar acento escrito.

DIVISIÓN SILÁBICA DE LAS PALABRAS

Por el número de letras, las sílabas son: monolíteras, bilíteras, trilíteras y polilíteras.

Sílabas **monolíteras** (mono: uno; lítera: letra) son cuando tienen una sola letra y las únicas que existen son seis: **a, e, i, o, u, y**.

Ejemplos: **A**-la **e**-le-fan-te **i**-di-lio **o**-la **u**-fa-no
La consonante "y" cuando funciona como nexo: Tú **y** él.

Sílabas **bilíteras** (bi: dos; lítera: letra) son las que tienen dos letras: la, mi, el, yo, su, tu, si.

Sílabas **trilíteras** (tri: tres; lítera: letra) poseen tres letras: pie, los, sus, dos, voz, sol, luz.

Sílabas **polilíteras** (poli: muchas; lítera: letra) son las que constan de cuatro o más letras: plan, trans, dios, pues, cons-truc-ción, juez.

Las sílabas se clasifican en: simples, compuestas, directas, indirectas y mixtas.

Las sílabas **simples** tienen solamente una vocal: te, za-pa-to, a-mor, pa-la-bra, i-lu-so.

Las sílabas **compuestas** tienen más de una vocal: cien-cia, guar-dia, loa, bien, quien, diez, miel.

Las sílabas **directas** inician con una consonante: cal-za-da, me-di-da, lo-cuaz, sa-la-rio, pen-ta-gra-ma, puer-ta.

Las sílabas **indirectas** comienzan con una vocal: en, al, ac(to), in(ca), en(tre), on(za), un(tar), ú(til).

Las sílabas **mixtas** son cuando una o varias vocales están entre consonantes : can-tos, ciem-piés, mor-tan-dad, sus-tan-cial, Car-los.

NORMAS PARA DIVIDIR UNA PALABRA
PORQUE NO CABE EN UN RENGLÓN

Básicamente, la división de una palabra se hace donde termina una sílaba e inicia la siguiente; sin embargo, hay que considerar algunos casos como los que se detallan:

a) No deben separarse dos vocales aunque formen sílabas diferentes* (salvo cuando las dos vocales, una corresponda a un prefijo que termina en vocal y la palabra simple inicie con vocal: pre-ámbulo, tri-ángulo, contra-atacar).

Ejemplos:

MAL CORTE DE PALABRA:	EL CORTE DEBE SER:
ventane-ar	venta-near
acorde-ón	acor-deón
arque-ada	arquea-da
babe-ar	ba-bear
campane-ar	campa-near

b) Cuando una palabra esté compuesta con prefijo u otra palabra, la separación se puede hacer en la unión que tienen.

Ejemplos:

MAL CORTE DE PALABRA:	EL CORTE DEBE SER:
supera-bundante	super-abundante
biena-venturado	bien-aventurado

---

* Se forman sílabas diferentes cuando están juntas dos vocales fuertes (a, e, o): a-ca-rre-o, a-cor-de-ón, a-ho-ga-do, al-co-hol, a-ma-es-trar.

desa-rreglado   des-arreglado
desa-nimado   des-animado
male-ntendido   mal-entendido

c) En la separación de una palabra, no debe quedar una vocal sola al
término de renglón o al inicio del siguiente.

Ejemplos:

MAL CORTE DE PALABRA: EL CORTE DEBE SER:

a-busado   abu-sado
a-muleto   amu-leto
i-dilio   idi-lio
líne-a   lí-nea
vítre-o   ví-treo
corpóre-o   corpó-reo

d) Las palabras que tienen consonante más **h**, se dividen separando la
consonante de la **h**.

Ejemplos:

MAL CORTE DE PALABRA: EL CORTE DEBE SER:

de-shumanizar   des-humanizar
i-nhabilitar   in-habilitar
de-shabitado   des-habitado
desi-nhibir   desin-hibir

EL DIPTONGO

Antes de tratar el tema de la acentuación, al cual corresponde el diptongo, es necesario estudiarlo porque tiene gran relevancia para la comprensión del acento gráfico, sobre todo en las palabras graves.

Diptongo es la unión de dos vocales —fuerte con débil, débil con fuerte, o las dos vocales débiles— que pueden ser una sílaba o formar parte de ella y, en ambos casos, tienen una sola emisión de voz.

DIPTONGOS DE VOCAL FUERTE CON VOCAL DÉBIL

ai	**ai**-re	mai-zal	bai-le	tai-ma-do
au	cau-sa	a-plau-so	**au**-to	jau-la
ei	pei-nar	rei-no	plei-to	a-fei-tar
eu	feu-dal	deu-da	neu-tro	**Eu**-ge-nio
oi	Moi-sés	es-toi-co	he-roi-co	coin-ci-dir
ou*	**gour**-met	foul	bou-ti-que	bou-le-vard

DIPTONGOS DE VOCAL DÉBIL CON VOCAL FUERTE

ia	llu-**via**	dia-blu-ra	cien-cia	gra-cia
ie	pie	a-nun-cie	bien	piel
io	vio	es-tu-dio	bió-lo-go	biom-bo
ua	cual	a-gua	Juan	cuan-do
ue	fue	pues	pue-blo	cuer-do
uo	cuo-ta	re-si-duo	mu-tuo	sun-tuo-so

---

* El diptongo **ou** se usa en palabras extranjeras comúnmente utilizadas en el idioma español.

DIPTONGOS CON LAS DOS VOCALES DÉBILES

iu	viu-do	ciu-dad	triun-fo	diur-no
ui	fui	rui-se-ñor	bui-tre	rui-na

Los catorce tipos de diptongos que existen no es importante aprendérse-los, lo que sí siempre hay que tener en cuenta es de qué manera se forman: vocal fuerte con vocal débil; vocal débil con vocal fuerte; y con las dos diferentes vocales débiles.

NORMAS QUE SE DEBEN TENER EN CUENTA EN LOS DIPTONGOS

- Nunca forman diptongo dos vocales fuertes y en consecuencia integran dos sílabas separadas.

  Ejemplos:

  a-bu-che-**o**   be-su-que-**o**   car-te-**ar**   cen-te-lle-**o**   **áu**-re-**a**

- Nunca forman diptongo dos vocales débiles iguales, y, por ello, forman dos sílabas separadas. Las palabras con dos vocales débiles casi no exis-ten, y las pocas que se forman y llevan acento ortográfico no son de mucho uso:

  Ejemplos:

  fri-í-si-mo   libreri-í-ta

- Forma diptongo la letra "y" al final de palabra si tiene sonido de la vocal **i**.

  Ejemplos:

  rey   ley   hoy   estoy   voy   grey

- En la formación de diptongos (o en su rompimiento) no cuenta la **u** sin sonido de la letra compuesta **qu** porque está integrada a la **q**, ni tampoco la **u** muda de la **g** ante **e** o **i** (gue, gui).

  Ejemplos:

PALABRAS CON DIPTONGO	PALABRAS SIN DIPTONGO
qu : quiero, quieto	**qu**e, **qu**edo, **qu**izá
gu : siguiente, consiguiente	**gu**erra, **gu**inda, pa**gu**e, se**gu**ir

- La **h** entre vocales no existe, tanto para la integración de un diptongo como en su rompimiento.

Ejemplos:

DIPTONGOS	DIPTONGOS ROTOS
rehu-sar	bú-ho
rehun-dir	ta-húr
rehi-lar	a-hínco
pro**hi**-bir	re-húso

- Todas las palabras que empiezan con diptongo se les deberá anteponer la letra **h**.

Casi todas las que existen son:

huerto	**hue**lla	**hui**pil	**hue**vón	**Hai**tí
huésped	**hués**ped	**hui**r	**hue**va	**hi**ato
huelga	**hue**sudo	**hue**so	**hue**co	**huér**fano
huarache	**hui**da	**hue**vo	**hai**tiano	

Y el verbo oler que al conjugarse deriva en: huelo, hueles, huele, huelen, huela, huelas, huelan.

RUPTURA DE DIPTONGO

Si en un diptongo de vocales débil-fuerte o fuerte-débil la entonación recae en una de las dos vocales débiles (i, u), esta llevará acento ortográfico y se formarán dos sílabas; a esto se le conoce como ruptura de diptongo o adiptongo.

Se debe tener muy presente cuando existe un diptongo roto porque afectará o complementará a miles de palabras, agudas y graves, que llevan acento ortográfico; también se formarán muchas palabras esdrújulas.

Los diptongos rotos se dividen en verbales y no verbales.

Los diptongos rotos verbales son los que se forman a través de las conjugaciones del copretérito de los verbos terminados en **-er** y en **-ir**; y del pospretérito de todos los 4,200 verbos de uso común (**-ar, -er, -ir**).

Ejemplos del copretérito de los verbos terminados en **-er, -ir**.

	cre**cer**			repart**ir**
yo	crecí-a		yo	repartí-a
tú	crecí-as		tú	repartí-as
él	crecí-a		él	repartí-a
nosotros	crecí-a-mos		nosotros	repartí-a-mos
ustedes	crecí-an		ustedes	repartí-an
ellos	crecí-an		ellos	repartí-an

Ejemplos del pospretérito de todos los verbos (**ar, er, ir**).

	a**mar**	emer**ger**	ven**ir**
yo	amarí-a	emergerí-a	vendrí-a
tú	amarí-as	emergerí-as	vendrí-as
él	amarí-a	emergerí-a	vendrí-a
nosotros	amarí-a-mos	emergerí-a-mos	vendrí-a-mos
ustedes	amarí-an	emergerí-an	vendrí-an
ellos	amarí-an	emergerí-an	vendrí-an

Los diptongos rotos verbales tienen gran relevancia en la acentuación ya que, en el copretérito de los verbos en **-er** (300) y en **-ir** (350) existen 2,800 (no se contabilizan los que se repiten: yo/él crecí-a; ustedes/ellos crecí-an) que se forman de la siguiente manera: 650 palabras graves con acento ortográfico que terminan en **vocal** (comer: comí-a; subir: subí-a); 650 que terminan en **s** (comí-as, subí-as), y 650 que terminan en **n** (comí-an, subí-an). Con los otros diptongos rotos se forman 650 palabras esdrújulas (comí-a-mos, subí-a-mos).

De igual manera, con el pospretérito de los 4,200 verbos se obtienen 16,800 diptongos rotos, de los cuales, 12,600 son palabras graves con acento ortográfico: 4,200 que terminan en **vocal** (amarí-a, comerí-a, subirí-a), 4,200 que terminan en **s** (amarí-as, comerí-as, subirí-as), y 4,200 cuya terminación es **n** (amarí-an, comerí-an, subirí-an). Con los restantes diptongos rotos se forman 4,200 palabras esdrújulas (amarí-a-mos, comerí-a-mos, subirí-a-mos).

Los diptongos rotos no verbales son alrededor de 500 y básicamente están en los sufijos **-ría, -logía, -grafía** y en palabras con terminación **-ía, -ío**, y todas se caracterizan por ser palabras graves con acento ortográfico que terminan en vocal. Ejemplos:

adoberí-**a**   autorí-**a**   cafeterí-**a**   fruterí-**a**   minerí-**a**

analogí-a	biologí-a	geologí-a	ideologí-a	trilogí-a
biografí-a	geografí-a	orografí-a	ortografí-a	zoografí-a
albedrí-o	alcancí-a	averí-a	cercaní-a	energí-a

Otras palabras con diptongo roto y que se caracterizan por ser agudas con acento ortográfico en palabras que terminan en **l, r, d, z**, son:

Abiga-íl	engre-ír	ma-íz	refre-ír	sonre-ír
ata-úd	fre-ír	o-ír	re-ír	ta-húr
ba-úl	hazmerre-ír	ra-íz	Sa-úl	
deso-ír	la-úd	Ra-úl	sofre-ír	

LOS DIPTONGOS FORMADOS CON VOCALES DÉBILES IU, UI, NO TIENEN ROMPIMIENTO DE DIPTONGO

El diptongo débil **ui**, que es el que más existe, no tiene rompimiento de diptongo aunque la mayor entonación caiga en la vocal **i**; en consecuencia, las palabras que lo contengan, no se acentúan. La razón de esto no es muy clara, pero quizá se deba a que este diptongo, en su mayor parte, se encuentra en los 36 verbos que terminan en -uir, los que, al conjugarse, la i latina se convierte en y griega. Ejemplos: construir: construyo, construyes, construyen; instruir: instruyo, instruyes, instruyen.

LOS VERBOS QUE TERMINAN EN -UIR, Y SU PARTICIPIO QUE TIENE EL DIPTONGO UI QUE TAMPOCO SE ACENTÚA POR DIPTONGO ROTO, SON:

afluir	afluido	imbuir	imbuido
argüir	argüido	incluir	incluido
atribuir	atribuido	influir	influido
autodestruir	autodestruido	inmiscuir	inmiscuido
concluir	concluido	instituir	instituido
confluir	confluido	instruir	instruido
constituir	constituido	intuir	intuido
construir	construido	obstruir	obstruido
contribuir	contribuido	ocluir	ocluido
derruir	derruido	prostituir	prostituido
destituir	destituido	recluir	recluido
destruir	destruido	reconstituir	reconstituido
diluir	diluido	reconstruir	reconstruido
disminuir	disminuido	redistribuir	redistribuido
distribuir	distribuido	rehuir	rehuido
excluir	excluido	restituir	restituido
fluir	fluido	retribuir	retribuido
huir	huido	sustituir	sustituido

Las palabras que también llevan el diptongo **ui** que no se rompe por acentuación y, por tanto, no se les pone acento ortográfico, son:

altruista	cuino	fortuito(a)	juicio	ruin
beduino	cuita	fui	paragüita	ruina
buitre	chahuistle	gratuito(a)	perjuicio	Suiza
circuito	descuido	incaico	prejuicio	
cuida	druida	jesuita	ruido	

EL TRIPTONGO

Triptongo es la unión de tres vocales —una vocal fuerte entre dos vocales débiles— en una misma sílaba.

En el idioma español existen pocos triptongos, los más conocidos son seis, y todos se integran con las vocales débil-fuerte-débil.

iai	a-pre-ciáis	co-di-ciáis	co-rriáis	li-cuáis
iei	di-fe-ren-ciéis	a-ca-ri-ciéis	es-tu-diéis	con-fe-ren-ciéis
uei	a-mor-ti-güéis	a-ve-ri-güéis	a-pa-ci-güéis	a-tes-ti-güéis
uai	a-ve-ri-guáis	si-tuáis	cuai-ma	a-guai-ta-cai-mán
iau	Chiau-tla			
uau	Cuauh-té-moc	Cuau-ti-tlán	Cuau-tla	huau-chi-nan-go

Como se podrá observar, los cuatro iniciales tipos de triptongos son de muy poca o nula utilidad y esto obedece a que se utilizaban para la conjugación de los verbos para indicar el **vosotros**, hablado en la época virreinal hasta, en algunos casos, el final del siglo XIX, y actualmente se ha sustituido para decirse **ustedes**. El triptongo **uai**, a su vez, también se aplica a palabras de poco o nulo uso (**cuaima**, **aguaitacaimán**). El triptongo **iau** y principalmente **uau**, por lo general, sólo existen en terminología de origen indígena prehispánica para nombrar lugares y personas.

Los pocos triptongos de uso común, son:

aguaitar	Cuautitlán	miau	Paraguay
Cuauhtémoc	Chiautla	guau	buey
Cuautepec	Cuautla	Uruguay	jagüey

EL ACENTO

La acentuación o acento, es la indicación fonética donde —en una sílaba y siempre sobre una vocal— una palabra tiene un mayor énfasis.

TODAS las palabras del idioma español llevan acento porque en todas existe una sílaba con un mayor énfasis fonético; sin embargo, en determinadas palabras esta acentuación sólo se pronuncia y no se escribe, y en otras palabras se pronuncia y se pone gráficamente. Dependiendo en dónde cae esta mayor acentuación —se escriba o sólo se pronuncie—, las palabras son: agudas, graves, esdrújulas y sobreesdrújulas.

CLASIFICACIÓN DEL ACENTO

El acento se clasifica en:

- **Acento prosódico, y**
- **Acento ortográfico, al cual se agregan, el acento diacrítico y el acento enfático.**

EL ACENTO PROSÓDICO

El **acento prosódico** es el que se pronuncia —y no se escribe— sobre una vocal, dándole mayor fuerza fonética a determinada sílaba de una palabra.

Las palabras en las que el acento sólo se pronuncia son palabras agudas, graves y monosílabas. (Las esdrújulas y sobreesdrújulas siempre llevan acento ortográfico.)

Ejemplos:

triun-**far**	**flan**	abri-**dor**	so-ña-**dor**	**nom**-bre
in-te-li-**gen**-te	**li**-bro	lau-**rel**	cul-**tu**-ra	es-**cue**-la
her-**ma**-no	a-cu-**dir**	a-fir-**mar**	**sue**-na	bu-**ceo**
triun-fa-**dor**	ja-**cal**	Sa-**muel**	bi-blio-**te**-ca	**me**-sa
tren	**ho**-ja	ga-na-**dor**	ha-**blar**	**bien**

EL ACENTO ORTOGRÁFICO

El acento ortográfico, es el signo o tilde (´) que se coloca sobre la vocal de mayor énfasis que tiene una palabra.

De acuerdo a donde recae la mayor entonación vocálica, las palabras se clasifican en: agudas, graves, esdrújulas y sobreesdrújulas.

Las palabras agudas tienen la mayor entonación en la última sílaba. Se acentúan gráficamente cuando terminan en **n, s** o **vocal**, y cuando tienen diptongo roto (aunque sólo son 18 palabras).

Las palabras graves tienen el mayor tono en la penúltima sílaba. Las palabras graves llevan acento en dos casos: 1. Cuando no tienen diptongo roto y, a su vez, no terminan en **n, s** o **vocal** (hay diez excepciones con **s**); son sólo 120 palabras. 2. Cuando tienen diptongo roto y, en consecuencia, terminan en **n, s** o **vocal**; son alrededor de 15,900 palabras.

Las palabras esdrújulas tienen la mayor entonación en la antepenúltima sílaba. Se acentúan gráficamente todas.

Las palabras sobreesdrújulas tienen el mayor tono en la sílaba que está antes de la antepenúltima. Todas llevan acento ortográfico.

CONSIDERACIONES PARA ENTENDER LA ACENTUACIÓN DE LAS PALABRAS

- Las palabras del idioma español* sólo terminan en las consonantes **n, s, r, l, d, z,** de las que existen alrededor de 150,000 entre palabras verbales y no verbales. Hay otras palabras, únicamente alrededor de 110, casi todas de origen extranjero, que terminan en otras consonantes:

b (2): club, esnob/snob.

c (11): aeróbic, bistec, bloc, cinc/zinc, cómic, coñac, Cuauhtémoc, frac, Tepic, tic, tictac.

d (4): áspid, césped, huésped, récord.

---

* El idioma español se formó principalmente del latín vulgar, y por esta razón algunas palabras que aparecen como excepciones a normas o reglas es porque provienen del latín culto, como es el caso de palabras que terminan con **m** (quórum, réquiem, ultimátum, etc.).

f (1): golf.

g (3): gong, iceberg, zigzag.

h (1): sándwich.

j (2): reloj, contrarreloj.

k (1): quark.

m (17): Abraham, álbum, delírium, film, ídem, Islam, ítem, linóleum, médium, memorándum, microfilm, quórum, referéndum, réquiem, tedéum, tótem, ultimátum.

p (2): clip, chip.

s (15): biceps, forceps, triceps y los plurales de palabras de origen extranjero: clósets, cómics, coñacs, delíriums, fracs, linóleums, médiums, quarks, récords, superávits, tics.

t (17): ballet, bit, boicot, clóset, complot, chalet, debut, entrecot, gourmet, robot, soviet, superávit, tarot, test, Nayarit, Tibet, vermut.

x (12): anticlímax, box, clímax, cóccix/coxis, dúplex, Félix, fénix, ónix, relax, télex, tórax.

y (21): ¡Ay!, buey, ¡caray!, carey, convoy, doy, fray, grey, hoy, ¡huy!, jagüey, jersey/yersey, ley, maguey, mamey, muy, Paraguay, rey, samuray, Uruguay, whisky.

- Todas las palabras se dividen en verbales y no verbales. Se consideran palabras verbales las que se derivan de la conjugación de los verbos; y las no verbales a las que no son producto de las conjugaciones verbales.

- Todas las palabras verbales (180,000) que resultan de la conjugación de los 4,200 verbos de uso común, solamente tienen las terminaciones **n, s** y **vocal**.

LAS PALABRAS AGUDAS

Las palabras agudas, las que se acentúan y las que no se acentúan*, tienen su mayor entonación en la última sílaba. Se les pone tilde o acento cuando terminan en: **n, s** o **vocal**, y en otra consonante cuando existe diptongo roto (aunque sólo son 18).

Las palabras agudas que se acentúan son de dos clases: palabras no verbales y palabras verbales. Son verbales las que se derivan de la conjugación de los verbos y las no verbales, las que no son producto de las conjugaciones. El total de palabras agudas son 27,150 siendo las no verbales 1,950 y las derivadas de conjugaciones, 25,200.

LAS PALABRAS AGUDAS NO VERBALES

Las palabras agudas no verbales son alrededor de 1,950; con la letra **n** son 1,800, y las que terminan en **s** únicamente son 52; y sólo 90 las que tienen la terminación en vocal.

LAS PALABRAS AGUDAS NO VERBALES
QUE TERMINAN CON N

Las palabras **agudas no verbales que terminan con n** y que todas se acentúan, son 1,800 y la mayor parte de ellas están en las terminaciones **-ción** (1,200), **-sión** (155) y **-xión** (11). Ejemplos:

-ción: atracción, educación, civilización, tentación, superación, votación, construcción, idealización, protección, ambientación, edificación.

-sión: pasión, visión, inversión, convulsión, televisión, versión, misión presión, fusión, mansión, alusión, tensión, diversión.

-xión: Todas son: anexión, conexión, desconexión, inconexión, flexión, inflexión, reflexión, irreflexión, fluxión, complexión y crucifixión.

Todas las palabras con **-ción** están en las pags. 236-243 y las que llevan **-sión**, en las pags. 244-245

---

* Los 4,200 verbos en **-ar, -er, -ir** (pags. 101-153); las 300 palabras que tienen los sufijos **-al** (regional, nacional. Pags. 401-402); los 3,500 sufijos en **-dor** (hacedor, platicador); las 300 palabras abstractas que terminan en **d** (salud, luminosidad. Pags. 396-397); y las 200, también abstractas, que terminan con **z** (lucidez, rapidez. Pags. 283-285) se pronuncian dando el mayor tono en la última sílaba porque todas son palabras agudas que no se acentúan.

De las otras 450 palabras no verbales que terminan en **n** y que no llevan las terminaciones **-ción, -sión** y **-xión**, muchas son palabras que tienen los sufijos **-on, -in**, con los que forman adjetivos aumentativos y diminutivos, y son las que se presentan a continuación:

abulón	atracón	bombín	camarón	chichón
acitrón	atún	bombón	camión	chiflón
acordeón	aventón	bonachón	camisón	chillón
acusón	avión	boquerón	campeón	chinchón
Adán	avisón	borrachín	cancán	chiquilín
ademán	avispón	borrón	canelón	chiquitín
adoquín	azadón	botellín	cantarín	chupón
afán	azafrán	botellón	cañón	ciclón
afín	bacín	botín	caparazón	ciclotrón
agarrón	bailarín	botiquín	capellán	cimarrón
aguijón	bailón	botón	capitán	cincuentón
Agustín	bajón	brahmán	capuchón	cinturón
alacrán	balancín	bravucón	capulín	circón
alazán	balcón	bretón	carbón	clarín
aldabón	balín	bribón	carmín	cobardón
alemán	balón	budín	carretón	cojín
algodón	banderín	bufón	cartabón	cojón
algún	barbaján	bumerán	cartón	colchón
almacén	barbón	burlón	cascarón	colofón
almidón	barón	buscón	caserón	colorín
almohadón	barzón	buzón	casón	collarín
alquitrán	bastión	cabezón	catalán	comedión
amén	bastón	cachetón	catrín	comején
ampón	batallón	cafetín	cautín	comezón
andén	Belén	caftán	cazón	comilón
anfitrión	Benjamín	cagón	cebollón	comodín
anglosajón	besucón	caimán	cegatón	común
apagón	betún	Caín	celofán	comunión
apretón	biberón	cajón	celotón	condón
apretujón	billón	calabacín	centurión	confín
Aragón	blasón	calcetín	chamán	congestión
arcón	blusón	calentón	chambelán	contestón
argón	bobalicón	calenturón	chambón	copetín
arlequín	bocón	calzón	champiñón	copetón
armazón	bodegón	callejón	chapulín	Corán
arpón	bofetón	camaleón	chapuzón	corazón
aserrín	boletín	camarín	charlatán	cordón

corralón	festín	lacandón	narizón	postín
coscorrón	fisgón	ladrón	neón	pregón
cotiledón	formón	lambiscón	neutrón	preguntón
criticón	frontón	lapicín	ningún	protón
cuarentón	furgón	latín	nubarrón	pulmón
cucharón	gabán	latón	ojón	punzón
cuestión	gachupín	lechón	opinión	quemazón
cupón	galán	legión	orangután	querubín
danzarín	galardón	lenón	orejón	ramadán
danzón	galón	león	orín	ramplón
decatlón	gañán	limón	pabellón	raspón
delfín	garañón	lirón	paflón	ratón
desazón	garrafón	listón	paladín	razón
descontón	gavilán	macarrón	pantalón	rebelión
desdén	gestión	magacín	panteón	recién
desmán	glotón	malandrín	parabién	refilón
desunión	gorrión	malecón	parangón	refrán
desván	gorrón	manchón	parlanchín	región
diapasón	guardián	mandarín	pasquín	rehén
digestión	guasón	maratón	patín	religión
diván	guión	maricón	patrón	renglón
dragón	guitarrón	marrón	peatón	requesón
edecán	halcón	masón	pelón	resbalón
edén	hampón	mazapán	pelotón	retén
edredón	haragán	medallón	pentatlón	retorcijón
embrión	henequén	mejillón	peón	retortijón
empellón	hidroavión	melocotón	pequeñín	retozón
empujón	hinchazón	melón	perdón	reunión
enojón	histrión	mentón	pezón	reventón
escalerón	hobachón	mesón	picazón	revolcón
escalón	holgazán	migajón	pichón	rezongón
escorpión	hollín	millón	pilón	rincón
escuadrón	huevón	mirón	piñón	riñón
eslabón	huracán	mocasín	pisotón	rocín
espadachín	hurón	monocotiledón	pistón	rufián
espadín	imán	montón	pitón	sacristán
espolón	jabón	moretón	plafón	sajón
esternón	jamón	mormón	plumón	salmón
esturión	jardín	motín	Plutón	salón
faisán	jarrón	muñón	polín	salpicón
fanfarrón	jazmín	musulmán	polvorín	saltarín
faraón	jirón	narigón	portón	sangrón

santiamén	socarrón	tartán	tobogán	vaivén
santurrón	sopetón	teflón	torreón	varón
sarampión	soplón	tejón	torzón	ventarrón
sartén	sostén	telón	tragón	verdugón
satén	sugestión	tendejón	trampolín	violín
satín	sultán	terraplén	tristón	violón
saxofón	tabicón	terrón	tritón	visón
sazón	tablón	tesón	trombón	volcán
según	tafetán	teutón	tropezón	vozarrón
segundón	talión	tiburón	truhán	xenón
serafín	talismán	tifón	tucán	zaguán
sermón	talón	timón	tulipán	
sifón	tallarín	tirabuzón	turrón	
sillón	también	titán	unión	
simplón	tapón	tizón	vagón	

LAS PALABRAS AGUDAS NO VERBALES
QUE TERMINAN CON S

Las palabras **agudas no verbales que terminan en** S y se acentúan gráficamente, son pocas. A continuación está la lista de las 52 que existen, de las que muchas son palabras gentilicias —palabras que determinan el origen o lugar de una persona—:

además	barcelonés	desinterés	irlandés	pentecostés
¡adiós!	Barrabás	después	jamás	portugués
aerobús	burgués	entremés	japonés	revés
aguarrás	buscapiés	escocés	kermés	semidiós
albanés	ciempiés	estrés	leonés	siamés
Andrés	ciprés	exprés	marqués	través
anís	compás	francés	microbús	trolebús
aragonés	cordobés	genovés	Moisés	
arnés	cortés	holandés	montañés	
atrás	danés	inglés	obús	
autobús	descortés	interés	país	

LAS PALABRAS AGUDAS NO VERBALES
QUE TERMINAN EN VOCAL

Las palabras **agudas no verbales que terminan en vocal** y llevan acento, son únicamente alrededor de 90, y se encuentran a continuación:

acá	bisturí	consomé	maniquí	quizá
acné	bongó	cuché	marroquí	rabí
acullá	bufé (comida)	cuplé	matiné	rajá
ahí	bungaló	dominó	menú	rococó
¡ajá!	buró	esquí	¡ojalá!	rubí
ajonjolí	buscapié	frenesí	pagaré	sofá
Alá	café	gigoló	Panamá	sufí
alhelí	caló	glasé	papá	tabú
allá	Canadá	hincapié	paté	té
allí	canapé	hindú	pedigrí	tentempié
ambigú	carmesí	iglú	peroné	tisú
aquí	cebú	iraní	Perú	traspié
así	champú	iraquí	popurrí	tupé
baladí	chantillí	israelí	puntapié	tutú
balompié	chimpancé	jabalí	puré	vudú
bambú	cliché	mamá	qué	yacaré
belcebú	colibrí	maná	quiché	
bisoñé	comité	maní	quinqué	

LAS PALABRAS AGUDAS VERBALES

Las palabras agudas que se derivan de todos los verbos (-ar, -er, -ir), son 25,200, siendo con **n**, 4,200; con **s**, 4,200 y con terminación en vocal 16,800, y todas se encuentran exclusivamente en el tiempo pasado y futuro del modo indicativo, menos en la primera persona del plural (nosotros: amaremos, cantaremos) que son palabras graves sin acento.

Las palabras agudas verbales que terminan con n y se acentúan, son 4,200, una por cada verbo; se encuentran en el futuro del indicativo de la segunda y tercera persona del plural: ustedes/ellos. Ejemplos:

USTEDES/ELLOS

-AR: amarán, cantarán, sonarán, mirarán, partirán, mejorarán, nadarán, ablandarán, idearán, ingresarán, fabricarán, emprenderán, mutarán, ocuparán, brillarán, besarán, honrarán, manufacturarán, pintarán.

-ER: verán, beberán, comerán, amanecerán, sabrán, leerán, cabrán, compondrán, ejercerán, entenderán, moverán, harán, enloquecerán, conocerán, atraerán, correrán, acogerán, ejercerán.

-IR: escribirán, lucirán, producirán, cubrirán, dirán, añadirán, escribirán, advertirán, compartirán, convivirán, cubrirán, deducirán, vivirán, adquirirán, irán, bendecirán, divertirán, latirán, pulirán, irán.

Las **palabras agudas verbales con s** y que llevan acento gráfico son 4,200, una por cada verbo; están en el futuro del indicativo de la segunda persona del singular: tú. Ejemplos:

TÚ

-AR: cantarás, alucinarás, adivinarás, aportarás, atarás, contabilizarás, amarás, adelgazarás, anotarás, destellarás, orientarás, llevarás, probarás, reinarás, mirarás, añorarás, recordarás, rendirás.

-ER: conocerás, ejercerás, defenderás, meterás, sorprenderás, comerás, serás, agradecerás, atenderás, dispondrás, emergerás, tenderás, valdrás, leerás, mantendrás, mecerás, impondrás, escogerás.

-IR: curtirás, difundirás, vivirás, pulirás, nutrirás, irás, producirás, aducirás, combatirás, curtirás, dirás, difundirás, escribirás, fungirás, nutrirás, vestirás, vendrás, rendirás, seducirás, oirás.

Las **palabras agudas verbales que terminan en vocal** y se acentúan gráficamente son 16,800; se encuentran en los tiempos pasado y futuro del indicativo de los 4,200 verbos —ar, er, ir—, en la primera y tercera persona del singular: yo, él, como se muestra a continuación:

TIEMPO PASADO DEL MODO INDICATIVO

yo: amé, canté, soñé, conocí, adiestré, avivé, ejercí, medí, ilusioné, abundé, acuñé, concursé, derramé, desaparecí, prometí, tosí, debatí, discutí, pinté, lloré, vociferé, dormí, acaricié, palidecí, crecí.

él: cautivó, cabeceó, conoció, concursó, cobró, vistió, nutrió, cantó, acompañó, bordó, ingresó, ingenió, navegó, emergió, emprendió, existió, abrió, escribió, soñó, trabajó, ganó, gastó, vivió, disfrutó.

TIEMPO FUTURO DEL MODO INDICATIVO

yo: aclararé, activaré, aportaré, toseré, cubriré, acariciaré, estudiaré, achicaré, acostaré, indagaré, viviré, volaré, devolveré, conoceré, repartiré, cocinaré, barreré, sacudiré, ventilaré, descansaré.

él: adaptará, sonará, repartirá, lavará, aprenderá, prenderá, pasará, aceitará, honrará, lustrará, cantará, nutrirá, subirá, emprenderá, dirá, ilustrará, guiará, enseñará, ganará, vivirá, disfrutará.

LAS PALABRAS AGUDAS CON DIPTONGO ROTO

Las palabras agudas que existen por diptongo roto y que se acentúan aunque no terminen en **n** o **s**, son las **18** siguientes:

Abigaíl	engreír	maíz	refreír	sonreír
ataúd	freír	oír	reír	tahúr
baúl	hazmerreír	raíz	Saúl	
desoír	laúd	Raúl	sofreír	

LAS PALABRAS MONOSÍLABAS

Las palabras monosílabas **no se acentúan** (salvo que sean palabras con acento diacrítico o enfático), y al ser todas palabras agudas, por tanto, no llevan acento ortográfico, aunque terminen en **n**, **s** o vocal.

Las palabras monosílabas con terminación **n**, **s** o vocal, son:

Palabras monosílabas que terminan con n.

bien	crin	flan	sien	van
buen	dan	Juan	sin	ven
can	den	pan	son	
cien	don	plan	tan	
clan	en	ruin	tren	
con	fin	san	un	

Palabras monosílabas que terminan en s.

as	gas	pues	sus	tus
blues	gris	pus	tos	vals
dios	mes	res	tras	vas
dos	mis	seis	tres	ves

Palabras monosílabas que terminan en vocal.

da	¡ja!	lo	su	vi
do	me	no	te	ya
fe	mi	pie	ti	yo
ha	la	re	va	
he	le	so	ve	

LAS PALABRAS GRAVES

Las palabras graves, se acentúen gráficamente o no, tienen su mayor entonación en la penúltima sílaba. **No se acentúan cuando terminan en n, s o vocal.**

Las palabras graves llevan acento en dos casos:

1. Cuando no tienen diptongo roto y, a su vez, no terminan en **n, s** o **vocal** (hay diez excepciones con **s**) y las palabras que existen son sólo 120.

2. Cuando tienen diptongo roto y, en consecuencia, terminan en **n, s** o **vocal.** En este caso, las palabras que existen son alrededor de 15,900.

LAS PALABRAS GRAVES QUE NO TIENEN DIPTONGO ROTO

Se acentúan las palabras graves que no tienen diptongo roto y, a su vez, no terminan en **n, s** o **vocal.** Las que existen son únicamente 120 palabras: 50 con **l**, 36 con **r**, y 34 palabras que terminan en otras diversas consonantes. Las diez excepciones que existen al terminar en **s** son: bíceps, fórceps, tríceps y los plurales de palabras de origen extranjero: clósets, cómics, linóleums, médiums, récords, superávits y tótems.

Las 50 palabras graves no verbales que terminan con -**l** y se acentúan, son:

ágil	cónsul	fértil	inverosímil	trébol
ángel	dátil	fósil	mármol	túnel
árbol	débil	frágil	mástil	útil
arcángel	difícil	fútil	móvil	verosímil
automóvil	dócil	grácil	náhuatl	versátil
béisbol	dúctil	Guamúchil	níquel	vicecónsul
bursátil	eréctil	hábil	portátil	volátil
caníbal	estéril	imbécil	púgil	
cárcel	estiércol	inhábil	retráctil	
cempasúchil	fácil	inmóvil	símil	
cóctel	facsímil	inútil	táctil	

Las 37 palabras graves no verbales que tienen terminación en -**r** y que se les pone acento, son:

alcázar	cáncer	esfínter	impúber	poliéster
alféizar	carácter	estándar	júnior	póquer o
almíbar	cárter	fémur	káiser	póker
ámbar	catéter	flúor	láser	póster
azúcar	César	fólder	líder	prócer
Bolívar	cráter	gángster	mártir	suéter
bóxer	dólar	géiser	nácar	
cadáver	elíxir	Héctor	néctar	

Las 34 palabras graves no verbales que terminan en otras varias consonantes, son, en su mayoría, palabras de origen extranjero:

c : aeróbic, cómic, Cuauhtémoc*.

d : áspid, césped, huésped, récord.

h : sándwich.

m : álbum, ídem, ítem, linóleum, médium, memorándum, quórum, referéndum, réquiem, tótem, ultimátum.

t : clóset, superávit.

x : anticlímax, clímax, cóccix/coxis, dúplex, Félix, fénix, ónix, télex, tórax.

z : cáliz, Gómez, lápiz, Túnez.

LAS 15,900 PALABRAS GRAVES QUE SE ACENTÚAN POR DIPTONGO ROTO TENIENDO LAS TERMINACIONES N, S O VOCAL

Las palabras graves verbales (160,000) en su mayor parte no llevan acento porque son palabras sin diptongo roto que terminan en n, s o vocal; sin embargo, con las mismas terminaciones n, s y vocal, existen 15,400 palabras verbales que se acentúan por diptongos rotos, las que se encuentran en el copretérito de los 650 verbos que terminan en -er, -ir; en el pospretérito de los 4,200 verbos; y en la conjugación de los 26 verbos terminados

---

* Las palabras de origen indígena, para el idioma español que se deriva del latín, son palabras extranjeras, y muchas que ya están españolizadas, por tal razón, actúan como excepciones a normas y reglas ortográficas españolas.

en -uar (actuar: actúo, actúas, actúan), y en los 49 verbos terminados en -iar (enviar: envío, envías, envían), ver pag. 114

Ejemplos del copretérito de los 300 verbos terminados en -er, y los 350 que terminan en -ir.

crecer		repartir	
yo	crecí-a	yo	repartí-a
tú	crecí-as	tú	repartí-as
él	crecí-a	él	repartí-a
ustedes	crecí-an	ustedes	repartí-an
ellos	crecí-an	ellos	repartí-an

Ejemplos del pospretérito de los 4,200 verbos (ar, er, ir), de uso común.

	amar	emerger	venir
yo	amarí-a	emergerí-a	vendrí-a
tú	amarí-as	emergerí-as	vendrí-as
él	amarí-a	emergerí-a	vendrí-a
ustedes	amarí-an	emergerí-an	vendrí-an
ellos	amarí-an	emergerí-an	vendrí-an

Existen, a su vez, seis palabras no verbales con diptongo roto con terminación en s: cortaúñas, cuentahílos, galimatías, mesías, países y paracaídas.

LAS 500 PALABRAS GRAVES NO VERBALES QUE TERMINAN EN VOCAL Y SE ACENTÚAN POR DIPTONGO ROTO

Las palabras graves que terminan en vocal y que se acentúan por **diptongos rotos no verbales** son alrededor de 500 y están agrupadas en los sufijos -ría (225); -logía (53); -grafía (38); -fonía (7); -ía, -ío (165).

El sufijo -ría indica: ocupación, ciencia o arte, o lugar donde se ejerce o se vende. Ejemplos: gasolinería, lugar donde se vende gasolina; carnicería, lugar donde se vende carne; panadería, lugar donde se vende pan; holgazanería, que uno o varios son holgazanes; maestría, que se tiene grado de maestro; enfermería, lugar donde están los enfermos; kilocaloría, que tiene mil calorías; caloría, que tiene calor. También, la terminación -ría indica actitudes: alegría, altanería, bobería, grosería.

Las 225 palabras que existen con la terminación **-ría**, son:

actuarí-a	cajerí-a	coqueterí-a	hotelerí-a
adoberí-a	cajonerí-a	corseterí-a	idolatrí-a
albañilerí-a	calceterí-a	cristalerí-a	ingenierí-a
alegorí-a	calorí-a	cronometrí-a	jardinerí-a
alegrí-a	camaraderí-a	cursilerí-a	joyerí-a
alfarerí-a	camiserí-a	chabacanerí-a	kilocalorí-a
almidonerí-a	cancelerí-a	chapucerí-a	laterí-a
alpargaterí-a	cancillerí-a	charlatanerí-a	lavanderí-a
altanerí-a	canterí-a	charrerí-a	lencerí-a
anaquelerí-a	cañerí-a	chocanterí-a	librerí-a
armerí-a	carbonerí-a	chocolaterí-a	loterí-a
arquerí-a	carnicerí-a	chucherí-a	maestrí-a
arrierí-a	carpinterí-a	destilerí-a	majaderí-a
artillerí-a	carrocerí-a	disenterí-a	mamposterí-a
asesorí-a	cartonerí-a	droguerí-a	mariconerí-a
asimetrí-a	cenadurí-a	dulcerí-a	marrullerí-a
atolerí-a	cerrajerí-a	ebanisterí-a	masonerí-a
auditorí-a	cervecerí-a	enfermerí-a	mayorí-a
autorí-a	cesterí-a	estucherí-a	mejorí-a
averí-a	cetrerí-a	ferreterí-a	mensajerí-a
azucarerí-a	cicaterí-a	florerí-a	mentecaterí-a
azulejerí-a	cigarrerí-a	fruterí-a	minerí-a
barberí-a	claverí-a	galanterí-a	mojigaterí-a
baterí-a	cocinerí-a	galerí-a	monerí-a
bellaquerí-a	cochambrerí-a	gasolinerí-a	mueblerí-a
biometrí-a	cochinerí-a	gazmoñerí-a	neverí-a
bisuterí-a	coheterí-a	geometrí-a	niñerí-a
boberí-a	colchonerí-a	glotonerí-a	notarí-a
boleterí-a	comadrerí-a	graderí-a	ñoñerí-a
bonaterí-a	comisarí-a	griterí-a	orfebrerí-a
botonerí-a	compadrerí-a	groserí-a	panaderí-a
bravuconerí-a	compañerí-a	guarderí-a	papelerí-a
bribonerí-a	confiterí-a	habladurí-a	paqueterí-a
brujerí-a	confiturerí-a	hechicerí-a	paragüerí-a
bufonerí-a	consejerí-a	herrerí-a	pasamanerí-a
buñolerí-a	conserjerí-a	hipocondrí-a	pastelerí-a
caballerí-a	conservadurí-a	hojalaterí-a	pedanterí-a
cabrerí-a	consultorí-a	holgazanerí-a	pediatrí-a
cacerí-a	contadurí-a	hombrí-a	pedrerí-a
cafeterí-a	contralorí-a	hostelerí-a	peleterí-a

peluquerí-a
penitenciarí-a
perfumerí-a
pescaderí-a
piraterí-a
pizzerí-a
platerí-a
plomerí-a
politiquerí-a
pollerí-a
porquerí-a
porterí-a
posaderí-a
procuradurí-a
proveedurí-a
pulquerí-a
punterí-a

rancherí-a
raterí-a
receptorí-a
rectorí-a
refinerí-a
reposterí-a
retacerí-a
romerí-a
roperí-a
rosticerí-a
sabidurí-a
sangrí-a
secretarí-a
sederí-a
señorí-a
simetrí-a
socarronerí-a

solterí-a
sombrererí-a
subsecretarí-a
supercherí-a
tabaquerí-a
tacañerí-a
talabarterí-a
tapicerí-a
tenedurí-a
teorí-a
termometrí-a
tesonerí-a
tesorerí-a
tintorerí-a
tocinerí-a
tonterí-a
tortillerí-a

trigonometrí-a
tuberí-a
tutorí-a
utilerí-a
vagabunderí-a
verdulerí-a
vicecancillerí-a
vidrierí-a
villanerí-a
vinaterí-a
yegüerí-a
yeserí-a
zalamerí-a
zapaterí-a

La palabra griega -logía que actúa como sufijo al unirse a otras palabras, quiere decir: estudio o tratado. Ejemplos: comunicología, estudio o tratado de la comunicación; astrología, estudio de los astros; biología, estudio de la vida.

Las 53 palabras de uso común con el sufijo -logía, son:

analogí-a
anestesiologí-a
antologí-a
antropologí-a
apologí-a
archivologí-a
arqueologí-a
arteriologí-a
astrologí-a
bacteriologí-a
bibliologí-a
bibliotecologí-a
biologí-a
cancerologí-a

cardiologí-a
climatologí-a
comunicologí-a
contactologí-a
cosmetologí-a
cosmologí-a
cronologí-a
ecologí-a
etimologí-a
farmacologí-a
filologí-a
fisiologí-a
fonologí-a
genealogí-a

geologí-a
ideologí-a
meteorologí-a
microbiologí-a
mitologí-a
morfologí-a
musicologí-a
odontologí-a
oncologí-a
ontologí-a
parapsicologí-a
parasitologí-a
patologí-a
sexologí-a

sicologí-a
simbologí-a
sismologí-a
sociologí-a
tecnologí-a
teologí-a
terminologí-a
toxicologí-a
traumatologí-a
trilogí-a
zoologí-a

La palabra griega -**grafía** (escritura) actúa como sufijo al unirse a otras palabras. Ejemplos: cali**grafía**, hermosa escritura; taqui**grafía**, rápida escritura; mecano**grafía**, escritura a máquina.

Las 38 palabras con el sufijo -**grafía** son:

astro**grafí-a**	cripto**grafí-a**	mecano**grafí-a**	telefoto**grafí-a**
autobio**grafí-a**	demo**grafí-a**	microfoto**grafí-a**	tele**grafí-a**
auto**grafí-a**	disco**grafí-a**	mono**grafí-a**	tipo**grafí-a**
biblio**grafí-a**	esceno**grafí-a**	museo**grafí-a**	topo**grafí-a**
bio**grafí-a**	etno**grafí-a**	oceano**grafí-a**	xero**grafí-a**
cali**grafí-a**	filmo**grafí-a**	oro**grafí-a**	xilo**grafí-a**
cardio**grafí-a**	foto**grafí-a**	orto**grafí-a**	zoogeo**grafí-a**
carto**grafí-a**	geo**grafí-a**	radio**grafí-a**	zoo**grafí-a**
cinemato**grafí-a**	**grafí-a**	taqui**grafí-a**	
coreo**grafí-a**	lito**grafí-a**	tecno**grafí-a**	

La palabra griega -**fonía** (sonido) actúa como sufijo al unirse a otras palabras. Ejemplos: a**fonía**, sin sonido; poli**fonía**, muchos sonidos; caco**fonía**, mal sonido; tele**fonía**, a través del sonido; etc.

Las palabras con el sufijo -**fonía**, son:

a**foní-a**	caco**foní-a**	poli**foní-a**	tele**foní-a**
apo**foní-a**	sin**foní-a**	radio**foní-a**	

Las palabras con la terminación -**ía, ío**, indican: que es o se tiene, y también nombra artes, ciencias u ocupaciones. Ejemplos: cercan**ía**: que es cercano; artesan**ía**, inherente a lo que hacen los artesanos; brav**ío**, que es bravo o que tiene bravura; caser**ío**, conjunto de casas; v**ía**, camino; vocer**ío**, conjunto de voces.

Las palabras con el sufijo -**ía, ío**, son:

abad**í-a**	amnist**í-a**	arp**í-a**	baj**í-o**
abogac**í-a**	amor**í-o**	artesan**í-a**	bald**í-o**
agon**í-a**	anarqu**í-a**	astronom**í-a**	bastard**í-a**
agronom**í-a**	anatom**í-a**	atav**í-o**	biblioteconom**í-a**
albedr**í-o**	anomal**í-a**	aton**í-a**	brav**í-o**
alcald**í-a**	apat**í-a**	autonom**í-a**	br**í-o**
alcanc**í-a**	apoplej**í-a**	aver**í-a**	bronconeumon**í-a**
alevos**í-a**	apostas**í-a**	ayudant**í-a**	buj**í-a**
algarab**í-a**	armon**í-a**	bah**í-a**	burgues**í-a**

cabrí-o
campechaní-a
carestí-a
caserí-o
categorí-a
celosí-a
cercaní-a
cirugí-a
ciudadaní-a
cobardí-a
cofradí-a
compañí-a
concejalí-a
corresponsalí-a
cortesí-a
cosmogoní-a
crí-a
crují-a
cuantí-a
chí-a
chirimí-a
demasí-a
desafí-o
desataví-o
descortesí-a
desvarí-o
desví-o
dí-a
dinastí-a
economí-a
elegí-a
encí-a

energí-a
enví-o
Epifaní-a
escalofrí-o
espí-a
estadí-a
estí-o
estrí-a
extraví-o
fantasí-a
feloní-a
filantropí-a
filosofí-a
fiscalí-a
fisonomí-a
frí-o
gallardí-a
garantí-a
gastronomí-a
gentí-o
guí-a
hací-a
hastí-o
hegemoní-a
hipocresí-a
impí-o
ironí-a
jaurí-a
jerarquí-a
lejaní-a
lejí-a
letaní-a

lí-o
lozaní-a
macroeconomí-a
maní-a
medianí-a
mediodí-a
melancolí-a
melodí-a
mercancí-a
microcirugí-a
minusvalí-a
miopí-a
monarquí-a
monotoní-a
montepí-o
naví-o
neumoní-a
oligarquí-a
orgí-a
osadí-a
paraplejí-a
picardí-a
plantí-o
pleitesí-a
plusvalí-a
poderí-o
poesí-a
profecí-a
pulmoní-a
rebeldí-a
regalí-a
resfrí-o

rí-o
rocí-o
sacristí-a
sembradí-o
sequí-a
serraní-a
sincroní-a
sintoní-a
soberaní-a
sodomí-a
sombrí-o
supremací-a
tapatí-o
tardí-o
teogoní-a
teosofí-a
todaví-a
tranví-a
travesí-a
trí-o
tropelí-a
utopí-a
vací-o
valentí-a
valí-a
ví-a
vigí-a
villaní-a
vocerí-o

RESUMEN DE LAS PALABRAS AGUDAS
QUE SE ACENTÚAN (27,100)

LAS PALABRAS AGUDAS NO VERBALES (1,900)

- **Con terminación en n son 1,800 palabras** y de ellas, 1,350 terminan en: -ción (1,200), -sión (155) y -xión (11); ver pags. 237-245. De las 450 palabras restantes, la mayor parte terminan en: -ón; ver pags. 29-31.

- **Con terminación en s son sólo 52 palabras:** además, ¡adiós!, aerobús, aguarrás, albanés, Andrés, anís, aragonés, arnés, atrás, autobús, barcelonés, Barrabás, burgués, buscapiés, ciempiés, ciprés, compás, cordobés, cortés, danés, descortés, desinterés, después, entremés, escocés, estrés, exprés, francés, genovés, holandés, inglés, interés, irlandés, jamás, japonés, kermés, leonés, marqués, microbús, Moisés, montañés, obús, país, pentecostés, portugués, revés, semidiós, siamés, través, trolebús.

- **Con terminación en vocal son sólo 90 palabras:** acá, acné, acullá, ahí, ¡ajá!, ajonjolí, Alá, alhelí, allá, allí, ambigú, aquí, así, baladí, balompié, bambú, belcebú, bisoñé, bisturí, bongó, bufé (comida), bungaló, buró, buscapié, café, caló, Canadá, canapé, carmesí, cebú, champú, chantillí, chimpancé, cliché, colibrí, comité, consomé, cuché, cuplé, dominó, esquí, frenesí, gigoló, glasé, hincapié, hindú, iglú, iraní, iraquí, israelí, jabalí, mamá, maná, maní, maniquí, marroquí, matiné, menú, ¡ojalá!, pagaré, Panamá, papá, pedigrí, peroné, popurrí, puntapié, puré, qué, quiché, quinqué, quizá, rabí, rajá, rococó, rubí, sofá, sufí, tabú, té, tentempié, tisú, traspié, tupé, tutú, vudú, yacaré.

LAS PALABRAS AGUDAS VERBALES (25,200)

- Con terminación en vocal son 16,800 y se encuentran en los 4,200 verbos en los tiempos pasado y futuro del modo indicativo, en la primera y tercera persona del singular (yo, él): amé, amó; amaré, amará.

- Con terminación en **n**, son 4,200 palabras, una por cada verbo, en el futuro del indicativo de la segunda y tercera persona del plural (ustedes/ellos): amarán, cantarán, soñarán, verán, vivirán.

- Con terminación en **s**, son 4,200 palabras, también en el futuro del indicativo, en la segunda persona del singular (tú): amarás, cantarás, soñarás, verás, vivirás.

Las palabras agudas por diptongo roto son 18: Abigaíl, Raúl, Saúl, maíz, raíz, ataúd, baúl, laúd, tahúr, oír, desoír, engreír, reír, sonreír, hazmerreír, freír, refreír, sofreír.

RESUMEN DE LAS PALABRAS GRAVES
QUE SE ACENTÚAN (16,000)

La mayoría de las palabras no se acentúan —alrededor de 160,000— al ser palabras graves sin diptongo roto que terminan en **n, s** o **vocal**.

En realidad, las palabras graves que llevan acento son por diptongo roto, pues del total de 16,000 que se acentúan, casi 15,900 son por diptongo roto con terminación en **n, s** o **vocal**, y sólo existen 120 que terminan en: **l** (50), en **r** (36) y otras varias consonantes 34 palabras.

LAS 120 PALABRAS GRAVES NO VERBALES
QUE SE ACENTÚAN, SON:

Con terminación en l (50): ágil, ángel, árbol, arcángel, automóvil, béisbol, bursátil, caníbal, cárcel, cempasúchil, cónsul, dátil, débil, difícil, dócil, dúctil, eréctil, estéril, estiércol, fácil, facsímil, fértil, fósil, frágil, fútil, grácil, Guamúchil, hábil, imbécil, inhábil, inmóvil, inútil, inverosímil, mármol, mástil, móvil, náhuatl, níquel, portátil, púgil, símil, táctil, trébol, túnel, útil, verosímil, versátil, vicecónsul, volátil.

Con terminación en r (36): alcázar, alféizar, almíbar, ámbar, azúcar, Bolívar, bóxer, cadáver, cáncer, carácter, cárter, catéter, César, cráter, dólar, elíxir, esfínter, estándar, flúor, fólder, gángster, géiser, Héctor, impúber, júnior, káiser, láser, líder, mártir, nácar, néctar, poliéster, póquer, póster, prócer, suéter.

Con terminación en otras consonantes (44): aeróbic, cómic, Cuauhtémoc, áspid, césped, huésped, récord, sándwich, álbum, ídem, ítem, linóleum, médium, memorándum, quórum, referéndum, réquiem, tótem, ultimátum, bíceps, fórceps, tríceps, clósets, cómics, linóleums, médiums, récords, superávits, tótems, clóset, superávit, anticlímax, clímax, cóccix/coxis, dúplex, Félix, fénix, ónix, télex, tórax, cáliz, lápiz, Túnez.

LAS 15,900 PALABRAS GRAVES POR DIPTONGOS ROTOS

- En palabras no verbales existen 500 palabras que terminan en vocal y se encuentran en los sufijos -ría (225), -logía (53), -grafía (38), -fonía (7), -ía, -ío (165) —ver páginas 37-41—, y cinco más que terminan con **s**: cortaúñas, cuentahílos, galimatías, mesías y paracaídas.

- Las 15,400 palabras graves verbales que se acentúan por diptongo roto están en el copretérito de los 650 verbos en -er, -ir, (1,950) y en los pospretéritos de los 4,200 verbos (12,600). —Ver páginas 36-37— y en la conjugación de los 26 verbos terminados en **-uar** (acentuar: acentúo) y en los 49 verbos terminados en **-iar** (rociar: rocías). Ver pag. 114.

LAS PALABRAS ESDRÚJULAS

Las palabras esdrújulas tienen su mayor entonación en la antepenúltima sílaba. Todas llevan acento y son alrededor de 38,000 palabras.

LAS PALABRAS ESDRÚJULAS NO VERBALES

Las palabras esdrújulas no verbales, casi todas terminan en vocal; son 21,400 y se forman de la siguiente manera: 500 se integran con el sufijo -ico(a) antecediéndole una consonante; 240 son o se integran con vocablos griegos; 130 tienen la terminación -ulo(a), -olo(a), -alo(a); 80 son adjetivos superlativos que se componen principalmente con el sufijo -ísimo(a); en 80 palabras existe la terminación -eo(a); en otras diversas palabras existen 350. Por enclíticos hay alrededor de 20,000 de uso común, y las que terminan en consonante son alrededor de 45 palabras.

Las esdrújulas que se forman con consonante más la terminación -ico(a)

Siempre que una palabra tenga el sufijo **-ico, -ica** y antes vaya una consonante, será una palabra con acento esdrújulo. El sufijo **-ico, -ica**, indica: perteneciente o relativo a (lo que indica la palabra). Ejemplos: artís**tico**, relativo al arte; aro**mático**, relativo al aroma; alfa**bético**, relativo al alfabeto; pic**tórico**, relativo a la pintura.

Las 500 palabras que existen con el sufijo o terminación -ico(a), son:

académico	ajedrecístico	anémico	apático
acrílico	alcohólico	anestésico	apocalíptico
acrobático	alegórico	Angélica	apológico
acróstico	alérgico	anímico	apopléjico
acuático	alfabético	anoréxico	apostólico
acústico	alquímico	antagónico	arábico
Adriático	amazónico	antártico	aristocrático
aeróbico	amnésico	antibiótico	aristotélico
aerodinámico	anabólico	antipático	aritmética
aeronáutico	anacrónico	antirrábico	armónico
aerostático	analgésico	antiséptico	árnica
aerotécnico	analítico	antitetánico	aromático
afónico	analógico	antológico	arquetípico
aforístico	anárquico	antropológico	arquitectónico
afroasiático	anatómico	antropomórfico	arrítmico
agónico	anecdótico	antroponímico	arsénico

ártico
artístico
artrítico
ascético
asfáltico
asiático
asimétrico
asmático
astigmático
astrofísica(o)
astrológico
astronómico
ático
atípico
Atlántico
atlético
atmosférico
atómico
auténtica(o)
autográfico
automático
automovilístico
axiomático
babilónico
balcánico
balística
barbárico
barbitúrico
básico
basílica
bélico
benéfico
bíblico
bibliográfico
bifásico
biográfico
biológico
bioquímica(o)
botánica(o)
boxístico
británico
bucólica(o)

burocrático
cabalístico
cablegráfico
cacofónico
cadavérico
calidoscópico
caligráfico
calorífico
canónico
cántico
caótico
característica
carbónico
carismático
cartográfico
cataléptico
catártico
catastrófico
catedrático
categórico
catódico
católico
caucásico
cáustico
céltico
céntrico
cerámica
cibernética
cíclico
ciclístico
ciclónico
clásico
claustrofóbico
climático
climatológico
clínica
clínico
clorhídrico
clorofílico
clorofórmico
científico
cilíndrico

cinematográfico
cinético
cínico
cirrótico
cítrico
cívico
cólico
cómico
cónico
consonántico
coreográfico
cosmético
cósmico
cosmogónico
críptico
crítica(o)
cromático
crónica
crónico
cronológico
cronométrico
cuántico
cúbico
cuentístico
democrático
demográfico
dentífrico
desértico
despótico
diabético
diabólico
diacrítico
diagnóstico
dialéctica
didáctico
dietético
dinámica
diplomático
discográfico
disléxico
diurético
dogmático

doméstico
dramático
drástico
eclesiástico
eclíptica
ecológico
económico
ecuménico
egocéntrico
elástica(o)
eléctrico
electrónica(o)
elíptico
empírico
encefálico
encíclica
enciclopédico
enclítico
endémico
energético
enérgico
enfático
enigmático
épico
epidémico
epidérmico
equívoco
erótico
errático
escénico
escenográfico
escéptico
esclerótica
esférico
esotérico
específico
esporádico
esquemático
esquizofrénico
estadística
estático
estereofónico

estética
estrambótico
estratégico
ética
etílico
etimológico
étnico
eufórico
evangélico
excéntrico
exótico
extático
fábrica
fanático
fantasmagórico
fantástico
farmacéutico
fatídico
filarmónica
filatélico
fílmico
filosófico
física
fisiológico
flemático
fluorhídrico
folclórico
fonética
fotogénico
fotográfico
frenético
frigorífico
galáctico
gástrico
gastronómico
genealógico
genérico
genética
geofísica
geológico
ginecológico
gnóstico

gótico
gráfico
gramática
hedónico
hegemónico
helénico
hemisférico
hepático
heráldico
hermético
hidráulica
hídrico
hidrópico
hierático
higiénico
hiperbólico
hípico
hipnótico
hipodérmico
hipotético
hispánico
histérico
histórico
histriónico
honorífico
humorístico
ibérico
idéntico
ideológico
idílico
idiomático
informática
islámico
itálico
jerárquico
jeroglífico
jurásico
jurídico
kilométrico
lacónico
lésbico
letárgico

léxico
linfático
lingüística
lírico
litográfico
litúrgico
logarítmico
lógica
logístico
lúbrico
lúdico
lumínico
lunático
magnético
magnífico
maléfico
maniático
maquiavélico
matemático(a)
mayéutica
mecánica
mecanográfico
médico
melancólico
melódico
metabólico
metafórico
metálica
metalúrgico
metamórfico
meteórico
metereológico
métrico
México
microscópico
mimético
mímica
místico
mítico
mitológico
módico
monárquico

mongólico
monolítico
morfológico
música
narcótico
náutica
neolítico
neumático
neurasténico
neurótico
nórdico
nostálgico
nóstico
numérico
numismática
obstétrico
oceánico
oftalmológico
olímpico
oncológico
onírico
onomástico
onomatopéyico
óptica
orgánico
orgiástico
ortográfico
ovárico
pacífico
pánico
panorámico
parabólico
paralítico
parapléjico
patético
patronímico
pedagógico
pediátrico
periférico
periódico
periodístico
pictórico

pirotécnico	reumático	soviético	tráfico
pitagórico	rítmico	supersónico	trágico
plástico	romántico	súplica	traumático
plática	rúbrica	táctica	traumatológico
platónico	rústico	técnica	trifásico
pletórico	sabático	tecnológico	tríptico
poética	sádico	teleférico	trópico
polémica(o)	sáfico	telefónico	túnica
policlínica	salomónico	telegráfico	turístico
polifacético	sardónica	telepático	único
politécnico	satírico	telescópico	urético
política(o)	selénico	telúrico	utópico
pórtico	selvático	temático	vandálico
práctica	semántica	teocrático	verídico
pragmático	séptico	teológico	Verónica
prismático	sicológico	teórico	viático
problemático	silábico	terapéutica	vitamínico
profético	simbiótico	térmico	volcánico
programático	simbólico	terrífico	xerográfico
prolífico	simétrico	tétrico	yámbico
pronóstico	simpático	teutónico	
prosódico	sincrónico	típico	
público	sinfónico	tipográfico	
química	sintético	tiránico	
radiofónico	sísmico	tísico	
raquítico	sismológico	titánico	
réplica	sistemático	tónico	
república	socrático	toponímico	
retórica	somático	torácico	

Las 80 palabras esdrújulas con la terminación -eo(a), son:

aéreo	caucáseo	corpóreo	erróneo
aerolínea	cerúleo	coterráneo	espontáneo
antihéroe	cesáreo	cotiledóneo	estéreo
antivenéreo	cetáceo	cráneo	etéreo
área	ciclópeo	cretáceo	extemporáneo
arenáceo	coetáneo	crustáceo	foráneo
áureo	contemporáneo	curvilíneo	gallináceo
cactáceo	córnea	cutáneo	glúteo
carmíneo	córneo	entrelínea	gramíneo

hectárea	lácteo	orquídeo	subterráneo
herbáceo	liliáceo	óseo	temporáneo
hercúleo	línea	papayáceo	terráqueo
héroe	marmóreo	pétreo	tráquea
heterogéneo	mediterráneo	petróleo	venéreo
homogéneo	miscelánea	purpúreo	violáceo
idóneo	momentáneo	raquídeo	vítreo
ígneo	moráceo	rectilíneo	
incorpóreo	náusea	rosáceo	
instantánea	níveo	sanguíneo	
instantáneo	núcleo	simultáneo	
interlínea	óleo	subcutáneo	

Las 130 esdrújulas con las terminaciones -ulo(a), -olo(a), -alo(a), son:

amígdala	crótalo	góndola	óvulo
ángulo	cuadrícula	hipérbola	parábola
anómalo	cubículo	ídolo	partícula
antipartícula	cúmulo	incrédulo	párvulo
artículo	cúpula	ínsula	patíbulo
báculo	cutícula	libélula	película
báscula	diábolo	lóbulo	péndulo
benévolo	discípula(o)	macrocéfalo	península
binóculo	discóbolo	mácula	pérgola
brújula	díscolo	malévolo	pétalo
búfalo	disímbolo	mandíbula	pináculo
cábala	epístola	matrícula	polipétalo
cálculo	escándalo	mayúsculo	pómulo
capítulo	escrúpulo	ménsula	pópulo
cápsula	esdrújulo(a)	módulo	preámbulo
carátula	espátula	molécula	prostíbulo
cédula	espectáculo	monóculo	receptáculo
célula	estímulo	monopétalo	rectángulo
cláusula	fábula	montículo	ridículo
clavícula	fámula	munúsculo	róbalo
coágulo	farándula	músculo	rótula
címbalo	fascículo	noctámbulo	rótulo
círculo	fécula	óbolo	rubéola
condiscípulo	férula	obstáculo	sábalo
cópula	gárgola	ópalo	sándalo
crédulo	glándula	oráculo	sémola
crepúsculo	glóbulo	óvalo	símbolo

sobresdrújula	tómbola	tubérculo	versículo
sonámbulo	tórtola	válvula	vesícula
subtítulo	tórtolo	vándalo	vestíbulo
tarántula	trácala	vehículo	vínculo
testículo	trémulo	ventrículo	zócalo
título	triángulo	vernáculo	

ESDRÚJULAS FORMADAS POR PALABRAS GRIEGAS O LATINAS, LAS QUE, A SU VEZ, ACTÚAN COMO SUFIJOS O CREAN PALABRAS COMPUESTAS

ánima(e) (alma): **ánima, ánimo, desánimo, ecuánime, exánime, unánime.**

céfalo (cabeza): **acéfalo, bicéfalo, encéfalo, macrocéfalo, microcéfalo.**

crata (gobierno): aristócrata, autócrata, burócrata, demócrata, tecnócrata.

-dromo (vía): aeródromo, autódromo, galgódromo, hipódromo, velódromo, palíndromo(a).

fago (que come): esófago, sarcófago, xilófago.

-fero (llevar, portar):

acuífero	carbonífero	infructífero	plumífero	soporífero
arborífero	coralífero	mamífero	prolífero	sudorífero
argentífero	crucífero	mortífero	saborífero	venenífero
aurífero	fructífero	odorífero	salinífero	
calorífero	frugífero	pilífero	somnífero	

filo (amante, amigo): bibliófilo, cinéfilo, hidrófilo.

fobo (miedo, repulsión): clorófobo, hidrófobo, xenófobo.

fono (sonido):

áfono	gramáfono	megáfono	saxófono	xilófono
audífono	homófono	micrófono	teléfono	

-geno(a) (engendrar; origen):

alienígena	autógeno	estrógeno	indígena	patógeno
alucinógeno	cancerígeno	exógeno	lacrimógeno	pirógeno
andrógeno	colágeno	halógeno	nitrógeno	
antígeno	endógeno	hidrógeno	oxígeno	

gono (lado): exágono/hexágono, octágono, pentágono, polígono, tetrágono.

grafo (escritura):

apógrafo	calígrafo	coreógrafo	telégrafo
astógrafo	camarógrafo	escenógrafo	tipógrafo
autobiógrafo	cardiógrafo	mecanógrafo	topógrafo
autógrafo	cartógrafo	mimeógrafo	xerógrafo
biógrafo	cinematógrafo	sismógrafo	xilógrafo
bolígrafo	comediógrafo	taquimecanógrafo	

-logo (versado en, profesión):

análogo	biólogo	ginecólogo	sexólogo
anestesiólogo	cancerólogo	hidrólogo	sicólogo
antólogo	comunicólogo	homólogo	sociólogo
antropólogo	contactólogo	ideólogo	tecnólogo
arqueólogo	espeleólogo	microbiólogo	teólogo
astrólogo	farmacobiólogo	musicólogo	traumatólogo
bacteriólogo	filólogo	parasicólogo	zoólogo

mano (manía): bibliómano, cleptómano, melómano, mitómano, pirómano.

-metro (medida):

aerómetro	decámetro	micrómetro	termómetro
altímetro	decímetro	milímetro	velocímetro
amperímetro	diámetro	miriámetro	voltímetro
audímetro	dinamómetro	parámetro	
barómetro	fotocolorímetro	parquímetro	
calorímetro	hectómetro	perímetro	
centímetro	hexámetro	kilómetro	
cronómetro	manómetro	taxímetro	

-nimo (nombre):

anónimo	antropónimo	homónimo	seudónimo
antónimo	heterónimo	parónimo	sinónimo

-nomo (versado en, profesión): agrónomo, astrónomo, autónomo, bibliotecónomo, ecónomo, metrónomo.

pata (enfermedad): cardiópata, sicópata.

podo, pedo (pie, pies):

ápodo	cefalópodo	hexápodo	seudópodo
bípedo	cuadrípedo	palmípedo	tetrápodo

sofo (saber): filósofo, teósofo.

voro (que come):

carnívoro	graminívoro	herbívoro	omnívoro
frugívoro	granívoro	insectívoro	piscívoro

-cola (cultivar):

agrícola	avícola	florícola	vitícola
apícola	cavernícola	porcícola	vitivinícola
arborícola	dulciacuícola	terrícola	
acuícola	frutícola	vinícola	

-sono (sonido): altísono, horrísono, unísono.

PALABRAS ESDRÚJULAS CON LA TERMINACIÓN -ÍSIMO(A) CON LA QUE SE FORMAN ADJETIVOS SUPERLATIVOS

abrumadísimo	agradabilísimo	antiquísimo	aporreadísimo
aceleradísimo	agrietadísimo	apasionadísimo	apoyadísimo
acompañadísimo	alivianadísimo	apaleadísimo	apuntadísimo
acondicionadísimo	altísimo	apartadísimo	armadísimo
acostumbradísimo	alumbradísimo	aplanadísimo	arrugadísimo
admirabilísimo	amabilísimo	aplastadísimo	asombradísimo
adelantadísimo	amplísimo	aplicadísimo	ardientísimo

enamoradísimo	cercadísimo	excelentísimo	negativísimo
bajísimo	carísimo	famosísimo	negrísima
baratísimo	chulísima	feísimo	nobilísimo
bellísima	clarísimo	flojísimo	novísimo
blanquísimo	clavadísimo	friísimo	oscurísimo
bonísimo	ciertísimo	gordísimo	pegadísimo
borradísimo	cobijadísimo	grandísimo	pequeñísimo
brillantísimo	considerabilísimo	larguísimo	pintadísimo
bronceadísimo	cultísimo	lejísimo	purísimo
buscadísimo	delgadísimo	loquísimo	sabrosísimo
calientísimo	cortísimo	mansísimo	soñadísimo
cansadísimo	enojadísimo	miedosísimo	venerabilísimo

Con la terminación **-érrimo(a)** se forman pocos adjetivos superlativos; casi todos son: **acérrimo, celebérrimo, libérrimo, misérrimo, paupérrima.**

Con la terminación **-ésimo** también están las palabras centésimo, milésimo, y **-écimo** que proviene de diez: **décimo.**

LAS 350 ESDRÚJULAS CON OTRAS TERMINACIONES EN VOCAL, SON:

ábaco	ánfora	artífice	cántaro	código
ácido	Ángela	áspero	cáñamo	cómodo
acólito	antídoto	atmósfera	carótida	cómplice
acróbata	antílope	átomo	cartílago	cómputo
adúltero	antípoda	atónito	cáscara	cóncavo
ágape	apátrida	autómata	¡cáspita!	condómino
ágata	apéndice	ávido	catástrofe	congénere
ágora	ápice	bálsamo	cátedra	congénito
águila	apócope	bárbaro	cátodo	cónyuge
álamo	apócrifo	bávaro	célebre	copartícipe
albóndiga	apóstata	bígamo	célibe	Córdoba
albúmina	apóstrofe	bitácora	céntimo	crédito
álgebra	áptero	bólido	centrífugo	crisálida
álgido	árabe	bóveda	céntuplo	cuadrilátero
alhóndiga	arábigo	búlgaro	cíclope	cuádruple
ámbito	arácnido	búsqueda	ciénega	cúbito
América	arándano	cálido	clérigo	cháchara
anécdota	árbitro	cámara	cítara	chévere
anémona	árido	cándido	códice	chícharo

dádiva
dálmata
década
decrépito
decúbito
delírium
depósito
déspota
diáfano
dígito
dínamo
ébano
efeméride
efímero
égloga
ególatra
ejército
emérito
energúmeno
epígrafe
época
equilátero
escuálido
espárrago
espíritu
espléndido
estómago
estrépito
estúpido
etcétera
etíope
éxito
éxodo
facsímile
fenómeno
féretro
fétido
filántropo
flácido
fósforo
frívolo
galápago

gárgara
gélido
género
gónada
guanábana
hábito
hálito
hélice
helicóptero
híbrido
hidróxido
hígado
hipopótamo
hipotálamo
horóscopo
huérfano
húmedo
húmero
ícono
idólatra
impávido
ímpetu
implícito
incógnita
incólume
índice
índigo
índole
indómito
inédito
ínfimo
ingrávido
insípido
insólito
íntegro
intérprete
íntimo
intrínseco
intrépido
inválido
jícara
júbilo

lábaro
lágrima
lámina
lámpara
lánguido
lápida
lapislázuli
lástima
látigo
Lázaro
legítimo
lícito
límite
limítrofe
líquido
lívido
lóbrego
luciérnaga
lúgubre
magnánimo
mandrágora
máquina
marítimo
máscara
máxima
mérito
método
metrópoli
mínimo
misántropo
mísero
misógino
mórbido
muérdago
múltiple
murciélago
neófito
níspero
nítido
nómada
nómina
número

omóplato
ópera
óptimo
órbita
orégano
órgano
ovíparo
óxido
oxígeno
página
pájaro
pálido
páramo
parásito
parótida
párpado
párrafo
paupérrimo
pelícano
pérdida
pérfido
peróxido
pértiga
pésame
pésimo
pícaro
piélago
píldora
pirámide
plácido
plátano
pócima
políglota
póliza
pontífice
póstumo
préstamo
pretérito
primogénito
príncipe
pródigo
prófugo

prójimo
propósito
prórroga
prosélito
próspero
próstata
próvido
próximo
púlpito
púrpura
pusilánime
pútrido
quíntuple
quirófano
quiróptero
rábano
ráfaga
rápido
recámara
recóndito
rédito
relámpago
retruécano
sábado
sábana
sacrílego
sánscrito
satélite
sátira
sátrapa
semáforo
séptima
séquito
sílaba
sílfide
sílice
síncopa
síncope
síndrome
sinécdoque
síntoma
solícito

sólido	término	trípode	ventrílocuo	vivíparo
sórdido	termóstato	tuétano	vértebra	vómito
sótano	tímido	úlcera	vértice	vorágine
súbdito	tímpano	último	vértigo	zábila
súbito	títere	útero	víbora	zángano
tábano	tórrido	váguido	víctima	
tácito	trámite	válido	víscera	
tálamo	tránsito	várice	víspera	
tártaro	trépano	vástago	vívido	

LAS PALABRAS ESDRÚJULAS NO VERBALES QUE TERMINAN EN CONSONANTE, PRINCIPALMENTE CON LA LETRA S, SON:

acrópolis	énfasis	hipérbaton	ósmosis	sífilis
análisis	espécimen	hipófisis	páncreas	síntesis
antítesis	exégesis	hipótesis	paráfrasis	tétanos
apófisis	éxtasis	ínfulas	parálisis	tortícolis
bádminton	fotosíntesis	ípsilon	paréntesis	víveres
déficit	géminis	miércoles	prótesis	
diéresis	génesis	ómicron	régimen	
efemérides	hércules	ómnibus	sicoanálisis	

LAS PALABRAS ESDRÚJULAS VERBALES

Las palabras esdrújulas verbales son 21,000 y se encuentran en los 4,200 verbos a través de la primera persona del plural (nosotros) en el copretérito y pospretérito y en los tiempos pasado y futuro del subjuntivo de todos los verbos.

De estas 21,000 palabras esdrújulas verbales, 4,850 se forman por diptongo roto de los copretéritos de los 650 verbos con terminación -er, ir, y por el pospretérito de los 4,200 verbos.

Ejemplos:

COPRETÉRITO

verbos en -ar nosotros...	verbos en -er nosotros...	verbos en -ir nosotros...
cantá-ba-mos	acogí-a-mos	abatí-a-mos
soñá-ba-mos	ascendí-a-mos	abrí-a-mos
amá-ba-mos	comí-a-mos	aludí-a-mos

verbos en -ar nosotros...	verbos en -er nosotros...	verbos en -ir nosotros...
ejecutá-ba-mos	conocí-a-mos	combatí-a-mos
enseñá-ba-mos	corrí-a-mos	convení-a-mos
entrá-ba-mos	crecí-a-mos	difundí-a-mos
flotá-ba-mos	defendí-a-mos	elegí-a-mos
gustá-ba-mos	deponí-a-mos	ingerí-a-mos
hablá-ba-mos	hací-a-mos	í-ba-mos
sumá-ba-mos	leí-a-mos	viví-a-mos

POSPRETÉRITO

Verbos en -ar nosotros...	Verbos en -er nosotros...	Verbos en -ir nosotros...
alimentarí-a-mos	aparecerí-a-mos	acudirí-a-mos
bajarí-a-mos	barrerí-a-mos	bendecirí-a-mos
clamarí-a-mos	comerí-a-mos	construirí-a-mos
declamarí-a-mos	defenderí-a-mos	descubrirí-a-mos
entrarí-a-mos	emergerí-a-mos	erigirí-a-mos
felicitarí-a-mos	harí-a-mos	fluirí-a-mos
gastarí-a-mos	mecerí-a-mos	impartirí-a-mos
lograrí-a-mos	pondrí-a-mos	nutrirí-a-mos
meditarí-a-mos	renacerí-a-mos	persistirí-a-mos
seleccionarí-a-mos	serí-a-mos	sentirí-a-mos

PRETÉRITO O PASADO DEL SUBJUNTIVO

Verbos en -ar nosotros...	Verbos en -er nosotros...	Verbos en -ir nosotros...
amá-ra-mos o amá-se-mos	comié-ra-mos o comié-se-mos	lucié-ra-mos o lucié-se-mos
soñá-ra-mos o soñá-se-mos	bebié-ra-mos o bebié-se-mos	partié-ra-mos o partié-se-mos
pintá-ra-mos o pintá-se-mos	pusié-ra-mos o pusié-se-mos	producié-ra-mos o producié-se-mos
cantá-ra-mos o cantá-se-mos	vié-ra-mos o vié-se-mos	escribié-ra-mos o escribié-se-mos
mirá-ra-mos o mirá-se-mos	vertié-ra-mos o vertié-se-mos	nutrié-ra-mos o nutrié-se-mos

FUTURO DEL SUBJUNTIVO

Verbos en -ar nosotros...	Verbos en -er nosotros...	Verbos en -ir nosotros...
licuá-re-mos	padecié-re-mos	rugié-re-mos
pintá-re-mos	opusié-re-mos	lucié-re-mos
soñá-re-mos	comié-re-mos	escribié-re-mos
amá-re-mos	nacié-re-mos	sintié-re-mos
cultivá-re-mos	corrié-re-mos	abatié-re-mos
manejá-re-mos	defendié-re-mos	acudié-re-mos
andá-re-mos	hicié-re-mos	eligié-re-mos
hablá-re-mos	acogié-re-mos	abrié-re-mos
cociná-re-mos	pusié-re-mos	descubrié-re-mos
iluminá-re-mos	bebié-re-mos	traducié-re-mos

LOS ENCLÍTICOS EN LAS PALABRAS ESDRÚJULAS

Se forman palabras esdrújulas con todos los verbos en infinitivo más dos pronombres.

Ejemplos:

casárseme	pintárselas	recordárselo
cortársela	hacérselos	pagártelas
escribírtela	platicártelo	cocinártelo

Ver páginas 59-60 donde están más ejemplificaciones.

LAS PALABRAS SOBREESDRÚJULAS

Las palabras sobreesdrújulas tienen su mayor entonación antes de la antepenúltima sílaba. Se acentúan todas.

Estas palabras no existen como palabras simples o puras, y sólo se forman con enclíticos que contienen dos pronombres. Las sobreesdrújulas que de esta manera existen sobrepasan la cantidad de 20,000 palabras, pues se forman con la mayor parte de todos los verbos más el pronombre **me** o **te** más el pronombre **la, las, lo** o **los**. Ejemplo: verbo escribir: escríbemela, escríbemelas, escríbemelo, escríbemelos; escríbetela, escríbetelas, escríbetelo, escríbetelas, escribiéndotelo.

Otros ejemplos:

Persona	Verbo + pronombre	+ otro pronombre			
tú	cómprame...	la	las	lo	los
	cómprate...	la	las	lo	los
usted	cómpreme...	la	las	lo	los
ustedes/ellos	cómprenme...	la	las	lo	los
gerundio	comprándome...	la	las	lo	los
	comprándote...	la	las	lo	los
	comprándose...	la	las	lo	los
tú	actívame...	la	las	lo	los
	actívate...	la	las	lo	los
usted	edúqueme...	la	las	lo	los
ustedes/ellos	despiértenme...	la	las	lo	los
gerundio	libertándote...	la	las	lo	los
	cocinándote...	la	las	lo	los

Los únicos enclíticos que con dos pronombres no son palabras sobreesdrújulas, es cuando se usa el verbo en infinitivo, ya que en este caso, como se vio en la página anterior, se forman palabras esdrújulas. Ejemplos: comérmelo, comprártela, escribírtela.

EL ENCLÍTICO

Enclítico, es la palabra compuesta por un verbo y uno o dos pronombres. Pronombre es la palabra que actúa en lugar del nombre y los que se usan en los enclíticos son: **me, te, se, la, las, le, les, lo, los** y **nos**.

Enclítico con un pronombre: áma**me**, pínta**la**, cóme**las**, escríbe**lo**.
Enclítico con dos pronombres: cánta**mela**, cómpra**telos**, gána**telas**.

LOS ENCLÍTICOS Y LA ACENTUACIÓN

Todos los enclíticos se acentúan (menos los compuestos con verbo en infinitivo y un pronombre: cantar**la**, amar**le**, comprar**me**, saber**se**, amar**se**, estudiar**se**; y los que se forman con los verbos monosílabos dar, ser y ver y un pronombre: da**me**, ve**le**, ser**le**).

Los enclíticos que se pueden formar, en total sobrepasan la cantidad de 180,000, aunque de uso común son alrededor de 50,000. Se hace resaltar que las palabras enclíticas son de las que más se usan en el habla diaria. Ejemplos: lléva**lo**, lléva**me**, tráe**lo**, da**me**, duérme**te**, durmién**dome**, áma**me**, cocína**la**, cómpra**telas**, cóme**telo**, partiéndo**seme**, perdién**dolo**, tó**malo**, tóma**tela**, pón**tela**, pón**mela**, juéga**melo**, écha**tela**, consígue**mela**, murién**dome**, cayén**dome**, despiérta**me**, escribién**dole**, revisán**dolas**, etc.

LOS ENCLÍTICOS CON UN PRONOMBRE
Y LAS PALABRAS GRAVES

Las palabras graves acentuadas por enclíticos, actualmente son de poco o nulo uso; se forman con el tiempo pasado y futuro del indicativo con la primera persona del singular. Ejemplos: yo... amé**la**, soñé**le**, canté**le**, miré**me**, descubrí**me**, adoré**la**, afiné**le**; amaré**la**, trabajaré**le**, buscaré**los**.

Y las que sí son de uso común, no se acentúan por terminar con **s** o vocal; estos enclíticos graves que no se acentúan se componen de cada uno de todos los verbos en infinitivo y un pronombre. Ejemplos:

soñar**le**	ambientar**te**	aglutinar**se**	saber**los**	telefonear**te**
cantar**lo**	asignar**le**	amarrar**se**	prender**me**	sancochar**la**
amar**las**	poner**se**	adobar**lo**	escuchar**la**	blanquear**las**
ver**les**	manejar**lo**	cocinar**las**	adorar**las**	jugar**les**
mirar**les**	pensar**me**	amar**nos**	acordar**me**	dormir**me**

LOS ENCLÍTICOS CON UN PRONOMBRE
Y LAS PALABRAS ESDRÚJULAS

Quitando los anteriores ejemplos de enclíticos en palabras graves, todos los demás enclíticos con un pronombre son esdrújulas que se acentúan y a ellas se agregan los enclíticos formados con los verbos en infinitivo y dos pronombres. Las palabras que pueden existir por este tipo de enclíticos son alrededor de 120,000, aunque de uso común oscilan por las 35,000 esdrújulas.

He aquí algunos ejemplos de cómo se pueden formar con la mayor parte de los verbos:

Persona	Verbo más:	me	te	se	la	las	le	les	lo	los	nos
tú	áma...	me	te		la	las	le	les	lo	los	nos
usted	áme...	me		se	la	las	le	les	lo	los	nos
ustedes/ellos	ámen...	me		se	la	las	le	les	lo	los	nos
gerundio	amándo...	me	te		la	las	le	les	lo	los	nos

Verbo en infinitivo más dos pronombres: **amárseme**, **amártela(s)**, **amártelo(s)**.

		me	te	se	la	las	le	les	lo	los	nos
tú	estúdia...	me	te		la	las	le	les	lo	los	nos
usted	afrónte...	me			la	las	le	les	lo	los	nos
ustedes/ellos	recuérden...	me		se	la	las	le	les	lo	los	nos
gerundio	recordándo...	me	te	se	la	las	le	les	lo	los	nos

Verbo en infinitivo más dos pronombres: vér**sela, las, le, les, lo, los**.

		me	te	se	la	las	le	les	lo	los	nos
tú	encárga...	me	te		la	las	le	les	lo	los	nos
usted	cáse...	me		se	la	las	le	les	lo	los	nos
ustedes/ellos	comuníquen...	me		se	la	las	le	les	lo	los	nos
gerundio	copiándo...	me	te	se	la	las	le	les	lo	los	nos

Verbo en infinitivo más dos pronombres: consultár**melo(a)**, consultár**tela(s)**, consultár**telo(s)**.

Persona	Verbo más:	me	te	se	la	las	le	les	lo	los	nos
tú	dánza...	me	te		la	las	le	les	lo	los	nos
usted	decláre...	me		se	la	las	le	les	lo	los	nos
ustedes/ellos	déjen...	me		se	la	las	le	les	lo	los	nos
gerundio	manejándo...	me	te		la	las	le	les	lo	los	nos

Verbo en infinitivo más dos pronombres: educár**melo(s)**, educár**seme**, educár**tela(s)**.

Persona	Verbo	me	te	se	la	las	le	les	lo	los	nos
tú	agradéce...	me	te		la	las	le	les	lo	los	nos
usted	agradézca...	me		se	la	las	le	les	lo	los	nos
ustedes/ellos	escójan...	me		se	la	las	le	les	lo	los	nos
gerundio	fundiéndo...	me	te		la	las	le	les	lo	los	nos

Verbo en infinitivo más dos pronombres: sugerír**tela(s)**, sugerír**seme**.

LOS ENCLÍTICOS CON DOS PRONOMBRES Y LAS PALABRAS SOBREESDRÚJULAS

Salvo los enclíticos esdrújulos formados con verbo en infinitivo y dos pronombres (unírmele, comprártelo, comérsela), todas las demás formas verbales unidas a dos pronombres son palabras sobreesdrújulas.

Ejemplos:

Persona	Verbo + pronombre	+	otro pronombre		
tú	alábate	la	las	lo	los
usted	estúdieme	la	las	lo	los
ustedes/ellos	cómanse	la	las	lo	los
gerundio	trabajándote	la	las	lo	los

LA ACENTUACIÓN
EN LAS PALABRAS PLURALES

Las palabras agudas al hacerse plurales se pueden convertir en graves y las graves en esdrújulas, y se acentuarán de acuerdo a las reglas establecidas.

LAS PALABRAS AGUDAS ACENTUADAS Y LOS PLURALES

De las 90 palabras agudas, no se pueden pluralizar las siguientes: acá, acullá, ahí, ¡ajá!, Alá, allá, allí, aquí, así, ¡ojalá!, Canadá, Panamá y Perú.

Las agudas que terminan con **a, e, o**, para hacerse plurales se les agrega una **s** y siguen siendo palabras agudas. Ejemplos: acnés, bisoñés, buscapiés, cafés, canapés, chimpancés, clichés, comités, consomés, cuchés, mamás, manás, papás, patés, purés, sofás, dominós.

Las agudas que terminan con **i, u**, para hacerse plurales se les agrega **es** y con ello se convierten en palabras graves por diptongo roto. Ejemplos: ajonjolíes, alhelíes, ambigúes, baladíes, bambúes, colibríes, esquíes, hindúes, iraníes, israilíes, jabalíes.

Todas las agudas que terminan en consonante **n** y **s** y que, por tanto, llevan acento, al hacerse plurales con la terminación -es, se convierten en palabras graves que, por terminar en **s**, no se acentúan.

En el caso de las palabras agudas con **n**, están las que terminan en: -ción (1,200); con -sión (155); con -xión (11) y las 450 más que terminan con **n** (-an, -on, -in). Ejemplos:

canción	canciones	abulón	abulones
ración	raciones	algodón	algodones
atracción	atracciones	calcetín	calcetines
tentación	tentaciones	dragón	dragones
construcción	construcciones	jardín	jardines
pasión	pasiones	melón	melones
tensión	tensiones	pilón	pilones
mansión	mansiones	sillón	sillones
fusión	fusiones	tablón	tablones
conexión	conexiones	unión	uniones
flexión	flexiones	vaivén	vaivenes
reflexión	reflexiones	zaguán	zaguanes

Las agudas que se acentúan al terminar en **s**, al hacerse plurales con la terminación **es**, pasan a ser graves que no se acentúan por terminar en **s**, salvo las palabras que tienen diptongo roto. En total son sólo 52 (ver página 31).

Ejemplos:				
adiós	adioses		**danés**	daneses
albanés	albaneses		**genovés**	genoveses
anís	anises		**holandés**	holandeses
aragonés	aragoneses		**interés**	intereses
burgués	burgueses		**país**	países*
compás	compases			

* Países, se sigue acentuando aunque se haga grave terminada en **s** porque tiene diptongo roto, como igual sucede con:

baúl	ba-ú-les		**raíz**	ra-í-ces
maíz	ma-í-ces		**tahúr**	ta-hú-res

LAS PALABRAS GRAVES ACENTUADAS Y LOS PLURALES

Las 500 palabras graves no verbales que se acentúan por diptongo roto (ver páginas 37-41) y que tienen terminación en vocal, siguen siendo graves acentuadas con **s** por el diptongo roto.

Ejemplos:				
actuarí-a	actuarí-as		**loterí-a**	loterí-as
alegrí-a	alegrí-as		**mayorí-a**	mayorí-as
cafeterí-a	cafeterí-as		**sederí-a**	sederí-as
dulcerí-a	dulcerí-as		**teorí-a**	teorí-as
galerí-a	galerí-as		**zapaterí-a**	zapaterí-as
naví-o	naví-os		**profecí-a**	profecí-as
energí-a	energí-as		**serraní-a**	serraní-as

De las 120 palabras graves no verbales que terminan en consonante y que son factibles de pluralizar, al agregárseles la terminación -es, se convierten en palabras esdrújulas.

Ejemplos:

ágil	**ágiles**	**bursátil**	**bursátiles**	**portátil**	**portátiles**
ángel	**ángeles**	**elíxir**	**elíxires**	**dátil**	**dátiles**
árbol	**árboles**	**grácil**	**gráciles**	**difícil**	**difíciles**
azúcar	**azúcares**	**líder**	**líderes**	**dócil**	**dóciles**

fácil	fáciles	mártir	mártires	suéter	suéteres
inútil	inútiles	néctar	néctares		
lápiz	lápices	sándwich	sándwiches		

Existen algunas palabras que al ser de origen extranjero y hacerse plurales no aceptan la terminación **-es** y sólo se les agrega **s**. En tales casos, al igual que con la terminación en vocal, siguen siendo graves:

póster	pósters	totém	tótems
aeróbic	aeróbics	clóset	clósets
cómic	cómics	superávit	superávits
récord	récords		

LAS PALABRAS ESDRÚJULAS Y LOS PLURALES

En cuanto a las 1,600 palabras esdrújulas no verbales que se hacen plurales, todas siguen siendo esdrújulas por terminar en vocal: **gárgara, gárgaras, época, épocas, trámite, trámites, agrícola, agrícolas, párvulo, párvulos, lógico, lógicos** (ver pags. 44-54) y las pocas que terminan en consonante (ver pag. 54), siguen siendo también esdrújulas porque el plural se determina a través del artículo.

Ejemplos:

la acrópolis	las acrópolis	el miércoles	los miércoles
el análisis	los análisis	el páncreas	los páncreas
el diéresis	los diéresis	la síntesis	las síntesis
el éxtasis	los éxtasis		

Existe una sola palabra a la que se le agrega la terminación **-es** para hacerla plural; pero sigue siendo esdrújula al cambiar de lugar el acento: régimen: regímenes.

Las 21,000 palabras esdrújulas verbales contenidas en la conjugación de la primera persona del plural (nosotros), siguen igual porque en sí ya son plurales. Ver pags. 54-56.

Ejemplos: cantábamos, mirábamos, comíamos, abríamos, amáramos o amásemos, escribiéramos o escribiésemos.

LA ACENTUACIÓN Y LA TERMINACIÓN -MENTE

Las palabras a las que se les agrega la terminación -mente* y con lo cual se hacen adverbios, llevarán acento siempre y cuando lo tenga la palabra original.

La terminación -mente indica: "que se lleva a cabo de esa manera..." Ejemplos: colectivamente, de manera colectiva; comparativamente, de manera comparativa; definitivamente, de forma definitiva.

A continuación se encuentran la mayor parte de las palabras que usualmente suelen utilizarse. Se remarcan los que llevan acento.

abiertamente	analógicamente	caballerosamente
abreviadamente	anatómicamente	cadenciosamente
absolutamente	angelicalmente	calificadamente
acaloradamente	animosamente	calumniosamente
accidentalmente	anticipativamente	calladamente
aceleradamente	antiguamente	campechanamente
acompasadamente	anualmente	cándidamente
acremente	apaciblemente	cansadamente
activamente	aparatosamente	capazmente
actualmente	aparentemente	carnalmente
adjetivadamente	apasionadamente	casualmente
afortunadamente	apropiadamente	categóricamente
ágilmente	aproximadamente	caudalosamente
agraciadamente	apuradamente	celestialmente
agresivamente	arbitrariamente	celosamente
agudamente	ardientemente	cercanamente
airadamente	ardorosamente	ciegamente
airosamente	arduamente	científicamente
aisladamente	arrebatadamente	ciertamente
alegremente	avaramente	civilmente
alfabéticamente	azarosamente	clandestinamente
alternadamente	bárbaramente	colegialmente
amablemente	blandamente	colmadamente
amargamente	bobamente	cómodamente
ambiciosamente	bravamente	completamente
amigablemente	brillantemente	comunalmente
amorosamente	bruscamente	comúnmente
analíticamente	bulliciosamente	concienzudamente
análogamente	cabalmente	confidentemente

---

* Al escribirse un texto, se aconseja no abusar de las palabras con esta terminación pues crea mala impresión a la vista y al leer deriva en una cacofonía (caco: mal; fonos: sonido).

confortablemente
confusamente
conjuntamente
consecuentemente
consecutivamente
considerablemente
consiguientemente
constantemente
constitucionalmente
contiguamente
continuamente
convencionalmente
cordialmente
correctamente
cronológicamente
cultamente
debidamente
decentemente
desagradablemente
desalmadamente
desatadamente
descansadamente
descaradamente
despectivamente
divinamente
dócilmente
doctamente
dogmáticamente
dudosamente
dulcemente
económicamente
eficazmente
empíricamente
encarnizadamente
estrictamente
excelsamente
fácilmente
frágilmente
guturalmente
hermosamente
heroicamente

hipotéticamente
históricamente
homogéneamente
honorablemente
hostilmente
humanamente
humildemente
idénticamente
implacablemente
inclementemente
inmediatamente
íntimamente
lentamente
levemente
maravillosamente
materialmente
mentalmente
mensualmente
modestamente
moralmente
musicalmente
mutuamente
naturalmente
nuevamente
ociosamente
oralmente
pasivamente
paulatinamente
perennemente
perfectamente
permanentemente
personalmente
plácidamente
plenamente
prontamente
proporcionadamente
proporcionalmente
próximamente
quedamente
reglamentariamente
reiteradamente

remotamente
sabiamente
seguramente
semanalmente
sencillamente
sensualmente
solamente
sólidamente
solidariamente
sonoramente
súbitamente
teatralmente
técnicamente
telefónicamente
tempestivamente
temporalmente
tenebrosamente
teóricamente
tercamente
terriblemente
tímidamente
tontamente
torpemente
totalmente
trabajosamente
tristemente
ulteriormente
únicamente
vagamente
valerosamente
vanamente
vehementemente
venerablemente
verbalmente
vilmente
virilmente
virtualmente
visiblemente
vivamente
voluntariamente

EL ACENTO EN LAS PALABRAS COMPUESTAS

- En las palabras compuestas por dos palabras simples, la primera pierde el acento gráfico (si lo tenía) y lo conserva la segunda palabra simple (si lo tenía).

así y mismo	: asimismo	décimo y séptimo	: decimoséptimo
balón y cesto	: baloncesto	físico y químico	: fisicoquímico
balón y mano	: balonmano	punta y pie*	: puntapié

* La palabra pie es monosílaba y, por tanto, no se acentúa; pero al unirse a otra palabra ahora sí se acentúa porque deja de ser monosílaba.

- Cuando dos palabras se unen a través de un guión, cada una sigue conservando el acento ortográfico —si lo tenía—.

irlandés-alemán	teórico-práctico
técnico-manual	holandés-soviético
japonés-canadiense	francés-irlandés

LA ACENTUACIÓN EN LAS PALABRAS EXTRANJERAS

Las palabras extranjeras se escriben y acentúan como en su idioma original, a menos que sean ya españolizadas; en este caso, se regirán por las normas generales de la acentuación. Ejemplos: Afganistán, Nápoles, Paquistán, París.

ACENTUACIÓN DE LA VOCAL "O" Y DE LAS MAYÚSCULAS

- Se acentúa la vocal "o" cuando va entre números para que no exista confusión con el cero.

  1 ó 3; 4 ó 2; 1 ó 9 y con ello se evita la confusión de: 203, 402, 109.

- Las palabras que se escriben con letras mayúsculas, se acentúan de acuerdo a las reglas de acentuación.

  CORAZÓN, CÉSPED, CÁNTARO, ÚTIL, PRÁCTICO, ACENTUACIÓN.

EL ACENTO DIACRÍTICO

El **acento diacrítico,** es aquél que se pone en una palabra para diferenciarla de otra que se escribe igual pero tiene diferente significado.

Ejemplos: **dé** y **de**

En el primer caso, la palabra **dé** funciona como verbo y se acentúa.

En el segundo caso, la palabra **de** funciona como nexo; es una preposición y no se acentúa.

Ejemplos de palabras con acento diacrítico:

Aquél, aquélla, aquéllos, aquéllas: pronombres demostrativos que sustituyen algo o alguien. Se acentúan.

Aquel, aquella, aquellos, aquellas: pronombres demostrativos que no sustituyen algo o alguien. No se acentúan.

    1. Al que esperas, es **aquél** que llega.

    2. Muchos de mis sueños han nacido a la sombra de **aquel** árbol.

aún   equivale a todavía. Se acentúa.

aun   es igual a: inclusive, hasta, también. No se acentúa.

    1. **Aún** me queda algo de lo que estudié.

    2. Lo cuidó, lo protegió y **aun** le dio dinero.

dí   del verbo decir. Se acentúa.

di   del verbo dar. Va sin acento.

    1. **Dí** cuanto quieras, no me harás enojar.

    2. Aprovechaste mis consejos cuando te los **di.**

él   pronombre personal. Se acentúa.

el   artículo determinado. Va sin acento.

    1. **Él** es un excelente alumno, estudia mucho.

    2. **El** arma del progreso es **el** estudio.

ése, ésa, ésos: pronombres demostrativos que sustituyen algo o alguien. Se acentúan.

ese, esa, esos: pronombres demostrativos que no sustituyen algo o alguien. No se acentúan.

    1. No he visto persona tan culta como **ésa** de ahí.

    2. Sólo bastó **esa** mirada de comprensión y sentí paz.

éste, ésta, éstos, éstas: pronombres demostrativos que sustituyen algo o alguien. Se acentúan.

este, esta, estos, estas: pronombres demostrativos que no sustituyen algo o alguien. No se acentúan.

    1. Los escritores que influyeron en mí fueron **éstos**.

    2. **Estos** libros me sacaron de la ignorancia.

más   adverbio de cantidad. Se acentúa.

mas   conjunción adversativa equivalente a **pero**. Va sin acento.

    1. La humildad vale **más** que la arrogancia.

    2. Alcanza el éxito, **mas** no te envanezcas.

mí   pronombre personal. Se acentúa.

mi   pronombre posesivo. Va sin acento.

    1. Me enteré que hablaste bien de **mí**, gracias.

    2. Es inmenso **mi** anhelo de triunfo.

ó   conjunción disyuntiva. Lleva acento cuando va entre cantidades numerales para no confundirse con el cero.

o   conjunción adversativa. Va sin acento.

    1. No supe si eran 10 **ó** 20 la cantidad acordada.

    2. Ser **o** no ser, he ahí la cuestión.

sé   de los verbos: saber y ser. Se acentúa.

se   reflexivo de pronombre personal de la tercera persona del femenino y masculino. Va sin acento.

    1. Sólo **sé** que nunca la olvidé.

    2. Contigo mismo **sé** sincero y mucho aprenderás.

    3. Nada creyó cuando **se** lo dijimos.

sólo   adverbio de modo que indica: solamente. Se acentúa.

solo   adjetivo calificativo y sustantivo, que indica soledad. Va sin acento.

1. Sócrates dijo: **Sólo** sé que nada sé.

2. Triste, **solo** y abandonado, ha quedado el jardín.

té   nombre de planta. Va con acento.

te   pronombre personal y nombre de letra. Va sin acento.

1. Al estar en Inglaterra, cual ingleses, tomamos **té**.

2. Yo **te** sugiero; tú decides qué hacer.

3. La letra **te** es una consonante del alfabeto español.

tú   pronombre personal. Se acentúa.

tu   pronombre posesivo. No se acentúa.

1. **Tú** serás el arquitecto de **tu** destino.

2. **Tu** riqueza material se agota, **tu** sabiduría, jamás.

vé   del verbo ir. Lleva acento.

ve   del verbo ver. Va sin acento.

1. **Vé** con ellos a jugar; te hará bien el deporte.

2. Nadie **ve** las virtudes ajenas; sólo **ve** los defectos.

sí   afirmación o pronombre. Lleva acento.

si   conjunción condicional o nombre. Va sin acento.

1. El instructor dijo que **sí** aprendemos.

2. Muy seguro de **sí** se dirigió al público.

3. **Si** el número 20 es par, entonces es divisible entre 2.

4. En la clase de música aprendimos la nota **si**.

EL ACENTO ENFÁTICO

Acento enfático, es el acento ortográfico que indica que una palabra requiere de mayor fuerza tónica en determinadas expresiones.

El **acento enfático** se emplea en las palabras siguientes: cuándo, cómo, dónde, qué, por qué, para qué, quién, quiénes, a quién, para quién, para quiénes, cuál, cuáles, cuánto, cuántas, etc., cuando van entre signos de interrogación o de exclamación y también cuando un autor desea dar mayor énfasis a una expresión.

Ejemplos:

LA AMADA PRESENTIDA

¿**Cuándo** vendrás amado ser de mis sueños?

¿**Cómo** será el majestuoso día de nuestro encuentro?

¿**Cuál** será el sitio que siempre recordemos?

¿**Cuál** será más la constante de nuestra dicha?

¿**Qué** nos deparará de bello cada instante?

¿**Por qué** senderos caminarán unidas nuestras vidas?

¿**Cuánto**, tantas veces, así te he presentido?

¡Ah! Contigo... ¡**Cuántas** flores serán en el jardín del alma!

¡**Qué** cielos, **qué** perfumes, entonces nos acompañarán!

¡**Cuánto** seré feliz, **cómo** te haré dichosa!

¡**Quién** lo pensara! ¡Aún no te conozco, y ya por ti desvarío!

Cuántos así por la vida vamos, y preguntamos **cuándo, dónde** y **quién** será la compañera (o compañero, según el caso) que esperamos; **cuál** será el día del encuentro, **cuánto** tiempo más esperaremos. Mientras tanto, caminamos junto a la esperanza que nos dice al oído... ¡**cuánto** los vacíos bolsos se llenarán con el encuentro!

SIGNOS DE PUNTUACIÓN Y SIGNOS AUXILIARES

Los signos de puntuación —aunados a la acentuación— son las guías para construir, con lógica, un texto, para que así tenga una intención y un sentido de acuerdo a la separación que exista entre una y otra idea. Por tanto, la puntuación determina cómo debe interpretarse un manuscrito en relación al significado o significados que el autor ha vertido.

Cabe aclarar que, una serie de ideas pueden admitir varias clases de separación y su coherencia global dependerá del orden de las oraciones y de cómo aparezcan separadas unas de otras en el texto —aparte de la acentuación en determinadas palabras, pues, con acento tienen un significado y sin acento indican algo diferente.

La demostración de lo señalado puede ofrecerse a través de dos modos de puntuar —y acentuar— un mismo grupo de palabras:

- Como no nos vimos esta mañana fue entonces que él calló, molesto, con gran dolor.

- ¡Cómo no! Nos vimos esta mañana... fue entonces que el callo molestó con gran dolor.

Como se ve, aunque son las mismas palabras, la disposición de los signos ortográficos —y la acentuación— han alterado sustancialmente los sentidos de la lectura. En consecuencia:

Puntuar es poner la correcta intención que se propone en un texto.

Los **signos de puntuación** y **signos auxiliares** son los siguientes:

Coma	,	**Guión largo**	—
Punto y coma	;	**Comillas**	" "
Punto	.	**Signos de interrogación**	¿ ?
Dos puntos	:	**Signos de admiración**	¡ !
Puntos suspensivos	...	**Diéresis**	ü
Paréntesis	( )	**Subraya**	_____
Guión corto	-		

LA COMA (,)

La coma es el signo de puntuación que, en la lectura, indica una pausa breve, casi continua, y se utiliza en los siguientes casos:

a) **En enumeraciones**, para separar sustantivos, adjetivos, verbos, frases y oraciones, excepto cuando la coma es cambiada por los enlaces o nexos: y, e, ni, o.

Ejemplos:

- Observar, aprender, tener experiencia y actuar, hacen al hombre superior.
- El verdadero vivir es más que nacer, crecer, reproducirse y morir.
- El aire puro, el ejercicio, el aseo, la buena alimentación, hacen tener una gran salud.
- Si deseas sentirte bien, con fuerza, optimismo y con lo agradable de tu ser, así será si realmente lo deseas.
- Alejandra hace deporte, ayuda en las labores de su casa, trabaja medio tiempo **e** inclusive estudia.

b) **Va coma antes y después de invocaciones.**

Ejemplos:

- Escucha, **hermano mío**, la voz de tu corazón y de tu mente.
- Mi propósito como padre, **hijo mío**, es que me superes.
- A ti me dirijo, ¡oh! poesía, como a la amante más amada.
- A usted voy, **maestro**, en pos de sus enseñanzas.
- Nunca he de morir, **amada**, si estoy en tu recuerdo.

c) **Va coma antes y después de una explicación** e indica que, tal explicación, se podría suprimir sin alterar el sentido de la oración.

Ejemplos:

- El amor, **tesoro invaluable**, da felicidad al hombre.
- El hombre, **imagen de perfección**, puede lograr ¡cuánto quiera!
- El maestro, **dador de su saber**, siendo ave de paso se hace inolvidable.
- El niño, **cual si fuera espejo**, será como sus educadores.

- El hombre, **prodigio de la Naturaleza**, con la confianza en sí mismo puede atravesar mares y montañas.

d) **Va coma antes de conjunciones adversativas** en expresiones breves cuando enlazan ideas contrarias.

Ejemplos:

- Es humilde, **pero** honesto.
- Partieron, **a pesar** de la lluvia.
- No era español, **sino** mexicano.
- Debes prepararte, **aunque** requiera sacrificio.
- Te lo advertí, **mas** no hiciste caso.
- Llegó a tiempo, **no obstante** el tráfico.
- Tuvo problemas, **sin embargo** los superó.

e) **Se utiliza coma para suplir un verbo fácil de suponer.**

Ejemplos:

- El maestro enseña al alumno; el padre, a su hijo.
- El novelista escribe novelas; el poeta, poesías.
- Miguel Ángel pintó la Capilla Sixtina; Leonardo Da Vinci, la Gioconda.
- El sol ilumina a los días; la luna, a los soñadores.
- La fe es importante; el actuar, su complemento.

f) **Se usa coma al final de oraciones formadas por gerundio o participio.**

Ejemplos:

- **Traspasando** la oscuridad, se tiene a la luz.
- **Terminado** el trabajo, viene una satisfacción.
- **Yendo** tras un objetivo, la fructificación es mayor.
- **Corriendo** siempre, no necesariamente se avanza porque se actúa sin pensamiento.
- **Pensando** y actu**ando** bien, se es un triunfador.

EL PUNTO Y COMA (;)

Este signo de puntuación, en la lectura indica una pausa menor que el punto, pero mayor que la coma y se usa en los siguientes casos:

a) **Va punto y coma antes de las conjunciones adversativas: pero, mas, aunque, sin embargo, etc. cuando la oración es larga.**

Ejemplos:

• Salimos apresurados de la casa, tomamos un taxi, sorteamos el tráfico de la gran ciudad y por último, bajo la lluvia, atravesamos el parque para llegar; pero nadie, con anterioridad, se acordó de traer los boletos para entrar al teatro.

• Toda mujer es un caudal de ternura, comprensión y amor; sin embargo, la torpeza de la mayoría de los hombres sólo las conduce a levantar diques, para después tacharlas de interesadas y frívolas.

• La mayoría de los libros de Historia, faltos de objetividad ante los hechos y las circunstancias, han causado que los mexicanos tengan el complejo de pueblo conquistado; mas la realidad es otra y rica por la conjunción de dos grandes razas que han dado como resultado un ser único sobre la Tierra: el mexicano.

b) **Se usa punto y coma en las enumeraciones.**

Ejemplos:

• En una reunión internacional no es fácil entenderse, ya que suelen encontrarse: franceses y alemanes; ingleses y japoneses; mexicanos y daneses; etc.

• De acuerdo a las carreras de la Universidad, los alumnos estudian: muchos, medicina; algunos, administración; otros, literatura; etc.

• Una empresa con cientos de trabajadores suele tener muchas secciones: dirección; subdirecciones; departamentos diversos; gerencias; etc.

c) **El punto y coma se utiliza para separar oraciones consecutivas largas, siempre que se refieran al mismo asunto dentro de un texto.**

Ejemplos:

* ¡Ah, de qué cosa más insignificante depende la felicidad! He leído todo cuanto han escrito los sabios; poseo todos los secretos de la filosofía y tengo que sentirme desdichado por falta de una rosa roja.

(Oscar Wilde, de *El Ruiseñor y la Rosa*)

* Al contemplarse en el agua vio que era completamente gris; giraba contemplándose, sin descubrir ninguna pluma roja en su cuerpo.

(Selma Lagerlof, de *El Petirrojo*)

* El viaje fue fatigoso, porque el suelo del sur es muy quebrado y el sol muy ardiente; dormíamos a campo raso y bebíamos agua en los arroyos que encontrábamos en el camino.

(Juan de Dios Peza, de *Aquí no se sientan los indios*)

EL PUNTO (.)

Es el signo de puntuación que indica un corte de expresión y, por tanto, señala una pausa (más larga que un *punto y coma*) en la lectura.

El punto, según se utilice, puede ser: punto y seguido, punto y aparte, y punto final.

Punto y seguido: Se usa entre oraciones que se relacionan entre sí para integrar un texto.

Ejemplo:

Estaba ahí□ Era un atardecer que, de maravilloso, parecía no terminar□ Los más vivos colores: naranjas, azules y violetas, se depositaban en las nubes□ El sol se alejaba y, a cada paso, en su adiós, sus rayos, cual celeste visión, más incendiaban los colores y la atmósfera□ Después, mucho después de que la noche había dejado caer su manto, aún seguía viendo ese atardecer espectacular lleno de magia y de luz□ Se grabó no sólo en mis ojos, sino en lo más recóndito de mi alma.

Punto y aparte: Es el punto que, en un texto, da término a un párrafo. Por lo mismo, el **punto y aparte** es indicador de que el tema o texto no ha concluido, y que continúa en el renglón siguiente.

Ejemplo:

Cuando preguntaron por mi oficio, pensé un momento y, con una voz pausada, pero sonora, dije: Soy hacedor de puntos□

—Pero maestro —varios exclamaron—, si usted es el mejor dibujante de la región□

—Por eso mismo —les contesté□

Los alumnos guardaron un silencio ante su incomprensión□

Entonces continué:
—Ser dibujante y hacedor de puntos es lo mismo. Una línea curva o recta, es sólo una continua sucesión de puntos.

Punto final: Se utiliza para indicar que un escrito ha terminado.

Ejemplo:

Al darse por concluida una obra literaria, en la mayoría de los casos, no se debería poner **punto final**, primero, porque normalmente existen omisiones —explicativas, ambientales y de personificación— y segundo, porque sobre lo que se escribió —no importa qué—, siempre habrá mucho más que decir□

Toda abreviatura de una palabra finaliza con punto, el cual, dependiendo de su posición en el texto, será:

- Sólo indicador de que es el término de la abreviatura.
- *punto y seguido.*
- *punto y aparte.*
- *punto final.*

Visto Bueno	Vo. Bo.	Señor	Sr.	Profesor	Prof.
Licenciado	Lic.	Señorita	Srita.	Manzana	Mzna.
Presidente	Pte.	Ciudadano	C.	etcétera	etc.

Ejemplo:

El Lic□[1] De la Olla, un día encontró, pegada en la puerta de su oficina, una hoja que decía:

Sr□[2] Pte□[3] de mzna□[4], C□[5] Lic□[6] del trasto frijolero, del recipiente pa'l café, perol, etc□[7], y que es igual a De la Olla, le solicitamos que nos enseñe, que sea nuestro Prof□[8] Lo anterior es porque nos hemos dado cuenta que usted sabe mucho de números, de letras, de la vida, de arte, etc☐.[9]

Le rogamos acepte nuestra petición y que no se enoje por lo que pusimos de su apellido (nos recordamos del cuento que nos narró) y por tanto que dé su Vo☐.[10] Bo☐.[11]

Atentamente, sus vecinos, los aquí firmantes: José, Raúl, Juan, Rafael, Lorenzo, Arturo, Gina, Karen, Tomy, Gabriela, Claudia, Katy, etc☐.[12]

- Los puntos en las abreviaturas 1, 2, 3, 4, 5, 6, 7 y 10 actúan sólo como terminaciones de abreviaturas.
- El punto número 8 es, a su vez, *punto y seguido.*
- Los puntos 9 y 11 son también *punto y aparte.*
- El punto 12 actúa, paralelamente, como *punto final.*

Después de punto y seguido y de punto y aparte, siempre se iniciará con letra mayúscula.

LOS DOS PUNTOS (:)

Los **dos puntos,** es el signo de puntuación que indica una pausa y su función es anunciar una explicación o una consecuencia.

Los **dos puntos,** según el caso, se aplican de cuatro maneras:

a) Se usan **dos puntos** cuando una expresión finaliza con las palabras: son, por ejemplo, verbigracia, a saber, los siguientes —entre otras—, e indica que a continuación viene una enumeración o ejemplos de lo que se está expresando.

Ejemplos:

1. En los pueblos subdesarrollados existe: ignorancia, injusticia, corrupción, hambre, explotación humana, etc.
2. Cada hombre merece gozar de: libertad, cultura, trabajo y respeto.
3. En una biblioteca se pueden encontrar diversos tipos de libros, como son: de Literatura, de Matemáticas, de Historia, de Biología y muchos más.
4. Las formas no personales del verbo son: infinitivo, participio y gerundio.

5. Las palabras homófonas son las que se pronuncian igual; pero tienen diferente significado. Por ejemplo:

casa y caza   hacia y Asia

b) Se ponen **dos puntos** después de las expresiones de cortesía, dedicatoria o saludo, que de común se usan en cartas, discursos y otros documentos.

Ejemplos:

1. Estimado público:
   Es para mí motivo de honor, el poder dirigirme a ustedes. . .

2. Querido hermano:
   Recibí tu carta y me dio mucho gusto. Lo que dices. . .

3. Sr. padre de familia:
   Agradeceremos su asistencia el próximo día lunes para firmar la boleta de calificaciones de. . .

4. Estimado Sr. Luis Hernández:
   De acuerdo a nuestra conversación telefónica del día 23. . .

5. Amada esposa:
   No obstante que a diario hablamos por teléfono, te extraño mucho desde este país. . .

c) Van **dos puntos** antes de citar textualmente las palabras de otra persona.

Ejemplos:

1. José Martí, el poeta y libertador cubano, dijo: "Sólo merece el cielo, quien pretende escalarlo."

2. El chileno Pablo Neruda, premio Nobel de Literatura, en uno de sus poemas dijo: "En noches como ésta, la tuve entre mis brazos".

3. Horacio, el gran poeta romano, dijo: "Si quieres ser leído más de una vez, no vaciles en borrar a menudo".

4. Un pensamiento que nos hace meditar es el siguiente: "El último tributo al ser amado no es la pena de sentirlo ido y de nunca más volver a verle, sino de llevarlo dentro de sí mismo, para que siempre viva".

d) Se usan **dos puntos** cuando al hacerse una oración, en seguida ésta se explica con otra u otras oraciones.

Ejemplos:

1. Un vicio muy nocivo, al igual que el alcohol, es el juego: por él, gente muy acomodada ha quedado en la miseria; por él, se pierde la riqueza, la vergüenza y hasta el respeto por sí mismo.

2. Para el hombre, el amor es una fuerza muy poderosa: por él, se abandona todo, pero también, es una energía que hace saber que no existen imposibles.

3. Todos mis días, ¡oh! vida, son tus días: tuyos, porque los míos se alimentan y se alumbran de ti.

LOS PUNTOS SUSPENSIVOS (. . .)

Los **puntos suspensivos** —a través de una pausa dudosa—, son para indicar que una expresión deja el sentido. . . en suspenso.

Los **puntos suspensivos** se usan en los siguientes casos:

a) Cuando deseamos callar algo, dejando entonces la idea incompleta y el sentido en suspenso.

Ejemplos:

1. Te quiero decir algo que. . . no, mejor no, porque pensarás mal.

2. La clase es tan. . . que me desconcierta a veces.

3. Fue tan fuerte la experiencia que. . . bueno, no sé cómo decirla.

b) Se ponen **puntos suspensivos** cuando al citarse un aforismo o refrán, éste se deja incompleto por suponerse conocido.

Ejemplos:

1. De tal palo. . .

2. Árbol que nace torcido. . .

3. Al buen entendedor. . .

4. Agua que no has de beber. . .

5. Al mal tiempo. . .

c) Se utilizan **puntos suspensivos** en las expresiones a las que se les da un final sorpresivo, inesperado.

Ejemplos:

1. Pobre y enferma la mujer apretó a su pequeño hijo contra su pecho. Después ella murió, y, ¿el niño?... ¡nadie lo supo!

2. La noche reinaba sobre el bosque y, en Arturo, el miedo se hizo pavor al oír ruidos tras la maleza. Sabía que estaba en una zona donde había lobos, pero ese era el único camino y tenía que pasar por ahí si quería regresar a su casa. Se acercó lento hacia donde escuchó los ruidos y al hacerlo levantó un pequeño leño que encontró; un sudor frío le corría por el cuello. Se acercó más, más y, de pronto... con gran estrépito salieron volando varios pájaros.

3. Me encontraba solo en la casa y veía una película de terror que me tenía sentado al borde del sofá. De pronto, escuché ruidos y grité: ¿quién es...? Silencio. Me dio miedo, tomé un palo que estaba cercano y me aproximé de puntitas para entonces ver una sombra. Levanté más el palo y lo descargué con fuerza y apenas, por fracción de segundos, lo pude desviar. La sombra era de... ¡mi hermana! La muy tonta no me contestó por traer puestos los audífonos de su grabadora portátil.

d) Los **puntos suspensivos** se usan para expresar duda, temor e incertidumbre.

Ejemplos:

1. No dudo de su capacidad, pero...

2. Sí, estoy de acuerdo con usted, sin embargo...

3. De prisa, esos hampones son capaces de...

e) Los **puntos suspensivos** también se utilizan cuando al reproducirse un texto, éste no lo tomamos desde el principio. Este uso de los **puntos suspensivos** indica que dicho texto no comienza ahí.

Ejemplos:

1. "... todo era como lo había dicho el morador de las colinas; pero nadie le creyó y ahora se tenían las consecuencias."

2. "... fue entonces que su cara se iluminó de alegría y siguió su camino con el recuerdo en paz."

3. "... así se dio cuenta de que no hay que creer todo lo que se escucha, porque cada quien hablará de acuerdo a como lo haya tratado la vida."

f) Los **puntos suspensivos** se usan cuando se interrumpe un texto, porque su continuación no es necesaria.

Ejemplos:

1. El Himno Nacional Mexicano comienza diciendo: "Mexicanos al grito de guerra. . ."

2. La tabla de multiplicar del número cinco es: cinco por uno: cinco; cinco por dos: diez; cinco por tres: quince;. . .

EL PARÉNTESIS ( )

El **paréntesis** es un signo que interrumpe a una oración e indica que (lo que va entre estos dos signos) es una nota aclaratoria, explicativa o de información complementaria; tiene la característica de que, si se suprime lo que está dentro del paréntesis, esto no alterará, en absoluto, el sentido de lo escrito.

NOTA: El **paréntesis** (cuando no se usa para indicar fechas, etimologías, capítulos y versículos) se puede cambiar o usar, indistintamente, como **guión largo**.

Ejemplos:

1. La humildad (sentimiento raro hoy en día) es lo que hace valer más a las personas.

2. El animal racional (el hombre) es por naturaleza gregario.

3. Después de terminadas sus labores (realizadas por las mañanas) el joven corría para llegar a sus clases.

4. El poeta nicaragüense Rubén Darío (1867-1916) es el máximo representante de la corriente literaria llamada Modernismo.

5. Literatura (littera, litterae: letra) es el arte de producir belleza por medio de la palabra hablada o escrita.

6. Agua que no has de beber (dice un refrán popular), déjala correr.

EL GUIÓN CORTO (-)

El **guión corto**, llamado a veces guión menor, es una línea horizontal, más pequeña que el guión largo, que se emplea en dos casos:

a) Cuando al finalizar el renglón de un texto no cabe toda una palabra, se pondrá **guión corto** para indicar que dicha palabra continúa en el renglón siguiente. La separación de esa palabra será siempre en sílabas completas.

Ejemplos:

1. En la ciudad de Corazolandia, siendo la hora cero del 18 de marzo loco, comparecen ante mí, juez de tercera clase, un par de tor-
   tolitos que, flechados por cupido, desean pasar dizque a mejor vida, con permiso de las altas autoridades, civiles y lambisco-
   nes que los acompañan. (Bueno, ya lo dice el refrán: "El que por
   su gusto muere, hasta la muerte le sabe".)

2. La contaminación del ambiente es un grave problema que da-
   ña la salud de todos por igual y, por tanto, es deber de todos los ciudadanos y de las autoridades, la total colaboración para obtener una mejor calidad de vida.

3. De manera irresponsable, sin importarle que está cavando su propia tumba, el hombre sigue con la tala inmoderada de bosques y con ello está haciendo que cambien los climas benig-
   nos por éstos que cada vez son más extremados y perjudiciales.

b) Se usa **guión corto** para unir vocablos compuestos de dos o más palabras, sobre todo, si se integran por significados opuestos o de contraste.

Ejemplos:

1. Instituto anglo-americano (de: anglo y americano).
2. Ciencias económico-administrativas (de: económico y administrativas).
3. Literatura hispano-americana (de: hispano y americana).
4. Estudios físico-químico-biológicos (de: físico, químico y biológico).
5. Experimentos teórico-prácticos (de: teórico y práctico).

EL GUIÓN LARGO (—)

El **guión largo**, llamado a veces guión mayor, es una línea horizontal, de más extensión que el guión corto, que se usa de las dos siguientes formas:

a) El **guión largo** sirve, en un texto dialogado, para indicar el cambio de interlocutor y así evitar repeticiones de: dijo, repuso, respondió, contestó, replicó, etc.

Ejemplo:

—¿Quién eres?

—La muerte.

—Pero yo llamé a la vida.

—También lo soy.

—Y ¿cómo es eso?

—Muy fácil: La vida y la muerte son parte de una misma línea, sólo que una al comienzo y otra al final.

b) El **guión largo**, que se puede usar también como si fuera **paréntesis**, tiene, por tanto, las mismas funciones en cuanto a: interrumpir la oración para indicar una nota aclaratoria, explicativa o dar una información complementaria, cuya característica es que, de omitirse lo que está entre los dos guiones largos, no alterará el sentido de lo escrito.

Ejemplos:

1. Con cada caída que se tiene en la vida —aunque haga sangrar— se obtiene algo más valioso: experiencia.

2. Si quieres remontarte a las alturas —decía un sabio— primero hazte —con la educación— unas alas suficientes.

3. Cuando pienso en mi amada —lo sé de cierto—, no pienso en ella como si fuera mortal, sino como la diosa a quien venero porque —ante todo— me hace sentir esta felicidad.

LAS COMILLAS (" ")

Las comillas son dos pares de comas (van en la parte superior de la palabra y unas abren y otras cierran) que se usan en una expresión que se desea hacer notar y se emplean en: cuentos y poemas diversos, apodos, citas textuales, frases célebres, etc.

Ejemplos:

1. La obra cumbre del escritor español Miguel de Cervantes Saavedra es: "El ingenioso hidalgo Don Quijote de la Mancha".

2. El "Dr. Atl", Gerardo Murillo, escribió un cuento que tituló "El cuadro mejor vendido".

3. En una de sus poesías, Amado Nervo dijo: "Yo soy el arquitecto de mi propio destino".

4. "El hombre sabio, incluso cuando calla, dice más que el necio cuando habla" (Thomas Fuller).

LOS SIGNOS DE INTERROGACIÓN (¿ ?)

Los **signos de interrogación** son los signos que indican que se está haciendo una pregunta. Los **signos de interrogación** son dos: uno que abre o inicia la pregunta y otro que la cierra para terminar la pregunta.

Ejemplos:

1. ¿Cómo se puede decir a alguien que tiene patria cuando no tiene un buen trabajo, un salario digno y una morada decente?

2. ¿Qué otra pena mayor puede haber para los padres que ver morir a sus hijos?

3. ¿Has pensado brindarle diariamente un mínimo de gozo a tu cansada madre?

4. ¿Que cuánto daría por volver a vivir aquellos placenteros años de juventud?

5. ¿Por qué partiste renunciando a la felicidad y fortuna para hallar desdichas y amarguras?

LOS SIGNOS DE EXCLAMACIÓN O ADMIRACIÓN (¡ !)

Los **signos de exclamación o admiración** son los signos que, precisamente, indican una exclamación o una admiración. Dichos signos son dos: uno que abre o inicia la exclamación o admiración y otro que la cierra o termina.

Ejemplos:

1. ¡Qué bello amanecer!

2. ¡Ah, qué maravillosa es la madre Naturaleza!

3. ¡Me sorprende lo que veo!

4. ¡Ay, reata, no te revientes que es el último jalón!

5. ¡Ahora es cuando, yerbabuena, le has de dar sabor al caldo!

LA DIÉRESIS (ü)

Diéresis es un signo consistente en dos puntos que exclusivamente se colocan sobre la letra **ü** con lo cual se indica que la **u** debe ser pronunciada en las sílabas güe, güi.

Aparte de la lista que se da a continuación, los verbos aguar, amortiguar, antiguar, apaciguar, atestiguar, averiguar, deslenguar, fraguar, menguar y santiguar, al conjugarse e ir **gu** ante **e**, la **u** lleva diéresis. Ejemplo: de averiguar, averigüe, averigüen, averigüemos.

agüero	chiquigüite	halagüeño	nicaragüense	sinvergüenza
antigüedad	degüello	jagüey	nicaragüeño	trilingüe
argüir	desagüe	lengüetada	paragüería	ungüento
argüitivo	exangüe	lengüetazo	pedigüeño	vergüenza
bilingüe	exigüidad	lingüista	pingüe	yegüería
cigüeña	güero	lingüística	pingüino	
contigüidad	güipil	monolingüe	piragüero	

LA SUBRAYA (_____)

La **subraya** es un signo que sirve para enfatizar la importancia de una parte específica de un texto.

Ejemplo:

La puntualidad y la asistencia son básicas en la disciplina de trabajo.

También se puede emplear para indicar el título de un libro.

Ejemplo:

El ingenioso hidalgo Don Quijote de la Mancha.

Se puede emplear en: manuales, instructivos, oficios y diversa información, para destacar el título o subtítulos de cada una de las partes.

Ejemplos:

Revisión de documentos. Se les comunica que, con esta fecha, la revisión de documentos los hará la Srita. Lourdes Rodríguez. . .

Cómo limpiar la rasuradora. Para mantener limpia su rasuradora siga los pasos que se indican. . .

LAS PALABRAS
DE ACUERDO A SU FUNCIÓN

Todas las palabras simples o compuestas, de acuerdo a la función que desempeñan en la oración, se llaman: sustantivo o nombre, adjetivo, verbo, adverbio, artículo, pronombre, preposición, conjunción e interjección.

Es importante saber cuál es la función de cada una de estas palabras, porque los sustantivos cambian a adjetivos o verbos, y viceversa, y esto, conforme cambien las palabras de una función a otra, cambiará su ortografía. Ejemplo: de parro**quia** a párro**co**; de bra**zo** a bra**cero**; de **o**ler a **hue**lo, etc. y aunque —tanto por su variabilidad como por la cantidad que existen— la ortografía atañe básicamente a verbos, sustantivos, adjetivos y un poco a los adverbios, como complemento informativo se da a continuación la función que tienen cada una de las palabras.

EL ARTÍCULO

Es la parte **variable** de la oración que va antes del nombre o sustantivo, para determinar la extensión de éste. Los artículos se dividen en: DEFINIDOS o DETERMINADOS: el, la, los, las, lo, los; e INDEFINIDOS o INDETERMINADOS: un, una, unos, unas; a su vez, unos y otros poseen género (masculino, femenino o neutro) y número (singular o plural).

GÉNERO:	MASCULINO		FEMENINO		NEUTRO	
NÚMERO:	SINGULAR	PLURAL	SINGULAR	PLURAL	SINGULAR	PLURAL
ARTÍCULO DEFINIDO O DETERMINADO	el	los	la	las	lo	los
ARTÍCULO INDEFINIDO O INDETERMINADO	un	unos	una	unas	no hay	

EL PRONOMBRE

La palabra **Pronombre** indica que va en lugar del nombre; es la parte **variable** de la oración que nombra a una persona o cosa sin nombrarla y es por ello que determina o sustituye al nombre o sustantivo. Los pronombres se dividen en:

• **PRONOMBRES DEMOSTRATIVOS**, son los que muestran o señalan personas, animales o cosas: **este, esta, esto, estos, estas; ese, esa, eso, esos, esas; aquel, aquella, aquello, aquellos, aquellas.**

- **PRONOMBRES PERSONALES: yo, me, mí; tú, te, ti; usted, ustedes; él, ello, ellos, ella, ellas; la, las, le, les, lo, los; se, sí; nosotros, nosotras, nos.**

- **PRONOMBRES POSESIVOS.** Definen pertenencia o propiedad, y son: **mi, mis, mía, mías, mío, míos; tu, tus, tuyo, tuyos, tuya, tuyas; su, sus, suyo, suyos, suya, suyas; nuestro, nuestros, nuestra, nuestras.**

- **PRONOMBRES RELATIVOS.** Este pronombre redefine a alguien o algo de lo que recién se ha hablado o se supone que se le conoce. Son: **que, quien, cual, cuanto, cuyo;** los que, excepto "cuyo", se acentúan dentro de una interrogación o admiración.

- **PRONOMBRES INDEFINIDOS O INDETERMINADOS,** son los que se utilizan para aludir vagamente a personas o cosas, como: **alguno, alguien, algo, uno, ninguno, nada, nadie, mucho, demasiado, bastante, todo, poco, harto, tal, cual, quien, cualquiera, cualesquiera, quienquiera, quienesquiera.**

LA PREPOSICIÓN

Es la parte **invariable** de la oración que muestra la relación que hay entre dos palabras.

LAS PREPOSICIONES son diecinueve, a saber: **a, ante, bajo, cabe, con, contra, de, desde, en, entre, hacia, hasta, por, para, según, sin, so, sobre, tras.**

LA CONJUNCIÓN

Es la parte **invariable** de la oración que manifiesta el vínculo entre dos o más palabras u oraciones. Se divide en:

CONJUNCIONES COPULATIVAS: y, e, ni, que.

CONJUNCIONES DISYUNTIVAS: o, u, ya, ora, bien.

CONJUNCIONES ADVERSATIVAS: pero, mas, aun, sino, excepto, aunque.

CONJUNCIONES CAUSALES: pues, porque, conque, luego, que.

LA INTERJECCIÓN

Las interjecciones son básicamente exclamaciones como: ¡ah!, ¡eh!, ¡oh!, ¡huy!, ¡ay!, ¡caray!, ¡cáspita!, ¡bah!, ¡caramba!, ¡ojalá!, ¡uf!, ¡hola!, ¡vaya!, ¡ajá!, etc.

Quitándose los artículos, pronombres, preposiciones, conjunciones e interjecciones —que en su conjunto son pocos—, las palabras simples, compuestas y derivadas, de uso común del idioma español —alrededor de 25,000, sin considerarse conjugaciones de verbos, enclíticos y plurales— se encuentran en los adverbios, los sustantivos o nombres, los adjetivos, y en los verbos.

EL ADVERBIO

Es la parte **invariable** de la oración que califica o determina el significado del verbo, del adjetivo o del mismo adverbio. Se dividen en:

a) **Adverbios de lugar: aquí, acá, ahí, allí, allá, acullá, cerca, encima, detrás, tras, etc.**

b) **Adverbios de tiempo: ahora, hoy, siempre, mañana, temprano, etc.**

c) **Adverbios de cantidad: muy, mucho, tan, más, nada, etc.**

d) **Adverbios de orden: sucesivo, después, antes, último, primero, etc.**

e) **Adverbios de modo: bueno, mal, alto, así, apenas, etc.**

f) **Adverbios de afirmación: sí, cierto, también, etc.**

g) **Adverbios de negación: no, nunca, tampoco, jamás, etc.**

h) **Adverbios de duda: acaso, tal vez, quizá o quizás, etc.**

Los adjetivos y participios pasivos pueden ser transformados en adverbios al agregárseles la terminación **-mente.** Ver pags. 64-65.

Algunos ejemplos son:

abierta**mente**	acepta**damente**	vaga**mente**
abrevia**damente**	activa**mente**	venerable**mente**
absoluta**mente**	actual**mente**	verbal**mente**
aburri**damente**	acumulativa**mente**	vil**mente**
accidenta**damente**	adapta**damente**	viva**mente**
acelera**damente**	ulterior**mente**	voluntaria**mente**
acentua**damente**	única**mente**	zonza**mente**

EL SUSTANTIVO O NOMBRE

Es la parte **variable** de la oración y es la palabra con la que se nombra a un ser, a una cosa o un tema, que tiene existencia concreta o abstracta.

De igual manera que *el artículo*, los sustantivos o nombres poseen género (masculino o femenino) y número (singular o plural). Los sustantivos o nombres son de dos tipos:

- **NOMBRES PROPIOS.** Los nombres propios son realmente pocos en comparación con los nombres comunes, ya que son, únicamente, los que nombran a una persona o a un país, ciudad o lugar determinado. En los nombres propios, la letra inicial siempre se escribe con mayúscula.

Ejemplos:

América	Egipto	Israel	Morelia	Sandra
Agustín	España	Italia	Nancy	Silvia
Bélgica	Felipe	Jacinto	Nayarit	Sinaloa
Berenice	Francia	Jamaica	Nicaragua	Tabasco
Bolivia	Gloria	Juan	Oaxaca	Tepic
California	Grecia	Kennedy	Olivia	Uganda
Carlota	Guadalajara	Laura	Orlando	Ulises
Carmen	Guanajuato	Lucero	Panamá	Venecia
Chihuahua	Haití	Madrid	Paraguay	Verónica
Daniela	Holanda	María	Pedro	Yolanda
David	Hortensia	México	Puebla	Zacatecas
Durango	Isabel	Michelle	Puerto Rico	

- **NOMBRES COMUNES,** son todos los que no nombran a una persona o localidad y, por tanto, son los nombres que se dan a todos los seres, a todas las cosas, y a todos los temas en general, sin mencionarse cualidades.

Ejemplos:

abeja	camión	hueso	lombriz	queso
actuación	cielo	huracán	madeja	química
ajedrez	danza	idea	madera	tambor
alambre	delfín	idioma	maleta	teatro
anatomía	desierto	iglesia	matemáticas	tiburón
animal	dinero	iguana	padre	tierra
antena	dulce	imagen	país	títere
beisbol	empresa	insecto	piedra	toalla
bodega	enciclopedia	llanta	planeta	transporte
borrego	enfermedad	llave	planta	uniforme
blusa	escuela	lluvia	policía	universidad
cafetería	historia	lobo	política	

EL ADJETIVO

Es la parte **variable** de la oración. El adjetivo es la palabra que califica o determina al sustantivo o nombre y se clasifican, precisamente, en: adjetivos calificativos y los adjetivos determinativos que tienen algunas variantes.

LOS ADJETIVOS CALIFICATIVOS, son los que acompañan al sustantivo para definir alguna cualidad de la persona o cosa nombrada: niño **risueño**; hombre **gordo**; mujer **bella**.

Ejemplos:

ágil	espiritual	impetuoso	oculto	sedoso
agradable	fácil	juvenil	opaco	temeroso
bueno	gozoso	maduro	pálido	tajante
digno	gustoso	malo	pegajoso	transparente
elegante	humilde	nervioso	radiante	valiente
elocuente	idealista	noble	ridículo	zurdo

ADJETIVOS DETERMINATIVOS

Los adjetivos determinativos, como prioridad no califican al nombre, sino que lo determinan: **doble** juego; **pocos** fueron a la fiesta; él llegó en **noveno** lugar. Otros ejemplos son: algunos, todos, muchos, doble, pocos, ninguno, nadie. Los adjetivos determinativos pueden ser de diferente índole, como se muestra a continuación:

• **Adjetivos comparativos**, son las palabras que expresan comparación: Antonio es **mejor** que Juan; el **peor** día.

Ejemplos: mayor, menor, mejor, peor, superior, inferior.

• **Adjetivos superlativos**, son los que denotan grado sumo de cualidad y llevan el sufijo -ísimo(a) y -érrimo(a). Ejemplos: Mi papá es **grandísimo**; Mi mamá es **bellísima**; Mi abuelo es **celebérrimo**. Ver pags. 51-52.

Algunos ejemplos son:

feísimo	sencillísimo	ubérrima	carísimo
libérrimo	correctísimo	paupérrima	crecidísimo
misérrimo	sapientísimo	ostentosísimo	buenísima

• **Adjetivos aumentativos**, son las palabras que indican un aumento de magnitud de algo o alguien: Mi hermano es un **hombrón**; yo vivo en una **casota**; el león tiene una **bocaza**; yo me compraré un **carrazo**.

Los adjetivos aumentativos tienen por característica las terminaciones: -azo, -ote(a), -on(a).

Ejemplos:

grandote	golpazo	gomota	portazo
perrote	manota	cazuelón	lapizote
catorrazo	mesota	cucharota	niñote
tazota	juegazo	pelmazo	
charolota	cochezote	manotazo	

- **Adjetivos diminutivos**, son los que tienen la cualidad de disminuir o reducir a menos una cosa. Ejemplos: De **florecita** en **florecita** se junta un **ramito**. Los adjetivos diminutivos tienen por característica las terminaciones o sufijos: -ito(a). Ver pags. 268-272.

Ejemplos:

ojitos	dinerito	adiosito	comidita
bajito	mujercita	blanquita	niñito
guapita	plumita	lucecita	doradito
maquinita	Luisito	pancita	disfracito
pobrecito	Andresito	limoncito	mamacita

- **Adjetivos despectivos**, son las palabras que tienen significación de menosprecio: yo de niño era un **flacucho**; son **libracos** aquellos que no aportan.

Ejemplos:

poetastro	paliducha	gorducha
calducho	mugrosilla	peladillo
feucha	casucha	comiducha

- **Adjetivos abundacionales o colectivos**, son los que indican abundancia, gran cantidad. Ejemplo: caminé por un campo **pedregoso**.

Ejemplos:

alameda	colmenar	manglar
arboleda	enramada	pajar
borregada	llamarada	pinar
caballada	manada	viñedo

- **Adjetivos gentilicios**, son los que indican el lugar, nación o patria de las personas: Mi hermano tiene amigos **sudamericanos: chilenos, argentinos, uruguayos, brasileños**, y también **estadounidenses, canadienses, panameños, puertorriqueños, costarricenses, españoles, italianos, franceses, ingleses**, y en México, conoce a **mexiquenses, poblanos, jalicienses, nayaritas, chiapanecos y oaxaqueños**. Ver pags. 403-406.

- **Los adjetivos numerales**, se dividen en **adjetivos cardinales** que son los que expresan cuántas son las personas, animales o cosas de que se trata: el rebaño tiene **veinte** animales. Y los **adjetivos ordinales** que indican orden o sucesión: José llegó en **primer** lugar.

Ejemplos:

Adjetivos cardinales: uno, dos, tres, nueve, diez, doce, treinta.

Adjetivos ordinales: primero, segundo, tercero, noveno, décimo, doceavo, quinceavo.

EL VERBO

El verbo es la parte *más variable* de la oración: denota acción, pasión o estado de un cierto evento o individuo. El verbo es el componente *indispensable* de la oración formal, puesto que concreta el tiempo y determina lo que sucede o lo que se hace.

De los 4,200 verbos de uso común actual, cada uno pertenece a una de las siguientes conjugaciones:

1ª Conjugación: los terminados en **-ar** son 3,550 verbos.

2ª Conjugación: los terminados en **-er** son 300 verbos.

3ª Conjugación: los terminados en **-ir** son 350 verbos.

El verbo es conjugado en tres modos, que son:

a) Modo indicativo

b) Modo subjuntivo

c) Modo imperativo

LOS VERBOS REGULARES son los que en todos sus tiempos y personas conservan sus letras radicales y toman las desinencias (terminaciones) ordinarias de la conjugación a que pertenecen. La mayor parte de ellos (2,600) están contenidos en una sola conjugación: en los terminados en **-ar**.

LOS VERBOS IRREGULARES son los que al conjugarse alteran sus radicales o las desinencias (terminaciones) ordinarias. No se consideran irregularidades los cambios de letras por reglas ortográficas. Ejemplos: goce (de gozar), eduqué (de educar), fuerce (de forzar), construir (construya), etc.

VERBOS DEFECTIVOS son lo que no tienen algunos tiempos y personas, como, por ejemplo, los verbos: abolir, concernir.

VERBOS IMPERSONALES O UNIPERSONALES. Estos verbos se utilizan únicamente en el infinito y en la tercera persona del singular de todos los tiempos, caracterizándose por representar actos realizados por la Naturaleza. Estos verbos dejan de ser unipersonales cuando llevan sujeto. Ejemplo: **Llueve** dentro de mí desde que **atardeció** mi vida.

Los verbos impersonales son:

alborear	centellear	diluviar	llover	tronar
amanecer	clarear	escampar	lloviznar	ventiscar
anochecer	chaparrear	escarchar	nevar	ventisquear
atardecer	chispear	granizar	oscurecer	
centellar	chubasquear	helar	relampaguear	

ORTOGRAFÍA DE LOS VERBOS

Como se vio en el prólogo de este libro, de las alrededor de 300,000 palabras de uso común que actualmente existen, 240,000 se forman o relacionan con los 4,200 verbos a través de las conjugaciones de las que, con sus modos, tiempos y personas, resultan 180,000 nuevas palabras o derivaciones verbales; a esto se aúnan los 50,000 enclíticos de uso común —ver páginas 58-60—, además de las terminaciones -ble y -dor(a) que pueden llevar casi todos los verbos.

Lo anterior representa el 80% de todo el idioma español actual por lo que, de manera por demás lógica, muchas reglas ortográficas están contenidas o se derivan de los verbos, entre las que se encuentran las que atañen a: las vocales que cambian de e a i, de e a ie, de o a ue, de u a ue, y también a las letras: **b, v, c, z, g, j, h, y.**

EL PARTICIPIO

Todos los verbos tienen participio y el participio es la palabra que indica recibir la acción verbal. Ejemplos: de amar, amado(a) de iluminar, iluminado(a), de beber, bebido(a), de medir, medido(a). Su contraparte que realiza la acción, lleva la terminación -dor(a): de amar, amador(a), de iluminar, iluminador(a), de beber, bebedor(a), de medir, medidor(a).

La terminación -ado(a) corresponde a los 3,550 verbos en -ar. Ejemplos: de cantar, cantado(a), de soñar, soñado(a), de sintonizar, sintonizado(a), de abarcar, abarcado(a).

La terminación -ido(a) corresponde a los 300 verbos en -er y a los 350 verbos en -ir. Ejemplos: de comer, comido(a), de saber, sabido(a), de ir, ido(a). Sin embargo, en los verbos en -er e -ir existen algunos que no tienen la terminación -ido(a) sino -to o -cho, los cuales son los siguientes:

Los verbos con -er: **poner, volver, solver** y **ver**, junto con sus derivados, su participio tiene la terminación -to (puesto, vuelto, suelto, visto).

anteponer	antepuesto	poner	puesto
componer	compuesto	posponer	pospuesto
contraponer	contrapuesto	predisponer	predispuesto
deponer	depuesto	presuponer	presupuesto
descomponer	descompuesto	proponer	propuesto
disponer	dispuesto	reponer	repuesto
exponer	expuesto	sobreponer	sobrepuesto
imponer	impuesto	suponer	supuesto
indisponer	indispuesto	trasponer	traspuesto
interponer	interpuesto	yuxtaponer	yuxtapuesto
oponer	opuesto		

desenvolver	desenvuelto	revolver	revuelto
devolver	devuelto	volver	vuelto
envolver	envuelto		

absolver	absuelto	resolver	resuelto
disolver	disuelto		

entrever	entrevisto	ver	visto
prever	previsto		

Los verbos con **-ir: abrir, cubrir** y el vocablo **scribir,** con sus variantes, su participio termina en **-to.**

abrir	abierto	**reabrir**	reabierto
entreabrir	entreabierto		

cubrir	cubierto	**encubrir**	encubierto
descubrir	descubierto	**recubrir**	recubierto

adscribir	adscrito	**prescribir**	prescrito
describir	descrito	**proscribir**	poscrito
escribir	escrito	**reinscribir**	reinscrito
inscribir	inscrito	**suscribir**	suscrito
manuscribir	manuscrito	**transcribir**	transcrito

Los verbos **hacer** y **decir** con sus derivados, su participio termina en
-cho. Los verbos bendecir, predecir y maldecir, tienen doble participio:
bendecido y bendito; predecido y predicho; maldecido y maldito.

deshacer	deshecho	**rehacer**	rehecho
hacer	hecho	satisfacer	satisfecho

contradecir	contradicho	desdecir	desdicho
decir	dicho		

VERBOS CON DOBLE PARTICIPIO

	regular	irregular
absorber	absorbido	absorto
abstraer	abstraído	abstracto
atender	atendido	atento
bendecir	bendecido	bendito
compeler	compelido	compulso
comprimir	comprimido	compreso
concluir	concluido	concluso
confesar	confesado	confeso
confundir	confundido	confuso
convertir	convertido	converso
corregir	corregido	correcto
corromper	corrompido	corrupto
despertar	despertado	despierto
difundir	difundido	difuso
elegir	elegido	electo
excluir	excluido	excluso
eximir	eximido	exento
extender	extendido	extenso
extinguir	extinguido	extinto
fijar	fijado	fijo
freír	freído	frito
hartar	hartado	harto
imprimir	imprimido	impreso
incluir	incluido	incluso
injertar	injertado	injerto
juntar	juntado	junto
maldecir	maldecido	maldito
manifestar	manifestado	manifiesto
nacer	nacido	nato
oprimir	oprimido	opreso
poseer	poseído	poseso
pretender	pretendido	pretenso
proveer	proveído	provisto
recluir	recluido	recluso
salvar	salvado	salvo
sepultar	sepultado	sepulto
soltar	soltado	suelto
sujetar	sujetado	sujeto
sustituir	sustituido	sustituto

EL GERUNDIO

Al igual que con los participios, todos los verbos tienen gerundio o palabra verbal indicadora de que está realizando la acción. Ejemplos: de palpitar, palpitando, de conocer, conociendo, de elegir, eligiendo.

La terminación -ando corresponde a los 3,550 verbos en -ar. Ejemplos: dibujar, dibujando; idealizar, idealizando; mirar, mirando.

La terminación -iendo corresponde a los verbos en -er e -ir. Ejemplos: de conducir, conduciendo, de nacer, naciendo. Sin embargo, existen algunos verbos en -er e -ir, que tienen la terminación endo y cuando a esta terminación le antecede primero una i y además otra vocal, entonces la i latina se convierte en y griega (yendo).

Los verbos que a continuación se detallan, su gerundio tiene la terminación -endo.

bruñir	bruñendo	ceñir	ciñendo
bullir	bullendo	constreñir	constriñendo
engullir	engullendo	desteñir	destiñendo
escabullir	escabullendo	estreñir	estriñendo
gruñir	gruñendo	reñir	riñendo
rebullir	rebullendo	teñir	tiñendo
zambullir	zambullendo		

EL GERUNDIO -YENDO QUE TIENEN ALGUNOS VERBOS

El verbo ir, los verbos oír, desoír, y los 36 verbos terminados en -uir, llevan el gerundio yendo:

ir	yendo	oir	oyendo	desoir	desoyendo

Los verbos con terminación -uir, son:

afluir	afluyendo	constituir	constituyendo
argüir	arguyendo	construir	construyendo
atribuir	atribuyendo	contribuir	contribuyendo
autodestruir	autodestruyendo	derruir	derruyendo
concluir	concluyendo	destituir	destituyendo
confluir	confluyendo	destruir	destruyendo

diluir	diluyendo	intuir	intuyendo
disminuir	disminuyendo	obstruir	obstruyendo
distribuir	distribuyendo	ocluir	ocluyendo
excluir	excluyendo	prostituir	prostituyendo
fluir	fluyendo	recluir	recluyendo
huir	huyendo	reconstituir	reconstituyendo
imbuir	imbuyendo	reconstruir	reconstruyendo
incluir	incluyendo	redistribuir	redistribuyendo
influir	influyendo	rehuir	rehuyendo
inmiscuir	inmiscuyendo	restituir	restituyendo
instituir	instituyendo	retribuir	retribuyendo
instruir	instruyendo	sustituir	sustituyendo

Los verbos terminados en **traer, caer** y **roer**, con sus derivados, y los verbos **creer, leer, poseer** y **proveer**, tienen su gerundio con la terminación -**yendo**.

abstraer	abstrayendo	maltraer	maltrayendo
atraer	atrayendo	retraer	retrayendo
contraer	contrayendo	sustraer	sustrayendo
distraer	distrayendo	traer	trayendo
extraer	extrayendo		

caer	cayendo	recaer	recayendo
decaer	decayendo		

roer	royendo	creer	creyendo
corroer	corroyendo	leer	leyendo
		poseer	poseyendo
		proveer	proveyendo

LA CONJUGACIÓN DE LOS VERBOS QUE TERMINAN CON -AR

Los verbos terminados en -ar, de uso común, son 3,550, y de ellos 2,600 son verbos regulares y los otros 950 verbos casi tampoco tienen dificultad para bien escribirse ya que, casi todos, tienen la terminación -zar, -car y -gar, cuya única regla a considerar es que, al conjugarse y estar ante la vocal e, el vocablo -za cambia a ce (canalizar: canalice, canalicen, canalicemos), -ca cambia a que (calificar: califique, califiquen, califiquemos) y ga cambia a gue (cargar: cargue, carguen, carguemos).

Lo anterior es de gran relevancia ya que con una sola conjugación —la que contiene a los 2,600 verbos regulares y que es importantísimo aprenderse de memoria—, y tomando en cuenta los 75 verbos que terminan en -iar y -uar que al conjugarse tienen diptongo roto, los 340 verbos que terminan en -zar que ante e cambian a ce, los 250 que terminan en -car que ante e cambian a que, y los 175 verbos que terminan en -gar que ante e cambian a gue, con esto tan sencillo se resuelve la conjugación de 3,440 verbos que aportan el aprendizaje y bien escribir de 148,000 palabras, a las que se agregan los aproximadamente 40,000 enclíticos que se pueden formar (Ejemplo, verbo estudiar: estúdiame, estúdiate, estúdiala(s), estúdiale(s), estúdialo(s), estúdianos; estúdieme, estúdiese, estúdiela(s), estúdiele(s), estúdielo(s), estúdienos; estúdienme, estúdiense, estúdienla(s), estúdienle(s), estúdienlo(s); estudiándome, estudiándote, estudiándola(s), estudiándole(s), estudiándolo(s), estudiándonos; estudiarme, estudiarte, estudiarse, estudiarla(s), estudiarle(s), estudiarlo(s), estudiarnos; estudiándotela(s), estúdiatela(s), estúdiatelo(s), estudiándomela(s), etc.), además de que la mayor parte de los verbos pueden llevar la terminación -ble (amar, amable; aconsejar, aconsejable; utilizar, utilizable, aplacar, aplacable; doblegar, doblegable), y que también pueden llevar la terminación -dor(a): amador(a), aconsejador(a), aplacador(a), doblegador(a), con lo que, entonces, se está aprendiendo a escribir correctamente alrededor de 195,000 palabras que representan el 65% de todo el idioma español actual.

Lo que sí hay que tomar en cuenta en algunas conjugaciones, son varios verbos que en su raíz tienen o que cambia a ue, otros que llevan e que cambia a ie, algunos más que cambian de e a i, y los verbos más irregulares que son sólo siete, los cuales son: estar, bienestar, malestar; andar, desandar; dar y errar.

La siguiente conjugación es la que contiene a los 2,600 verbos regulares con terminación -ar.

CONJUGACIÓN QUE REPRESENTA A LOS 2,600 VERBOS REGULARES EN -AR

cant-ar

INDICATIVO

PRESENTE		ANTEPRESENTE	
yo	cant-o	he	cant-ado
tú	cant-as	has	cant-ado
él	cant-a	ha	cant-ado
nos.	cant-amos	hemos	cant-ado
uds.	cant-an	han	cant-ado
ellos	cant-an	han	cant-ado

PASADO O PRETÉRITO		ANTEPRETÉRITO	
yo	cant-é	hube	cant-ado
tú	cant-aste	hubiste	cant-ado
él	cant-ó	hubo	cant-ado
nos.	cant-amos	hubimos	cant-ado
uds.	cant-aron	hubieron	cant-ado
ellos	cant-aron	hubieron	cant-ado

FUTURO		ANTEFUTURO	
yo	cant-aré	habré	cant-ado
tú	cant-arás	habrás	cant-ado
él	cant-ará	habrá	cant-ado
nos.	cant-aremos	habremos	cant-ado
uds.	cant-arán	habrán	cant-ado
ellos	cant-arán	habrán	cant-ado

COPRETÉRITO		ANTECOPRETÉRITO	
yo	cant-aba	había	cant-ado
tú	cant-abas	habías	cant-ado
él	cant-aba	había	cant-ado
nos.	cant-ábamos	habíamos	cant-ado
uds.	cant-aban	habían	cant-ado
ellos	cant-aban	habían	cant-ado

POSPRETÉRITO O CONDICIONAL		ANTEPOSPRETÉRITO	
yo	cant-aría	habría	cant-ado
tú	cant-arías	habrías	cant-ado
él	cant-aría	habría	cant-ado
nos.	cant-aríamos	habríamos	cant-ado
uds.	cant-arían	habrían	cant-ado
ellos	cant-arían	habrían	cant-ado

SUBJUNTIVO

PRESENTE		ANTEPRESENTE	
yo	cant-e	yo haya	cant-ado
tú	cant-es	tú hayas	cant-ado
él	cant-e	él haya	cant-ado
nos.	cant-emos	nos. hayamos	cant-ado
uds.	cant-én	uds. hayan	cant-ado
ellos	cant-en	ellos hayan	cant-ado

PASADO O PRETÉRITO		ANTEPRETÉRITO	
yo	cant-ara	yo	hubiera	
	o cant-ase		o hubiese	cant-ado
tú	cant-aras	tú	hubieras	
	o cant-ases		o hubieses	cant-ado
él	cant-ara	él	hubiera	
	o cant-ase		o hubiese	cant-ado
nos.	cant-áramos	nos.	hubiéramos	
	o cant-ásemos		o hubiésemos	cant-ado
uds.	cant-aran	uds.	hubieran	
	o cant-asen		o hubiesen	cant-ado
ellos	cant-aran	ellos	hubieran	
	o cant-asen		o hubiesen	cant-ado

FUTURO		ANTEFUTURO	
yo	cant-are	yo hubiere	cant-ado
tú	cant-ares	tú hubieres	cant-ado
él	cant-are	él hubiere	cant-ado
nos.	cant-áremos	nos. hubiéremos	cant-ado
uds.	cant-aren	uds. hubieren	cant-ado
ellos	cant-aren	ellos hubieren	cant-ado

IMPERATIVO

Presente		
	cant-a	tú
	cant-e	él
	cant-emos	nosotros
	cant-en	ustedes
	cant-en	ellos

FORMAS IMPERSONALES

Infinitivo	Infinitivo compuesto
cant-ar	haber cant-ado
Gerundio	**Gerundio compuesto**
cant-ando	habiendo cant-ado
Participio	
cant-ado	

La siguiente lista contiene a los 2,600 verbos regulares con **-ar**.

A

	acampar	acoplar	adverbiar	agrandar
abanderar	acanalar	acordonar	afamar	agravar
abandonar	acanallar	acorralar	afanar	agraviar
abaratar	acaparar	acortar	afear	agremiar
abarrotar	acaramelar	acosar	afectar	agriar
aberrar	acariciar	acostumbrar	afeitar	agrietar
abisagrar	acarrear	acotar	afelpar	agripar
abismar	acartonar	acreditar	afeminar	agrisar
ablandar	acatar	acribillar	aficionar	agrupar
abobar	acatarrar	acrisolar	afiebrar	aguadar
abocardar	acaudalar	acristianar	afilar	aguaitar
abocinar	accidentar	activar	afiliar	aguantar
abochornar	accionar	acuartelar	afinar	aguar
abofetear	acechar	acuchillar	afirmar	aguardar
abollar	acedar	acumular	aflautar	aguijonear
abombar	aceitar	acunar	aflojar	agujerear
abominar	acelerar	acuñar	aflorar	ahijar
abonar	aceptar	acusar	aforar	ahondar
aboquillar	acerar	adaptar	afortunar	ahorrar
abordar	achatar	adelantar	afrancesar	ahuevar
abortar	achicharrar	adentrar	afrentar	ahuyentar
abotonar	achispar	adeudar	afrontar	airear
abovedar	achocolatar	adiamantar	agachar	ajar
aboyar	acicalar	adicionar	agarrar	ajetrear
abrasar	acicatear	adiestrar	agarrochar	ajustar
abreviar	aclamar	adinerar	agarrotar	ajusticiar
abrillantar	aclarar	adintelar	agasajar	alabar
abrochar	aclimatar	adivinar	agazapar	alambrar
abrumar	acobardar	adjetivar	agenciar	alardear
abrutar	acojinar	adjuntar	agigantar	alarmar
abuchear	acolchar	administrar	alaciar	alborotar
abultar	acolchonar	admirar	alacranear	alburear
abundar	acomodar	adobar	agitar	alcahuetear
abusar	acompañar	adoctrinar	aglomerar	alcanforar
acabalar	acompasar	adoptar	aglutinar	alear
acabar	acomplejar	adoquinar	agobiar	aleccionar
acalambrar	acondicionar	adorar	agolpar	alegrar
acalorar	acongojar	adornar	agotar	alejar
acallar	aconsejar	adular	agraciar	alelar
acampanar	acopiar	adulterar	agradar	alertar

aletear	amonestar	apartar	apuñalar	asechar
alfilerar	amontonar	apasionar	apuñetear	asedar
alfombrar	amortajar	apayasar	apurar	asediar
aligerar	amotinar	apear	aquejar	asegurar
alimentar	amparar	apedrear	aquietar	asemejar
alinear	ampollar	apelar	aquilatar	asesinar
aliñar	amputar	apellidar	arancelar	asesorar
alisar	amueblar	apelotonar	arañar	asestar
alistar	amurallar	apenar	arar	aseverar
alivianar	anchar	apesadumbrar	arbitrar	asfaltar
aliviar	anclar	apestar	arbolar	asfixiar
almacenar	anestesiar	apiadar	archivar	asignar
almendrar	anexar	apilar	arenar	asilar
almidonar	angostar	apiñar	argumentar	asimilar
alojar	angustiar	apisonar	armar	asociar
alquilar	anhelar	aplanar	arpegiar	asolar
alterar	anidar	aplastar	arponear	asolear
alternar	anillar	aplatanar	arquear	asomar
alucinar	animar	aplomar	arrasar	asombrar
alumbrar	aniquilar	apodar	arrastrar	aspirar
allanar	anonadar	apoderar	arrear	asquear
amadrinar	anotar	aponzoñar	arrebatar	astillar
amaestrar	anquilosar	apoquinar	arreciar	asustar
amainar	anticipar	aporrear	arreglar	atajar
amalgamar	antojar	aportar	arremedar	atar
amamantar	anudar	aposentar	arrestar	atarantar
amanerar	anular	apoyar	arribar	ataviar
amansar	anunciar	apreciar	arrimar	atentar
amañar	añejar	apremiar	arrinconar	aterciopelar
amar	añorar	aprensar	arrobar	aterrar
amarchantar	apabullar	apresar	arrodillar	atesorar
amarillear	apachurrar	apresurar	arrojar	atestar
amarrar	apadrinar	apretujar	arrollar	atiborrar
amartillar	apalabrar	aprisionar	arropar	atiesar
amasar	apalear	aprontar	arroyar	atinar
ambicionar	apantallar	apropiar	arruinar	atisbar
ambientar	apantanar	aprovechar	arrullar	atolondrar
amedrentar	apañar	aprovisionar	articular	atontar
amelcochar	apapachar	aproximar	asalariar	atorar
ameritar	aparear	apuntalar	asaltar	atormentar
ametrallar	aparejar	apuntar	asar	atornillar
amoldar	aparentar	apuntillar	asear	atragantar

atrapar	balancear	bolsear	callejear	casamentar
atrasar	balar	bombardear	calmar	casar
atrincherar	balaustrar	bombear	calumniar	cascabelear
atrofiar	balbucear	boquear	camaronear	castañetear
atropellar	baldonar	bordar	cambalachear	castrar
auditar	balear	bordear	cambiar	catar
augurar	balsear	borrachear	caminar	catear
aullar	bambalear	borrar	camorrear	causar
aumentar	banderillar	borronear	camotear	cautivar
auscultar	bañar	bosquejar	campear	cavar
ausentar	barajar	botar	camuflar	cavilar
auspiciar	barbear	boxear	cancelar	cebar
auxiliar	barbechar	bracear	cancerar	cecear
avalar	bardar	bramar	canjear	cecinar
avalentar	barrenar	bravuconear	cansar	cejar
avariciar	barzonear	bribonear	cantar	celar
avasallar	bastar	brillar	cantear	celebrar
avecinar	bastardear	brindar	cantinflear	cementar
avecindar	bastonear	bromear	canturrear	cenar
avejentar	basurear	broncear	canturriar	censar
aventajar	batallar	broquelar	cañear	censurar
aventurar	batear	brotar	cañonear	centellear
aviejar	bellaquear	bucear	capacitar	centrar
avinagrar	beneficiar	bufar	capear	cepillar
avisar	berrear	burbujear	capitanear	cercenar
avivar	besar	burlar	capitular	cerciorar
ayudar	besuquear	**C**	capotear	cerrajear
ayunar	bienaventurar	cabecear	captar	cesar
azorar	birlar	cablear	capturar	chacharear
azotar	biselar	cabrear	caracolear	chacotear
azucarar	bizquear	cacarear	caramelar	chambear
azufrar	blanquear	caciquear	caravanear	champurrar
azulear	blasfemar	cachear	carbonar	chancear
azulejar	blasonar	cachetear	carburar	chanclear
B	blindar	cafetear	carcajear	chantajear
babear	bloquear	calar	carear	chapar
babosear	bobear	calaverear	cariar	chapear
bachear	bobinar	calcinar	cariñar	chapotear
bachillerear	bocinar	calcular	carnavalear	chapucear
bailar	boicotear	caldear	carpintear	charlar
bailotear	bolear	calibrar	carraspear	charlatanear
bajar	boletar	callar	cartear	chavacanear

chicotear	clavar	compenetrar	congojar	contusionar
chiflar	clavetear	compensar	congraciar	convalidar
chillar	coaccionar	compilar	congratular	conversar
chipotear	coagular	complementar	conjeturar	convidar
chiquear	coartar	completar	conjuntar	convulsionar
chiripear	cobardear	comportar	conjurar	cooperar
chirrear	cobijar	comprar	conllevar	coordinar
chismear	cobrar	compulsar	conmemorar	copar
chismorrear	cobrear	computar	conmensurar	coparticipar
chispar	cocear	concatenar	conminar	copetear
chispear	cocinar	concentrar	conmocionar	copiar
chisporrotear	codear	conchabar	conmutar	copular
chistar	codiciar	concienciar	conquistar	coquetear
chitar	cogitar	conciliar	consagrar	corear
chivatear	cohabitar	concretar	conservar	cornetear
chochear	coitar	concursar	considerar	coronar
chorear	cojear	condecorar	consignar	correlacionar
chorrear	colaborar	condenar	consolidar	corretear
chotear	colapsar	condensar	conspirar	corroborar
chulear	colear	condicionar	constar	cortar
chupar	coleccionar	condimentar	constatar	cortejar
chupetear	colectar	condonar	consternar	corvar
chutar	colindar	conectar	constipar	coscorronear
cicatear	colisionar	confabular	consuegrar	cosechar
cifrar	colmar	confeccionar	consultar	cosquillear
cilindrar	colorar	confederar	consumar	costar
cimbrar	colorear	conferenciar	contactar	costear
cincelar	columpiar	configurar	contagiar	costurar
cinchar	comadrear	confinar	contaminar	cotejar
cintar	comandar	confirmar	contemplar	cotorrear
cintilar	combar	confitar	contentar	coyotear
circular	combinar	conflagrar	contestar	crear
circuncidar	comediar	conformar	contonear	cremar
circundar	comentar	confortar	contornar	crepitar
cismar	comerciar	confraternar	contornear	crespar
citar	comisionar	confrontar	contorsionar	criar
cizañear	compactar	congelar	contrabandear	cribar
clamar	compadrar	congeniar	contrarrestar	crispar
clamorear	compaginar	congestionar	contrastar	croar
clarear	comparar	conglobar	contratar	cromar
clausular	compasar	conglomerar	controlar	cronometrar
clausurar	compendiar	conglutinar	conturbar	cuadrar

cuadricular	degradar	desacreditar	desatar	descuidar
cuajar	degustar	desactivar	desatinar	desdeñar
cuartear	dejar	desadornar	desatorar	desdibujar
cucharear	delatar	desafiar	desatornillar	desdoblar
cuchichear	deleitar	desafilar	desayunar	desdorar
cuchillar	deletrear	desafinar	desbaratar	desear
cuchufletear	deliberar	desaforar	desbarajustar	desechar
cuentear	delimitar	desagarrar	desbarrar	desembarrar
cuerear	delinear	desagraciar	desbastar	desemborrachar
cuestionar	delirar	desagradar	desbloquear	desembolsar
cuidar	demacrar	desagraviar	desboquillar	desembrujar
cuitar	demandar	desahuciar	desbordar	desembuchar
culebrear	demeritar	desajustar	desboronar	desempachar
culminar	demorar	desalar	descabellar	desempalmar
culpar	demudar	desalfombrar	descalabrar	desempañar
cultivar	denigrar	desalinear	descamisar	desempapelar
curar	denominar	desaliñar	descansar	desemparejar
curiosear	denotar	desalmar	descarar	desempastar
cursar	denunciar	desalmidonar	descarburar	desempatar
curvar	deparar	desalojar	descarnar	desempeñar
custodiar	depilar	desamar	descarrilar	desemplear
D	deplorar	desamarrar	descartar	desempolvar
dañar	deportar	desamontonar	descasar	desempuñar
datar	depositar	desamparar	descascarar	desenamorar
deambular	depravar	desamueblar	descastar	desencadenar
debelar	depreciar	desangrar	descifrar	desencajar
debilitar	depredar	desanidar	descimbrar	desencajonar
debutar	depurar	desanimar	desclavar	desencantar
decantar	derivar	desanudar	descobijar	desencarcelar
decapitar	derramar	desapartar	descolorar	desenchufar
decepcionar	derrapar	desapasionar	descompensar	desendiosar
declamar	derribar	desapoyar	desconectar	desenfadar
declarar	derrochar	desapreciar	descongelar	desenfrenar
declinar	derrotar	desaprovechar	desconsiderar	desenganchar
decolorar	derrumbar	desarmar	descontrolar	desengañar
decomisar	desabotonar	desarreglar	descorazonar	desenjaular
decorar	desabrochar	desarrimar	descorchar	desenredar
decretar	desacatar	desarrollar	descortinar	desensillar
deforestar	desacelerar	desarropar	descostrar	desentablar
deformar	desacomodar	desarticular	descremar	desentonar
defraudar	desacondicionar	desasear	descuadernar	desentrampar
degenerar	desaconsejar	desasociar	descuadrar	desentrañar

desenvainar desintegrar desplanchar devastar dorar
desequilibrar deslavar desplomar develar dormitar
desertar deslindar desplumar devorar dotar
desesperar deslumbrar despojar dibujar drenar
desestimar desmadejar despolvar diezmar driblar
desfajar desmadrar desposar difamar duchar
desfasar desmanchar despreciar diferenciar dudar
desfigurar desmantelar desprestigiar dificultar durar
desfilar desmaquillar desproporcionar dilapidar **E**
desflemar desmayar despuntar dilatar eclipsar
desflorar desmelenar desquebrajar dilucidar echar
desfondar desmembrar desquiciar dimanar editar
desgajar desmesurar desquitar dinamitar egresar
desganar desmochar desramar disciplinar ejecutar
desgarrar desmontar destajar discrepar ejercitar
desgastar desmoronar destapar discriminar elaborar
desglosar desnatar destechar disculpar electrocutar
desgraciar desnivelar destellar diseminar elevar
desgranar desnudar destemplar diseñar eliminar
desgrasar desocupar destetar disertar elogiar
desgravar desorbitar destilar disfrutar elucubrar
desgreñar desordenar destinar disgustar emanar
deshabitar desorientar destrabar disimular emancipar
deshebillar desortijar destripar disipar embadurnar
deshebrar desovar destronar disparar embalsamar
desheredar desoxidar destronchar disparatar embarrar
deshidratar despabilar desvainar dispensar embelesar
deshilachar despachar desvalijar dispersar embolsar
deshilar despanzurrar desvalorar disputar embonar
deshilvanar desparramar desvelar distanciar emborrachar
deshinchar despechar desvencijar distar embotar
deshojar despeinar desvincular distorsionar embotellar
deshollinar despejar desyemar divisar embovedar
deshuesar despelotar desyerbar divorciar embrollar
designar despellejar detallar doblar embromar
desilusionar despeñar detectar doctorar embrujar
desincorporar despepitar detentar documentar embuchar
desincrustar desperdiciar deteriorar domar emigrar
desinfectar despestañar determinar domiciliar emocionar
desinflamar despilfarrar detestar dominar empachar
desinflar despintar detonar donar empadronar
desinformar despistar devanar dopar empalmar

empanar	encañonar	enemistar	enmaderar	entrenar
empantanar	encapotar	enervar	enmarañar	entrevistar
empañar	encaprichar	enfadar	enmascarar	entubar
empapar	encapsular	enfermar	enojar	enturbiar
empapelar	encapuchar	enfilar	enquistar	enumerar
empaquetar	encaramar	enfrenar	enramar	enunciar
emparedar	encarar	enfrentar	enredar	envainar
emparejar	encarcelar	enfundar	enrejar	envalentonar
empastar	encariñar	engalanar	enrielar	envasar
empastelar	encarnar	engallar	enrolar	envenenar
empatar	encarpetar	enganchar	enrollar	enviciar
empecinar	encartonar	engañar	ensabanar	envidiar
empeñar	encasillar	engargolar	ensalivar	envinar
empeorar	encasquetar	engarrotar	ensalmar	enviudar
emperchar	encastar	engatillar	ensamblar	enyerbar
empinar	encebollar	engatusar	ensanchar	enyesar
empitonar	encerar	engendrar	ensañar	equilibrar
emplastar	encestar	englobar	ensartar	equipar
emplear	enchilar	engolar	ensayar	equiparar
emplumar	enchinar	engolosinar	enseñar	erosionar
empolvar	enchinchar	engomar	ensillar	eructar
empollar	enchiquerar	engordar	ensortijar	escabechar
emponzoñar	enchufar	engranar	ensuciar	escalar
empotrar	encimar	engrapar	entablar	escaldar
empujar	encintar	engrasar	entablillar	escalonar
empuñar	enclaustrar	engruesar	entallar	escamar
emular	enclavar	enhebrar	entarimar	escanciar
emulsionar	encomiar	enjabonar	enterar	escapar
enajenar	encompadrar	enjardinar	entibar	escarbar
enamorar	enconar	enjaretar	entibiar	escarchar
enarbolar	encorchar	enjaular	entiesar	escasear
encaballar	encordonar	enjoyar	entintar	escatimar
encabronar	encortinar	enjuiciar	entoldar	escobillar
encadenar	encorvar	enjutar	entonar	escoltar
encajar	encrespar	enlaciar	entornar	escombrar
encajonar	encuadernar	enlamar	entramar	escoriar
encallar	encuadrar	enlatar	entrampar	escotar
encaminar	encuestar	enlistar	entrañar	escrutar
encampanar	encumbrar	enlodar	entrar	escuadrar
encanastar	endiablar	enlosar	entrecomillar	escuchar
encandilar	endiosar	enlutar	entrecortar	escudar
encantar	endosar	enllantar	entremezclar	escudriñar

esfumar	estructurar	extorsionar	flamear	ganar
eslabonar	estrujar	extractar	flaquear	gangrenar
esmaltar	estudiar	extrañar	flexionar	ganguear
esmerar	etiquetar	extrapolar	flechar	garabatear
esmerilar	evaporar	extremar	fletar	garapiñar
espaciar	evidenciar	exudar	flirtear	gastar
espantar	evitar	**F**	flojear	gatear
especular	evolucionar	fabular	florear	generar
espejear	exacerbar	facilitar	flotar	germinar
esperar	exagerar	facturar	foguear	gestar
espesar	exaltar	facultar	foliar	gesticular
espinar	examinar	fajar	fomentar	gestionar
espirar	exasperar	falsear	fondear	gimotear
espolvorear	excavar	faltar	forcejear	girar
esponjar	excitar	fallar	forjar	gitanear
esposar	exclamar	fanfarronear	formar	glosar
espumar	escretar	fantasear	formular	golear
esquilar	exculpar	faramallar	forrar	golfear
esquilmar	excursionar	farandulear	fotocopiar	golpear
esquinar	excusar	fascinar	fracasar	gongorear
esquivar	exentar	fastidiar	fraccionar	gorjear
estacionar	exhalar	fayuquear	fracturar	gotear
estafar	exhortar	fecundar	fragmentar	grabar
estallar	exhumar	fechar	franquear	granjear
estambrar	exilar	felicitar	frasear	granular
estampar	exiliar	felpar	frecuentar	grapar
estampillar	exonerar	fermentar	frenar	gratinar
estañar	expectorar	festejar	fresar	gravar
estereotipar	experimentar	fichar	frotar	gravitar
estibar	expirar	figurar	frustrar	graznar
estimar	explanar	fijar	fulgurar	grillar
estimular	explayar	filetear	fulminar	gritar
estipular	explorar	filmar	fumar	guardar
estirar	explotar	filosofar	funcionar	guerrear
estorbar	exportar	filtrar	fundamentar	guillotinar
estornudar	expresar	financiar	fundar	guiñar
estrangular	expropiar	finiquitar	fusilar	guisar
estrechar	expugnar	fintar	fusionar	guitarrear
estrellar	expulsar	firmar	**G**	gustar
estrenar	exterminar	fisgonear	galantear	**H**
estribar	externar	fisionar	galardonar	habilitar
estropear	extirpar	flagelar	galopar	habitar

hablar
hacinar
hallar
hambrear
haraganear
harinear
hartar
heredar
hermanar
hermosear
hibernar
hidratar
hilar
hilvanar
hinchar
hipar
historiar
hojear
holgazanear
hollar
homenajear
honorar
honrar
horadar
hormiguear
hornear
horripilar
hospedar
humar
humear
humectar
humillar
hurtar
husmear

I
idear
idolatrar
ignorar
igualar
iluminar
ilusionar
ilustrar

imaginar
imantar
imitar
impacientar
impactar
imperar
implantar
implementar
implorar
importar
importunar
imposibilitar
impostar
impregnar
impresionar
improvisar
impugnar
impulsar
imputar
inaugurar
incapacitar
incautar
incendiar
incentivar
incinerar
incitar
inclaustrar
inclinar
incomodar
incorporar
incrementar
increpar
incriminar
incrustar
incubar
inculpar
incursionar
indignar
indultar
infectar
infestar
infiltrar

inflamar
inflar
informar
ingeniar
ingresar
inhabilitar
inhalar
inhumar
iniciar
injertar
injuriar
inmigrar
inmolar
inmutar
inocular
inquietar
insertar
inspeccionar
inspirar
instalar
instaurar
instrumentar
insubordinar
insultar
integrar
intentar
intercalar
intercambiar
interceptar
interesar
intermediar
internar
interpretar
intimar
intimidar
invalidar
inventar
invitar
involucrar
inyectar
irradiar
irritar

J
jactar
jadear
jalar
jalonear
jinetear
jorobar
jubilar
juguetear
juntar
jurar

L
laborar
labrar
lacerar
lactar
ladear
ladrar
ladrillar
lagrimear
lamentar
laminar
lamparear
lapidar
lastimar
lavar
laxar
legislar
legitimar
lesionar
levantar
levitar
libar
liberar
libertar
librar
licenciar
lidiar
lijar
limar
limitar
limosnear

limpiar
linchar
lindar
linear
liquidar
lisonjear
llamar
llenar
llevar
llorar
lloviznar
lograr
luchar
lucrar
lucubrar
lustrar

M
macanear
macerar
machetear
madurar
magrear
magullar
malbaratar
malear
malgastar
maliciar
malograr
maltratar
mamar
manar
manchar
mancillar
mandar
manejar
mangonear
maniobrar
manipular
manosear
manotear
manufacturar
maquilar

maquillar
maquinar
maravillar
marchar
marchitar
marear
marginar
marinar
martillear
masacrar
masajear
mascullar
masturbar
matar
maullar
mear
mediar
medicinar
meditar
medrar
mejorar
melindrear
mellar
memorar
mencionar
menear
menoscabar
menospreciar
menudear
mermar
merodear
mesar
mesurar
mezclar
mezquinar
microfilmar
militar
mimar
minar
mirar
mochar
modelar

moderar
modorrar
modular
mofar
mojar
moldear
molestar
montar
moquear
morar
mordisquear
mosquear
motear
motivar
mudar
muestrear
multar
muñequear
murmurar
musitar
mutar
mutilar
N
nadar
nalguear
narrar
navajear
necear
necesitar
negociar
negrear
ningunear
niquelar
nivelar
noctambular
nombrar
nominar
noquear
nortear
notar
noticiar
novelar

noviar
nublar
numerar
O
objetar
objetivar
obnubilar
obrar
obsequiar
observar
obsesionar
obstar
obstinar
obturar
obviar
ocasionar
ocultar
ocupar
odiar
ofertar
oficiar
ofrendar
ojear
olfatear
olvidar
ondear
ondular
operar
opinar
optar
orar
ordenar
ordeñar
orear
orientar
originar
orillar
orinar
orlar
ornamentar
ornar
osar

oscilar
ostentar
ovacionar
ovalar
ovular
oxidar
oxigenar
P
pactar
paginar
pajarear
paladear
palear
paliar
palmear
palomear
palpar
palpitar
pandear
papalotear
papar
papear
parangonar
parar
parchar
parlar
parodiar
parpadear
parrandear
participar
pasar
pasear
pasmar
pastorear
patalear
patentar
patinar
patrocinar
patrullar
pausar
pautar
pavimentar

pavonear
payasear
pedalear
peinar
pelar
pelear
peligrar
penar
penetrar
pensionar
pepenar
percatar
perdonar
perdurar
peregrinar
perfeccionar
perfilar
perforar
perfumar
perlar
permutar
pernoctar
perpetrar
perseverar
persignar
perturbar
pesar
pestañear
piar
picotear
pifiar
pigmentar
pilotear
pillar
pincelar
pinchar
pintar
pintarrajear
pirar
piratear
pisar
pisotear

pitar	proclamar	rasar	reconsiderar	rehabilitar
plagiar	procrear	rasguñar	recopilar	rehusar
planchar	procurar	raspar	recortar	reimplantar
planear	profanar	rastrear	recrear	reinar
plantar	profesar	rasurar	recriminar	reincorporar
plantear	programar	rayar	recuadrar	reinstalar
plisar	progresar	razonar	recular	reintegrar
podar	proliferar	reaccionar	recuperar	reiterar
policromar	promediar	reactivar	rechiflar	rejuntar
polvorear	promocionar	reafirmar	rechinar	relacionar
ponchar	pronunciar	reagrupar	redactar	relajar
ponderar	propasar	reajustar	redoblar	relampaguear
portar	propiciar	reanimar	redondear	relatar
posar	propinar	reanudar	redundar	relevar
postular	proporcionar	rearmar	reeditar	relinchar
potenciar	propugnar	rebajar	reembolsar	relumbrar
preciar	propulsar	rebanar	reencarnar	rellenar
precipitar	prorratear	rebasar	reestrenar	remachar
precisar	prospectar	rebobinar	reestructurar	remar
predestinar	prosperar	rebosar	refaccionar	rematar
predeterminar	protestar	rebotar	refinar	remedar
predominar	proyectar	rebuznar	reflejar	remediar
pregonar	pugnar	recabar	reflexionar	remembrar
preguntar	pujar	recalar	reforestar	rememorar
premeditar	pulsar	recalcitrar	reformar	remojar
premiar	puntear	recapacitar	refractar	remontar
prendar	**Q**	recapitular	refrenar	remudar
prensar	quebrantar	recatar	refrendar	remunerar
preñar	quedar	recaudar	refrigerar	renegrear
preocupar	quejar	recelar	refugiar	renguear
preparar	quemar	recetar	refunfuñar	renombrar
preponderar	quitar	reciclar	refutar	rentar
presagiar	**R**	recitar	regalar	renunciar
presenciar	rabiar	reclamar	regañar	reparar
presentar	raciocinar	reclinar	regatear	repasar
preservar	racionar	reclutar	regenerar	repelar
presionar	radiar	recobrar	registrar	repellar
prestar	rajar	recolectar	reglamentar	replantar
prestigiar	rallar	recompensar	reglar	replantear
presupuestar	ranciar	reconcentrar	regocijar	reportar
privar	rapar	reconciliar	regresar	reportear
privilegiar	raptar	reconquistar	regular	representar

reprochar
reptar
repudiar
repugnar
repuntar
requemar
requisar
resaltar
resanar
resbalar
rescatar
resellar
reseñar
reservar
resguardar
residenciar
resignar
resoplar
respaldar
respetar
respirar
resquebrajar
restañar
restar
restaurar
resucitar
resultar
retar
retardar
retirar
retoñar
retornar
retractar
retrasar
retratar
retumbar
revalidar
revelar
reverberar
revisar
revolotear
revolucionar

rifar
rimar
rimbombar
robar
rodear
rondar
ronronear
rotar
rotular
rumiar
rumorar
runrunear
S
sablear
saborear
sabotear
saciar
saldar
saltar
saltear
saludar
salvaguardar
salvar
sanar
sancionar
sancochar
sanear
sangrar
saquear
satinar
saturar
sazonar
seccionar
secretar
secretear
secuestrar
secundar
sedar
sedimentar
seguetear
segmentar
seleccionar

sellar
semejar
sentenciar
señalar
señorear
separar
sepultar
serenar
sermonear
serpentear
sesear
sesionar
signar
silbar
silenciar
simular
sincerar
sitiar
sobajar
sobar
sobornar
sobrar
sobrellevar
sobresaltar
sobrestimar
socavar
solapar
solfear
solicitar
solidar
solucionar
solventar
sombrear
sondear
sonrojar
sonrosar
sopear
sopesar
soplar
soportar
sortear
sospechar

subastar
subestimar
sublevar
sublimar
subministrar
subordinar
subrayar
subsanar
subsidiar
substanciar
subtitular
subvencionar
succionar
sudar
sugestionar
sujetar
sumar
suministrar
supeditar
superar
supervisar
suplantar
supurar
suscitar
suspirar
sustanciar
sustentar
susurrar
suturar
T
tabular
tachar
taconear
tajar
taladrar
talar
tallar
talonear
tambalear
tantear
tapar
tapiar

tararear
tardar
tartamudear
tasar
techar
teclear
telefonear
televisar
temperar
templar
tempranear
tensar
terciar
tergiversar
terminar
testar
testerear
testimoniar
tijeretear
tildar
timar
timbrar
timonear
tintinear
tirar
tiritar
tirotear
titilar
titiritar
titubear
titular
tiznar
tolerar
tomar
topar
topear
toquetear
torear
tornar
tornear
torpedear
torturar

trabajar
trabar
traicionar
trajear
trajinar
tramar
tramitar
transar
transformar
transitar
transmigrar
transpirar
transportar
trapear
traquetear
trasbordar
trasladar
traslapar
trasminar
trasmutar
trasnochar
traspapelar
traspasar
trasplantar
trastabillar
trastornar

tratar
trepanar
trepar
trepidar
triangular
tributar
trillar
trinar
trinchar
tripular
triturar
triunfar
tronchar
troquelar
trotar
trovar
tumbar
turbar
turbiar
turnar
tutear

U

ufanar
ulcerar
ultrajar
ulular

uniformar
untar
usar
usurar
usurpar

V

vacilar
vacunar
vadear
vagabundear
vaguear
validar
valorar
vaporar
vaporear
vapulear
varar
vaticinar
vedar
vegetar
vejar
velar
vendar
veneficiar
venenar
venerar

ventanear
ventilar
veranear
verberar
verdear
versar
vetar
viajar
viborear
vibrar
viciar
victimar
vigilar
vilependiar
vincular
violar
violentar
virar
visar
visitar
vislumbrar
vituperar
vocear
vociferar
voltear
vomitar

votar
vulnerar

X

xerocopiar

Y

yantar

Z

zacatear
zafar
zampar
zancadillear
zanganear
zangolotear
zanjar
zigzaguear
zoncear
zapatear
zarandear
zarpar
zozobrar
zumbar
zurrar

VERBOS QUE AL CONJUGARSE TIENEN DIPTONGO ROTO

Los siguientes 75 verbos, su única diferencia con los verbos regulares es que terminan con diptongo -iar o -uar y al conjugarse en los tiempos presentes del indicativo y subjuntivo, y en el imperativo, las vocales débiles se acentúan rompiéndose el diptongo.

Ejemplos:

Presente del indicativo: yo confí-o, tú confí-as, él confí-a, ustedes/ellos confí-an.

Presente del subjuntivo: yo actú-e, tú actú-es, él actú-e, ustedes/ellos actúen.

Imperativo: confí-a tú, confí-e él, actú-en ustedes/ellos.

Como se observa en los ejemplos anteriores, no entra la primera persona del plural —nosotros— porque el mayor tono recae en vocal fuerte: nosotros confiamos, actuamos, confiemos, actuemos.

Los 49 verbos que terminan con el diptongo -iar, son:

aliar	confiar	enviar	guiar	resfriar
ampliar	contrariar	espiar	hastiar	rociar
ansiar	coreografiar	esquiar	inventariar	serigrafiar
arriar	criar	estriar	liar	taquigrafiar
autografiar	desafiar	expatriar	litografiar	telegrafiar
averiar	descarriar	expiar	malcriar	tipografiar
biografiar	desconfiar	extasiar	mecanografiar	vaciar
cablegrafiar	desvariar	extraviar	ortografiar	variar
caligrafiar	desviar	fiar	porfiar	xerografiar
cartografiar	enfriar	fotografiar	repatriar	

Los 26 verbos que terminan con el diptongo -uar, son:

acentuar	descontinuar	extenuar	menstruar	usufructuar
actuar	desvirtuar	fluctuar	perpetuar	valuar
atenuar	devaluar	graduar	redituar	
avaluar	efectuar	habituar	revaluar	
conceptuar	evaluar	insinuar	situar	
continuar	exceptuar	licuar	tatuar	

VERBOS EN LOS QUE LA O CAMBIA A UE, Y LA E CAMBIA A IE

Los siguientes 98 verbos, su única diferencia con los verbos regulares es que, en la primera lista, la **o** cambia a **ou**, y los de la segunda lista, la **i** cambia a **ie**, al conjugarse en los presentes del indicativo y subjuntivo, y en el imperativo.

Ejemplos:

Presente del indicativo: yo **sueño**, tú **apuestas**, él **aprueba**, ustedes/ellos **cuelan**.

Presente del subjuntivo: yo **cierro**, tú **calientas**, él **despierta**, ustedes/ellos **siembran**.

Imperativo: **muestra** tú, **alienta** él, **vuelen** ustedes/ellos.

En los ejemplos anteriores no entra la primera persona del plural —nosotros— al no cambiar la **o** por **ue** y la **i** por **ie**: alentamos, soñamos, apostamos; cerramos, calentamos, despertamos.

Los 45 verbos en los que la **o** cambia a **ue**, son:

acordar	comprobar	descollar	poblar	rodar
acostar	concordar	desconsolar	probar	sobrevolar
amolar	consolar	descontar	recordar	soldar
apostar	contar	desollar	recostar	soltar
aprobar	degollar	despoblar	reencontrar	sonar
asonar	demostrar	encontrar	renovar	soñar
atronar	desacordar	encordar	repoblar	tostar
circunvolar	desaforar	engrosar	reprobar	tronar
colar	desaprobar	mostrar	resollar	volar

Los 53 verbos en los que la **e** cambia a **ie**, son:

acertar	aspaventar	desconcertar	enmendar	mentar
acrecentar	atravesar	desenterrar	ensangrentar	merendar
aferrar	aventar	desherrar	enterrar	nevar
alentar	calentar	despertar	escarmentar	pensar
apacentar	cerrar	desterrar	gobernar	quebrar
apretar	concertar	emparentar	helar	recalentar
arrendar	confesar	empedrar	herrar	recomendar
asentar	desalentar	encerrar	invernar	remendar
aserrar	desapretar	encomendar	manifestar	requebrar

| retemblar | sembrar | serrar | subarrendar |
| reventar | sentar | soterrar | temblar |

LOS VERBOS QUE TERMINAN EN -ZAR EN LOS QUE SIEMPRE LA Z CAMBIA A C AL IR ANTE E

Los verbos que terminan en -zar son 340, y la única diferencia con la conjugación de los verbos regulares es que la z cuando va ante la vocal e se convierte en c (alzar: alce, alcemos, alcen). A fin de comprenderse este cambio, se debe tener siempre en cuenta que la z se escribe como z y como c; se escribe z ante las vocales a, o, u (za, zo, zu) y se escribe c cuando va ante las vocales e, i; de aquí entonces que los verbos que terminan en -zar al ir z ante e, la z se convierte en c. Ejemplo, verbo abrazar: yo abracé, yo abrace, tú abraces, él abrace, nosotros abracemos, ustedes/ellos abracen. Observar la conjugación del verbo alzar —pag. 119— donde resaltan los cambios de z a c en el indicativo de la primera persona del tiempo pasado, en todo el presente del subjuntivo y en casi todo el imperativo.

Como información, los sustantivos y adjetivos que se hacen verbos (de normal, normalizar; de canal, canalizar; de eterno, eternizar) si no llevan s en la última sílaba (piso, pisar; casa, casar), siempre llevarán en el verbo la terminación -izar o -zar.

De los verbos con terminación -zar se dan dos listas; la primera, contiene a los que terminan en -izar ya que éstos, a su vez, pueden llevar la terminación -ación que siempre va con c (actualizar, actualización; alfabetizar, alfabetización, etc.).

Los 270 verbos con terminación -izar, son:

actualizar	amacizar	atemorizar	capitalizar	colectivizar
acuatizar	amenizar	aterrizar	caracterizar	colonizar
adonizar	americanizar	aterrorizar	carbonizar	comercializar
adverbializar	amortizar	atizar	caricaturizar	compatibilizar
africanizar	analizar	atomizar	castellanizar	compendizar
agilizar	anarquizar	automatizar	catequizar	computarizar
agonizar	angelizar	autorizar	catolizar	concretizar
agudizar	anualizar	axiomatizar	cauterizar	confraternizar
alcoholizar	arcaizar	barbarizar	centralizar	consonantizar
alegorizar	aristocratizar	barnizar	cicatrizar	contabilizar
alfabetizar	armonizar	bautizar	climatizar	contemporizar
alunizar	aromatizar	canalizar	cloroformizar	corporativizar

corporeizar   esclavizar   homogeneizar monopolizar   rizar
cotizar   escolarizar   horrorizar   moralizar   ruborizar
cristalizar   españolizar   hospitalizar motorizar   sacralizar
cristianizar   especializar   hostilizar   movilizar   satirizar
culpabilizar   espiritualizar humanizar   municipalizar sectorizar
culturizar   esquematizar   idealizar   musicalizar   sensibilizar
democratizar   estabilizar   idiotizar   nacionalizar señalizar
desalinizar   estandarizar   impermeabilizar naturalizar simbolizar
desamortizar   estatizar   indemnizar   narcotizar   simpatizar
desautorizar   esterilizar   independizar nasalizar   sincronizar
desbarnizar   estigmatizar   industrializar neutralizar sindicalizar
descapitalizar estilizar   inmortalizar normalizar   singularizar
descentralizar eternizar   inmovilizar   novelizar   sintetizar
descuartizar   europeizar   insensibilizar obstaculizar sintonizar
deselectrizar evangelizar   institucionalizar olorizar sistematizar
desestabilizar evaporizar   internacionalizar optimizar socializar
deshechizar   exorcizar   intranquilizar organizar   solemnizar
deshumanizar   exteriorizar   inutilizar   paralizar   solidarizar
deslizar   extranjerizar   ironizar   parcializar   sonorizar
desnaturalizar familiarizar   izar   particularizar suavizar
desorganizar   fanatizar   legalizar   pasteurizar   tamizar
despersonalizar fecundizar   localizar   penalizar   tapizar
despolitizar   feminizar   macizar   personalizar teatralizar
desvalorizar   fertilizar   magnetizar   poetizar   temporalizar
digitalizar   fervorizar   maquinizar   polarizar   teorizar
dinamizar   finalizar   martirizar   polinizar   tiranizar
divinizar   fiscalizar   materializar politizar   totalizar
dogmatizar   flexibilizar   matizar   popularizar   tranquilizar
dramatizar   formalizar   maximizar   potabilizar   transistorizar
economizar   fosilizar   mecanizar   privatizar   traumatizar
ecualizar   fraternizar   melancolizar profetizar   trizar
electrizar   fribolizar   memorizar   profundizar   universalizar
encarnizar   frigorizar   mentalizar   protagonizar urbanizar
energizar   futurizar   mestizar   racionalizar utilizar
enfatizar   galvanizar   metaforizar   radicalizar   valorizar
enfermizar   garantizar   metalizar   realizar   vaporizar
enigmatizar   generalizar   metodizar   regularizar   vigorizar
enraizar   granizar   militarizar   reorganizar   visualizar
entapizar   hechizar   mineralizar   responsabilizar vitalizar
entronizar   higienizar   minimizar   revalorizar   vocalizar
erizar   hipnotizar   modernizar   revitalizar   vulcanizar
escandalizar   hispanizar   monetizar   ridiculizar   vulgarizar

Los 70 verbos que terminan en **-zar**, son:

abalanzar	avanzar	despedazar	enlodazar	rechazar
abanzar	azuzar	desplazar	enlozar	reemplazar
abrazar	avalanzar	destazar	ensalzar	remozar
acorazar	bostezar	destrenzar	entrelazar	retozar
adelgazar	calzar	destrozar	enzarzar	rezar
aderezar	cazar	disfrazar	esbozar	rozar
afianzar	chuzar	embarazar	esperanzar	sollozar
aguzar	cruzar	emplazar	gozar	trazar
alborozar	danzar	encabezar	lanzar	tranzar
alcanzar	descabezar	encauzar	lazar	trenzar
alzar	descalzar	enderezar	punzar	trozar
amenazar	descortezar	endulzar	realzar	
amordazar	desembarazar	engarzar	rebozar	
apelmazar	desesperanzar	enjaezar	recalzar	
aplazar	desmenuzar	enlazar	recomenzar	

Verbos en los que la **o** cambia a **ue** y a **üe**, y la **i** a **ie**.

Los siguientes ejemplos, aparte del cambio de **z** a **c**, en los verbos **forzar, esforzar** y **reforzar**, la **o** cambia a **ue** (fuerzo, esfuerce, refuercen); en los verbos **avergonzar** y **desvergonzar**, la **o** cambia a **üe** (avergüence, desvergüenzo); y en los verbos **empezar, tropezar** y **comenzar**, la **e** cambia a **ie** (empiezo, tropiece, comiences), en los presentes del indicativo y subjuntivo, y en el imperativo, menos en la primera persona del plural (nosotros).

Ejemplo: verbo **forzar.**

Presente del indicativo: yo **fuerzo,** tú **fuerzas,** él **fuerza,** ustedes/ellos **fuerzan.**

Presente del subjuntivo: yo **fuerce,** tú **fuerces,** él **fuerce,** ustedes/ellos **fuercen.**

Imperativo: **fuerza** tú, **fuerce** él, **fuercen** ustedes/ellos.

En la siguiente conjugación que contiene, en cuanto a su terminación, a todos los verbos que terminan en **-zar,** obsérvese el cambio que siempre existe de **z** a **c** ante la vocal **e.**

alz-ar

INDICATIVO

PRESENTE		ANTEPRESENTE	
yo	alz-o	he	alz-ado
tú	alz-as	has	alz-ado
él	alz-a	ha	alz-ado
nos.	alz-amos	hemos	alz-ado
uds.	alz-an	han	alz-ado
ellos	alz-an	han	alz-ado

PASADO O PRETÉRITO		ANTEPRETÉRITO	
yo	alc-é	hube	alz-ado
tú	alz-aste	hubiste	alz-ado
él	alz-ó	hubo	alz-ado
nos.	alz-amos	hubimos	alz-ado
uds.	alz-aron	hubieron	alz-ado
ellos	alz-aron	hubieron	alz-ado

FUTURO		ANTEFUTURO	
yo	alz-aré	habré	alz-ado
tú	alz-arás	habrás	alz-ado
él	alz-ará	habrá	alz-ado
nos.	alz-aremos	habremos	alz-ado
uds.	alz-arán	habrán	alz-ado
ellos	alz-arán	habrán	alz-ado

COPRETÉRITO		ANTECOPRETÉRITO	
yo	alz-aba	había	alz-ado
tú	alz-abas	habías	alz-ado
él	alz-aba	había	alz-ado
nos.	alz-ábamos	habíamos	alz-ado
uds.	alz-aban	habían	alz-ado
ellos	alz-aban	habían	alz-ado

POSPRETÉRITO O CONDICIONAL		ANTEPOSPRETÉRITO	
yo	alz-aría	habría	alz-ado
tú	alz-arías	habrías	alz-ado
él	alz-aría	habría	alz-ado
nos.	alz-aríamos	habríamos	alz-ado
uds.	alz-arían	habrían	alz-ado
ellos	alz-arían	habrían	alz-ado

SUBJUNTIVO

PRESENTE		ANTEPRESENTE	
yo	alc-e	yo haya	alz-ado
tú	alc-es	tú hayas	alz-ado
él	alc-e	él haya	alz-ado
nos.	alc-emos	nos. hayamos	alz-ado
uds.	alc-en	uds. hayan	alz-ado
ellos	alc-en	ellos hayan	alz-ado

PASADO O PRETÉRITO		ANTEPRETÉRITO	
yo	alz-ara o alz-ase	yo	hubiera o hubiese	alz-ado
tú	alz-aras o alz-ases	tú	hubieras o hubieses	alz-ado
él	alz-ara o alz-ase	él	hubiera o hubiese	alz-ado
nos.	alz-áramos o alz-ásemos	nos.	hubiéramos o hubiésemos	alz-ado
uds.	alz-aran o alz-asen	uds.	hubieran o hubiesen	alz-ado
ellos	alz-aran o alz-asen	ellos	hubieran o hubiesen	alz-ado

FUTURO		ANTEFUTURO	
yo	alz-are	yo hubiere	alz-ado
tú	alz-ares	tú hubieres	alz-ado
él	alz-are	él hubiere	alz-ado
nos.	alz-áremos	nos. hubiéremos	alz-ado
uds.	alz-aren	uds. hubieren	alz-ado
ellos	alz-aren	ellos hubieren	alz-ado

IMPERATIVO

Presente

alz-a	tú
alc-e	él
alc-emos	nosotros
alc-en	ustedes
alc-en	ellos

FORMAS IMPERSONALES

Infinitivo	**Infinitivo compuesto**
alz-ar	haber alz-ado
Gerundio	**Gerundio compuesto**
alz-ando	habiendo alz-ado
Participio	
alz-ado	

LOS VERBOS QUE TERMINAN EN -CAR EN LOS QUE SIEMPRE LA C CAMBIA A QU AL IR ANTE E

Los verbos que terminan en -car son 250, y su única diferencia con los verbos regulares es que la **c**, cuando va ante la vocal **e**, se convierte en **qu** (brin**car**: brin**qué**, brin**que**, brin**ques**, brin**quemos**, brin**quen**). A fin de entenderse este cambio, se debe tener siempre en cuenta que la **c** ante **a**: **ca**, tiene sonido fuerte (de k) y que la **c** ante **e**: **ce**, tiene sonido suave (de "s"); por tanto, para que la **c**, siga teniendo su sonido fuerte se convierte en **qu**. Ejemplos: de fabri**car**, fabri**que**; de notifi**car**, notifi**quen**; de acer**car**, acer**quemos**, etc.

Los verbos que terminan en -car en los que la **c** cambia a **qu**, es en el indicativo del tiempo pasado en la primera persona del singular, en todo el presente del subjuntivo, y en casi todo el imperativo.

Ejemplo: verbo edu**car**.

Pasado del indicativo: yo edu**qué**.

Presente del subjuntivo: yo edu**que**, tú edu**ques**, él edu**que**, nosotros edu**que**mos, ustedes/ellos edu**quen**.

Imperativo: edu**que** él, edu**quemos** nosotros, ustedes/ellos edu**quen**.

Ver la conjugación posterior a la lista de verbos en -car.

En la siguiente lista están los 250 verbos que tienen la terminación -car; en ella, se resaltan los que terminan en -**ficar** ya que estos, a su vez, pueden llevar la terminación -**ación** que siempre va con **c**: de santifi**car**, santifi**cación**; de signifi**car**, signifi**cación**, etc.

abanicar	ahincar	atacar	caducar	**clarificar**
abarcar	ahorcar	atascar	calcar	**clasificar**
abarracar	ahuecar	atrabancar	**calcificar**	claudicar
abarrancar	alambicar	atracar	**calificar**	**codificar**
abdicar	alocar	atrancar	cascar	colocar
abocar	altercar	autenticar	centuplicar	comarcar
acercar	**amplificar**	**autentificar**	cercar	complicar
achacar	aparcar	avocar	**certificar**	comunicar
achicar	aplacar	**beatificar**	chamuscar	confiscar
acurrucar	aplicar	**bonificar**	checar	contraatacar
adjudicar	apocar	brincar	chocar	contraindicar
afincar	arrancar	buscar	ciscar	convocar

criticar	diagnosticar	evocar	obsecar	roncar
crucificar	**dignificar**	explicar	ofuscar	rubricar
cuadruplicar	disecar	fabricar	opacar	sacar
cuantificar	dislocar	**falsificar**	**pacificar**	sacrificar
damnificar	**diversificar**	fincar	pecar	salpicar
decodificar	domesticar	**fortificar**	pellizcar	**santificar**
dedicar	**dosificar**	**fructificar**	perjudicar	secar
defecar	**dulcificar**	gasificar	**personificar**	significar
deificar	duplicar	**glorificar**	pescar	**simplificar**
demarcar	**edificar**	**gratificar**	**petrificar**	sofisticar
densificar	educar	hincar	picar	sofocar
derrocar	**ejemplificar**	hipotecar	pizcar	**solidificar**
desaplicar	**elastificar**	**identificar**	**planificar**	sonsacar
desatascar	**electrificar**	implicar	platicar	suplicar
desatrancar	embarcar	incomunicar	practicar	surcar
desbancar	embaucar	inculcar	predicar	**tecnificar**
desbarrancar	embocar	indicar	prevaricar	**testificar**
desbocar	emboscar	**intensificar**	pronosticar	**tipificar**
descalcificar	empacar	intoxicar	provocar	tocar
descalificar	encharcar	intrinsicar	publicar	**traficar**
descodificar	enchuecar	invocar	**purificar**	trancar
descolocar	enfocar	**justificar**	radicar	trastocar
deseducar	enflacar	lubricar	**ramificar**	trincar
desembarcar	enfrascar	machacar	rascar	triplicar
desembocar	enmarcar	machucar	**ratificar**	trompicar
desempacar	enrocar	maleducar	rebuscar	trucar
desenfocar	enroscar	marcar	recalcar	truncar
desenroscar	entresacar	mascar	**rectificar**	ubicar
desfalcar	entroncar	masticar	**reedificar**	**unificar**
deshipotecar	equivocar	medicar	reeducar	**verificar**
desintoxicar	erradicar	mercar	reembarcar	versificar
desmitificar	**escenificar**	**mistificar**	refrescar	**vindicar**
desnucar	esculcar	**mitificar**	reivindicar	**vivificar**
despelucar	**especificar**	**mixtificar**	remolcar	**zonificar**
despotricar	estacar	**modificar**	resecar	
destacar	estancar	**mortificar**	retocar	
destroncar	**estatificar**	multiplicar	revindicar	
desubicar	**estratificar**	**notificar**	revocar	

Los verbos en los que la **o** cambia a **ue**.

Aparte del cambio de **c** a **qu**, en los verbos **revolcar, trocar** y **volcar**, la **o** cambia a **ue** en los presentes del indicativo y subjuntivo, y en el imperativo, salvo en la primera persona del plural (nosotros).

Ejemplos:

Presente del indicativo: yo **vue**lco, tú re**vue**lcas, él **vue**lca, ustedes/ellos **vue**lcan.

Presente del subjuntivo: yo **true**que, tú **vue**lques, él re**vue**lque, ustedes/ellos **vue**lquen.

Imperativo: re**vue**lca tú, **vue**lque él, **true**quen ustedes/ellos.

La conjugación que está enfrente, contiene, en cuanto a su terminación, a todos los verbos que terminan en **-car**; obsérvese el cambio que siempre existe de **ca** a **qu** ante la vocal **e: que**.

abarc-ar

INDICATIVO

PRESENTE | ANTEPRESENTE

yo	abarc-o	he	abarc-ado
tú	abarc-as	has	abarc-ado
él	abarc-a	ha	abarc-ado
nos.	abarc-amos	hemos	abarc-ado
uds.	abarc-an	han	abarc-ado
ellos	abarc-an	han	abarc-ado

PASADO O PRETÉRITO | ANTEPRETÉRITO

yo	abarqu-é	hube	abarc-ado
tú	abarc-aste	hubiste	abarc-ado
él	abarc-ó	hubo	abarc-ado
nos.	abarc-amos	hubimos	abarc-ado
uds.	abarc-aron	hubieron	abarc-ado
ellos	abarc-aron	hubieron	abarc-ado

FUTURO | ANTEFUTURO

yo	abarc-aré	habré	abarc-ado
tú	abarc-arás	habrás	abarc-ado
él	abarc-ará	habrá	abarc-ado
nos.	abarc-aremos	habremos	abarc-ado
uds.	abarc-arán	habrán	abarc-ado
ellos	abarc-arán	habrán	abarc-ado

COPRETÉRITO | ANTECOPRETÉRITO

yo	abarc-aba	había	abarc-ado
tú	abarc-abas	habías	abarc-ado
él	abarc-aba	había	abarc-ado
nos.	abarc-ábamos	habíamos	abarc-ado
uds.	abarc-aban	habían	abarc-ado
ellos	abarc-aban	habían	abarc-ado

POSPRETÉRITO O CONDICIONAL | ANTEPOSPRETÉRITO

yo	abarc-aría	habría	abarc-ado
tú	abarc-arías	habrías	abarc-ado
él	abarc-aría	habría	abarc-ado
nos.	abarc-aríamos	habríamos	abarc-ado
uds.	abarc-arían	habrían	abarc-ado
ellos	abarc-arían	habrían	abarc-ado

SUBJUNTIVO

PRESENTE | ANTEPRESENTE

yo	abarqu-e	yo haya	abarc-ado
tú	abarqu-es	tú hayas	abarc-ado
él	abarqu-e	él haya	abarc-ado
nos.	abarqu-emos	nos. hayamos	abarc-ado
uds.	abarqu-en	uds. hayan	abarc-ado
ellos	abarqu-en	ellos hayan	abarc-ado

PASADO O PRETÉRITO | ANTEPRETÉRITO

yo	abarc-ara o abarc-ase	yo hubiera o hubiese	abarc-ado
tú	abarc-aras o abarc-ases	tú hubieras o hubieses	abarc-ado
él	abarc-ara o abarc-ase	él hubiera o hubiese	abarc-ado
nos.	abarc-áramos o abarc-ásemos	nos. hubiéramos o hubiésemos	abarc-ado
uds.	abarc-aran o abarc-asen	uds. hubieran o hubiesen	abarc-ado
ellos	abarc-aran o abarc-asen	ellos hubieran o hubiesen	abarc-ado

FUTURO | ANTEFUTURO

yo	abarc-are	yo hubiere	abarc-ado
tú	abarc-ares	tú hubieres	abarc-ado
él	abarc-are	él hubiere	abarc-ado
nos.	abarc-áremos	nos. hubiéremos	abarc-ado
uds.	abarc-aren	uds. hubieren	abarc-ado
ellos	abarc-aren	ellos hubieren	abarc-ado

IMPERATIVO

Presente

abarc-a	tú
abarqu-e	él
abarqu-emos	nosotros
abarqu-en	ustedes
abarqu-en	ellos

FORMAS IMPERSONALES

Infinitivo	Infinitivo compuesto
abarc-ar	haber abarc-ado
Gerundio	**Gerundio compuesto**
abarc-ando	habiendo abarc-ado
Participio	
abarc-ado	

LOS VERBOS QUE TERMINAN EN -GAR, AL CONJUGARSE E IR LA G ANTE E, SE LES INTERPONE UNA U MUDA PARA QUE LA G SIGA CONSERVANDO SU SONIDO DE G Y NO DE J

Los verbos que terminan en **-gar** son 160, y su única diferencia con los verbos regulares es que la **g** al ir ante **e** (en vez de **a**) se les debe interponer una **u** muda para que sigan conservando su sonido suave de **g**. A fin de comprenderse esto, se debe tener siempre en cuenta que la **g** ante **a, o, u** (ga, go, gu) tiene sonido suave y la **g** ante **e, i,** (ge, gi) tiene sonido de **j** (gemir, gitano); por tanto, para que la **g** ante **e** (y ante **i**) siga teniendo su sonido suave, se le debe interponer una **u** muda. Ejemplos: de abrigar, abri**gue**, de arriesgar, arries**guen**, etc.

Los verbos que terminan en **-gar**, presentados en la siguiente lista, y que al conjugarse se les interpone una **u** muda entre **g** y **e**, es en el tiempo pasado del indicativo en la primera persona del singular (yo), en todo el presente del subjuntivo y en casi todo el imperativo. Ver la conjugación en la pag. 126.

abnegar	bogar	desatarugar	empalagar	irrigar
abogar	bregar	desbalagar	encabalgar	juzgar
abrigar	cabalgar	descabalgar	encargar	largar
abrogar	cagar	descargar	endilgar	legar
agregar	cargar	descuajeringar	enjuagar	ligar
ahogar	castigar	desembargar	enjugar	litigar
alagar	catalogar	desempulgar	entregar	llagar
alargar	centrifugar	desencabalgar	erogar	llegar
albergar	chingar	desfogar	espigar	madrugar
alegar	circunnavegar	desligar	espulgar	mendigar
aletargar	comulgar	desobligar	estragar	mitigar
allegar	congregar	despegar	fatigar	monologar
amagar	conjugar	desperdigar	fisgar	naufragar
amargar	corrugar	devengar	fumigar	navegar
amigar	delegar	dialogar	fustigar	obligar
apagar	derogar	disgregar	halagar	otorgar
apechugar	desabrigar	divagar	homologar	pagar
apegar	desagregar	doblegar	hostigar	pegar
arraigar	desahogar	dragar	hurgar	plagar
arremangar	desapechugar	drogar	indagar	postergar
arriesgar	desapegar	embargar	instigar	prejuzgar
arrugar	desarraigar	embodegar	interrogar	prodigar
atarugar	desarriesgar	embragar	intrigar	prologar
atosigar	desarrugar	embriagar	investigar	prolongar

promulgar	rasgar	rezagar	subjuzgar	vagar
propagar	recargar	rezongar	subyugar	vengar
prorrogar	relegar	segregar	sufragar	
purgar	remangar	sesgar	tosigar	
raigar	respingar	sojuzgar	tragar	

Los verbos siguientes —aparte de interponer una **u** muda cuando la **g** va ante **e**— al conjugarse en los presentes del indicativo y subjuntivo, y en el imperativo —menos en primera persona del plural: nosotros—, tienen cambio de vocal a diptongo: de **e** a **ie**, y la **o** y la **u** a **ue**.

Ejemplos:

Presente del indicativo, de **e** a **ie**, verbo negar: yo **niego**, tú **niegas**, él **niega**, ustedes/ellos **niegan**.

Presente del subjuntivo, de **o** a **ue**, verbo colgar: yo **cuelgue**, tú **cuelgues**, él **cuelgue**, ustedes/ellos **cuelguen**.

Imperativo, de **u** a **ue**, —el verbo jugar es el único que existe—: **juega** tú, **juegue** él, **jueguen** ustedes/ellos.

Los 14 verbos en los que la **e** cambia a **ie**, son:

asosegar	desplegar	negar	renegar	segar
cegar	estregar	plegar	replegar	sosegar
denegar	fregar	regar	restregar	

En los verbos **colgar**, **descolgar**, **holgar** y **rogar**, la **o** cambia a **ue**.

LOS VERBOS QUE CAMBIAN DE -GUA A GÜE

Existen 12 verbos que terminan en **-guar**, los cuales son:

aguar	apaciguar	averiguar	fraguar
amortiguar	atestiguar	desaguar	menguar
antiguar	atreguar	deslenguar	santiguar

Estos verbos, al igual que los que terminan en **-gar**, al ir **gu** ante **e** (en vez de **a**) el cambio que tienen es que la **u** debe llevar diéresis, que es la forma de indicar que la **u** se pronuncia. Ejemplos: de amortiguar, amortigüé, amortigüe, amortigües, amortigüemos, amortigüen; de averiguar, averigüé, averigüe, averigües, averigüemos, averigüen, etc.

lleg-ar

INDICATIVO

PRESENTE		ANTEPRESENTE	
yo	lleg-o	he	lleg-ado
tú	lleg-as	has	lleg-ado
él	lleg-a	ha	lleg-ado
nos.	lleg-amos	hemos	lleg-ado
uds.	lleg-an	han	lleg-ado
ellos	lleg-an	han	lleg-ado

PASADO O PRETÉRITO		ANTEPRETÉRITO	
yo	llegu-é	hube	lleg-ado
tú	lleg-aste	hubiste	lleg-ado
él	lleg-ó	hubo	lleg-ado
nos.	lleg-amos	hubimos	lleg-ado
uds.	lleg-aron	hubieron	lleg-ado
ellos	lleg-aron	hubieron	lleg-ado

FUTURO		ANTEFUTURO	
yo	lleg-aré	habré	lleg-ado
tú	lleg-arás	habrás	lleg-ado
él	lleg-ará	habrá	lleg-ado
nos.	lleg-aremos	habremos	lleg-ado
uds.	lleg-arán	habrán	lleg-ado
ellos	lleg-arán	habrán	lleg-ado

COPRETÉRITO		ANTECOPRETÉRITO	
yo	lleg-aba	había	lleg-ado
tú	lleg-abas	habías	lleg-ado
él	lleg-aba	había	lleg-ado
nos.	lleg-ábamos	habíamos	lleg-ado
uds.	lleg-aban	habían	lleg-ado
ellos	lleg-aban	habían	lleg-ado

POSPRETÉRITO O CONDICIONAL		ANTEPOSPRETÉRITO	
yo	lleg-aría	habría	lleg-ado
tú	lleg-arías	habrías	lleg-ado
él	lleg-aría	habría	lleg-ado
nos.	lleg-aríamos	habríamos	lleg-ado
uds.	lleg-arían	habrían	lleg-ado
ellos	lleg-arían	habrían	lleg-ado

SUBJUNTIVO

PRESENTE		ANTEPRESENTE	
yo	llegu-e	yo	haya	lleg-ado
tú	llegu-es	tú	hayas	lleg-ado
él	llegu-e	él	haya	lleg-ado
nos.	llegu-emos	nos.	hayamos	lleg-ado
uds.	llegu-en	uds.	hayan	lleg-ado
ellos	llegu-en	ellos	hayan	lleg-ado

PASADO O PRETÉRITO		ANTEPRETÉRITO	
yo	lleg-ara	yo	hubiera	
	o lleg-ase		o hubiese	lleg-ado
tú	lleg-aras	tú	hubieras	
	o lleg-ases		o hubieses	lleg-ado
él	lleg-ara	él	hubiera	
	o lleg-ase		o hubiese	lleg-ado
nos.	lleg-áramos	nos.	hubiéramos	
	o lleg-ásemos		o hubiésemos	lleg-ado
uds.	lleg-aran	uds.	hubieran	
	o lleg-asen		o hubiesen	lleg-ado
ellos	lleg-aran	ellos	hubieran	
	o lleg-asen		o hubiesen	lleg-ado

FUTURO		ANTEFUTURO	
yo	lleg-are	yo	hubiere	lleg-ado
tú	lleg-ares	tú	hubieres	lleg-ado
él	lleg-are	él	hubiere	lleg-ado
nos.	lleg-áremos	nos.	hubiéremos	lleg-ado
uds.	lleg-aren	uds.	hubieren	lleg-ado
ellos	lleg-aren	ellos	hubieren	lleg-ado

IMPERATIVO

Presente

lleg-a	tú
llegu-e	él
llegu-emos	nosotros
llegu-en	ustedes
llegu-en	ellos

FORMAS IMPERSONALES

Infinitivo	Infinitivo compuesto
lleg-ar	haber lleg-ado

Gerundio	Gerundio compuesto
lleg-ando	habiendo lleg-ado

Participio
lleg-ado

LOS VERBOS MÁS IRREGULARES TERMINADOS EN -AR

Los verbos más irregulares que terminan en **-ar**, son sólo **siete:**

El verbo **estar** con sus variantes bien**estar** y mal**estar,** adquieren la **y** griega y la **v** chica, en los siguientes modos, tiempos y personas:

Presente del indicativo: yo estoy.

Pasado del indicativo: yo estuve, tú estuviste, él estuvo, nosotros estu-vimos, ustedes/ellos estuvieron.

Pasado del subjuntivo: yo estuviera o estuviese, tú estuvieras o estuvieses, él estuviera o estuviese, nosotros estuviéramos o estuviésemos, ustedes/ellos estuvieran o estuviesen.

Futuro del subjuntivo: yo estuviere, tú estuvieres, él estuviere, nosotros estuviéremos, ustedes/ellos estuvieren.

El verbo **andar** y su variante des**andar** adquieren la **v** chica en los siguientes modos, tiempos y personas:

Pasado del indicativo: yo anduve, tú anduviste, él anduvo, nosotros anduvimos, ustedes/ellos anduvieron.

Pasado del subjuntivo: yo anduviera o anduviese, tú anduvieras o andu-vieses, él anduviera o anduviese, nosotros andu-viéramos o anduviésemos, ustedes/ellos anduvie-ran o anduviesen.

Futuro del subjuntivo: yo anduviere, tú anduvieres, él anduviere, noso-tros anduviéremos, ustedes/ellos anduvieren.

El verbo **dar** adquiere la **y** griega, y la **a** de dar cambia a las vocales **i, e,** y al diptongo **ie,** en los siguientes modos, tiempos y personas:

Presente del indicativo: yo doy.

Pasado del indicativo: yo di, tú diste, él dio, nosotros dimos, ustedes/ellos dieron.

Presente del subjuntivo: yo dé, tú des, él dé, nosotros demos, ustedes/ellos den.

Pasado del subjuntivo: yo diera o diese, tú dieras o dieses, él diera o
diese, nosotros diéramos o diésemos, ustedes/
ellos dieran o diesen.

Futuro del subjuntivo: yo diere, tú dieres, él diere, nosotros diéremos
ustedes/ellos dieren.

El verbo **errar** su irregularidad consiste en anteponérsele una **y** griega
en los siguientes modos, tiempos y personas:

Pasado del indicativo: yo **yerro**, tú **yerras**, él **yerra**, ustedes/ellos **yerran**.

Pasado del subjuntivo: yo **yerre**, tú **yerres**, él **yerre**, nosotros **yerremos**
ustedes/ellos **yerren**.

Imperativo: **yerra** tú, **yerre** él, **yerren** ustedes/ellos.

LA CONJUGACIÓN DE LOS VERBOS CON -ER

Los verbos terminados en -er, de uso común, son 300, de los que sólo 69 son regulares y los demás, a través de su conjugación, tienen cambios a otras letras o las adquirirán, ya sea en su raíz o en su terminación verbal, o en ambas. Cabe destacar los 105 verbos que terminan en -ecer, junto con los que acaban en -acer y -ocer, en cuya conjugación la c cambia a zc, pues representan más de la tercera parte de todos los que existen con -er.

Los 69 verbos regulares en -er cuya conjugación está en la pag. 132, son:

absorber	comprometer	entretejer	pender	revender
acceder	conceder	entrever	preceder	romper
acometer	correr	entrometer	prender	socorrer
aprender	corresponder	esconder	pretender	someter
arder	corromper	exceder	prever	sorber
arremeter	coser	expeler	proceder	sorprender
atrever	deber	expender	prometer	suceder
barrer	depender	interceder	recorrer	suspender
beber	descorrer	joder	relamer	tejer
carcomer	descoser	lamer	remeter	temer
ceder	desprender	malcomer	repeler	toser
comer	destejer	malvender	reprender	vender
competer	embeber	meter	responder	ver
comprender	emprender	ofender	retroceder	

Los siguientes 37 verbos, su única diferencia con los verbos regulares en -er es que al conjugarse en los presentes del indicativo y subjuntivo, y en el imperativo, menos en la primera persona del plural (nosotros), en unos, la u cambia a ue; y en otros, la i cambia a ie.

Ejemplos:

Presente del indicativo: yo vuelvo, tú vuelves, él vuelve, ustedes/ellos vuelven.

Presente del subjuntivo: yo atienda, tú atiendas, él atienda, tú vuelvas, él vuelva, ustedes/ellos atiendan.

Imperativo: muele tú, muela él, muelan ustedes/ellos.

Los verbos en los que la **o** cambia a **ue**, son:

absolver	devolver	envolver	revolver
desenvolver	disolver	resolver	volver

En estos verbos según se vio en la página 94, su participio tiene la terminación **-to** en lugar de **-ido**: absue**lto**, desenvue**lto**, vue**lto**, etc.

También con el cambio de **o** a **ue** son los siguientes verbos:

condoler	doler	morder	remover
conmover	moler	mover	soler
demoler	llover	promover	

Los verbos en los que la **e** cambia a **ie**, son:

ascender	defender	distender	heder	trascender
atender	desatender	encender	perder	verter
condescender	descender	entender	sobreentender	
contender	desentender	extender	tender	

LOS VERBOS QUE TERMINAN EN -ECER, -ACER Y -OCER EN LOS QUE LA C CAMBIA A ZC

En los siguientes 115 verbos su única diferencia con los verbos regulares es que la **c** se convierte en **zc** en la primera persona del presente del indicativo, en todo el presente del subjuntivo y en casi todo el imperativo.

Ejemplo: verbo crecer.

Presente del indicativo: yo cre**zc**o.

Presente del subjuntivo: yo cre**zc**a, tú cre**zc**as, él cre**zc**a, nosotros cre**zc**amos, ustedes/ellos cre**zc**an.

Imperativo: cre**zc**a él, cre**zc**amos nosotros, cre**zc**an ustedes/ellos.

Los 106 verbos que terminan en **-ecer**, son:

abaste**cer**	aconte**cer**	amane**cer**	apete**cer**	compade**cer**
abland**ecer**	adole**cer**	amarille**cer**	atarde**cer**	compare**cer**
aborre**cer**	adorme**cer**	anoche**cer**	care**cer**	convale**cer**
acae**cer**	agrade**cer**	apare**cer**	clare**cer**	cre**cer**

decrecer	enaltecer	enorgullecer	estremecer	parecer
desabastecer	enardecer	enrarecer	fallecer	perecer
desadormecer	encalvecer	enriquecer	favorecer	permanecer
desagradecer	encallecer	enrojecer	fenecer	pertenecer
desaparecer	encanecer	enronquecer	florecer	prevalecer
desentumecer	encarecer	ensombrecer	fortalecer	reaparecer
desfallecer	enceguecer	ensoberbecer	fosforecer	reblandecer
desmerecer	encrudecer	ensordecer	guarecer	recrudecer
desobedecer	endurecer	enternecer	guarnecer	rejuvenecer
desvanecer	enflaquecer	entorpecer	humedecer	resplandecer
embarnecer	enfurecer	entristecer	languidecer	restablecer
embebecer	engrandecer	entumecer	merecer	reverdecer
embellecer	enloquecer	envanecer	obedecer	robustecer
emblanquecer	enmohecer	envejecer	ofrecer	verdecer
embravecer	enmudecer	envilecer	orgullecer	
embrutecer	enmugrecer	escarnecer	oscurecer	
empequeñecer	ennegrecer	esclarecer	padecer	
empobrecer	ennoblecer	establecer	palidecer	

Otros verbos en los que igualmente cambia la **c** al sonido suave-fuerte de **zc** son los que terminan en **-acer**: nacer, renacer, placer, complacer, **yacer**, subyacer (en esta conjugación no entra el verbo hacer); y los terminados en **-ocer**: conocer, desconocer y reconocer.

LOS VERBOS **SER, HABER** Y **HACER**

Los verbos **ser, haber** y **hacer** con sus variantes deshacer, rehacer y satisfacer, al ser de los más irregulares, se pone toda su conjugación a fin de que se vean los cambios que sufren estos verbos. Ver páginas 133, 134 y 135.

vend-er

INDICATIVO

PRESENTE / ANTEPRESENTE

	PRESENTE	ANTEPRESENTE	
yo	vend-o	he	vend-ido
tú	vend-es	has	vend-ido
él	vend-e	ha	vend-ido
nos.	vend-emos	hemos	vend-ido
uds.	vend-en	han	vend-ido
ellos	vend-en	han	vend-ido

PASADO O PRETÉRITO / ANTEPRETÉRITO

	PASADO O PRETÉRITO	ANTEPRETÉRITO	
yo	vend-í	hube	vend-ido
tú	vend-iste	hubiste	vend-ido
él	vend-ió	hubo	vend-ido
nos.	vend-imos	hubimos	vend-ido
uds.	vend-ieron	hubieron	vend-ido
ellos	vend-ieron	hubieron	vend-ido

FUTURO / ANTEFUTURO

	FUTURO	ANTEFUTURO	
yo	vend-eré	habré	vend-ido
tú	vend-erás	habrás	vend-ido
él	vend-erá	habrá	vend-ido
nos.	vend-eremos	habremos	vend-ido
uds.	vend-erán	habrán	vend-ido
ellos	vend-erán	habrán	vend-ido

COPRETÉRITO / ANTECOPRETÉRITO

	COPRETÉRITO	ANTECOPRETÉRITO	
yo	vend-ía	había	vend-ido
tú	vend-ías	habías	vend-ido
él	vend-ía	había	vend-ido
nos.	vend-íamos	habíamos	vend-ido
uds.	vend-ían	habían	vend-ido
ellos	vend-ían	habían	vend-ido

POSPRETÉRITO O CONDICIONAL / ANTEPOSPRETÉRITO

	POSPRETÉRITO O CONDICIONAL	ANTEPOSPRETÉRITO	
yo	vend-ería	habría	vend-ido
tú	vend-erías	habrías	vend-ido
él	vend-ería	habría	vend-ido
nos.	vend-eríamos	habríamos	vend-ido
uds.	vend-erían	habrían	vend-ido
ellos	vend-erían	habrían	vend-ido

SUBJUNTIVO

PRESENTE / ANTEPRESENTE

	PRESENTE	ANTEPRESENTE	
yo	vend-a	yo haya	vend-ido
tú	vend-as	tú hayas	vend-ido
él	vend-a	él haya	vend-ido
nos.	vend-amos	nos. hayamos	vend-ido
uds.	vend-an	uds. hayan	vend-ido
ellos	vend-an	ellos hayan	vend-ido

PASADO O PRETÉRITO / ANTEPRETÉRITO

	PASADO O PRETÉRITO	ANTEPRETÉRITO	
yo	vend-iera *o* vend-iese	yo hubiera *o* hubiese	vend-ido
tú	vend-ieras *o* vend-ieses	tú hubieras *o* hubieses	vend-ido
él	vend-iera *o* vend-iese	él hubiera *o* hubiese	vend-ido
nos.	vend-iéramos *o* vend-iésemos	nos. hubiéramos *o* hubiésemos	vend-ido
uds.	vend-ieran *o* vend-iesen	uds. hubieran *o* hubiesen	vend-ido
ellos	vend-ieran *o* vend-iesen	ellos hubieran *o* hubiesen	vend-ido

FUTURO / ANTEFUTURO

	FUTURO	ANTEFUTURO	
yo	vend-iere	yo hubiere	vend-ido
tú	vend-ieres	tú hubieres	vend-ido
él	vend-iere	él hubiere	vend-ido
nos.	vend-iéremos	nos. hubiéremos	vend-ido
uds.	vend-ieren	uds. hubieren	vend-ido
ellos	vend-ieren	ellos hubieren	vend-ido

IMPERATIVO

Presente

vend-e	tú
vend-a	él
vend-amos	nosotros
vend-an	ustedes
vend-an	ellos

FORMAS IMPERSONALES

Infinitivo	Infinitivo compuesto
vend-er	haber vend-ido

Gerundio	Gerundio compuesto
vend-iendo	habiendo vend-ido

Participio
vend-ido

ser

INDICATIVO

PRESENTE

yo	soy
tú	eres
él	es
nos.	somos
uds.	son
ellos	son

ANTEPRESENTE

yo	he	sido
tú	has	sido
él	ha	sido
nos.	hemos	sido
uds.	han	sido
ellos	han	sido

PASADO O PRETÉRITO

yo	fui
tú	fuiste
él	fue
nos.	fuimos
uds.	fueron
ellos	fueron

ANTEPRETÉRITO

yo	hube	sido
tú	hubiste	sido
él	hubo	sido
nos.	hubimos	sido
uds.	hubieron	sido
ellos	hubieron	sido

FUTURO

yo	seré
tú	serás
él	será
nos.	seremos
uds.	serán
ellos	serán

ANTEFUTURO

yo	habré	sido
tú	habrás	sido
él	habrá	sido
nos.	habremos	sido
uds.	habrán	sido
ellos	habrán	sido

COPRETÉRITO

yo	era
tú	eras
él	era
nos.	éramos
uds.	eran
ellos	eran

ANTECOPRETÉRITO

yo	había	sido
tú	habías	sido
él	había	sido
nos.	habíamos	sido
uds.	habían	sido
ellos	habían	sido

POSPRETÉRITO O CONDICIONAL

yo	sería
tú	serías
él	sería
nos.	seríamos
uds.	serían
ellos	serían

ANTEPOSPRETÉRITO

yo	habría	sido
tú	habrías	sido
él	habría	sido
nos.	habríamos	sido
uds.	habrían	sido
ellos	habrían	sido

SUBJUNTIVO

PRESENTE

yo	sea
tú	seas
él	sea
nos.	seamos
uds.	sean
ellos	sean

ANTEPRESENTE

yo	haya	sido
tú	hayas	sido
él	haya	sido
nos.	hayamos	sido
uds.	hayan	sido
ellos	hayan	sido

PASADO O PRETÉRITO

yo	fuera
	o fuese
tú	fueras
	o fueses
él	fuera
	o fuese
nos.	fuéramos
	o fuésemos
uds.	fueran
	o fuesen
ellos	fueran
	o fuesen

ANTEPRETÉRITO

yo	hubiera	
	o hubiese	sido
tú	hubieras	
	o hubieses	sido
él	hubiera	
	o hubiese	sido
nos.	hubiéramos	
	o hubiésemos	sido
uds.	hubieran	
	o hubiesen	sido
ellos	hubieran	
	o hubiesen	sido

FUTURO

yo	fuere
tú	fueres
él	fuere
nos.	fuéremos
uds.	fueren
ellos	fueren

ANTEFUTURO

yo	hubiere	sido
tú	hubieres	sido
él	hubiere	sido
nos.	hubiéremos	sido
uds.	hubieren	sido
ellos	hubieren	sido

IMPERATIVO

Presente

sé	tú
sea	él
seamos	nosotros
sean	ustedes
sean	ellos

FORMAS IMPERSONALES

Infinitivo	Infinitivo compuesto
ser	haber sido

Gerundio	Gerundio compuesto
siendo	habiendo sido

Participio
sido

hab-er

INDICATIVO

PRESENTE

yo	h-e
tú	h-as
él	h-a
nos.	h-emos
uds.	h-an
ellos	h-an

ANTEPRESENTE

yo	he	hab-ido
tú	has	hab-ido
él	ha	hab-ido
nos.	hemos	hab-ido
uds.	han	hab-ido
ellos	han	hab-ido

PASADO O PRETÉRITO

yo	hub-e
tú	hub-iste
él	hub-o
nos.	hub-imos
uds.	hub-ieron
ellos	hub-ieron

ANTEPRETÉRITO

yo	hube	hab-ido
tú	hubiste	hab-ido
él	hubo	hab-ido
nos.	hubimos	hab-ido
uds.	hubieron	hab-ido
ellos	hubieron	hab-ido

FUTURO

yo	hab-ré
tú	hab-rás
él	hab-rá
nos.	hab-remos
uds.	hab-rán
ellos	hab-rán

ANTEFUTURO

yo	habré	hab-ido
tú	habrás	hab-ido
él	habrá	hab-ido
nos.	habremos	hab-ido
uds.	habrán	hab-ido
ellos	habrán	hab-ido

COPRETÉRITO

yo	hab-ía
tú	hab-ías
él	hab-ía
nos.	hab-íamos
uds.	hab-ían
ellos	hab-ían

ANTECOPRETÉRITO

yo	había	hab-ido
tú	habías	hab-ido
él	había	hab-ido
nos.	habíamos	hab-ido
uds.	habían	hab-ido
ellos	habían	hab-ido

POSPRETÉRITO O CONDICIONAL

yo	hab-ría
tú	hab-rías
él	hab-ría
nos.	hab-ríamos
uds.	hab-rían
ellos	hab-rían

ANTEPOSPRETÉRITO

yo	habría	hab-ido
tú	habrías	hab-ido
él	habría	hab-ido
nos.	habríamos	hab-ido
uds.	habrían	hab-ido
ellos	habrían	hab-ido

SUBJUNTIVO

PRESENTE

yo	hay-a
tú	hay-as
él	hay-a
nos.	hay-amos
uds.	hay-an
ellos	hay-an

ANTEPRESENTE

yo	haya	hab-ido
tú	hayas	hab-ido
él	haya	hab-ido
nos.	hayamos	hab-ido
uds.	hayan	hab-ido
ellos	hayan	hab-ido

PASADO O PRETÉRITO

yo	hub-iera
	o hub-iese
tú	hub-ieras
	o hub-ieses
él	hub-iera
	o hub-iese
nos.	hub-iéramos
	o hub-iésemos
uds.	hub-ieran
	o hub-iesen
ellos	hub-ieran
	o hub-iesen

ANTEPRETÉRITO

yo	hubiera	
	o hubiese	hab-ido
tú	hubieras	
	o hubieses	hab-ido
él	hubiera	
	o hubiese	hab-ido
nos.	hubiéramos	
	o hubiésemos	hab-ido
uds.	hubieran	
	o hubiesen	hab-ido
ellos	hubieran	
	o hubiesen	hab-ido

FUTURO

yo	hub-iere
tú	hub-ieres
él	hub-iere
nos.	hub-iéremos
uds.	hub-ieren
ellos	hub-ieren

ANTEFUTURO

yo	hubiere	hab-ido
tú	hubieres	hab-ido
él	hubiere	hab-ido
nos.	hubiéremos	hab-ido
uds.	hubieren	hab-ido
ellos	hubieren	hab-ido

IMPERATIVO

Presente

h-e	tú
hay-a	él
hay-amos	nosotros
hay-an	ustedes
hay-an	ellos

FORMAS IMPERSONALES

Infinitivo	Infinitivo compuesto
hab-er	haber hab-ido
Gerundio	Gerundio compuesto
hab-iendo	habiendo hab-ido
Participio	
hab-ido	

hac-er

INDICATIVO

PRESENTE | ANTEPRESENTE

yo	hag-o	yo	he	hecho
tú	hac-es	tú	has	hecho
él	hac-e	él	ha	hecho
nos.	hac-emos	nos.	hemos	hecho
uds.	hac-en	uds.	han	hecho
ellos	hac-en	ellos	han	hecho

PASADO O PRETÉRITO | ANTEPRETÉRITO

yo	hic-e	yo	hube	hecho
tú	hic-iste	tú	hubiste	hecho
él	hiz-o	él	hubo	hecho
nos.	hic-imos	nos.	hubimos	hecho
uds.	hic-ieron	uds.	hubieron	hecho
ellos	hic-ieron	ellos	hubieron	hecho

FUTURO | ANTEFUTURO

yo	har-é	yo	habré	hecho
tú	har-ás	tú	habrás	hecho
él	har-á	él	habrá	hecho
nos.	har-emos	nos.	habremos	hecho
uds.	har-án	uds.	habrán	hecho
ellos	har-án	ellos	habrán	hecho

COPRETÉRITO | ANTECOPRETÉRITO

yo	hac-ía	yo	había	hecho
tú	hac-ías	tú	habías	hecho
él	hac-ía	él	había	hecho
nos.	hac-íamos	nos.	habíamos	hecho
uds.	hac-ían	uds.	habían	hecho
ellos	hac-ían	ellos	habían	hecho

POSPRETÉRITO O CONDICIONAL | ANTEPOSPRETÉRITO

yo	har-ía	yo	habría	hecho
tú	har-ías	tú	habrías	hecho
él	har-ía	él	habría	hecho
nos.	har-íamos	nos.	habríamos	hecho
uds.	har-ían	uds.	habrían	hecho
ellos	har-ían	ellos	habrían	hecho

SUBJUNTIVO

PRESENTE | ANTEPRESENTE

yo	hag-a	yo	haya	hecho
tú	hag-as	tú	hayas	hecho
él	hag-a	él	haya	hecho
nos.	hag-amos	nos.	hayamos	hecho
uds.	hag-an	uds.	hayan	hecho
ellos	hag-an	ellos	hayan	hecho

PASADO O PRETÉRITO | ANTEPRETÉRITO

yo	hic-iera		yo	hubiera	
	o hic-iese			o hubiese	hecho
tú	hic-ieras		tú	hubieras	
	o hic-ieses			o hubieses	hecho
él	hic-iera		él	hubiera	
	o hic-iese			o hubiese	hecho
nos.	hic-iéramos		nos.	hubiéramos	
	o hic-iésemos			o hubiésemos	hecho
uds.	hic-ieran		uds.	hubieran	
	o hic-iesen			o hubiesen	hecho
ellos	hic-ieran		ellos	hubieran	
	o hic-iesen			o hubiesen	hecho

FUTURO | ANTEFUTURO

yo	hic-iere	yo	hubiere	hecho
tú	hic-ieres	tú	hubieres	hecho
él	hic-iere	él	hubiere	hecho
nos.	hic-iéremos	nos.	hubiéremos	hecho
uds.	hic-ieren	uds.	hubieren	hecho
ellos	hic-ieren	ellos	hubieren	hecho

IMPERATIVO

Presente

haz	tú
hag-a	él
hag-amos	nosotros
hag-an	ustedes
hag-an	ellos

FORMAS IMPERSONALES

Infinitivo
hac-er

Infinitivo compuesto
haber hecho

Gerundio
hac-iendo

Gerundio compuesto
habiendo hecho

Participio
hecho

VERBOS	CAMBIOS ORTOGRÁFICOS	INDICATIVO	
		PRESENTE	PASADO O PRETÉRITO
anteponer componer contraponer deponer descomponer disponer exponer imponer indisponer interponer oponer poner posponer predisponer presuponer proponer reponer sobreponer suponer trasponer yuxtaponer	Cambio de de o a u y adquisición de la g y de la s	yo pongo	yo　　puse tú　　pusiste él　　puso nos.　pusimos uds.　pusieron ellos pusieron
acoger coger converger desencoger emerger encoger escoger proteger recoger	cambio de g a j (obedece para seguir conser- vando la g su sonido fuerte al cambiar de ge a ja, jo.	yo emerjo	
abstraer atraer contraer distraer extraer maltraer retraer sustraer traer	cambio de a a ai y adquisición de la g y j	yo traigo	yo　　traje tú　　trajiste él　　trajo nos.　trajimos uds.　trajeron ellos trajeron

SUBJUNTIVO			IMPERATIVO
PRESENTE	PASADO O PRETÉRITO	FUTURO	
yo ponga	yo pusiera o pusiese	yo pusiere	
tú pongas	tú pusieras o pusieses	tú pusieres	
él ponga	él pusiera o pusiese	él pusiere	ponga él
nos. pongamos	nos. pusiéramos o pusiésemos	nos. pusiéremos	pongamos nos.
uds. pongan	uds. pusieran o pusiesen	uds. pusieren	pongan uds.
ellos pongan	ellos pusieran o pusiesen	ellos pusieren	pongan ellos
yo emerja			
tú emerjas			
él emerja			emerja él
nos. emerjamos			emerjamos nos.
uds. emerjan			emerjan uds.
ellos emerjan			emerjan ellos
yo traiga	yo trajera o trajese	yo trajere	
tú traigas	tú trajeras o trajeses	tú trajeres	
él traiga	él trajera o trajese	él trajere	traiga él
nos. traigamos	nos. trajéramos o trajésemos	nos. trajéremos	traigamos nos.
uds. traigan	uds. trajeran o trajesen	uds. trajeren	traigan uds.
ellos traigan	ellos trajeran o trajesen	ellos trajeren	traigan ellos

| VERBOS | CAMBIOS ORTOGRÁFICOS | INDICATIVO | |
		PRESENTE	PASADO O PRETÉRIT
abstener atener contener detener entretener mantener obtener retener sostener tener	Cambio de **e a ie** y obtención de las letras **g** y **v**	yo　tengo tú　tienes él　tiene uds. tienen ellos tienen	yo　tuve tú　tuviste él　tuvo nos. tuvimos uds. tuvieron ellos tuvieron
cocer descocer destorcer escocer retorcer torcer	Cambio de **o a ue** y de **c a z**	yo　cuezo tú　cueces él　cuece uds. cuecen ellos cuecen	
creer leer poseer proveer	adquisición de la **y**		él　creyó uds. creyeron ellos creyeron
convencer ejercer mecer vencer	Cambio de **c a z**	yo　ejerzo	
caer decaer recaer	Cambio de **a a ai** y adquisición de la "**g**" e "**y**"	yo　caigo	él　cayó uds. decayeron ellos recayeron

SUBJUNTIVO			IMPERATIVO
PRESENTE	PASADO O PRETÉRITO	FUTURO	
yo tenga tú tengas él tenga nos. tengamos uds. tengan ellos tengan	yo tuviera o tuviese tú tuvieras o tuvieses él tuviera o tuviese nos. tuviéramos o 　　 tuviésemos uds. tuvieran o tuviesen ellos tuvieran o tuviesen	yo tuviere tú tuvieres él tuviere nos. tuviéremos uds. tuvieren ellos tuvieren	tenga él tengamos nos. tengan uds. tengan ellos
yo **cueza** tú **cuezas** él **cueza** nos. cozamos uds. **cuezan** ellos **cuezan**			cueza él cozamos nos. cuezan uds. cuezan ellos
	yo creyera o creyese tú creyeras o creyeses él creyera o creyese nos. creyéramos o 　　 creyésemos uds. creyeran o creyesen ellos creyeran o creyesen	yo creyere tú creyeres él creyere nos. creyéremos uds. creyeren ellos creyeren	
yo ejerza tú ejerzas él ejerza nos. ejerzamos uds. ejerzan ellos ejerzan			ejerza él ejerzamos nos. ejerzan uds. ejerzan ellos
yo caiga tú caigas él caiga nos. caigamos uds. decaigan ellos caigan	yo cayera o cayese tú cayeras o cayeses él cayera o cayese nos. cayéramos o 　　 cayésemos uds. cayeran o cayesen ellos cayeran o cayesen	yo cayere tú cayeres él cayere nos. cayéremos uds. cayeren ellos cayeren	caiga él caigamos nos. caigan uds. caigan ellos

VERBOS	CAMBIOS ORTOGRÁFICOS	INDICATIVO	
		PRESENTE	PASADO O PRETÉRITO
equivaler prevaler valer	Adquisición de la **g**	yo valgo	
querer bienquerer malquerer	Cambios de **e a ie** de **e a i** y adquisición de la **s**	yo quiero tú quieres él quiere uds. quieren ellos quieren	yo quise tú quisiste él quiso nos. quisimos uds. quisieron ellos quisieron
saber	Cambios de **a a e,** de **a a u** y adquisición de la **p**	yo sé	yo supe tú supiste él supo nos. supimos uds. supieron ellos supieron
caber	Cambios de **a a u,** de **ca** a **que** y adquisición de la **p**	yo **quep**o	yo **cupe** tú **cupiste** él **cupo** nos. **cupimos** uds. **cupieron** ellos **cupieron**
poder	Cambios de **o a ue** y de **o a u**	yo **puedo** tú **puedes** él **puede** uds. **pueden** ellos **pueden**	yo pude tú pudiste él pudo nos. pudimos uds. pudieron ellos pudieron
oler	Cambio de **o** a **hue**	yo **huelo** tú **hueles** él **huele** uds. **huelen** ellos **huelen**	

SUBJUNTIVO			IMPERATIVO
PRESENTE	**PASADO O PRETÉRITO**	**FUTURO**	
yo valga tú valgas él valga nos. valgamos uds. valgan ellos valgan			valga él valgamos nos. valgan uds. valgan ellos
yo quiera tú quieras él quiera uds. quieran ellos quieran	yo quisiera o quisiese tú quisieras o quisieses él quisiera o quisiese nos. quisiéramos o quisiésemos uds. quisieran o quisiesen ellos quisieran o quisesen	yo quisiere tú quisieres él quisiere nos. quisiéremos uds. quisieren ellos quisieren	quiere tú quiera él quiean uds. quieran ellos
yo sepa tú sepas él sepa nos. sepamos uds. sepan ellos sepan	yo supiera o supiese tú supieras o supieses él supiera o supiese nos. supiéramos o supiésemos uds. supieran o supiesen ellos supieran o supiesen	yo supiere tú supieres él supiere nos. supiéremos uds. supieren ellos supieren	sepa él sepamos nos. sepan uds. sepan ellos
yo quepa tú quepas él quepa nos. quepamos uds. quepan ellos quepan	yo cupiera o cupiese tú cupieras o cupieses él cupiera o cupiese nos. cupiéramos o cupiésemos uds. cupieran o cupiesen ellos cupieran o cupiesen	yo cupiere tú cupieres él cupiere nos. cupiéremos uds. cupieren ellos cupieren	quepa él quepamos nos. quepan uds. quepan ellos
yo pueda tú puedas él pueda uds. puedan ellos puedan	yo pudiera o pudiese tú pudieras o pudieses él pudiera o pudiese nos. pudiéramos o pudiésemos uds. pudieran o pudiesen ellos pudieran o pudiesen	yo pudiere tú pudieres él pudiere nos. pudiéremos uds. pudieren ellos pudieren	puede tú pueda él puedan uds. puedan ellos
yo huela tú huelas él huela uds. huelan ellos huelan			huele tú huela él huelan uds. huelan ellos

LA CONJUGACIÓN DE LOS VERBOS EN -IR

De los 350 verbos de uso común con terminación -**ir**, 150 son verbos regulares y los 200 restantes, a través de su conjugación, tienen cambios a otras letras o las adquirirán, ya sea en su raíz o en su terminación verbal.

Los 150 verbos regulares en -**ir** contenidos en la conjugación del verbo repartir que está enfrente, son:

abatir	definir	escurrir	percudir	resumir
abrir	departir	esgrimir	percutir	resurtir
aburrir	deprimir	evadir	permitir	retransmitir
acudir	desapercibir	exhibir	persistir	reunir
admitir	descomprimir	eximir	persuadir	revivir
agredir	desistir	existir	prescindir	sacudir
aludir	describir	expandir	prescribir	sobrevivir
añadir	descubrir	exprimir	presidir	subdividir
aplaudir	desentumir	fundir	presumir	subir
asistir	desinhibir	hundir	prohibir	subsistir
asumir	desistir	impartir	proscribir	sucumbir
aturdir	despercudir	imprimir	pulir	sufrir
batir	desunir	incidir	reabrir	sumir
coexistir	difundir	incumbir	readmitir	suplir
cohibir	dimitir	incumplir	reasumir	suprimir
coincidir	dirimir	incurrir	rebatir	surtir
coludir	discurrir	infundir	recibir	suscribir
combatir	discutir	inhibir	recubrir	transcurrir
compartir	disidir	irrumpir	recurrir	transgredir
comprimir	disuadir	inscribir	redimir	transmitir
concurrir	dividir	insistir	refundir	tundir
confundir	eludir	interrumpir	reimprimir	tupir
consistir	embutir	invadir	reincidir	transcribir
consumir	emitir	latir	remitir	unir
convivir	encubrir	nutrir	repartir	urdir
crujir	encurtir	ocurrir	repercutir	vivir
cubrir	entreabrir	omitir	reprimir	
cumplir	entumir	oprimir	repulir	
curtir	escribir	parir	rescindir	
debatir	esculpir	partir	residir	
decidir	escupir	percibir	resistir	

CONJUGACIÓN QUE REPRESENTA A LOS 150 VERBOS REGULARES CON -IR
repart-ir

INDICATIVO

PRESENTE
yo repart-o
tú repart-es
él repart-e
nos. repart-imos
uds. repart-en
ellos repart-en

ANTEPRESENTE
he repart-ido
has repart-ido
ha repart-ido
hemos repart-ido
han repart-ido
han repart-ido

PASADO O PRETÉRITO
yo repart-í
tú repart-iste
él repart-ió
nos. repart-imos
uds. repart-ieron
ellos repart-ieron

ANTEPRETÉRITO
hube repart-ido
hubiste repart-ido
hubo repart-ido
hubimos repart-ido
hubieron repart-ido
hubieron repart-ido

FUTURO
yo repart-iré
tú repart-irás
él repart-irá
nos. repart-iremos
uds. repart-irán
ellos repart-irán

ANTEFUTURO
habré repart-ido
habrás repart-ido
habrá repart-ido
habremos repart-ido
habrán repart-ido
habrán repart-ido

COPRETÉRITO
yo repart-ía
tú repart-ías
él repart-ía
nos. repart-íamos
uds. repart-ían
ellos repart-ían

ANTECOPRETÉRITO
había repart-ido
habías repart-ido
había repart-ido
habíamos repart-ido
habían repart-ido
habían repart-ido

POSPRETÉRITO O CONDICIONAL
yo repart-iría
tú repart-irías
él repart-iría
nos. repart-iríamos
uds. repart-irían
ellos repart-irían

ANTEPOSPRETÉRITO
habría repart-ido
habrías repart-ido
habría repart-ido
habríamos repart-ido
habrían repart-ido
habrían repart-ido

SUBJUNTIVO

PRESENTE
yo repart-a
tú repart-as
él repart-a
nos. repart-amos
uds. repart-an
ellos repart-an

ANTEPRESENTE
yo haya repart-ido
tú hayas repart-ido
él haya repart-ido
nos. hayamos repart-ido
uds. hayan repart-ido
ellos hayan repart-ido

PASADO O PRETÉRITO
yo repart-iera
   o repart-iese
tú repart-ieras
   o repart-ieses
él repart-iera
   o repart-iese
nos. repart-iéramos
   o repart-iésemos
uds. repart-ieran
   o repart-iesen
ellos repart-ieran
   o repart-iesen

ANTEPRETÉRITO
yo hubiera
   o hubiese repart-ido
tú hubieras
   o hubieses repart-ido
él hubiera
   o hubiese repart-ido
nos. hubiéramos
   o hubiésemos repart-ido
uds. hubieran
   o hubiesen repart-ido
ellos hubieran
   o hubiesen repart-ido

FUTURO
yo repart-iere
tú repart-ieres
él repart-iere
nos. repart-iéremos
uds. repart-ieren
ellos repart-ieren

ANTEFUTURO
yo hubiere repart-ido
tú hubieres repart-ido
él hubiere repart-ido
nos. hubiéremos repart-ido
uds. hubieren repart-ido
ellos hubieren repart-ido

IMPERATIVO

Presente
repart-e tú
repart-a él
repart-amos nosotros
repart-an ustedes
repart-an ellos

FORMAS IMPERSONALES

Infinitivo
repart-ir

Infinitivo compuesto
haber repart-ido

Gerundio
repart-iendo

Gerundio compuesto
habiendo repart-ido

Participio
repart-ido

VERBOS	CAMBIOS ORTOGRÁFICOS	INDICATIVO	
		PRESENTE	PASADO O PRETÉRIT
bruñir bullir engullir escabullir gruñir rebullir zambullir	Cambio en la terminación verbal: de -io a -o, de -iera a -era y de -iere a -ere		él gruñó
acomedir impedir competir investir concebir medir derretir pedir despedir reexpedir desvestir rendir embestir repetir envestir revestir expedir servir gemir vestir	Cambio de e a i	yo pido tú pides él pide uds. piden ellos piden	él pidió uds. pidieron ellos pidieron
cernir concernir discernir	Cambio de e a ie	yo cierno tú ciernes él cierne uds. ciernen ellos ciernen	
adquirir inquirir	Cambio de i a ie	yo adquiero tú adquieres él adquiere uds. adquieren ellos adquieren	
dormir morir	Cambio de o a ue y de o a u	yo duermo tú duermes él duerme uds. duermen ellos duermen	él durmió uds. durmieron ellos durmieron

SUBJUNTIVO			IMPERATIVO
PRESENTE	**PASADO O PRETÉRITO**	**FUTURO**	
	yo gruñera o gruñese tú gruñeras o gruñeses él gruñera o gruñese nos. gruñéramos o gruñésemos uds. gruñeran o gruñesen ellos gruñeran o gruñesen	yo gruñere tú gruñeres él gruñere nos. gruñéremos uds. gruñeren ellos gruñeren	
yo pida tú pidas él pida nos. pidamos uds. pidan ellos pidan	yo midiera o midiese tú midieras o midieses él midiera o midiese nos. midiéramos o midiésemos uds. midieran o midiesen ellos midieran o midiesen	yo midiere tú midieres él midiere nos. midiéremos uds. midieren ellos midieren	mide tú mida él midamos nos. midan uds. midan ellos
yo cierna tú ciernas él cierna nos. ciernamos uds. ciernan ellos ciernan			cierne tú cierna él ciernan uds. ciernan ellos
yo adquiera tú adquieras él adquiera nos. adquiéramos uds. adquieran ellos adquieran			adquiere tú adquiera él adquieran uds. adquieran ellos
yo duerma tú duermas él duerma nos. durmamos uds. duerman ellos duerman	yo durmiera o durmiese tú durmieras o durmieses él durmiera o durmiese nos. durmiéramos o durmiésemos uds. durmieran o durmiesen ellos durmieran o durmiesen	yo durmiere tú durmieres él durmiere nos. durmiéremos uds. durmieren ellos durmieren	duerme tú duerma él durmamos nos. duerman uds. duerman ellos

VERBOS	CAMBIOS ORTOGRÁFICOS	INDICATIVO	
		PRESENTE	PASADO O PRETÉRIT
ceñir constreñir desteñir estreñir reñir teñir	Cambio de **e a i** y en la termina- ción verbal, de **-io a -o**, de **-iera** a **-era** y de **-iere** a **-ere**	yo ciño tú ciñes él ciñe uds. ciñen ellos ciñen	él ciñó uds. ciñeron ellos ciñeron
engreír freír refreír reír sofreír sonreír	Verbos con acento que al conjugarse conservan el diptongo roto	yo sonrío tú sonríes él sonríe nos. sonreímos uds. sonríen ellos sonríen	
pudrir o podrir	Este verbo, en algunos casos, se indica como podrir o pudrir	yo pudro tú pudres él pudre nos. pudrimos uds. pudren ellos pudren	yo podrí o pu(tú podriste o pud él pudrió nos. podrimos o pudrimos uds. pudrieron ellos pudrieron
adherir invertir advertir mentir asentir pervertir conferir preferir consentir presentir convertir proferir deferir referir desadvertir requerir desmentir revertir diferir sentir digerir sugerir disentir transferir divertir vertir extrovertir zaherir herir hervir inferir ingerir interferir	Cambio de **e a ie** y de **e a i**	yo siento tú sientes él siente uds. sienten ellos sienten	él mintió uds. mintieron ellos mintieron

SUBJUNTIVO			IMPERATIVO
PRESENTE	**PASADO O PRETÉRITO**	**FUTURO**	
yo ciña	yo ciñera o ciñese	yo ciñere	
tú ciñas	tú ciñeras o ciñeses	tú ciñeres	ciñe tú
él ciña	él ciñera o ciñese	él ciñere	ciña él
nos. ciñamos	nos. ciñéramos o ciñésemos	nos. ciñéremos	ciñamos nos.
uds. ciñan	uds. ciñeran o ciñesen	uds. ciñeren	ciñan uds.
ellos ciñan	ellos ciñeran o ciñesen	ellos ciñeren	ciñan ellos
yo sonría			
tú sonrías			sonríe tú
él sonría			sonría él
uds. sonrían			sonrían uds.
ellos sonrían			sonrían ellos
yo pudra	yo pudriera o pudriese	yo pudriere	
tú pudras	tú pudrieras o pudrieses	tú pudrieres	pudre tú
él pudra	él pudriera o pudriese	él pudriere	
nos. pudramos	nos. pudriéramos o pudriésemos	nos. pudriéremos	pudramos nos.
uds. pudran	uds. pudrieran o pudriesen	uds. pudrieren	pudran uds.
ellos pudran	ellos pudrieran o pudriesen	ellos pudrieren	pudran ellos
yo mienta	yo sintiera o sintiese	yo sintiere	
tú mientas	tú sintieras o sintieses	tú sintieres	siente tú
él mienta	él sintiera o sintiese	él sintiere	sienta él
nos. mintamos	nos. sintiéramos o sintiésemos	nos. sintiéremos	sintamos nos.
uds. mientan	uds. sintieran o sintiesen	uds. sintieren	sientan uds.
ellos mientan	ellos sintieran o sintiesen	ellos sintieren	sientan ellos

VERBOS	CAMBIOS ORTOGRÁFICOS	INDICATIVO	
		PRESENTE	PASADO O PRETÉRITO
aducir producir autoinducir reconducir conducir reducir coproducir reproducir deducir seducir inducir traducir introducir	Cambios de la **c** a **zc** y de la **c** a **j**	yo produzco	yo produje tú produjiste él produjo nos. produjimos uds. produjeron ellos produjeron
esparcir fruncir resarcir resurcir uncir zurcir	Cambio de **c** a **z**	yo esparzo	
bendecir contradecir decir desdecir maldecir predecir (Estos verbos, en el futuro del indicativo cambia de **e** a **i**: diré, dirás, diremos, dirá, dirán)	Cambios de **e** a **i** y de **c** a **g** y **j**	yo digo	yo dije tu dijiste él dijo nos. dijimos uds. dijeron ellos dijeron
deslucir lucir relucir	Cambio de **c** a **zc**	yo luzco	
delinquir	Cambio de **qu** a **c**	yo delinco	

SUBJUNTIVO			IMPERATIVO
PRESENTE	**PASADO O PRETÉRITO**	**FUTURO**	
yo produzca tú produzcas él produzca nos. produzcamos uds. produzcan ellos produzcan	yo produjera o produjese tú produjeras o produjeses él produjera o produjese nos. produjéramos o produjésemos uds. produjeran o produjesen ellos produjeran o produjesen	yo produjere tú produjeres él produjere nos. produjéremos uds. produjeren ellos produjeren	produzca él produzcamos nos. produzcan uds. produzcan ellos
yo zurza tú zurzas él zurza nos. zurzamos uds. zurzan ellos zurzan			frunza él frunzamos nos. frunzan uds. frunzan ellos
yo diga tú digas él diga nos. digamos uds. digan ellos digan	yo dijera o dijese tú dijeras o dijeses él dijera o dijese nos. dijéramos o dijésemos uds. dijeran o dijesen ellos dijeran o dijesen	yo dijere tú dijeres él dijere nos. dijéremos uds. dijeren ellos dijeren	di tú diga él digamos nos. digan uds. digan ellos
yo luzca tú luzcas él luzca nos. luzcamos uds. luzcan ellos luzcan			luzca él luzcamos nos. luzcan uds. luzcan ellos
yo delinca tú delincas él delinca nos. delincamos uds. delincan ellos delincan			delinca él delincamos nos. delincan uds. delincan ellos

VERBOS	CAMBIOS ORTOGRÁFICOS	INDICATIVO	
		PRESENTE	PASADO O PRETÉRIT
contravenir prevenir convenir reconvenir desavenir sobrevenir devenir venir intervenir	Cambios de e a ie, de e a i y adquisición de la g	yo vengo tú vienes él viene uds. vienen ellos vienen	yo vine tú viniste él vino nos. vinimos uds. vinieron ellos vinieron
afligir infligir astringir infringir compungir mugir constringir restringir convergir resurgir dirigir rugir divergir sumergir erigir surgir exigir transigir fingir ungir fungir urgir	Cambio de g a j	yo rujo	
corregir reelegir elegir regir eregir	Cambios de e a i y de g a j	yo elijo tú eliges él elige nos. eligimos uds. eligen ellos eligen	
conseguir perseguir proseguir seguir	Cambios de e a i y eliminación de la u muda al ir g ante a, o	yo sigo tú sigues él sigue uds. siguen ellos siguen	él siguió uds. siguieron ellos siguieron
distinguir extinguir	Eliminación de la u muda al ir la g ante a, o	yo distingo	

SUBJUNTIVO			IMPERATIVO
PRESENTE	PASADO O PRETÉRITO	FUTURO	
yo venga tú vengas él venga nos. vengamos uds. vengan ellos vengan	yo viniera o viniese tú vinieras o vinieses él viniera o viniese nos. viniéramos o viniésemos uds. vinieran o viniesen ellos vinieran o viniesen	yo viniere tú vinieres él viniere nos. viniéremos uds. vinieren ellos vinieren	venga él vengamos nos. vengan uds. vengan ellos
yo dirija tú dirijas él dirija nos. dirijamos uds. dirijan ellos dirijan			finja él finjamos nos. finjan uds. finjan ellos
yo elija tú elijas él elija nos. elijamos uds. elijan ellos elijan	yo eligiera o eligiese tú eligieras o eligieses él eligiera o eligiese nos. eligiéramos o eligiésemos uds. eligieran o eligiesen ellos eligieran o eligiesen	yo eligiere tú eligieres él eligiere nos. eligiéremos uds. eligieren ellos eligieren	elige tú elija él elijamos nos. elijan uds. elijan ellos
yo siga tú sigas él siga nos. sigamos uds. sigan ellos sigan	yo siguiera o siguiese tú siguieras o siguieses él siguiera o siguiese nos. siguiéramos o siguiésemos uds. siguieran o siguiesen ellos siguieran o siguiesen	yo siguiere tú siguieres él siguiere nos. siguiéremos uds. siguieren ellos siguieren	sigue tú siga él sigamos nos. sigan uds. sigan ellos
yo distinga tú distingas él distinga nos. distingamos uds. distingan ellos distingan			distinga él distingamos nos. distingan uds. distingan ellos

VERBOS	CAMBIOS ORTOGRÁFICOS	INDICATIVO	
		PRESENTE	PASADO O PRETÉRITO
oír desoír	Adquisiciones de **g** e **y**	yo oigo tú oyes él oye uds. oyen ellos oyen	 él oyó uds. oyeron ellos oyeron
afluir incluir argüir influir atribuir inmiscuir concluir instituir confluir instruir constituir intuir construir obstruir contribuir ocluir derruir prostituir destituir recluir destruir reconstituir diluir redistribuir disminuir rehuir distribuir restituir excluir retribuir fluir sustituir huir imbuir	Cambio de **i** a **y**	yo instruyo tú instruyes él instruye uds. instruyen ellos instruyen	 él instruyó uds. instruyeron ellos instruyeron
ir	Este verbo adquiere la **v, y,** y la **f.**	yo voy tú vas él va nos. vamos uds. van ellos van	yo fui tú fuiste él fue nos. fuimos uds. fueron ellos fueron
salir sobresalir Estos verbos, en el futuro y pospretérito del indicativo, adquieren una **d**: saldré, saldrás, etc; saldría, saldrías, etc.	Adquisición de la **d**, y de la **g.**	yo salgo	

SUBJUNTIVO			IMPERATIVO
PRESENTE	PASADO O PRETÉRITO	FUTURO	
yo oiga	yo oyera u oyese	yo oyere	
tú oigas	tú oyeras u oyeses	tú oyeres	oye tú
él oiga	él oyera u oyese	él oyere	oiga él
nos. oigamos	nos. oyéramos u oyésemos	nos. oyéremos	oigamos nos.
uds. oigan	uds. oyeran u oyesen	uds. oyeren	oigan uds.
ellos oigan	ellos oyeran u oyesen	ellos oyeren	oigan ellos
yo instruya	yo instruyera o instruyese	yo instruyere	
tú instruyas	tú instruyeras o instruyeses	tú instruyeres	instruye tú
él instruya	él instruyera o instruyese	él instruyere	instruya él
nos. instruyamos	nos. instruyéramos o instruyésemos	nos. instruyéremos	instruyamos nos.
uds. instruyan	uds. instruyeran o instruyesen	uds. instruyeren	instruyan uds.
ellos instruyan	ellos instruyeran o instruyesen	ellos instruyeren	instruyan ellos
yo vaya	yo fuera o fuese	yo fuere	
tú vayas	tú fueras o fueses	tú fueres	ve tú
él vaya	él fuera o fuese	él fuere	vaya él
nos. vayamos	nos. fuéramos o fuésemos	nos. fuéremos	vayamos nos.
uds. vayan	uds. fueran o fuesen	uds. fueren	vayan uds.
ellos vayan	ellos fueran o fuesen	ellos fueren	vayan ellos
yo salga			
tú salgas			
él salga			salga él
nos. salgamos			salgamos nos.
uds. salgan			salgan uds.
ellos salgan			salgan ellos

ORTOGRAFÍA DE LAS LETRAS

La poca dificultad que tiene el idioma español para bien escribirse, es porque tiene letras en las que no existe diferencia para pronunciarse; otras carecen de sonido, y algunas más cambian a otra u otras letras, sobre todo en la conjugación de verbos irregulares.

Como casos de letras en las que no existe diferencia para pronunciarlas, están: la **b** y la **v**; la **c**, **z**, **s**, y **x**; la **c** con la **qu** y la **k**; la **g** con la **j**; la **y** con la **ll**; y en algunos casos la **m** con la **n**.

Letras que carecen de sonido son: la **h**, y la **u** en los vocablos gue, gui.

Letras que cambian a otras: la **c** que cambia a **qu**, a **z**, a **zc**, a **g** y a **j**; la **z** que se escribe **z** ante **a**, **o**, **u**, y **c** ante **e**, **i**; la **g** que cambia en algunos casos a la **j**; la **i** a la **y**; la **r** a **rr**; y como ya se vio en los verbos, las vocales **e**, **i**, que cambian al diptongo **ie**, y las vocales **o**, **u**, que cambian al diptongo **ue**.

ORTOGRAFÍA DOBLE EN ALGUNAS PALABRAS

De acuerdo a la Real Academia de la Lengua Española, en los siguientes casos se puede utilizar doble ortografía:

- En las palabras que lleven el prefijo obs- (obscuro, obscuridad) se puede suprimir la **b** de obs: oscuro, oscuridad.
- En las palabras que inicien con subs (substrato, substancia, subscribir) también se puede eliminar la letra b: sustrato, sustancia, suscribir.
- En las palabras que comienzan con **mn** y **gn** (mnemotecnia, gnomo) se puede eliminar la **m** y **g** iniciales: nemotecnia, nomo.
- En las palabras que inician con la preposición **trans-** (transladar, transbordar), se puede quitar la **n**: trasladar, trasbordar, trascurso.
- En las palabras que comienzan con ps- (psicólogo, psiquiatra) se puede eliminar la **p**: sicólogo, siquiatra.
- En las palabras que inician con el prefijo **post-** (postdata, postfechar), es factible quitar la **t**: posdata, posfechar.
- Cuando en las palabras compuestas la palabra inicial termine en vocal y la segunda palabra inicie con la misma vocal, se puede quitar una de ellas: contraalto: contralto; reemplazar: remplazar; sobreestimar: sobrestimar.

ORTOGRAFÍA DE LA B Y LA V

Antaño, las letras **b** y **V** tenían su propia pronunciación, la cual quedaba determinada al referirse a la **b** labial y a la **V** labiodental; en la actualidad no existe diferenciación al pronunciarlas y por ello se puede afirmar que la **b** y la **V**, fonéticamente, son una sola letra que al escribirse se convierte en dos letras. Por lo anterior es que existe la dificultad de escribir, debidamente, una y otra.

USO DE LA B

Con la letra **b**, con derivaciones verbales, existen alrededor de 32,000 palabras; sin embargo, la mayor parte de ellas (un 90%, esto es, 28,800 palabras) está determinada su correcta ortografía en cuatro reglas que por orden de importancia, en cuanto al número de palabras que abarcan, son:

La norma más importante para bien escribir la b, pues abarca a 14,200 palabras.

Siempre se escribe **b** en el copretérito de los 3,550 verbos en -ar, de donde resultan las terminaciones verbales -aba, -abas, -ábamos, -aban.

Ejemplo, verbo amar: yo/él ama**ba**, tú ama**bas**, nosotros amá**bamos**, ustedes/ellos ama**ban**.

Algunos verbos en **-ar**:

aceptar	elogiar	jugar	nadar	pasear
admirar	firmar	lanzar	narrar	pensar
brillar	ganar	luchar	obsequiar	rastrear
cobijar	honrar	manejar	ovacionar	sortear
dar	idealizar	mirar	pactar	tomar

Ver pags. 101-128 donde están los 3,550 verbos en **-ar**.

Ejemplos del copretérito de verbos terminados en **ar**:

	cantar	mirar	caminar	soñar
yo	cantaba	miraba	caminaba	soñaba
tú	cantabas	mirabas	caminabas	soñabas
él	cantaba	miraba	caminaba	soñaba
nosotros	cantábamos	mirábamos	caminábamos	soñábamos
uds/ellos	cantaban	miraban	caminaban	soñaban

A los verbos terminados en -ar, se agrega el verbo **ir** que también lleva **b** en su copretérito: yo/él iba, tú ibas, nosotros íbamos, ustedes/ellos iban.

La segunda norma más importante para bien escribir la b abarca alrededor de 9,000 palabras.

Siempre se escribe **b** ante consonante* (por tanto, siempre va vocal después de **v**).

En esta norma está la terminación o sufijo -**ble** que pueden llevar la mayor parte de los 4,200 verbos —ar, er, ir—. El sufijo -**ble** indica: posibilidad de. Ejemplos: bebi**ble**, que se puede beber; pint**able** que se puede pintar; cont**able**, que es factible de contarse.

Los verbos en -ar tienen la terminación -**able**. Ejemplos: de soñar, soñ**able**; de amar, am**able**; de iluminar, ilumin**able**.

Los verbos en -**er** e -**ir** tienen la terminación -**ible**. Ejemplos: de comer, comi**ble**; de coser, cosi**ble**, de hervir, hervi**ble**.

Algunos ejemplos son:

abarca**ble**	consola**ble**	favora**ble**	labora**ble**	respira**ble**
ama**ble**	cont**able**	flexi**ble**	lava**ble**	saluda**ble**
aplica**ble**	creí**ble**	gana**ble**	maneja**ble**	socia**ble**
baila**ble**	culpa**ble**	gradua**ble**	misera**ble**	supera**ble**
bebi**ble**	deduci**ble**	habita**ble**	movi**ble**	temi**ble**
calcula**ble**	desarma**ble**	honra**ble**	narra**ble**	tolera**ble**
califica**ble**	desea**ble**	imposi**ble**	pensa**ble**	transita**ble**
cobra**ble**	divulga**ble**	incura**ble**	posi**ble**	utiliza**ble**
comi**ble**	dura**ble**	inflexi**ble**	proba**ble**	varia**ble**
concebi**ble**	enseña**ble**	inolvida**ble**	razona**ble**	vulnera**ble**
confia**ble**	est**able**	intacha**ble**	realiza**ble**	
conjuga**ble**	exigi**ble**	irrita**ble**	recorda**ble**	

Con la terminación -**bilidad**, que está correlacionada con **ble**, existen, de uso común, alrededor de 100 palabras. Hay dos excepciones: movilidad y civilidad. El sufijo -**bilidad** quiere decir: que tiene calidad de «lo que indica la palabra» Ejemplos: ama**bilidad**, que tiene calidad de ama**ble**; conta**bilidad**, que tiene calidad de contable.

---

* Las consonantes que más existen son la **r** y la **l** y con ellas se forman los vocablos: bra, bre, bri, bro, bru; bla, ble, bli, blo, blu.

Los ejemplos que existen son:

aceptabilidad	cantabilidad	estabilidad	operabilidad
acusabilidad	captabilidad	estimabilidad	penetrabilidad
adaptabilidad	causabilidad	excitabilidad	perdurabilidad
admirabilidad	comerciabilidad	factibilidad	posibilidad
adoptabilidad	compactabilidad	flexibilidad	preocupabilidad
afabilidad	compatibilidad	flotabilidad	presentabilidad
afectabilidad	computabilidad	formabilidad	probabilidad
agitabilidad	conductibilidad	frecuentabilidad	rentabilidad
agotabilidad	confiabilidad	fusionabilidad	respetabilidad
agradabilidad	confortabilidad	gobernabilidad	responsabilidad
ahorrabilidad	conmemorabilidad	graduabilidad	rotabilidad
ajustabilidad	conmutabilidad	honorabilidad	sensibilidad
alcanzabilidad	contabilidad	impasibilidad	sociabilidad
alterabilidad	costeabilidad	impenetrabilidad	soportabilidad
alternabilidad	credibilidad	imposibilidad	sujetabilidad
amabilidad	culpabilidad	imputabilidad	suscitabilidad
anunciabilidad	demostrabilidad	incitabilidad	sustentabilidad
apacibilidad	denotabilidad	infalibilidad	transitabilidad
aplacabilidad	desconfiabilidad	inmutabilidad	tratabilidad
aplicabilidad	disfrutabilidad	irascibilidad	universabilidad
apreciabilidad	disponibilidad	irritabilidad	variabilidad
aprovechabilidad	divisibilidad	maleabilidad	visibilidad
asegurabilidad	durabilidad	moldeabilidad	vulnerabilidad
asociabilidad	elegibilidad	mutabilidad	
asustabilidad	ilegibilidad	notabilidad	

El complemento de palabras en que la **b** va antes de consonante son otras 850, dentro de las que existen 115 verbos a través de los cuales, con sus conjugaciones, se obtienen cerca de 5,000 derivaciones verbales.

En la siguiente lista están las palabras más importantes que tienen **b** antes de consonante; se remarcan los 115 verbos que existen:

abdicar	abrasar	abrigo	abrupto
abdomen	abrasivo	abril	absceso
ablandar	abrazo	abrillantar	abscisa
ablución	abrelatas	abrir	abscisión
ablusado	abrevar	abrochar	absolución
abnegar	abreviar	abrojo	absoluto
abracadabra	abreviatura	abrumar	absorber

absorción	brahmán	cablear	embrión
abstemio	braille	cabra	embrollo
abstención	bramar	calambre	embromar
abstinencia	brandy	calibrar	embrujo
abstracción	branquia	cebra	empobrecer
absuelto	brasa	celebrar	encubrir
absurdo	Brasil	cerebro	encumbrar
abyecto	bravo	certidumbre	endeble
acalambrar	brazo	cimbrar	endiablado
acostumbrar	brea	cobra	enhebrar
afablemente	brebaje	cobrar	enjambre
alambre	brecha	cobre	ennoblecer
albricias	breve	cochambre	ensamblar
alebrestar	briago	colibrí	ensombrecer
alfombrar	bribón	costumbre	entablar
álgebra	brida	cubrir	escabroso
alumbrar	brigada	cumbre	escombrar
amablemente	brillante	chambrana	establecer
amigablemente	brincar	desabrido	estambre
amueblar	brindar	desabrigar	exabrupto
apaciblemente	brío	desabrochar	fabricar
apalabrar	brisa	desacostumbrar	febrero
asamblea	británico	desamueblar	febril
asombrar	broca	descalabro	fibra
blanco	brocha	descubrir	fiebre
blanda	broche	desdoblar	fusible
blandir	broma	desembrujar	ginebra
blanquear	bromo	desentablar	hablar
blanquillo	bronca	desequilibrio	hambrear
blanquinegro	broncear	deshebrar	hebra
blasfemar	bronce	deslumbrar	hebreo
blasón	bronco	desmembrar	hembra
blasonar	broquel	desobligar	herrumbrar
bledo	brotar	despoblado	híbrido
blindado	bruces	desquebrajar	hombre
bloc	brujería	diablura	horrible
blondo	brújula	diciembre	inalámbrico
bloque	bruma	doble	invertebrado
blues	bruñir	ebriedad	jengibre
blusa	brusco	embrague	labrar
braceada	Bruselas	embravecer	legumbre
bragueta	brutal	embriagar	libra

libre
librea
libro
liebre
lóbrego
lombriz
lubricar
lucubrar
lúgubre
lumbre
macabro
malhablar
maniobrar
mansedumbre
manuable
manubrio
membrana
membrete
membrillo
miembro
mimbre
molibdeno
mueble
niebla
nobleza
nombre
nublar
obcecar
objeción
objetivo
oblea
oblicuo
obligar
obnubilar
obrar
obsceno
obsequio
observar
obsesión
obsidiana
obsoleto
obstáculo

obstante
obstetricia
obstinar
obstruir
obtener
obturar
obtuso
obvio
ombligo
orfebrería
palabra
parabrisas
pasodoble
pelambre
penumbra
pesadumbre
pesebre
población
pobreza
prefabricar
problema
pronombre
publicar
Puebla
pueblo
quebrar
quejumbroso
quiebra
raigambre
reabrir
reabsorber
reblandecer
reciedumbre
recobrar
recubrir
redoblar
relumbrar
remembranza
renombrar
repoblar
república
requebrar

restablecer
retablo
retemblar
roble
rublo
rúbrica
sable
sabroso
salobre
salubridad
semblante
sembrar
semibreve
semihombre
sensible
septiembre
servidumbre
sobrar
sobrecargar
sobredosis
sobreentender
sobregiro
sobrehumano
sobrellevar
sobremesa
sobrenatural
sobrenombre
sobreponer
sobreprecio
sobresaliente
sobresalto
sobreescribir
sobreesdrújulo
sobrestimar
sobrevenir
sobrevivir
sobrevolar
sobriedad
sobrino
sombra
sombrero
subclase

subcomisión
subconciencia
subcutáneo
subdelegar
subdesarrollo
subdirector
súbdito
subdividir
subgénero
subgobernador
subjetivo
subjuzgar
sublevación
sublimar
submarino
submaxilar
subministrar
submúltiplo
subnormal
subprefectura
subproducto
subrayar
subreino
subrigadier
subrogación
subsanar
subsecretario
subsecuente
subsidio
subsiguiente
subsistir
substancial
subsuelo
subteniente
subterráneo
subtítulo
subvencionar
subyacer
subyugar
superhombre
tabla
temblar

tenebroso	tiniebla	vértebra	vocablo
termoestable	trimembre	vibrar	voluble
terrible	ubre	visiblemente	
timbre	umbral	vislumbrar	

La tercera norma más importante para bien escribir la b abarca cerca de 3,600 palabras.

Siempre, después de m se escribe b (siempre después de **n** se escribe **v**). Esta es una regla invariable de la lengua española y cualquier palabra que se componga o españolice, si antecede una **n** ante **b**, se convertirá en **m**. Ejemplos: El prefijo **in-** que indica negación, cambiará a **im-**: imbatible, imborrable, impaciencia, impagable, imparable, impacible, etc.

Con esta regla existen alrededor de 270 palabras dentro de las que existen 75 verbos con los que, al conjugarse, se obtienen 3,300 derivaciones verbales. En la siguiente lista de palabras están las más representativas que llevan **mb**; se remarcan los 75 verbos que existen.

abombar	bombacha	cumbre	embarcar
acalambrar	bombardear	chambelán	embargar
acostumbrar	bombear	chambón	embarnecer
alambique	bombero	chambrana	embarrar
alambrar	bombilla	churumbel	embaucar
alfombrar	bombín	deambular	embeber
alumbrar	bombón	derrumbar	embelesar
ambarino	cambalache	desembarazar	embellecer
ambicionar	cambiar	desembarcar	embestir
ambientar	camboyano	desembargar	emblema
ambiguo	¡caramba!	desembarrar	embobar
ámbito	carambola	desembocar	embocar
ambivalencia	catacumbas	desembolsar	embolsar
ambos	certidumbre	desembuchar	embonar
ambulancia	címbalo	diciembre	emborrachar
ambular	cimbrar	disímbolo	emboscar
asamblea	colombiano	ditirambo	embotellar
asombrar	combar	diyámbico	embragar
bambalina	combatir	embadurnar	embravecer
bamboleo	combinar	embajada	embriagar
bambú	combo	embalaje	embrión
biombo	combustible	embalsamar	embrollar
bomba	cumbia	embarazar	embromar

embrujar	hombría	reembolsar	timbal
embuchar	hombro	retumbar	timbrar
embudo	imbécil	rimbombante	tómbola
embustero	imberbe	rombo	tromba
embutir	imborrable	rumba	trombón
encumbrar	imbuir	rumbo	trombosis
ensamblar	incumbir	samba	tumba
ensombrecer	intercambiar	samblaje	tumbar
escombrar	lambiscón	sambuca	tumbo
estambre	legumbre	sembrar	ultratumba
estrambótico	limbo	simbiosis	umbilical
excombatiente	lombriz	simbólico	vislumbrar
frambuesa	lumbar	sombra	yambo
gamba	lumbre	sombrear	zambo
gambeta	marimba	sombrero	zambullir
garambullo	noctámbulo	sonámbulo	zombi
hambre	nombrar	sucumbir	zumbar
hamburguesa	ombligo	tambalear	
hecatombe	pelambre	también	
hembra	pesadumbre	tambo	
hombre	preámbulo	tambor	
hombrera	precolombino	temblar	

La cuarta regla más importante para bien escribir la b abarca alrededor de 2,000 palabras.

Casi siempre que exista en una palabra el vocablo **bu**, éste se escribirá con **b**, sin importar que esté al inicio, intermedio o al final de la palabra. Con esta regla existen alrededor de 270 palabras; pero de éstas, 40 son verbos que al conjugarse seguirán conservando la **bu** y con esto existen 1,720 derivaciones verbales que llevan dicho vocablo. Existen varias excepciones que son: bravura, convulsión, óvulo, párvulo, válvula, vudú, vuelco, vuelo, vuelta, vuestro, vulcano, vuelvo, vulgar y vulnerable, con sus variantes.

Las palabras que llevan el vocablo **bu** se muestran a continuación resaltándose los 40 verbos:

abuchear	abulón	abundar	aburrimiento
abucheo	abultamiento	aburguesar	aburrir
abuela	abultar	aburrición	abusado
abuelo	abundancia	aburridamente	abusador
abulia	abundante	aburridor	abusar

abusivo	búdico	buñolería	butano
abuso	budín	buñolero	buzo
aerobús	budinera	buñuelo	buzón
álbum	budismo	buque	cambujo
albúmina	budista	buqué	carburador
albur	buen	burbuja	carburante
alburear	buena	burbujear	carburar
alburero	buenamente	burbujeo	carburo
ambulancia	buenaventura	burdel	cebú
ambulante	bueno	Burdeos	cogitabundo(a)
ambular	buey	burdo	combustible
ambulatorio	búfalo	burgés	combustión
apabullamiento	bufanda	burgués	confabulación
apabullante	bufar	burguesía	confabulador
apabullar	bufete	burla	confabular
apabullo	bufido	burladero	contribución
arbusto	bufón	burlador	contribuidor
arcabuz	bufonada	burlar	contribuir
arrebujadamente	bufonearse	burlesco	contribuyente
arrebujar	bufonería	burlón	deambular
atribución	bufonesco	buró	debut
atribuir	buganvilla	burocracia	debutante
atributar	buhardilla	burócrata	debutar
atributivo	búho	burocrático	descarburación
autobús	buhonero	burra	descarburar
babucha	buitre	burrada	desdibujar
balbucir	bujía	burrero	desembuchar
bambú	bula	burrito	dibujante
barbudo	bulbar	burro	dibujar
belcebú	bulbo	bursátil	dibujo
vocabulario	bulboso	bus	distribución
bubónica	bulevar	busca	distribuidor
bucal	búlgaro	buscador	distribuir
bucanero	bulto	buscamiento	distributivo
buceador	bulla	buscapié	ebullición
bucear	bullangero	buscapiés	errabundo(a)
buceo	bullicio	buscapleitos	escabullir
bucle	bulliciosamente	buscar	escorbuto
bucólica	bullicioso	buscón	fábula
buchaca	bullir	búsqueda	fabular
buche	bumerán	busto	fabulista
Buda	bungaló	butaca	fabuloso

furibundo
gemebundo(a)
globular
globulina
glóbulo
hamburguesa
hidrocarburo
hierbabuena
lóbulo
mandíbula
marabunta
meditabundo(a)
microbús
moribundo
nauseabundo(a)
nebulosa
nebulosidad
nochebuena

obús
ómnibus
patibulario
patíbulo
prostíbulo
rebullir
rebuscar
rebusque
rebuznar
rebuzno
redistribuir
retribución
retribuir
retributivo
robustecer
robustecimiento
robustez
robusto

sabueso
sonámbulo(a)
suburbano
suburbio
superabundancia
superabundante
superabundar
tabú
tabulación
tabulador
tabular
taburete
tiburón
tirabuzón
tremebundo(a)
tribu
tribulación
tribular

tribuna
tribunal
tribuno
tributar
tributo
trolebús
tubular
turbulencia
turbulento
vagabundear
vagabundeo
vagabundería
vagabundo(a)
vestíbulo
vocabulario
zambullir

OTRAS REGLAS PARA EL USO DE LA B

• **Se escribe siempre con b** el prefijo **bi-,** "**bis- o biz-**" que tiene el significado de: dos, dos veces o doble. Con el prefijo **bis-** o **biz-** sólo existen cuatro palabras: **biz**abuelo, **biz**nieto, **biz**cocho, **biz**cochero, las cuales también están bien escritas poniéndose **S** en lugar de **Z**: **bis**abuelo, **bis**nieto, **bis**cocho y **bis**cochero.

Las palabras que llevan el prefijo **bi,** son:

biangular
bianual
biaural
biauricular
biaxial
bicarbonato
bicéfalo
bicentenario
biceps
bicicleta
biciclo
bicolor

bidente
bienal
bifásico
bifloro
bifocal
biforme
bifurcación
bifurcado
bifurcarse
bigamia
bígamo
bikini

bilabial
bilateral
bilingüe
bilingüismo
bilioso
bimano
bimembre
bimensual
bimestral
bimestre
bimotor
binario

binocular
binóculo
binomio
bióxido
bipartición
bipartidismo
bipartidista
bipartido
bipartito
bípedo
biplano
biplaza

bipolar	bisagra	bisilábico	bitonal
biquini/	bisemanal	bisílabo	bitonalidad
(bikini)	bisemanario	bisulfito	bisecar
birreactor	bisexual	bisulfuro	bisección

• La palabra griega **bio** que indica vida, se escribe con **b** y puede ir al principio, en medio o al final de la palabra nueva que compone.

Las palabras de mayor uso que llevan **bio**, son:

anfi**bio**	**bio**estadística	**bió**logo	**bió**sfera
anti**bió**tico	**bio**física	**bio**mecánica	micro**bio**
auto**bio**grafía	**bio**geografía	**bio**medicina	micro**bio**logía
biodegradación	**bio**grafía	**bio**metría	sim**bio**sis
biodinámica	**bio**gráfico	**bio**psia	
bioeléctrico	**bio**logía	**bio**química	
bioelemento	**bio**lógico	**bio**rritmo	

• Se escriben siempre con **b** los prefijos: **ben-, bene-, bien-, bon-,** que indican: bien, bondad, bueno. Todas las palabras que existen son:

ben-	**bene-**	**bien-**	**bon-**
bendecidor	**bene**factor	**bien**amado	**bon**achón
bendecir	**bene**factoría	**bien**aventurado	**bon**anza
bendición	**bene**ficiencia	**bien**aventuranza	**bon**dad
bendito	**bene**ficiado	**bien**aventurar	**bon**dadoso(a)
benigno	**bene**ficiador	**bien**decir	**bon**ificación
	beneficiar	**bien**estar	**bon**ificar
	beneficiario	**bien**hablado	**bon**ísimo
	beneficio	**bien**hechor	**bon**ito
	benéfico	**bien**intencionado	**bon**o
	benemérito	**bien**oliente	
	beneplácito	**bien**querer	
	benevolencia	**bien**venida(o)	
	benevolente	**bien**vivir	
	benévolo		

• Se escribe con **b** la palabra griega **bibli(o)** —que indica libro— y todas sus variantes que son las siguientes:

Biblia	bibliografía	biblioteca	bibliotecnología
bíblico	bibliología	bibliotecario	bibliotecólogo
bibliófilo	bibliomanía	bibliotecología	biblioteconomía

Sólo como dato, Biblia, es plural de biblón y por consiguiente indica *libros* ya que en ella —la Biblia— fueron recopilados todos los libros "facsímil" de las tradiciones orales del pueblo Hebreo. La Biblia fue el primer libro que se hizo en grandes tirajes con la imprenta inventada por el alemán Johannes Gutenberg en 1492.

• Todas las palabras que empiezan con **sub-** se escriben con **b** (no existen palabras que empiecen con **suv**).

La mayor parte de las palabras que llevan al inicio **sub** es por el prefijo que indica: por debajo de; subordinado a. Las palabras con el prefijo **sub*-**, son:

subacuático	subespecie	subordinación	subsecuencia
subafluente	subgénero	subordinado	subsiguiente
subalterno	subgobernador	subprefectura	subsistencia
subclase	subíndice	subproducto	subsuelo
subcomisión	subinspector	subraya	subteniente
subconciencia	subintendente	subrigadier	subterráneo
subconsciente	subjuzgar	subrogación	subtítulo
subcutáneo	sublevar	subordinar	suburbano
subdelegación	submarino	subsanar	suburbio
subdesarrollo	submúltiplo	subscribir	subversión
subdirección	subnormal	subsecretaría	subyacer
subdividir	suboficial	subsecretario	subyugar

Otras palabras con **sub**, son:

subasta	súbitamente	sublimación	subsidio
subastar	súbito	sublime	subvencionar
subida	subjetivo	subliminal	
subir	subjuntivo	subsidiar	

• Se escribe **b** en los verbos terminados en **-bir,** en todos los tiempos de estos verbos —a excepción de hervir, servir y vivir—. Todos los verbos terminados en **-bir,** son:

---

* Obsérvese que, más del 50% de las palabras con **sub**, a su vez está contenida la correcta escritura de la **b** con la regla: Antes de consonante se escribe **b**.

escribir	cohibir	apercibir	sucumbir
inscribir	desinhibir	percibir	incumbir
prescribir	exhibir	recibir	
proscribir	inhibir		subir
sobrescribir	prohibir	concebir	
transcribir			
circunscribir			
describir			

• Se escribe **b** en las palabras que empiezan con **alb** —menos alveolo y Álvaro—. Todas las que existen son:

alba	albaricoque	albergue	alborada	albricias
albacea	albatros	albino	alborear	álbum
albahaca	albedrío	albóndiga	alborotar	albúmina
albanés	alberca	albor	alboroto	albur
albañil	albergador	alborada	alborozar	alburear
albañilería	albergar	albor	alborozo	alburero

• Se escribe **b** en las palabras que empiezan con **lab** —menos lavar con sus derivados—. Todas las palabras que existen con **lab** son:

lábaro	labio	laboral	laborioso
laberinto	labial	laborar	labrador
labia	labor	laboratorio	labranza

• Se escribe **b** en las palabras que empiezan con **rab, rib, rob, rub** —menos rival y rivera—. Todas las que existen son:

rab	**rib**	**rob**	**rub**
rabadilla	ribera	róbalo	rubéola
rabalero	ribereño	robar	rubí
rábano	ribete	roble	rubia
rabí	ribetear	robot	rubicundo
rabia	ribeteado	robusto	rubidio
rabieta	ribonucléico		rublo
rabioso			ruborizar
rabino			rúbrica
rabo			rubricar

• Se escribe **b** en las palabras que empiezan con **abo** —menos avocar—.
Todas las que existen son:

abobar	**abo**fetear	**abo**minar	**abo**rigen	**abo**vedar
abocar	**abo**gado	**abo**nar	**abo**rrecer	**abo**yar
abocardar	**abo**lengo	**abo**no	**abo**rtar	
abocinar	**abo**lir	**abo**quillar	**abo**tagar ⸱	
abochornar	**abo**llar	**abo**rdar	**abo**tonar	

• Se escribe **b** en las palabras que empiezan con **bat** y **bot**. Excepto:
vaticano, vaticinio, vatio y voto. Las existentes son:

<table>
<tr><th colspan="3">bat</th><th colspan="2">bot</th></tr>
<tr><td>bata</td><td>bateo</td><td>batracio</td><td>bota</td><td>botella</td></tr>
<tr><td>batalla</td><td>batería</td><td>baturro</td><td>botador</td><td>botica</td></tr>
<tr><td>batalloso</td><td>batidero</td><td>batuta</td><td>botana</td><td>botija</td></tr>
<tr><td>batata</td><td>batido</td><td></td><td>botánica</td><td>botín</td></tr>
<tr><td>batazo</td><td>batidor</td><td></td><td>botar</td><td>botón</td></tr>
<tr><td>batea</td><td>batiente</td><td></td><td>botarate</td><td>botones</td></tr>
<tr><td>bateador</td><td>bato</td><td></td><td>bote</td><td></td></tr>
</table>

• Se escribe **b** en las palabras que empiezan con **cabal** y derivados, y son
las siguientes:

cabal	**cabal**gata	**cabal**leresco	**cabal**lista
cábala	**cabal**ista	**cabal**lería	**cabal**lito
cabalgada	**cabal**ístico	**cabal**leriza	**cabal**lo
cabalgador	**cabal**mente	**cabal**lero	descabalgar
cabalgadura	**cabal**lada	**cabal**lerosidad	encabalgar
cabalgamiento	**cabal**lar	**cabal**leroso	
cabalgar	**cabal**lerango	**cabal**lete	

• Se escribe **b** en las palabras que empiezan con **bar** y **bor**. Se exceptúan
vara, varado, variar, várice, varicela, variedad, varilla, vario, varón, voracidad y vorágine.

Las palabras con bar, son:

bar	**bar**ata	**bar**ba	**bar**baridad	**bar**bear
baraja	**bar**atija	**bar**bacoa	**bar**barie	**bar**bechar
barandal	**bar**ato	**bar**baján	**bár**baro	**bar**bero

barbilla	barítono	barracuda	barricada	Bartolo
barbitúrico	barniz	barranca	barriga	Bartolomé
barca	barómetro	barredor	barril	baruca
barcarola	barón	barrenar	barrio	barullo
barcaza	barquero	barrendero	barritar	barzal
Barcelona	barquillo	barrer	barro	barzón
barco	barra	barrera	barroco	
barda	Barrabás	barreta	barroquismo	
bardo	barrabasada	barriada	barroso	
bario	barraca	barrica	barrote	

Las palabras con **bor**, son:

bordado	Borgoña	borla	borrador	borrico
borde	bórico	boro	borrar	borroso
bordo	boricua	borra	borrasca	boruca
boreal	borinqueño	borracho	borrego	

• El vocablo **cub** siempre se escribe con **b** y puede ir al inicio o intermedio de palabra. Las siguientes palabras son casi todas las que existen:

Cuba	cubierto	cubrir	descubrir
cubanismo	cubilete	cubreasiento	encubridor
cubano	cubismo	concubina	encubrir
cubero	cubista	concubinato	incubadora
cubeta	cubital	decúbito	incubar
cúbico	cubito	descubierta(o)	recubrimiento
cubículo	cúbito	descubridor(a)	recubrir
cubierta	cubo	descubrimiento	

• Se escribe **b** en todas las palabras que empiezan con **hab, heb, hib**. Las siguientes son las que existen:

hab

		heb	**hib**
haba	habilitar	hebilla	hibernar
habanero	habitable	hebra	hibridez
habano	habitación	hebreo	híbrido
haber	habitante	hebrón	hibernación
habichuela	habitar		
hábil	hábito		
habilidad	habitual		
habilidoso	hablar		

• Se escriben con **b hierba** y sus derivados: herbáceo, herbario, herbívoro, herbolaria y yerba.

• Se escribe **b** en los vocablos **bola**, **bole** y **boli**. Menos volar.

bola	**bole**to	**boli**llo	meta**bo**lismo
boleadoras	**bole**tín	**boli**viano	pará**bola**
bolear	**bole**iche	dia**bó**lico	
bolero	**bó**lido	enar**bola**r	
boleta	**bolí**grafo	hipér**bola**(e)	

• La palabra **boca** y sus derivados llevan **b**:

bocacalle	**boque**te	**boqui**angosto	des**bocar**
bocado	**boqui**abierto	**boqui**lla	des**boqui**llar
bocanada	**boqui**ancho	**boqui**rroto	

• La palabra **bajo** y sus derivados llevan **b**:

a**baje**ño	**bajo**rrelieve	de**bajo**	so**bajar**
a**bajo**	cabiz**bajo**	escara**bajo**	
bajar	contra**bajo**	re**bajar**	

• **Cabeza** y **banca**, y las palabras que las contengan, se escriben con **b**:

cabecear	**cabi**zbajo	**banco**	des**bancar**
cabeceo	des**cabe**zar	**banqueta**	
cabezal	atra**bancar**	**banquete**	

PALABRAS CON b

no contenidas en reglas ortográficas

A
ábaco
abad
abalanzar
abaldonar
abalorio
abanderar
abandonar
abanico
abaratar
abarcar
abarrancar
abarrotar
abasto
abatir
abecedario
abedul
abeja
aberración
abertura
abeto
abetunar
abierto
abigarrar
abigeo
abismo
acabar
acerbo
acobardar
acróbata
adobe
adobo
adverbio
aeróbico
agobio
alabar
alabastro

alcoba
aldaba
alfabeto
algarabía
amancebarse
analfabeto
antirrábico
aprobar
Arabia
arbitrar
arbitrio
árbol
arrabal
arrebatar
arrobadera
arrobar
asbesto
atisbar
azabache
B
baba
babel
Babilonia
babor
babosear
bacalao
bacanal
bacará
bacilo
bacín
bacteria
báculo
bache
bachiller
badajo
bádminton
bafle

bagaje
bagazo
bahía
baile
bala
balada
baladí
balaje
balalaica
balancear
balandra
balanza
balar
balastro
balaustra
balbucear
balcánico
balcón
balde
baldonar
baldosa
balón
balsa
bálsamo
baluarte
ballena
ballesta
ballet
banal
banana
bandada
bandeja
bandera
bandido
bando
banjo
baño

baqueta
basalto
basar
báscula
base
básico
basílica
Basilio
basquear
basquetbol
bastante
bastardía
bastidor
bastilla
bastión
basto
bastón
basura
baúl
bautizo
bayoneta
bazofia
bazuca
beata
beatificar
beatitud
bebé
becar
becario
becerro
beduino
begonia
beige
béisbol
bejuco
beldad
Belén

belga
bélico
beligerancia
bellaco
belladona
belleza
bellota
bemol
bencina
benedictino
bengala
Benjamín
beodo
berenjena
bergantín
bermejo
bermejón
Bermudas
berrear
berrinche
beso
bestia
best-séller
beta
betún
biberón
bicoca
bicho
biela
bigote
billar
billete
billón
bingo
biombo
birlar
birlo

birria
bisagra
biselar
bisonte
bisoñé
bistec
bisturí
bisutería
bit
bitácora
bizantino
bizarro
bizco
boa
bobina
bobo
boceto
bocina
bochorno
boda
bodega
bodoque
bodrio
bofe
bofetada
bofo
bogar
bohardilla
bohemio
boicot
boina
bolchevique
bólido
bolo
bolsa
bollo
bonete
bonetería
bongó
bonsái
bosnio
bosque

bosquejo
bostezar
boutique
bóveda
bovino
box
boya
bozal
C
cabaña
cabaretero
cabello
cabida
cabina
cabo
calabaza
calabozo
caoba
carabela
carabina
carbón
carbono
cartabón
cascabel
cascarrabias
cebada
cebar
cebiche
cebo
cebolla
cerbatana
cerebelo
chabacano
chubasco
claraboya
claustrofobia
club
cobalto
cobarde
cobertor
cobertura
cobijar

colaborar
comprobar
concebir
conchabar
contrabando
contubernio
conturbar
corbata
corbeta
Córdoba
corroborar
D
debacle
debate
debelar
deber
debido
débil
decibel
desabotonar
desacerbar
desbalagar
desbarajuste
desbaratar
desbarrar
desbastar
desbordar
desboronar
descabellar
descubierto
diabetes
diábolo
discóbolo
E
ebanista
ebanistería
ébano
elaborar
esbelto
esbirro
esbozar
escabeche

escarbar
escoba
eslabón
esnob
estorbo
estrabismo
exacerbar
exuberante
F
fabada
futbol
fobia
G
gabacho
gabán
gabardina
gabinete
garabato
garbanzo
garbo
gleba
global
globo
gobierno
grabar
guanábana
guayaba
guayabera
H
hábil
hemoglobina
hipérbaton
I
iceberg
incubar
isabelino
J
jabalí
jabalina
jabón
jacobino
jarabe

joroba
jorobar
jubilar
júbilo
L
lavabo
lesbiana
lobezno
lobo
M
malabarista
mancebo
marbete
menoscabar
morbo
mozalbete
N
nabo
nobelio
nube
O
obediencia
obelisco
obertura
obeso
obispo
oboe
óbolo
oprobio
orbe
órbita
P
pabellón
pabilo
perturbar
placebo
plebeyo
plebiscito
probar
probeta
probidad
protuberancia

proverbio
prueba
pubertad
pubis
Q
querubín
R
rebanada
rebaño
rebasar
rebatir
rebeldía
rebosar
rebote
rebozo

resabio
resbalar
retobado
reverberar
S
sábado
sábalo
sábana
sabana
sabandija
sabático
sábila
sabio
sabor
sabotaje

sebo
serbio
sílaba
silbar
sobaco
sobar
soberanía
soberbia
soborno
sorber
sorbo
T
talabartería
titubeo
tobillo

tobogán
trabajo
trabar
trabe
transbordar
trebejo
trébol
tubérculo
tuberculosis
tubería
U
ubicar
ubicuidad
urbanidad
urbe

V
verbena
verberar
verbigracia
verbo

USO DE LA V

A diferencia de la letra **b** que se escribe en aproximadamente 32,000 palabras, la **v** solamente se escribe en alrededor de 8,500 palabras contándose derivaciones verbales.

Las principales normas para escribir la letra **v** en las palabras que la llevan, son:

La norma más importante para escribir la v al abarcar a 2,000 palabras

Después de **n** siempre se escribe **v** (siempre, después de **m** se escribe **b**). Esta es una regla invariable del idioma español y las palabras que tienen **nv** son alrededor de 115 de las que 43 son verbos que al conjugarse se forman más de 1,900 nuevas palabras por derivaciones verbales.

A continuación se presentan las 115 palabras que contiene **nv** remarcándose los verbos:

anverso	conversión	envainar	invadir
bienvenida	converso	envalentonar	invalidar
bienvivir	convertir	envanecer	invalidez
buganvilla	convexo	envasado	inválido
circunvalación	convicción	envasar	invaluable
circunvenir	convicto	envejecer	invariable
circunvolar	convidar	envenenar	invasión
convalecer	convincente	envergadura	invectiva
convalidar	convite	envestir	invencible
convencer	convivencia	enviar	invención
convención	convivio	enviciar	inventar
convencional	convivir	envidia	inventario
convencionalismo	convocar	envidiar	inventiva
convenenciero	convocatoria	envilecer	inventivo
conveniencia	convoy	envío	invernadero
conveniente	convulsión	envite	invernal
convenio	convulsionar	enviudar	invernar
convenir	convulsivo	envoltorio	inverosímil
convento	convulso	envoltura	inversión
convergencia	desenvainar	envolvente	inversionista
convergir	desenvoltura	envolver	invertebrado
conversación	desenvolver	inconveniencia	invertir
conversar	desenvuelto	inconveniente	investidura

investigación	inviolable	involución	reconvertir
investigar	invisible	involucrar	reinvertir
investir	invitación	involuntario	sinvergüenza
invicto	invitar	invulnerable	tranvía
invidente	invocación	reconvenir	
invierno	invocar	reconversión	

La segunda regla más importante para escribir v.

Las palabras con el sufijo (terminación) -ivo, -iva (y sus variantes que algunas cambian de ivo(a) a ivi, ive), se escriben con v y son adjetivos calificativos. Con la terminación -ibo(a), sólo existen: iba, amiba, arriba, ceiba, criba, estribo, jaiba y recibo.

El sufijo -ivo(a), de acuerdo al significado de la palabra que lo lleva, indica: "capacidad; que es...". Ejemplos: aumentativo, que aumenta; abusivo, que abusa; auditivo, que se oye; curativo, que cura; demostrativo, que demuestra; instructivo, que instruye.

Las palabras adjetivas con terminación -ivo(a), son alrededor de 300; he aquí las más importantes:

abrasivo	ahorrativo	asimilativo	colectivo
abusivo	alternativa	asociativo	colorativo
activo	alusivo	atractivo	combativo
acumulativo	amplificativo	atributivo	comparativo
acusativo	anticipativo	auditivo	compasivo
adhesivo	anticonceptivo	aumentativo	compensativo
adictivo	anticorrosivo	bonificativo	competitivo
aditivo	antideportivo	calificativo	completivo
adjetivo	antihipertensivo	caritativo	compositivo
(adjetivar)	anulativo	causativo	comprensivo
administrativo	apelativo	cautivo	compresivo
admirativo	aplicativo	(cautivador)	compulsivo
adoptivo	apreciativo	(cautivar)	comunicativo
adquisitivo	aprehensivo	(cautiverio)	conceptivo
adversativo	aprensivo	cicatrizativo	concesivo
afectivo	archivo	clarificativo	conclusivo
(afectividad)	argüitivo	coactivo	condensativo
afirmativo	argumentativo	cogitativo	conductivo
agresivo	asertivo	cognoscitivo	conectivo
(agresividad)	aseverativo	cohesivo	confederativo

confirmativo
conflictivo
confortativo
congelativo
congestivo
conjuntivo
conmemorativo
conmensurativo
conminativo
conmutativo
consecutivo
conservativo
considerativo
consignativo
consiliativo
consolativo
consolidativo
constitutivo
constrictivo
constructivo
consultivo
consumativo
consumitivo
contemplativo
contraofensiva
convulsivo
cooperativo
(cooperativista)
corporativo
correctivo
correlativo
corrosivo
creativo
cuantitativo
cultivo
(cultivar)
(incultivable)
curativo
cursivo
decisivo
decorativo
defensiva

definitivo
delictivo
demostrativo
deportivo
depresivo
depurativo
derivativo
descriptivo
despectivo
destructivo
digestivo
diminutivo
directivo
discursivo
dispositivo
distintivo
distributivo
disyuntiva
donativo
educativo
efectivo
efusivo
ejecutivo
equitativo
eruptivo
esquivo
excautivo
excesivo
exclamativo
exclusivo
exhaustivo
expansivo
expectativa
explosivo
expresivo
extensivo
facultativo
federativo
festivo
figurativo
fugitivo
furtivo

gustativo
imaginativa
imitativo
imperativo
impositivo
improductivo
impulsivo
inactivo
incentivo
(incentivar)
incisivo
incomprensivo
indicativo
inductivo
inexpresivo
infinitivo
informativo
iniciativa
inofensivo
inquisitivo
instintivo
instructivo
intempestivo
interrogativo
introspectivo
intuitivo
inventivo
irreflexivo
lascivo
lavativa
legislativo
limitativo
llamativo
masivo
meditativo
misiva
narrativa
nativo
negativa
nocivo
normativo
nutritivo

objetivo
obsesivo
oclusivo
ofensiva
operativo
optativo
paliativo
partitivo
pasivo
pensativo
perceptivo
perfectivo
permisivo
perspectiva
persuasivo
peyorativo
ponderativo
posesivo
positivo
preceptiva
prerrogativa
preservativo
preventivo
primitivo
(primitivismo)
privativo
productivo
progresivo
radiactivo
receptivo
recordativo
recreativo
reflexivo
regenerativo
regresivo
reiterativo
relativo
remunerativo
reparativo
repercusivo
represivo
reproductivo

repulsivo	rotativo	significativo	tempestivo
resolutivo	saliva	sorpresivo	tentativa
respectivo	(salivación)	subjetivo	vegetativo
restrictivo	selectivo	sucesivo	vengativo
retributivo	(selectividad)	sugestivo	vocativo
retroactivo	sensitivo	suspensivo	vomitivo
retrospectivo	separativo	sustantivo	

Otras palabras que también terminan en **-ivo(a)**, son las siguientes:

aperitivo	dádiva	motivo	primitivo	vivo
comitiva	diapositiva	Oliva	saliva	
chivo	diva	olivo	superlativo	

A la mayor parte de las palabras con el sufijo **-ivo(a)** se les puede agregar la terminación **-mente** y con ello se convierten en adverbios. Ejemplos: de abrasivo, abrasivamente; de alternativa, alternativamente; de colectivo, colectivamente. Ver pags. 64-65.

La tercera regla más importante para escribir v.

Se escriben con **v** las palabras que empiezan con **ven-** que no tienen la significación de: bien, bueno o bondadoso.

Las siguientes, son las 80 palabras que empiezan con **ven-**, de las cuales existen 23 verbos que, con sus derivaciones, hacen alrededor de 1,000 nuevas palabras.

ven	**ven**eno	**ven**ial	**vent**osa
vena	**ven**enoso	**venir**	**vent**osidad
venado	**ven**erable	**ven**oso	**vent**ral
vencer	**ven**eración	**vent**a	**vent**rículo
venda	**venerar**	**vent**aja	**vent**rílocuo
vendaje	**ven**éreo	**vent**ajoso	**vent**riloquia
vendar	**ven**ero	**vent**ana	**vent**ura
vendaval	**ven**ezolano	**vent**anal	**vent**uranza
vender	**ven**ganza	**vent**arrón	**Ven**us
vendimia	**vengar**	**vent**ilador	
veneciano	**ven**gativo	**ventilar**	
venedizo	**ven**ia	**vent**isca	

Algunas palabras que se componen o derivan de las anteriores, son:

advenedizo	bienaventurar	desventurado	invencible
antivenéreo	compraventa	devengar	malvender
avena	contraveneno	devenir	porvenir
avenida	contravenir	disolvente	prevención
avenir	desavenir	envenenar	prevenir
aventajar	desprevenir	insolvente	preventivo
aventar	desventaja	intervención	preventa
aventón	desvencijar	intervenir	sobrevenir
aventurar	desventura	intravenoso	

OTRAS REGLAS PARA EL USO DE LA V

• Después de **cla, di** y **ol** (**clav, div** y **olv**) siempre se escribe **v** chica. (Las palabras di**bu**jo y mandí**bu**la son excepciones pero, a su vez, están contenidas en la regla de la **b**: Casi siempre, se escriben con **b** las palabras que tengan el vocablo **bu**.

Las 84 palabras que llevan **clav, div** u **olv**, dentro de las cuales existen 20 verbos, son:

clava	clavar	clavetear	clavito	enclave
clavadizo	clave	clavicordio	clavo	esclavo
clavado	clavecín	clavícula	conclave	esclavitud
clavador	clavel	clavicular	enclavado	esclavizar
clavadura	clavería	clavijero	enclavar	

adivinación	diva	diversificación	divinizar	divulgar
adivinamiento	divagación	diversificar	divino	individual
adivinanza	divagar	diversión	divisa	individualidad
adivinar	diván	diverso	divisar	individuo
adivinatorio	divergencia	divertir	división	indivisible
adivino	divergente	dividendo	divorciar	
dádiva	divergir	dividir	divorcio	
dadivoso	diversidad	divinidad	divulgación	

desempolvar	olvidar	disolver	solvencia
polvareda	olvidable	envolvente	solventar
polvera	olvidadizo	envolver	solvente
polvo	inolvidable	resolver	
pólvora		volver	
polvorín		revolver	

• Se escribe **v** chica en las palabras que empiezan con **eva-, eve-, evi-, evo-**. Se exceptúa ébano y sus variantes ebanista y ebanistería.

Las siguientes palabras, son todas las que existen:

EVA		EVE	EVI	EVO
Eva	evangelio	Evelia	evidencia	evocable
evacuación	evangelizar	evento	evidenciar	evocación
evacuar	evaporable	eventual	evidente	evocar
evadir	evaporación		evitable	Evodia
evaluación	evaporar		evitar	evolución
evaluar	evaporizar			evolucionar
evanescencia	evasión			
evanescente	evasiva			
evanescer	evasor			
evangélico				

• Siempre, después de la letra **d** se escribe **v**. Aunque esta regla no tiene excepciones, las palabras que llevan **dv** son muy pocas:

advenedizo	adverbializar	adversativo	advertencia	advertir
advenimiento	adverbio	adversidad	advertidamente	
adverbial	adversario	adverso	advertido	

• Las palabras que nombran a los números nunca llevan **b**, sino **v**. Esta regla se aplica por dos razones:

   • Todos los números partitivos (indican la parte de una unidad), tienen la terminación **-avo(a)**. Ejemplos: octavo, onceavo, doceavo, veinteavo, cienavo, etc.

   • El número **nueve** es el único de los números ordinales que tiene **v** y, por tanto, todos los números que tengan un nueve, éste se escribe con **v**. Ejemplos: noveno, diecinueve o diez y nueve, veintinueve, noventa, noventa y nueve, nueve mil novecientos noventa y nueve.

• Siempre se escribe **v** en la palabra latina **voro(a)** que indica: "comer; que se alimenta de...''; por lo mismo, esta palabra se compone, generalmente, con otra palabra que es indicadora de qué es lo que se come.

Los ejemplos que existen son los siguientes:

carní**voro**	graminí**voro**	herví**voro**	omní**voro**
frugí**voro**	graní**voro**	insectí**voro**	piscí**voro**

Se agrega el verbo de**vora**r y sus derivaciones verbales.

• Se escribe **v** en las palabras que empiezan con los prefijos **vi*-**, **viz*** y **vice-** que tienen el significado de: "subordinación; que se actúa en lugar de".

Estos prefijos, aparte de ser aplicables a escasas palabras, son de poco uso.

Ejemplos:

virrey
virreino
virreinato
virreinal
vicario

Estas palabras ya no son de uso común. Se utilizan para indicarse históricamente y, en algunos casos, en Arquitectura para mencionarse el estilo virreinal de edificios enmarcados en dicha época. La palabra vicario sí es de uso común, pero sólo en el ámbito eclesiástico cristiano, como es el caso de: vicario de Cristo, que es, uno de los títulos del Papa.

vizconde(sa) indica: subalterno(a) del Conde. Con el prefijo **viz** sólo existe esta palabra. Este título de dignidad es casi inexistente aun en Europa; en América no existe por no haber ya virreinatos.

vice: Este prefijo sólo en casos excepcionales sigue utilizándose en algunas palabras y sus variantes, como sucede con: **vice**almirante, **vice**canciller, **vice**cónsul, **vice**presidente y **vice**rrector. **Vice**, en algunas palabras (de las pocas que existen), actualmente ha cambiado por el prefijo **sub**. Ejemplos: de **vice**gerencia a **sub**gerencia; de **vice**gobernador a **sub**gobernador; de **vice**secretaría a **sub**secretaría; de **vice**tesorero a **sub**tesorero; de **vice**jefe a **sub**jefe.

---

* Recuérdese que las palabras que se escriben con los prefijos **bi**, **biz**, tienen significado de: dos, doble o dos veces.

• Se escribe **v** en el pretérito del indicativo, y en el pretérito y futuro del modo subjuntivo, de los verbos **andar, estar, tener,** y en sus compuestos: **desandar, abstener, atener, contener, detener, entretener, mantener, obtener, retener** y **sostener.**

Ejemplo; verbo tener:

	Pasado o pretérito del indicativo	Pasado o Pretérito del subjuntivo	Futuro del subjuntivo
yo	tuve	tuviera o tuviese	tuviere
tú	tuviste	tuvieras o tuvieses	tuvieres
él	tuvo	tuviera o tuviese	tuviere
nosotros	tuvimos	tuviéramos o tuviésemos	tuviéremos
ustedes	tuvieron	tuvieran o tuviesen	tuvieren
ellos	tuvieron	tuvieran o tuviesen	tuvieren

• Se escribe **v** en los presentes del indicativo y subjuntivo, y en el imperativo, del verbo **ir.**

	Pasado o Pretérito del indicativo	Pasado o Pretérito del subjuntivo	Imperativo
yo	voy	vaya	
tú	vas	vayas	ve tú
él	va	vaya	vaya él
nosotros	vamos	vayamos	vayamos nosotros
ustedes	van	vayan	vayan ustedes
ellos	van	vayan	vayan ellos

• Las palabras: **voz, via, vertir, vera, velo** y **vestir,** forman los grupos siguientes:

voz	**via**	**vertir**
altavoz	desviar	controvertir
portavoz	desviación	extrovertido
voceador	desvío	inadvertido
vocero	extraviado	inadvertir
vociferación	ferroviario	introvertido
	viable	introvertir
	viaducto	revertir
	viajar	verter
	vialidad	vertible
	vianda	
	viático	

vera (verdad)	**velo(a)**	**vestir**
veracidad	desvelar	desvestir
Veracruz	desvelo	revestir
veraz	develar	sobrevestir
veredicto	revelar	vestíbulo
verídico	revelación	vestido
verificar	velador	vestidor
verificación	velar	vestuario
	velatorio	
	velorio	

PALABRAS IMPORTANTES QUE SE ESCRIBEN CON V

Existen seis palabras que se escriben con **v** y son importantes por dos razones: Son de mucho uso y tienen muchas formas de escribirse al hacerse palabras compuestas con prefijos o al derivarse con sufijos o terminaciones verbales.

Un caso muy concreto es la palabra simple **valor** que se compone y/o deriva en 76 palabras más; pero cuando esta nueva palabra es un verbo, éste tiene alrededor de 43 derivaciones verbales al conjugarse en sus dos modos (indicativo y subjuntivo) y en todos los tiempos; con esto entonces, sólo con los 29 verbos que provienen de la palabra simple **valor,** se tienen 1,250 palabras con derivación (o desinencia) verbal y todas conservarán su raíz o radical **val** que siempre e invariablemente se escribirá con **v.**

Ejemplo: Verbo in**val**idar (hacer que algo no tenga valor) (**in:** negación; **valid:** raíz de valor; **ar:** terminación verbal).

Hay que tener muy en cuenta que, cuando de una palabra simple se compongan o deriven otras, SIEMPRE en la nueva palabra existirá relación con el significado de su radical. En el caso de la palabra **valor** su radical es **val** y éste, que significa: "utilidad, eficacia, aptitud o importancia de una acción o de una cosa", estará correlacionado con las palabras subsidiarias y por lo mismo TODAS llevarán el radical **val** que es lo que da tal significado, y, por supuesto, todas se escriben con **v.**

Palabra simple **VALOR:** Utilidad, eficacia, aptitud o importancia de una acción o de una cosa. Radical **val.**

En la siguiente lista que contiene a las 76 palabras derivadas de valor, se remarcan los verbos ya que cada uno, a su vez, tiene 43 palabras nuevas por las derivaciones verbales:

ambivalencia   devaluación   polivalente   **Valentina**
ambivalente   devaluar   prevalecer   valer
aval   devalúo   prevaler   valerosamente
avalador   envalentonar   revalidación   valeroso
avalar   equivalencia   revalidar   valía
avalentado   equivalente   revaloración   validar
avalentamiento   equivaler   revalorar   validez
avalentar   evaluación   revalorización   válido
avalentonado   evaluar   revalorizador   valiente
avaluar   invalidar   revalorizar   valientemente
avalúo   invalidez   revaluación   valija
convalecer   inválido   revaluar   valijar
convaleciente   invaluable   sobrevalorar   valioso
convalidar   minusvalía   sobrevaluar   valor
desvalidar   minusválido   supervaloración valorar
desválido   plurivalencia   supervalorar   valorativo
desvalijar   plurivalente   vale   valorización
desvalorar   plusvalía   valencia   valorizar
desvalorizar   polivalencia   valentía   valuar

Palabra simple **VIVIR**: Tener vida.
Radical **viv** (y **vita**, por su origen latino).

La palabra vivir se deriva en 51 palabras, y al contener éstas a 10 verbos equivale a tener 430 nuevas palabras más por las derivaciones verbales.

avivadamente   revitalizar   vivacidad   vividor
avivador   revivir   vivales   vivienda
avivamiento   sobreviviente   vivamente   viviente
avivar   sobrevivir   vivaracho   vivificado
bienvivir   supervivencia   vivaz   vivificador
convivencia   superviviente   vivencia   vivificante
convivio   vida   víveres   vivificar
convivir   vital   vivero   vivíparo
desvivir   vitalicio   vivez   vivir
desvivirse   vitalidad   viveza   vivisección
malviviente   vitamina   vivible   vivito
reavivar   vitaminado   vivido   vivo
revitalización   vitamínico   vívido

Palabra simple **VER:** Percibir por medio de los ojos.
Radical **vi, ve.**

Esta palabra deriva en 63 palabras que contienen 13 verbos que equivalen a 560 nuevas palabras por las derivaciones verbales.

aprovisionamiento	imprevisión	próvido	video
aprovisionar	imprevisto	provisión	visar
audiovisual	improviso	provisional	visibilidad
avistar	invidente	provisto	visible
avizor	invisible	revisable	visiblemente
clarividencia	multivisión	revisar	visión
clarividente	prever	revisión	visionario
cosmovisión	previo	revisor	vislumbrar
divisable	previsible	revista	visor
divisar	previsión	supervisar	vista
entrevista	previsor	supervisión	vistazo
entrevistar	proveedor	supervisor	visto
evidencia	proveeduría	televidente	vistoso
evidenciar	proveer	televisado	visual
evidente	providencia	ver	visualizar
imprevisible	providencial	vidente	

Palabra simple **HUEVO:** Cuerpo redondeado de diferente
tamaño y dureza, que producen las hembras de las aves o de otras
especies animales.
Radical **ova, ovi, ovo, ovu,** que se convierte en **huev** al formarse diptongo.

Esta palabra deriva en 24 palabras que contienen cinco verbos que equivalen a 215 nuevas palabras más por las derivaciones verbales.

ahuevado	huevero	ovalito	ovíparo
ahuevar	huevo	óvalo	ovoide
desovar	huevón	ovárico	ovoideo
hueva	oval	ovario	ovulación
huevar	ovalado	oviducto	ovular
huevera	ovalar	ovillo	óvulo

Palabra simple **MOVER:** Poner en movimiento.
Radical **mov.**

Esta palabra deriva en 24 palabras que contienen cinco verbos que equivalen a 215 nuevas palabras más por las derivaciones verbales.

automóvil	conmovible	inmovilizado	movilidad
automovilismo	inamovible	inmovilizar	movilización
automovilista	inconmovible	movedizo	movilizar
automovilístico	inmóvil	movible	movimiento
conmovedor	inmovilidad	movido	promover
conmover	inmovilización	móvil	remover

Palabra simple **NOVA, NOVI, NUEVA(O).**
Indica: que no existía o no se conocía antes.
Radical **nov, nuev.**

Esta palabra deriva en 27 palabras que contienen cuatro verbos que equivalen a 172 nuevas palabras más por las derivaciones verbales.

casanova	novatar	noviazgo	novísimo	renovación
innovación	novato	novicia	novohispano	renovador
innovador	novedad	noviera	nueva	renovar
innovar	novedoso	novillada	nuevamente	
nova	novel	novillero	nuevo	
novatada	noviar	novillo	renovable	

PALABRAS CON V

no contenidas en reglas ortográficas

A
abovedar
abrevar
abreviar
acervo
agravar
agraviar
alevosa
alevosía
alivianar
alivio
altivez
aniversario
aseverar
atavío
atravesar
avanzar
avaricia
avaro
avasallar
avatar
ave
avellana
avería
averiguar
averno
avestruz
avinagrar
avisar
avispa
avocar
B
benévolo
bóveda
bovino
bravío
brevedad
breviario
bulevar

C
cadavérico
calavera
calva
calvario
calvo
cañaveral
caravana
caravanear
carnaval
cava
cavar
caverna
caviar
cavilar
cervantino
cerveza
cervical
chaval
chévere
chivatear
cierva
civilización
civismo
conservar
conservatorio
convenir
corcovado
covacha
cuervo
curva
D
depravación
derivar
derviche
desagraviar
desgravar
deshilvanar
desván

desvanecer
desvariar
desvincular
desvirtuar
detective
devaneo
devastar
devoción
devolución
devoto
diluvio
disolver
E
efervescencia
efluvio
elevar
Elvira
embravecer
encorvar
enervar
ensalivar
equivocar
esquivez
estival
excavación
exclusividad
expresividad
extravagante
F
favorable
ferviente
frívolo
G
galvanizar
gaveta
gavilán
gavilla
gaviota
gravamen

gravedad
gravitar
H
hilvanar
I
intervalo
L
larva
lascivia
liviano
lívido
llevar
longevidad
M
malévolo
malvado
malvavisco
malversar
maquiavélico
maravilla
medieval
motivar
O
objetivar
objetividad
observar
observatorio
ovacionar
oveja
P
parvada
parvedad
párvulo
pavimentar
pavo
pavonear
pavor
pelvis
perseverar

perversión
pivote
preservar
primavera
privar
privada
privilegiar
provecho
provenzal
proverbio
provincia
provocar
pulverizar
R
recoveco
redova
reivindicar
relevar
reservar
resolver
revancha
reverberar
reverencia
reverso
revés
revindicar
revocar
revolcar
revolotear
revoltijo
revoltoso
revolución
revuelco
revuelo
revuelta
rivalidad
rivalizar
rivera
ropavejero

S
selva
severidad
silvestre
socavar
sublevar
superávit
T
tergiversar
todavía
torvo
transversal
través
travesaño
travesía
traviesa
trivialidad
trovador
U
universal
universidad
universo
uva
V
vaca
vacación
vacante
vaciado
vacilar
vacío
vacunar
vacuno
vacuo
vado
vagar
vagón
vagoneta
vaguedad
váguido
vaho
vaina
vainilla

vaivén
vajilla
vals
válvula
valle
vampiresa
vampiro
vanadio
vándalo
vanguardia
vanidad
vano
vaporizar
vapulear
vaquero
vara
varado
variar
várice
varicela
variedad
varilla
varón
varonil
vasallo
vascular
vaselina
vasija
vaso
vástago
vastedad
Vaticano
vaticinar
vatio
vecino
vector
Veda
vedar
vegetación
vegetar
vehemencia
vehículo

vejación
vejestorio
vejez
vejiga
veleidoso
velero
veleta
velocidad
velódromo
veloz
vellosidad
verano
verbena
verde
verdolaga
verdugo
verdugón
verdura
vereda
vergel
vergüenza
vericueto
verja
vernáculo
Verónica
verruga
versal
versar
versátil
versículo
versificar
versión
verso
vértebra
vertical
vértice
vertiente
vertiginoso
vértigo
vesícula
vespertino
vestal

vestigio
vetar
veterano
veterinario
vetusto
víbora
viborear
vibrar
viciar
vicisitud
víctima
victoria
vicuña
viejo
viento
vientre
viernes
viga
vigencia
vigilancia
vigilia
vigor
vihuela
vikingo
vileza
vilipendio
vilo
vinagre
vinatería
vincular
vindicar
vinicultor
vino
viñedo
viñeta
viola
violar
violencia
violeta
violín
violonchelo
viperino

viral
virar
virginal
virilidad
virolo
virtual
virtud
viruela
virus
viruta
visceral
viscosidad
visillo
visitante
visón
víspera
vítreo
vitrina
vituperio
viudez
vocablo
vocabulario
vocación
vocal
vodevil
volar
volátil
volcánico
volcar
volframio
voltaje
voltear
voltio
voluble
volumen
voluntad
voluptuoso
volver
vomitar
voracidad
vorágine
votar

HOMÓFONOS

Homófono proviene del griego *homós*: igual, y *phoonée*: sonido, y son las palabras que suenan de igual modo, pero se escriben diferente y, por tanto, tienen distinto significado.

Como las letras **b** y **v** se pronuncian igual pero se escriben diferente, es conveniente conocer su escritura correcta en relación a su significado.

HOMÓFONOS CON B Y V

- bacía : Recipiente que emplean los peluqueros para remojar la barba.
  vacía : Sin contenido.

- bacilo : Bacteria con forma de bastoncillo.
  vacilo : Presente de indicativo del verbo vacilar: dudar.

- ¡bah! : Interjección.
  va : Presente de indicativo del verbo ir.

- bario : Elemento químico.
  vario : Variado, versátil, cambiante.

- barón : Título nobiliario.
  varón : Hombre.

- basar : Dar base. Fundamentar.
  bazar : Mercado.
  vasar : Poner en recipiente.

- bascular : Inherente a la báscula.
  vascular : Relativo a los vasos orgánicos.

- baso : Asiento, fundamento, doy base.
  bazo : Víscera vascular de los organismos superiores.
  vaso : Recipiente. Arteria o vena.

- bastos : Uno de los cuatro palos de la baraja española.
  vastos : Grandes, extensos.

- baya : Fruto carnoso silvestre parecido a la uva y la grosella.
  valla : Cerca, obstáculo.
  vaya : Presente del subjuntivo del verbo ir.

- bello : Hermoso.
  vello : Pelo.

- beta : Segunda letra del alfabeto griego.
  veta : Filón. Derivado del verbo vetar, oponer.

- bidente : De dos dientes.
  vidente : Adivino.

- bienes : Propiedades.
  vienes : Presente del indicativo del verbo venir: tú vienes.

- billar : Juego de mesa.
  villar : Conjunto de villas.

- bobina : Cilindro alrededor del que se arrolla un alambre para el paso de la corriente eléctrica.
  bovina : Vacuna. Relativo a bueyes y vacas.

- bolada : Tiro hecho con la pelota.
  volada : Participio femenino de volar.

- bota : Calzado que cubre el pie y la pierna. Derivado del verbo botar.
  vota : Acción de votar, sufragar.

- botar : Arrojar, tirar.
  votar : Elegir, sufragar.

- cabe : Presente del indicativo del verbo caber. Que puede entrar.
  cave : Excava.

- cabo   : Punta o extremo de una superficie.
  cavo   : Presente de cavar.

- combino: Presente indicativo de combinar.
  convino : Pretérito indicativo de convenir.

- grabar   : Copiar.
  gravar   : Tasar impuestos.

- hierba   : Planta.
  hierva   : Subjuntivo de hervir.

- nabal   : Relativo a los nabos.
  naval   : Relativo a la marina.

- Nobel   : Inventor de la dinamita y nombre del premio anual que cons-
             tituyó para los bienhechores de la humanidad (literatura; paz;
             fisiología y medicina; física y química; y economía).
  novel   : Nuevo, principiante.

- rebelar : Conspirar. Levantarse en armas.
  revelar : Hacer manifiesto.

- ribera   : Tierra nutrida por un río.
  rivera   : Cauce del río. Vera del río. Arroyo.

- sabia   : Mujer de gran conocimiento.
  savia   : Líquido —análogo a la sangre— de los vegetales.

- tubo   : Conducto.
  tuvo   : Pretérito del indicativo del verbo tener.

- be   : Letra.
  ve   : Imperativo de ir.

- bes   : Varias letras b.
  ves   : Del verbo ver.
  vez   : Ocasión, reiteración.

LA CONFUSIÓN QUE EXISTE ENTRE LAS LETRAS S, C, Z y X, ANTE SONIDO SUAVE

En el idioma español existe mucho la confusión para bien escribir palabras que llevan **s, c, z** o **x**, porque al hablarlas se hace como si todas fueran **s**; a esto se le conoce como seseo, que es pronunciarlas, precisamente, como si fueran **s**, y la confusión existe por lo siguiente:

- La **s** y la **z** siempre tienen sonido suave (pensar, **z**apato).

- La **c** tiene tres sonidos: fuerte (**c**adu**c**o, **c**uchara, ac**c**ión, **c**romo); suave (**C**e**c**ilia, viven**c**ia); suave-fuerte (amane**z**can, lu**z**can, tradu**z**co).

- La **x** tiene dos sonidos: fuerte-suave (expiar, tórax); y suave (Xochimilco).

Como se podrá ver, en un momento dado las cuatro letras se pronuncian con un sonido suave y cuando hay que escribirlas es cuando existe la confusión de hacerlo poniendo unas por otras. Para evitar lo anterior se debe tomar en cuenta lo siguiente:

- **Las letras s y x nunca cambian a otras letras**; la **s** siempre será **s**, y la letra **x** siempre será **x**.

- La **z** se escribe **z** ante **a, o, u,** ante consonante y al final de sílaba (a**z**ul, dura**z**no, fero**z**); y se escribe **c** ante las vocales **e, i** (de cru**z**, cru**c**eta, cru**c**ificar, encru**c**ijada; de grande**z**a, engrande**c**er, engrande**c**ido).

- La **c** es la letra más polifacética del idioma español porque, entre otras, cambia a las letras: **qu** (de ter**c**o, ter**qu**edad); **z** (de fruncir, frun**z**o, frun**z**an, frun**z**amos); **zc** (de amane**c**er, amane**zc**o, amane**zc**an, amane**zc**amos) **g** (de ha**c**er, ha**g**o, ha**g**an, ha**g**amos); **j** (de produ**c**ir, produ**j**e, produ**j**o).

Por lo anterior, y para tener mejor y mayor comprensión para bien escribir la **s, c, z,** y **x**, se debe iniciar con el estudio de la **s** y la **x**, ya que ambas letras nunca cambian a otras letras; posteriormente se verán la **c** (y dentro de la **c** a la **k** y **qu**) y por último a la letra **z**.

LA LETRA S

De las veintisiete letras que componen al idioma español, la letra **s** es la que más existe en aproximadamente 144,000 palabras de uso común, pero en 110,000 no hay problema para escribirlas ya que terminan con la letra **s**, la que no es factible confundir con la **z** o **x**, porque la **s** sólo puede ir en las conjugaciones verbales (75,000), en los plurales de las palabras (25,000), en los enclíticos de pronombre plural (8,000), en algunos pocos gentilicios y en otras 250 diversas palabras. De las 34,000 palabras restantes, 14,000 llevan **s** al final de sílaba; 19,000 tienen **s** al inicio de palabra o de sílaba; y 1,000 más tienen **s** intermedia.

CONSIDERACIONES PARA ESCRIBIR LA LETRA S

- La letra **s** siempre tiene sonido suave. Su confusión con la **c** y la **z** es cuando la **c** tiene sonido suave ante las vocales **e, i,** (Cecilia, cien) y con la **z** que también siempre tiene sonido suave (gozo, danza, azul), y en ocasiones con la **x** cuando se le pronuncia con sonido suave (elíxir, excavar).

- La letra **s** nunca cambia a otra letra; en consecuencia, las palabras cuyo radical tenga **s**, la seguirán conservando al derivarse. Ejemplos: iluso, ilusión, ilusionarse; liso, alisar, lisito. (En contraposición, las palabras que en su radical no tengan **s**, por lo general, si al derivarse deben llevar alguna de estas letras, llevarán la letra **c** o la **z**. Ejemplos: de balón, balon-cito; de brillante, brillantez). La letra **x** tampoco nunca cambia a otra letra.

- Para su debido estudio, la **s** tiene tres grandes clasificaciones: 1. La **s** al final de palabra; 2. La **s** al final de sílaba; 3. La **s** al inicio de sílaba —y de palabra—.

LA S AL FINAL DE PALABRA

Las 110,000 palabras que llevan **s** al final de palabra se concentran en tres grandes grupos:

- En las palabras verbales o conjugación de los verbos (76,000).

- En los plurales (26,000).

- Y en las palabras enclíticas (8,000).

En estos tres casos no existe confusión para escribir la **s** en lugar de la **z** o **x**, porque cualquier palabra que termine con **z** o **x** no son palabras verbales (amas, amarás, bebes caminemos), ni plurales (coches, luces, lápices), ni tampoco enclíticos (ámale**s**, manéjala**s**, tráeno**s**).

Podría haber alguna confusión con palabras plurales que terminan en **es** (cancione**s**, mujere**s**, árbole**s**) con palabras que terminan en **ez** (cho**chez**, borra**chez**, vej**ez**, altiv**ez**), pero recuérdese que las palabras que terminan con **es** indican pluralidad (muchos o varios) y las que terminan con **ez** indican cualidad de lo que indica la palabra: altiv**ez**, de alguien que es altivo; vej**ez**, de alguien que es anciano; brillant**ez**, de algo que es brillante.

LA S FINAL EN LAS PALABRAS VERBALES

Recuérdese que las palabras verbales, esto es, las conjugaciones de los 4,200 verbos, todas terminan sólo en las letras **n, s** o **vocal,** y con la letra **S** existen 76,000 palabras verbales a través de la primera persona del plural (nosotros) de todos los tiempos y modos, y de igual forma en la segunda persona del singular (tú), menos en el tiempo pasado del indicativo y en el imperativo.

Ejemplos:

INDICATIVO	SUBJUNTIVO	IMPERATIVO
Presente	**Presente**	
tú amas	tú comas	
nos. amamos	nos. comamos	amemos nosotros
Pasado	**Pasado**	
nos. cantamos	tú amaras o amases	
Futuro	nos. amáramos o amásemos	
tú mirarás	**Futuro**	
nos. soñaremos	tú partieres	
Copretérito	nos. partiéremos	
tú andabas		
nos. andábamos		
Pospretérito		
tú soñarías		
nos. soñaríamos		

TODAS LAS PALABRAS PLURALES SIEMPRE
TERMINAN CON S

Toda palabra en singular se le convierte en plural agregándosele una **s** si termina en vocal, y **es** si tiene terminación en consonante. Las palabras que pueden convertirse en plurales son alrededor de 26,000.

Algunos ejemplos son:

árbol	árboles	niño	niños	azul	azules
mesa	mesas	cancel	canceles	luz	luces
pluma	plumas	ratón	ratones	haz	haces
anillo	anillos	maestra	maestras	agresor	agresores
hoja	hojas	albur	albures	fábrica	fábricas
canción	canciones	letra	letras	casa	casas
plural	plurales	pintura	pinturas	ilusión	ilusiones

LOS ENCLÍTICOS PLURALES

Dentro de las palabras plurales, se agregan los enclíticos cuyos pronombres tienen las terminaciones: las, les, los y nos. Los enclíticos que se pueden hacer son alrededor de 50,000, pero de uso común son sólo unos 8,000. Ver pags. 58-60. Algunos ejemplos son:

acarícialas, acaríciales, acarícialos, acariciarles, acariciándolas.
acomódalas, acomódales, acomódalos, acomódanos, acomodándolos.
aguántalas, aguántales, aguántalos, aguántanos, aguantarlos.
bébelas, bébeles, bébelos, bebiéndolos, bebiéndolas, beberlos.
cállalas, cállales, cállalos, cállanos, callándolos, callándolas, callarlos.

LA S EN FINAL DE PALABRA DE ALGUNOS GENTILICIOS

Existen gentilicios —palabras que determinan el origen o lugar de una persona— que tienen la terminación -es, que siempre se escribirá con **s**, nunca con **ez** o **ex**. A los gentilicios con terminación -es, se agregan los que terminan con -**ense**, que también se escriben con **s**.

Ejemplos:

albanés	danés	canadiense	mexiquense
aragonés	escocés	londinense	hidalguense
barcelonés	francés	ateniense	nicaragüense
cordobés	genovés	parisiense	jalisciense

holandés	leonés	coahuilense	guerrerense
inglés	montañés	cartaginense	guanajuatense
irlandés	portugués	sinaloense	rioplatense
japonés		costarricense	

Las otras palabras que terminan con **s** —aparte de las 52 agudas (pag. 31) y las 37 esdrújulas (pag. 54) ya vistas—, son las 175 siguientes:

abrelatas	cactus	epidermis	oasis
adonis	Cantinflas	epiglotis	papanatas
aguafiestas	caos	equis	parabrisas
albatros	caries	esclerosis	paraguas
albricias	cascanueces	espantamoscas	pararrayos
alias	cascarrabias	esponsales	pelagatos
alpes	catacumbas	fauces	pelvis
Amazonas	catarsis	finanzas	portafolios
ambos	chasis	glotis	praxis
antes	Chiapas	gnosis	profilaxis
Antillas	chotís	hematosis	prognosis
añicos	cirrosis	herpes	pubis
apenas	cisticercosis	hipercrisis	quitamanchas
Apocalipsis	comicios	hipnosis	rascacielos
argos	Contreras	hurtadillas	rascatripas
Aries	coroides	intramuros	rictus
arraigadas	cosmos	iris	sabiendas
arras	cosquillas	jueves	saltamontes
asentaderas	coxis	lanzallamas	salvavidas
Asturias	crisis	lejos	selectas
ataderas	croquis	lunes	sicosis
arterosclerosis	cuclillas	martes	silepsis
atlas	cuentachiles	matamoscas	simbiosis
atrapamoscas	cuentagotas	mecenas	sinopsis
Bermudas	cumpleaños	menos	sintaxis
bilis	cutis	mes	sobredosis
boleadoras	dermis	metamorfosis	tenis
botones	diabetes	mientras	tesis
brindis	doscientos	mutis	tianguis
bruces	dosis	natillas	tifus
Bruselas	elipsis	neurosis	tiroides
Burdeos	enseres	nosotros	tisis
buscapleitos	entonces	nupcias	trabalenguas

trescientos	trotamundos	viernes	Zacatecas
triquinosis	tuberculosis	virus	
trombosis	Venus	vivales	
trotacalles	veras	xifoides	

A la lista anterior se agregan las palabras que tienen la terminación -itis que indica inflamación. Ejemplos: amigdalitis, inflamación de las amígdalas; apendicitis, inflamación del apéndice: bronquitis, de los bronquios.

amigdalitis	cistitis	gastroenteritis	prostatitis
apendicitis	colitis	gingivitis	sinusitis
arteritis	conjuntivitis	hepatitis	tendinitis
artritis	encefalitis	neuritis	traqueitis
bronquitis	esofagitis	pancreatitis	uretritis
cefalitis	faringitis	peritonitis	
celulitis	flebitis	pleuritis	
cervicitis	gastritis	poliomielitis	

LA S AL FINAL DE SÍLABA

Las palabras que llevan s al final de sílaba (as, es, is, os, us), considerándose derivaciones verbales, son alrededor de 14,000 y con casi todas no existe problema para bien escribirse.

Para evitar confundir las palabras que llevan sílaba que termina en s con las sílabas que terminan con x o z que existen en 285 palabras, hay que tomar en cuenta lo siguiente:

1. Con la letra x existen 245 palabras con sílabas que terminan en ex, ix, ux, y con casi todas no hay problema para confundirlas porque 235 inician con ex- y extra, y todas estas palabras, con uno u otro prefijo, indican: fuera de (exterioridad, hacia fuera; que ha dejado de ser, de estar o de tener «lo que indica la palabra») Ejemplos: exdiputado: que ya no es diputado; expatriado: fuera de la patria; extemporáneo: fuera de tiempo; extraer: traer hacia afuera; extraordinario: fuera de lo ordinario; extraoficial: fuera de lo oficial; etc.

Las palabras con x al final de sílaba con las que sí puede haber confusión, son sólo diez: mixtificar, mixto, mixtura, nixtamal, sexta(o), taxqueña, textil, texto, textura, yuxtaponer.

2. Las palabras que al final de sílaba llevan **z**, son únicamente 34 (y sus variantes), y de ellas, 9 tienen la terminación **-azgo** que indica cualidad —de lo que indica la palabra—. Ejemplos: hallazgo, que se halla (algo); liderazgo, que se es líder.

Las 9 palabras con la terminación **-azgo**, son:

almirant**azgo**	compadr**azgo**	lider**azgo**
cacic**azgo**	hall**azgo**	mayor**azgo**
comadr**azgo**	hart**azgo**	novi**azgo**

Las otras 27 palabras que llevan **z** al final de sílaba, y que hay que tomar en cuenta para no confundirlas con la letra **s**, son:

a**z**teca	ga**z**moñería	**jaz**mín	**mez**quite
bizquear	**gaz**nate	**juz**gar	**piz**pireta(o)
brizna	**goz**ne	lo**bez**no	re**buz**nar
cuzqueño	**graz**nar	llo**viz**nar	tepo**z**teco
dele**z**nable	i**z**quierdo(a)	ma**z**morra	ti**z**nar
du**raz**no	I**z**tacalco	**mez**quino	vi**z**caino
espe**luz**nar	I**z**tapalapa	**mez**quital	

Una vez eliminadas las pocas palabras que al final de sílaba tienen **x** o **z**, todas las demás palabras —14,000— llevarán **s** al final de sílaba: **(as-, es-, is-, os-, us)**, de las que existen algunos grupos formados por los sufijos: **ismo, ista, y esco.**

El sufijo **-ismo** indica: doctrinas, sistemas, escuelas o movimientos (expresion**ismo**, capital**ismo**, cristian**ismo**); actitudes (individual**ismo**, optim**ismo**); actividades deportivas (alpin**ismo**, atlet**ismo**); y términos científicos (astigmat**ismo**).

Las 210 palabras con el sufijo **-ismo***, son:

absolut**ismo**	african**ismo**	alegor**ismo**	**american**ismo
abstencionismo	agiot**ismo**	alfabet**ismo**	amorf**ismo**
acrobat**ismo**	agrar**ismo**	**alpin**ismo	anacron**ismo**
aeromodelismo	aislacion**ismo**	**altru**ismo	analfabet**ismo**
afor**ismo**	alcohol**ismo**	amarill**ismo**	**anarqu**ismo

---

* Las palabras remarcadas son las de mayor uso que, a su vez, pueden llevar la terminación **-ista.** Ejemplo: agrarismo, agrarista; alpinismo, alpinista; capitalismo, capitalista; etc.

anecdotismo
anexionismo
anglicismo
antagonismo
anticomunismo
antifascismo
antifeminismo
antiimperialismo
antiliberalismo
antimilitarismo
aperturismo
asambleísmo
ascetismo
asimilismo
astigmatismo
ateísmo
atlantismo
atletismo
atomismo
autismo
automatismo
automovilismo
autoritarismo
aztequismo
bandolerismo
barbarismo
barroquismo
bautismo
belicismo
bestialismo
bilingüismo
bipartidismo
botulismo
budismo
caciquismo
calvinismo
canibalismo
capitalismo
castellanismo
casticismo
cataclismo
catecismo

categorismo
catequismo
catolicismo
centralismo
centrismo
chamanismo
chovinismo
churriguerismo
ciclismo
cientificismo
cinismo
civismo
clasicismo
clientelismo
coleccionismo
colectivismo
colonialismo
colorismo
compañerismo
comunismo
conceptismo
conceptualismo
conductismo
conformismo
confucionismo
conservadurísmo
constructivismo
consumismo
convencionalismo
cooperativismo
costumbrismo
cristianismo
cubanismo
cubismo
culteranismo
dadaísmo
daltonismo
derrotismo
despotismo
dinamismo
enanismo
enciclopedismo

equilibrismo
erotismo
escepticismo
esoterismo
espejismo
espiritismo
estoicismo
estrabismo
excursionismo
exorcismo
exotismo
expresionismo
extremismo
fanatismo
fascismo
fatalismo
federalismo
feminismo
fetichismo
feudalismo
galicismo
guarismo
guionismo
hedonismo
helenismo
hermetismo
heroismo
hipnotismo
humanismo
humorismo
idealismo
imperialismo
impresionismo
indigenismo
malabarismo
masoquismo
materialismo
mazdeísmo
mecanismo
metabolismo
mercantilismo
misticismo

modernismo
modismo
montañismo
moralismo
motociclismo
muralismo
mutismo
mutualismo
nacionalismo
narcisismo
naturalismo
naturismo
neocatolicismo
neocolonialismo
neologismo
nihilismo
nudismo
obrerismo
ocultismo
oportunismo
optimismo
organismo
oscurantismo
ostracismo
paludismo
paracaidismo
periodismo
pesimismo
platonismo
positivismo
pragmatismo
primitivismo
progresismo
puntillismo
racionalismo
racismo
radicalismo
raquitismo
realismo
regionalismo
reumatismo
sadismo

salvajismo	**socialismo**	**terrorismo**	**urbanismo**
sensacionalismo	**socorrismo**	**tradicionalismo**	vandalismo
servilismo	**sofismo**	**trapecismo**	**vanguardismo**
sexismo	**sufismo**	traumatismo	
silogismo	tabaquismo	**turismo**	
simbolismo	tecnicismo	ultraísmo	

El sufijo **-ista** significa "partidario de" o "inclinado a" lo que indica la palabra.

El complemento de 250 palabras con el sufijo **-ista**, es:

accionista	bañista	compendista	fisonomista
acordeonista	billarista	computista	guitarrista
activista	bolsista	conceptista	higienista
acuarelista	botanista	confeccionista	ilusionista
africanista	bromista	conferencista	inversionista
ajedrecista	caballista	confesionista	jurista
alambrista	calculista	congresista	laborista
alarmista	calendarista	conquista	lista
alfombrista	camarista	contrabajista	manicurista
algebrista	cambista	contrabandista	maquinista
almacenista	camorrista	contratista	mayorista
alquimista	cancionista	copista	monoteísta
altruista	carambolista	criminalista	motorista
amarillista	caricaturista	cronista	oculista
amatista	carterista	cuentista	oficinista
analista	cartonista	dentista	percusionista
anestesista	catastrofista	deportista	perfeccionista
apologista	censista	derechista	perfumista
arcaísta	censurista	detallista	pianista
archivista	centrocampista	ebanista	piragüista
argumentista	ceramista	electricista	prestamista
armamentista	cerealista	elitista	protagonista
armonista	cesionista	ensayista	publicista
arribista	chantajista	entrevista	recepcionista
articulista	civilista	especialista	reconquista
artista	clarinetista	estadista	reformista
ascensionista	clasista	eurocomunista	relevista
asentista	columnista	exhibicionista	renacentista
asimilista	comentarista	expresionista	revista
autopista	comisionista	fabulista	rotulista
baladista	comparatista	fagotista	semifinalista

seminarista	tercermundista	utopista	violinista
telefonista	tradicionalista	vanguardista	vista
telegrafista	tramoyista	versista	vocalista

Las 14 palabras que llevan el sufijo -esco que indica: "relación", "inherente a", son las siguientes:

animalesco	cantinflesco	dantesco	simiesco
bufonesco	caricaturesco	grotesco(a)	soldadesco
caballeresco	carnavalesco	parentesco	
canallesco	churrigueresco	picaresco(a)	

OTRAS PALABRAS CON S AL FINAL DE SÍLABA

En la lista que se presenta a continuación no se ponen palabras con los sufijos dor(a), y ble, que pueden llevar todos los verbos. Ejemplos: aislar: aislador, aisladora, aislable; raspar: raspador, raspadora, raspable.

Los verbos que tienen **s** al final de sílaba son 316 y en todos ellos, al conjugarse, la conservarán, originando con ello 13,600 nuevas palabras por derivaciones verbales.

El complemento de las palabras con **s** al término de sílaba, son:

abastecer	aislar	apostura	áspero
absceso	ajustar	arbusto	aspersor
abscisa	ajusticiar	arrastrar	áspid
abstemio	alabastro	arrestar	aspirar
abstener	alistar	arriesgar	aspirina
abstracto	alpiste	artístico	asquear
abstraer	amaestrar	asbesto	asta
achispar	amistad	asceta	asterisco
acostar	amnistía	asco	asteroide
acostumbrar	amonestar	ascua	astigmático
acróstico	anestesiar	asestar	astillar
acústico	angostar	asfaltar	astral
adiestrar	angustiar	asfixiar	astringir
administrar	apestar	asistir	astro
adolescencia	aplastar	asma	astronomía
agosto	apostar	asno	astucia
agreste	apóstol	aspa	asustar
Agustín	apóstrofe	aspecto	atascar

atestar	cascajo	chubasco	corresponsal
atestiguar	cascar	churrasco	corresponsalía
atisbar	cáscara	chusco	coscorrón
atmósfera	casco	chusma	cosmético
augusto	¡cáspita!	cineasta	cosmopolita
auspiciar	casquete	circunscribir	cosmos
austero	casquillo	circunstanciar	cosquilla
austral	casta	ciscar	costa
avispa	castaña	cismar	costal
avispar	castañetear	cisne	costera
balística	castaño	cisterna	costilla
basilisco	castañuela	cisticerco	costo
bastante	castellanizar	clandestino	costra
bastar	castidad	claustro	costreñir
bastardo	castigar	colesterol	costumbre
bastedad	castillo	combustible	costura
bastidor	castizo	comestible	crepúsculo
bastilla	casto	compostura	crespo
bastonear	castor	compuesto	cresta
béisbol	castrar	condescender	crispar
bestia	cataplasma	confiscar	cristal
bestiario	catástrofe	congestionar	cristalino
bistec	cáustico	conquistar	cristalizar
bisturí	celeste	consciencia	cristero
blasfemar	celestina	conscripto	Cristo
borrasca	césped	consistir	crustáceo
boscaje	cesta(o)	conspicuo	cualesquier(a)
bosnio	chahuistle	conspirar	cuaresma
bosque	chamuscar	constancia	cuestionar
bosquejar	charamusca	constante	cúspide
brusco	charrasca	constatar	custodiar
buscar	chascarrillo	constelar	desabastecer
busto	chasco	consternar	desabotonar
cabalístico	chichicastle	constipar	desabrigar
calidoscopio	chisguete	constitución	desabrochar
camastro	chismear	constituir	desacalorar
campestre	chismorrear	constricción	desacatar
canasta(o)	chispear	constrictor	desaceitar
característica	chispar	constringir	desacelerar
carestía	chisporrotear	construir	desacertar
carisma	chistar	contestar	desacomodar
cascabelear	chiste	contrastar	desacompañar

desaconsejar	disculpar	encrespar	escolarizar
desacoplar	discurrir	encuestar	escoltar
desacostumbrar	discurso	entrevistar	escollar
desacreditar	discutir	entusiasmar	escombrar
desactivar	disfraz	entusiasta	esconder
desacordar	disfrutar	envestir	escondite
desadormecer	disfunción	epistolar	escopeta
desadornar	disgregar	esbelto	escorbuto
desadvertir	disgustar	escala	escorpión
desafinar	dislexia	escalar	escote
desaforar	dislocar	escaldar	escotilla
desagraciar	disminuir	escalera	escozor
desagradar	dispar	escalofrío	escribir
desagradecer	disparar	escalonar	escritor
desagraviar	disparate	escamar	escroto
desaguar	disparejo	escamotear	escrúpulo
desahogar	dispendio	escampar	escuadrar
desairar	dispensa	escandalizar	escuadrón
desajustar	dispensar	escaño	escuálido
descendencia	dispersar	escapar	escuchar
descender	displicencia	escaparate	escudar
descollar	disponer	escapulario	escudriñar
descontar	disputar	escarabajo	escuela
describir	distanciar	escaramuza	escueto
desdén	distender	escarbar	escuincle
diagnosticar	distinguir	escarceo	esculcar
diestra	distinto	escarchar	esculpir
diestro	distraer	escarlata	escultura
digestión	distribuir	escarmenar	escupir
discapacidad	distrito	escarmentar	escurrir
discernir	disturbio	escarnecer	esdrújulo
disciplinar	disyuntiva	escarpar	esencia
discípulo	domesticar	escasear	esfera
disco	doméstico	escatimar	esfinge
discóbolo	ebanistería	escavar	esfínter
díscolo	efervescencia	escenificar	esforzar
discontinuar	elástica(o)	esclarecer	esfumar
discordancia	empastar	esclavizar	esgrimir
discordia	empastelar	escoba	esguince
discreción	emplastar	escocer	eslabonar
discrepar	encestar	escoger	eslogan
discreto	enclaustrar	escolapio	esmaltar

esmeralda	esplendor	estático	estrechar
esmerar	espolear	estatua	estregar
esmerilar	esponjar	estatuto	estrellar
esmoquin	espontáneo	estela	estremecer
esnob	esporádico	estelar	estrenar
esoterismo	espumar	estepa	estreñir
espaciar	esqueleto	estéreo	estrépito
espada	esquematizar	estereotipar	estreptococo
espagueti	esquiar	esterilizar	estribar
espalda	esquilar	esternón	estricto
espantar	esquilmar	esteroide	estridencia
España	esquimal	estertor	estrofa
esparcir	esquinar	estética	estroncio
espárrago	esquirla	estiaje	estropajo
espasmo	esquite	estibar	estropear
espátula	esquivo	estiércol	estructurar
especial	esquizofrenia	estigmatizar	estrujar
especializar	estabilizar	estilete	estuche
especie	establecer	estilizar	estudiar
especificar	establo	estimar	estufa
espécimen	estacar	estimular	estulto
espectable	estacionar	estío	estupefaciente
espectacular	estadía	estipular	estupendo
espectador	estadio	estirar	estúpido
espectro	estado	estirpe	evanescer
especular	estafar	estival	fantasma
espejo	estafeta	estocar	fantástico
espeluznar	estalactita	estoico	fascículo
esperanzar	estalagmita	estola	fascinar
esperar	estallar	estómago	fastidiar
espermatozoide	estambre	estopa	festejar
esperpento	estampar	estoque	fiasco
espesar	estampida	estorbar	fiesta
espesor	estampilla	estornudar	fiscalizar
espiar	estancar	estrado	fisco
espigar	estancia	estrafalario	fisgar
espinaca	estandarizar	estrago	fisgonear
espinar	estandarte	estrambótico	fluorescencia
espinilla	estanque	estrangular	forastero
espiral	estante	estrategia	forestal
espíritu	estañar	estrato	fosfato
espléndido	estar	estratósfera	fosforescer

fósforo
fresca
fresno
funesto
fustigar
gángster
gastar
gástrico
gastronomía
gestar
gestionar
gestor
gimnasta
gresca
gustar
hasta
hastiar
hemisferio
heroísmo
hispánico
histeria
historiar
historieta
histrión
histriónico
hojarasca
honestidad
horóscopo
hosco
hospedar
hospicio
hostelería
hostia
hostigar
hostilizar
huésped
hueste
husmear
ilustrar
impostor
instalar
instruir

irascible
iridiscente
isla
jurisdicción
jurisprudencia
justicia
justificar
lambiscón
lascivia
lastimar
lastre
legislar
lésbico
limosna
listo
listón
luminiscencia
madrastra
maestra
magisterio
magistral
majestad
malvavisco
mampostería
manifestar
manuscrito
mariscal
marisco
mascada
mascar
máscara
masculino
mascullar
masticar
mástil
mastique
mastodonte
menisco
menstruo
ministro
minusvalía
miscelánea

mismo
misterio
mística
modestia
molestar
molusco
monasterio
monstruo
mosca
mosquear
mosquito
mostacho
mostrar
muestra
muscular
musgo
muslo
mustio
nefasto
níspero
nostalgia
nóstico
obispo
obsceno
obstáculo
obstar
obstetricia
obstinar
obstruir
odalisca
ofuscar
orgasmo
orgiástico
oscilar
oscurecer
osmio
ostentar
ostra
pardusco
pasmar
pasquín
pasta

pastel
pastilla
pasto
pastor
pedestal
pedestre
peñasco
periodístico
persistir
perspectiva
perspicacia
pescante
pescar
pesquisa
pestañear
peste
pesticida
pestilencia
pilastra
piscina
piscívoro
pistache
pistilo
pistola
pistón
plasmar
plasta
plástica
plebiscito
pleonasmo
plusvalía
poliéster
posdata
posponer
postal
poste
postema
póster
postergar
posterior
postín
postor

postrar	sánscrito	suministrar	testarudo
postular	sarcasmo	superstición	testificar
póstumo	sastre	supuesto	tosco
postura	satisfacer	susceptible	transpirar
prescindir	secuestrar	suscitar	traspasar
prescribir	semestre	suscripción	trasto
prescripción	sesgar	suspender	trastocar
préstamo	siesta	suspenso	trastorno
prestancia	silvestre	suspensorio	triste
prisco	siniestro	suspicaz	usted
prismático	sismo	suspirar	verdusco
putrescente	sistematizar	sustanciar	vestigio
rasgar	sofisticar	sustentar	vestir
rasguñar	solsticio	sustituir	vetusto
raspar	soslayar	susto	víscera
rastrero	sospechar	sustraer	visceral
rastrojo	sostener	sustrato	viscosidad
riesgo	subastar	talismán	víspera
risco	subsistir	tarasco	
rosca	substancial	terrestre	
rústico	sugestionar	testa	

LA S AL INICIO DE SÍLABA Y DE PALABRA

SA, SE, SI, SO, SU, MÁS CONSONANTE AL INICIO DE PALABRA

Generalmente se escribe **sa, se, si, so, su,** ante consonante, al inicio de palabra (**sa**bio, **se**creto, **si**mple, **so**brio, **sú**plica), y aunque existen palabras con **x, z** y **c**, que van ante **a, e, i, o, u**, más consonante, existen 750 palabras que empiezan con **s** y al haber en ellas 160 verbos, de los que con sus conjugaciones, derivados: dor(a), ble (**s**alvador(a), **s**alvable) y encliticos (**s**álvame, **s**alvándome, **s**álvate, **s**alvándote, **s**álvese, **s**alvándose, **s**álvala(s), **s**alvándola(s), **s**álvale(s), **s**alvándole(s), **s**álvalo(s), **s**alvándolos, **s**álvanos, **s**alvándonos), en total se forman alrededor de 9,000 palabras que empiezan con **sa, se, si, so** o **su.**

Las palabras que hay que tomar en cuenta porque empiezan con: **xe, xi; za, zo, zu; ce** y **ci,** todos ante consonante, son:

Con la letra **x** son únicamente, la palabra **xenón** y las que inician con las palabras griegas: **xeno** (extranjero), **xero** (seco) y **xilo** (madera).

xeno: **xeno**fobia, **xeno**filia, **xenó**fobo, **xeno**grafía, **xeno**manía.

xero: **xero**copia, **xero**copiar, **xero**filo, **xero**grafía, **xero**grafiar, **xeró**grafo.

xilo: **xiló**fago, **xiló**fono, **xilo**grafía, **xiló**grafo, **xilo**protector, **xiló**rgano.

Las palabras que inician con **za, zo, zu,** son las 55 siguientes:

zacapela	zalamería	zancudo	zarandear	zoreco(a)
zacate	zalea	zanganear	zarpa	zorra(o)
Zacatecas	zambo	zángano	zarpar	zorrillo
zafar	zambullir	zangolotear	zarzamora	zozobrar
zafarrancho	Zamora	zanja	zarzuela	zumba
zafiro	zampar	zanjar	zócalo	zumbar
zafra	zanahoria	zapapico	zodiaco	zumo
zaga	zanate	zapatear	zombi	zurcir
zagala(o)	zancada	zapato	zona	zurdo(a)
zaguán	zancadillear	zapote	zopilote	zurrar
zaguero	zanco	zar	zoquete	zutano

Con las palabras que inician con **ce** y **ci** es donde existe mayor confusión por el sonido suave que tienen y en donde, además, hay un buen número de palabras que es necesario saber cuáles son:

Las palabras que empiezan con **cent** que indican **cien** y **centro**, se escriben con **c.**

Las palabras que inician con **cent** y **centro** son:

centavo	centígrado	céntuplo	central
centella	centilitro	centuria	centrífugo
centenar	centímetro		centro
centenario	céntimo		céntrico
centésimo	centuplicar		centralizar

Las palabras que inician con **cicl** y **circ** que indican **círculo**, se escriben con **c.**

cíclico	ciclón	circo	circundar	circunvolar
ciclismo	cíclope	circón	circunferencia	
ciclista	ciclorama	circuito	circunnavegar	
ciclomotor		circular	circunstancia	

Las palabras que comienzan con **ce**, son:

cebada	celador	cena	cercar	certamen
cebar	celdilla	cenagoso	cercenar	certero
cebiche	celebrar	cenit	cerciorar	certidumbre
cebolla	célebre	ceniza	cerda	certificar
cebra	celeridad	censo	cerdo	cerúleo
cebú	celeste	censurar	cereal	cervantino
cecear	celestina	centauro	cerebelo	cervatillo
cecina	célibe	centeno	cerebro	cerveza
cedazo	celofán	centinela	ceremonia	cervical
ceder	celosía	centurión	cereza	cesar
cedro	celos	cenzontle	cerilla	César
cédula	celta	ceñir	cerillo	cesión
céfalo	celular	ceño	cernir	césped
ceguera	celuloide	cepa	ceroso	cesto
ceiba	celulosa	cepillo	cerradura	cetáceo
ceja	cementerio	cerámica	cerrajero	cetrería
cejo	cemento	cerbatana	cerrar	cetro
celada	cempasúchil	cerca	cerro	

Las palabras que inician con **ci**, son:

cibernética	cigüeña	cinchar	ciruelo	cítrico
cicatear	cilantro	cine	cirugía	ciudad
cicatriz	cilindro	cinismo	ciscar	cívico
cicuta	cima	cinta	cisma	civilizar
cidra	cimarrón	cintilar	cismar	civismo
cidro	címbalo	cintura	cisne	cizaña
cifra	cimbrar	cinturón	cisterna	
cifrar	cimentar	ciprés	cisticercosis	
cigarra	cincelar	cirio	citar	
cigarrillo	cinco	cirrosis	cítara	

LAS PALABRAS QUE INICIAN CON SA, SE, SI, SO, SU, más consonante, son las que a continuación se enlistan. Se remarcan los 160 verbos de los que se derivan alrededor de 9,000 palabras.

sábado	sabana	sabelotodo	sabio	sable
sábalo	sabandija	**saber**	sabila	**sablear**
sábana	sabático	sabiduría	sablazo	sabor

saborear
sabotaje
sabotear
sabrosura
sabueso
sacar
sacarina
sacerdocio
sacerdotal
sacerdote
sacerdotisa
saciar
saciedad
saco
sacra
sacralizar
sacramentado
sacramental
sacramento
sacrificar
sacrificio
sacrilegio
sacro
sacrosanto
sacudida
sacudir
sádico
saeta
safari
sáfico
sagacidad
sagaz
Sagitario
sagrado
sainete
sajadura
sajón
sal
sala
salamandra
salami
salarial

salario
salchicha
saldar
saldo
salero
salivar
salida
saliente
salir
salitre
saliva
salivación
salmo
salmón
salobre
salomónico
salón
salpicar
salpicón
salsa
saltar
saltarín
saltear
salterio
salubre
salubridad
salud
saludar
saludo
salva
salvaguardar
salvaje
salvajez
salvajismo
salvar
salvedad
salvoconducto
samaritano
samba
samblaje
sambuca
samuray

sanar
sanatorio
sanción
sancionar
sancocho
sandalia
sándalo
sandez
sandía
sanear
sangrante
sangrar
sangre
sangría
sangriento
sanguijuela
sanguinaria
sanguíneo
sanidad
sanitario
sano
santiamén
santidad
santificar
santiguar
santo
santoral
santuario
santurrón
saña
sapiencia
saquear
sarampión
sarape
sarcófago
sarcoma
sardina
sardónica
sargento
sarna
sarpullido
sarro

sartén
satélite
satinar
sátira
satírico
satirizante
satirizar
sátiro
sátrapa
saturar
Saturno
savia
saxofón
saxófono
sayal
sazón
sazonar
sebo
seborrea
secante
sección
seco
secreción
secretar
secretaría
secretariado
secretarial
secretario
secretear
secreteo
secreto
sectario
sector
secuaz
secuela
secuencia
secular
secundar
secundario
sed
seda
sedante

sede
sedentario
sedería
sedicente
sediento
sedimentar
sedimento
segar
segmentar
segmento
segregar
segueta
seguido
seguir
según
segundero
segundo
segundón
seguridad
seguro
seleccionar
selectividad
selecto
selector
selénico
selenio
selva
selvático
sellar
sello
semáforo
semana
semanario
semántica(o)
semblante
semblanza
sembradío
sembrar
semejar
semejante
semejanza
semental

semiculto
semiesférico
semilla
semillero
seminario
semiplano
semita
semitono
sempiterno
Sena
senado
senador
sencillez
sencillo
senda
sendero
senectud
senil
seno
sensación
sensacional
sensar
sensatez
sensato
sensibilidad
sensibilizar
sensible
sensitiva
sensorial
sensual
sensualidad
sentar
sentencia
sentenciar
sentido
sentimental
sentimiento
sentir
seña
señal
señalar
señalizar

señor
señorear
señoría
señorita
señuelo
separar
sepelio
sepia
septentrional
séptico
septiembre
séptima
sepulcro
sepultar
sepultura
sequedad
sequía
séquito
ser
serafín
serbio
serenar
serenata
serenidad
sereno
serie
seriedad
serio
sermón
sermonear
serpentear
serpiente
serranía
serrano
serrar
serrucho
servicial
servicio
servidumbre
servil
servilleta
servir

sesear
seseo
seso
seta
seto
seudónimo
seudópodo
severidad
severo
sexenio
sexo
sexología
sexólogo
sexta
sexualidad
sibarita
sibila
sicología
sicológico
sicópata
sicoterapia
sida
sideral
siderurgia
sidra
siembra
siempre
sien
sierra
siervo
sifón
sigilo
sigla
siglo
sigma
signar
significante
significar
signo
siguiente
sílaba
silábico

silbar
silbato
silbido
silenciar
silencio
silente
sílfide
sílice
silueta
silla
sillón
sima
simbiótico
simbólico
simbolizar
símbolo
simbología
simetría
simétrico
simiente
símil
similar
similitud
simio
simpatía
simpático
simpatizar
simple
simpleza
simplicidad
simplificar
simplón
simulación
simulacro
simular
simultáneo
sinagoga
sinalefa
sinceridad
sincero
síncopa
sincopado

síncope
sincronía
sincrónico
sincronizar
sindicato
síndrome
sinécdoque
sinfonía
sinfónico
singular
singularidad
singularizar
sinnúmero
sino
sinodal
sinónimo
sintagma
sintético
sintetizar
síntoma
sintonía
sintonizar
sinuosidad
sinvergüenza
sirena
sirvienta(e)
siseo
sistematizar
sitiar
sitio
situación
situado
situar
sobaco
sobajar
sobar
soberanía
soberano
soberbia(o)
sobornar
soborno
sobra

sobrante
sobrar
sobre
sobrecarga
sobrecargo
sobregiro
sobrehumano
sobrellevar
sobremesa
sobrenatural
sobrenombre
sobreentendido
sobreponer
sobreprecio
sobresalir
sobresaltar
sobrevenir
sobrevidriera
sobreviviente
sobrevivir
sobrevolar
sobriedad
sobrino
sobrio
socarrón
socarronería
socavar
sociable
social
socializar
sociedad
socio
sociocultural
sociología
sociólogo
socorrer
socorro
socrático
soda
sodio
sodomía
sodomita

soez
sofá
sofisticar
sofocar
soga
sojuzgar
sol
solamente
solana
solapa
solapar
solar
solariego
solaz
soldadura
soldar
soledad
solemne
solemnidad
solemnizar
solera
solfear
solfeo
solicitante
solicitar
solícito
solicitud
solidaridad
solidario
solidarizar
solidez
solidificar
sólido
soliloquio
solitaria
solitario
solo
sólo
soltar
soltería
soltero
soltura

soluble
solucionar
solvencia
solventar
solvente
sollozar
sollozo
somático
sombra
sombrear
sombrerazo
sombrero
sombrío
somero
someter
somnolencia
somnoliento
son
sonado
sonaja
sonámbulo
sonar
sonata
sonda
sondear
sondeo
soneto
sonido
sonoridad
sonorizar
sonoro
sonreír
sonriente
sonrisa
sonrojar
sonrojo
sonrosar
sonsacar
sonsonete
soñar
soñolencia
soñoliento

sopa
sopapo
sopear
sopera
sopesar
sopetón
soplar
soplete
soplido
soplo
soplón
soponcio
sopor
soporífero
soportar
soporte
soprano
sor
sorber
sorbete
sorbo
sordera
sordez
sordidez
sórdido
sordo
sorna
sorprender
sorpresa
sortear
sortija
sortilegio
sosegar
sosiego
sotana
sótano
soterrar
soviético
soya
suave
suavidad
suavizante

suavizar
subalterno
subclase
subcutáneo
subdelegar
subdesarrollo
subdirección
subdirector
súbdito
subdividir
subgénero
subida
subíndice
subir
súbitamente
súbito
subjetivo
subjuzgar
sublevar
sublimar
sublime
subliminal
submarino
submaxilar
submúltiplo
subnormal
subordinar
subproducto
subrayar
subreino
subrogar
subsanar
subsecuente
subsidiar
subsidio
subsuelo
subterráneo
suburbano
suburbio
subyacer
subyugar
succionar

suceder	suéter	**sumergir**	supersónico	supremacía
suceso	sufí	sumidero	**supervalorar**	supremidad
sucesor	suficiencia	**sumir**	**supervisar**	supremo
suciedad	suficiente	sumiso	supervivencia	supresor
sucinto	sufijo	suntuario	superviviente	suprimir
sucio	**sufragar**	**supeditar**	superyó	**supurar**
suculento	sufragio	**superabundar**	supino	**surcar**
sucumbir	**sufrir**	**superar**	**suplantar**	surco
sucursal	sugerencia	superávit	suplementario	sureño
sudadera	**sugerir**	superchería	suplemento	**surgir**
sudar	**sugestionar**	superdotado	suplencia	surtida
sudario	suicida	superlativo	suplente	surtidero
sudor	Suiza	supereminente	súplica	**surtir**
sudorífero	sujeción	superficial	suplicante	susodicho
suegra	**sujetar**	superficie	**suplicar**	**susurrar**
suela	sujeto	superfluo	suplicio	susurro
sueldo	sulfato	superhombre	**suplir**	sutil
suelo	sulfuro	superintendente	**suponer**	sutileza
sueño	sultán	superior	suposición	sutura
suero	**sumar**	superioridad	supositorio	**suturar**
suerte	sumario	supermercado	suprema	

EL PRONOMBRE SE DE LOS ENCLÍTICOS

La segunda norma más importante de la S al inicio de sílaba, y de la que se forman más de 8,000 palabras, es el enclítico formado con el pronombre -se ya que puede ir en los 4,200 verbos de uso común.

Algunos ejemplos son:

-ar	bañarse	casándose	educarse	galantearse
abocarse	bañándose	cerciorarse	efectuarse	galardonarse
abocándose	besarse	concretarse	ejercitarse	gestionarse
abocóse	brindarse	dañarse	embarazarse	gritarse
acatarrarse	buscarse	debelarse	empeñarse	gritándose
acomodarse	buscándose	depositarse	fabricarse	guardarse
aislarse	calarse	destilarse	facturarse	habilitarse
aislándose	calmarse	destinarse	fallarse	halagarse
aislóse	callarse	echarse	fijarse	hartarse
administrarse	cantarse	echándose	forrarse	humillarse
amoldarse	casarse	editarse	fundarse	impregnarse

infectarse	observarse	tomarse	emprenderse	bruñirse
inflarse	ocuparse	tumbarse	entenderse	consentirse
informarse	ordenarse	ubicarse	hacerse	decirse
ingeniarse	oxidarse	usarse	humedecerse	emitirse
internarse	pasarse	utilizarse	imponerse	freírse
lastimarse	pasearse	vaciarse	lamerse	friéndose
legarse	perfilarse	vendarse	leerse	hundirse
librarse	pintarse	virarse	mantenerse	irse
lijarse	quebrarse	zafarse	meterse	yéndose
lijándose	quejarse	zamparse	moverse	lucirse
limitarse	quitarse	zurrarse	obtenerse	medirse
llagarse	rajarse	**-er**	olerse	nutrirse
llamarse	rasparse	acogerse	oliéndose	oírse
lograrse	rescatarse	aprenderse	poderse	oyéndose
lustrarse	relajarse	atraerse	poseerse	pulirse
macerarse	rociarse	barrerse	quererse	reírse
mandarse	sacarse	beberse	sucederse	riéndose
mirarse	sellarse	comerse	traerse	subirse
mofarse	silbarse	componerse	valerse	traducirse
motivarse	soplarse	conocerse	valiéndose	unirse
narrarse	sumarse	deberse	verse	uniéndose
negarse	tacharse	defenderse	viéndose	vivirse
nivelarse	tardarse	dolerse	**-ir**	viviéndose
nublarse	tocarse	ejercerse	abrirse	zambullirse

LA S EN LAS TERMINACIONES -OSO(A) Y -SIDAD

Dentro de las palabras con s al inicio de sílaba existen alrededor de 325 que con el sufijo -oso(a) se hacen adjetivos calificativos derivados de sustantivos, e indican: plenitud. Ejemplos: de amistad, amistoso(a); de armonía, armonioso(a); de jugo, jugoso(a).

De los adjetivos calificativos con la terminación -oso(a) se pueden formar también palabras con la terminación -sidad que, a su vez, llevan s. Ejemplos: fogoso, fogosidad; grandioso, grandiosidad; luminoso, luminosidad.

Como dato, las pocas palabras que van con z (-ozo(a)) son sustantivos, siendo, los que existen, los siguientes: alborozo, calabozo, esbozo, gozo, mozo, pozo, rebozo, sollozo y trozo.

En la lista que está a continuación se remarcan las palabras de mayor uso que pueden llevar el sufijo -sidad:

aceitoso	asechoso	cavernoso	embarazoso	haraposo
acoso	asombroso	caviloso	empeñoso	harinoso
acucioso	aspaventoso	celoso	encajoso	hermoso
acuoso	**asqueroso**	cenagoso	endoso	honoroso
achacoso	astilloso	ceñoso	engañoso	honroso
adiposo	astucioso	cerdoso	**escabroso**	horroroso
afanoso	auspicioso	ceremonioso	escamoso	humoso
afectuoso	avaricioso	ceroso	escandalosa	imperioso
agencioso	azaroso	cirroso	**espantoso**	**impetuoso**
aguardentoso	azufroso	clamoroso	estorboso	indecoroso
chamagoso	azuloso	**clamoso**	estrepitoso	infeccioso
chicloso	**babosa(o)**	coaguloso	estropajoso	infructuoso
chismoso	baldosa	cochambroso	estruendoso	ingenioso
chistoso	barrancoso	codicioso	estudioso	insidioso
airoso	barroso	coloso	exitoso	intravenoso
alevosa	batalloso	comboso	extremoso	invidioso
algodonoso	**belicoso**	compendioso	fabuloso	irrespetuoso
amargoso	beneficioso	conglutinoso	facineroso	**jocoso**
ambicioso	bilioso	contagioso	**fachoso**	jubiloso
amistoso	bochornoso	**copioso**	famoso	jugoso
amoroso	bondadoso	correoso	**fangoso**	juicioso
andrajoso	borrascoso	coso	**fastuoso**	**laborioso**
anginoso	borroso	cosquilloso	fatigoso	lacrimoso
angustioso	**boscoso**	costoso	ferroso	lastimoso
anheloso	**brioso**	**costroso**	fervoroso	leguminoso
animoso	bulboso	**cremoso**	filoso	leñoso
ansioso	bullicioso	**cuantioso**	**fogoso**	libidinoso
antirreligioso	**caballeroso**	cuidadoso	forzoso	licencioso
antituberculoso	cadencioso	**curioso**	fosa	lodoso
aparatoso	calumnioso	dadivoso	foso	luctuoso
aparentoso	caluroso	decoroso	**frondoso**	**luminoso**
apestoso	**calloso**	defectuoso	furioso	lluvioso
apetitoso	canceroso	delicioso	gangoso	**majestuoso**
aquejoso	candoroso	desamoroso	gaseoso	malicioso
arcilloso	**canoso**	desastroso	**generoso**	maltosa
ardoroso	**capcioso**	deseoso	glorioso	mañoso
arenoso	caprichoso	deshonroso	goloso	maravilloso
argumentoso	cariñoso	desidioso	gozoso	medroso
armonioso	**carnoso**	dichoso	gracioso	meloso
aromoso	catarroso	diosa	**grandioso**	menesteroso
arterioso	caudaloso	dolorosa	gustoso	mentiroso
artificioso	cauteloso	donoso	hacendoso	meticuloso

miedoso	**pavoroso**	rabioso	sospechoso	varicoso
milagroso	pecaminoso	rasposo	**suntuoso**	veleidoso
minucioso	pecoso	religioso	supersticioso	venenoso
misericordioso	pedregoso	rencoroso	sustancioso	venoso
monstruoso	pegajoso	reposo	talentoso	ventajoso
montañoso	**peligroso**	resinoso	tedioso	venturoso
morboso	**penoso**	respetuoso	**tembloroso**	vergonzoso
moroso	perezoso	revoltoso	**temeroso**	verrugoso
mugroso	pernicioso	riesgoso	tempestuoso	**vertiginoso**
musculoso	poderoso	riguroso	tendencioso	vicioso
nebuloso	**pomposo**	rijoso	tenebroso	vidrioso
nervioso	ponzoñoso	rocalloso	terroso	vigoroso
novedoso	**poroso**	rocoso	tiñoso	virtuoso
nuboso	portentoso	roñoso	tormentoso	**viscoso**
nudoso	**preciosa**	ruidoso	tortuoso	**vistoso**
numeroso	presuncioso	ruinoso	tramposo	voluminoso
ocioso	pretencioso	sabroso	tumoroso	voluntarioso
oleaginoso	**primoroso**	sacarosa	tumultuoso	**voluptuoso**
oloroso	prodigioso	salitroso	ulceroso	
oneroso	provechoso	sarnoso	**valeroso**	
orgulloso	quejoso	**sedoso**	valioso	
pañoso	quejumbroso	silencioso	vanidoso	
pastoso	quisquilloso	**sinuoso**	**vaporoso**	

EL SUFIJO SUPERLATIVO -ÍSIMO

Con **s** al inicio de sílaba se encuentran los superlativos que tienen la terminación -ísimo. Ejemplos: abrumad**í**simo, acelerad**í**simo, aplicad**í**simo, ciert**í**simo, lej**í**simo, oscur**í**simo. Ver pags. 51-52, donde se encuentran 70 ejemplos más.

EL SUFIJO -SIVO

Con **s** al inicio de sílaba, también se encuentra el sufijo -**sivo** que indica cualidad. Ejemplos: expre**sivo**, que expresa; pose**sivo** que posee; agre**sivo**, que agrede. Se exceptúan las palabras lascivo y nocivo que van con **civo**.

Casi todos los ejemplos son:

abra**sivo**	adhe**sivo**	alu**sivo**	antihiperten**sivo**
abu**sivo**	agre**sivo**	anticorro**sivo**	apren**sivo**

cohesivo	cursivo	intensivo	permisivo
compasivo	decisivo	incisivo	persuasivo
comprensivo	depresivo	lesivo	posesivo
compulsivo	discursivo	masivo	progresivo
concesivo	evasivo	misivo	sorpresivo
conclusivo	expresivo	obsesivo	sucesivo
convulsivo	extensivo	ofensivo	suspensivo
corrosivo	impulsivo	pasivo	

LOS VOCABLOS ESA, ESO, ESU

Los vocablos **esa, eso, esu,** por lo general, se escriben con **s**. Esta norma tiene excepciones, pero al existir 90 palabras que contienen a 30 verbos, con ellos se derivan más de 1,300 nuevas palabras.

Las palabras que llevan **eza, ezo, ezu,** son: aderezar, bostezar, cabeza, empezar, enderezar, rezar, tropezar, comezón pescuezo, rezongar y rezurcir.

Las excepciones con **exa, exo,** van en final de palabra y son: convexo(a), nexo, plexo y sexo.

Las palabras que llevan los vocablos **esa, eso, esu,** son:

afrancesar	cesante	engruesar	mesar	progresar
agresor	cesar	enyesar	mesocarpio	regresar
ahuesar	César	espesar	mesón	sopesar
antesala	cesáreo	fresa	mesura	tesón
apesadumbrar	cesariano	fresar	mesurar	tesonería
apresar	condesa	gruesa	milanesa	tesonero
apresurar	confesante	grueso	obeso	tesorería
artesanal	confesar	hamburguesa	patitieso	tesorero
artesanía	confesor	hueso	pesa	tesoro
artesano	congresal	huesudo	pésame	tieso
atesorar	congreso	ileso	pesar	traviesa
atiesar	cortesano	impreso	peso	turquesa
atravesar	deceso	impresor	presa	vampiresa
aturquesar	deshuesar	ingresar	presagiar	yesar
besar	egresar	interesar	presagio	yeso
beso	embelesar	manganeso	presumible	
besucón	embeleso	mayonesa	presumir	
besuquear	empresa	mesa	procesar	
calesa	empresario	mesada	profesar	

OTRAS REGLAS PARA EL USO DE LA S

Las palabras que llevan **vers** más vocal, se escriben con **s**.

adversidad	converso	perverso	versar
adverso	diversidad	reconversión	versículo
aniversario	diversificar	reinversión	versificar
anverso	diversión	reversión	versión
aversión	diverso	subversión	verso
controversia	inversión	tergiversar	
controversial	malversar	universal	
conversar	perversidad	universo	
conversión	perversión	universalidad	

Después de **vi** se escribe **s**, menos avizor, bizantino, bizarro y vizconde, y las que llevan el prefijo **bi** que indica: dos, doble.

avisable	divisar	improviso	revisión
avisador	divisibilidad	multivisión	subdivisión
avisado	divisible	previsible	supervisión
avisar	división	previsión	televisión
aviso	imprevisible	previsor	visión
cosmovisión	imprevisión	provisión	visita
divisa	improvissar	provisionar	visón

Se escribe con **s**, la palabra **casa** y sus derivados.

casa	**casamentero**	**casero(a)**	**casilla**	**casucha**
casaca	**casamiento**	**caserón**	**casillero**	**encasillar**
casadero	**casar**	**caseta**	**casino**	
casado	**casateniente**	**casete**	**casita**	
casamentar	**caserío**	**casetera**	**casorio**	

Se escribe **s** después de **ab** y **ob**, menos obcecar.

absolución	**absorción**	**absurdo**	**obsequiante**	**observar**
absoluta	**abstracto**		**obsequiar**	**observatorio**
absoluto	**abstraer**		**obsequio**	**obsidiana**
absorbente	**absuelto**		**observancia**	**obsoleto**

Se escribe **s** en la palabra **sono** (sonido), y en sus variantes.

altisonancia	asonante	consonántico	disonante
altisonante	asonar	consonantizar	
altísono	consonancia	consonar	
asonancia	consonante	disonancia	

Se escribe **s** en la palabra **pasar** y sus derivados:

acompasar	pasamanería	pasatiempo	pasodoble
antepasado	pasante	pase	propasar
compasar	pasaporte	paseante	traspasar
marcapaso	pasar	pasear	
pasaje	pasarela	paso	

Se escribe **s** en las palabras que terminan con **-sura**, salvo dulzura:

Las que existen son:

basura	clausura	lisura	tersura
censura	hermosura	mesura	usura

PALABRAS CON S
no contenidas en reglas ortográficas

abisagrar
ablusar
abrasar
abusar
aconsejar
acosar
acrisolar
acusar
admisible
adquisición
afrodisíaco
agasajar
agasajo
agrisar
alevosía
alisadura
alisar
amansar
amasar
amnesia
anquilosar
ansia
ansiar
apayasar
apersonar
apisonar
aposentar
aprensar
aprisa
arrasar
arsenal
arsénico
asa
asadero
asaetear
asalariar
asalmonado
asaltante

asaltar
asamblea
asar
asardinado
asear
asechar
asedar
asediar
asegurar
aseidad
asemejar
asentar
asentir
asequible
aserrar
aserrín
asertivo
asesorar
aseverar
así
asiduo
asiento
asignar
asilar
asimetría
asimilar
asir
asocial
asociar
asolar
asoldar
asolear
asomar
asombrar
asombro
asomo
asosegar
asosiego

asueto
asumir
asunción
asuntejo
asunto
atosigar
atrasar
atraso
ausentar
autopsia
autostop
avasallar
babosear
balsa
bálsamo
balsear
balsero
base
básico
basílica
biopsia
biselar
bisoñé
bisulfito
bisulfuro
bisutería
blasón
blasonar
blusa
bolsa
bolsear
bolsillo
bolso
bonsái
brasa
brasero
brisa
burguesía

bursátil
cadalso
camisa
camisola
camisón
campesino
cansancio
cansar
cansino
cápsula
capsular
carmesí
carrusel
casi
casimir
caso
casual
casualidad
causar
cempasúchil
censar
censo
censor
cese
circunciso
clase
clásico
cláusula
colapsar
colapso
coliseo
colosal
comensal
comisario
comisura
comparsa
compensar
compensatorio

compositor
comprensible
comprensor
compromiso
compulsación
compulsar
compulso
concesible
conciso
concluso
concursante
concursar
concurso
condensación
condensar
confuso
conmensurar
conmiseración
consabido
consagrar
consagratorio
consanguíneo
consecución
consecuencia
consecuente
conseguir
conseja
consejar
consejería
consejero
consejo
consenso
consentir
conserje
conserjería
conserva
conservaduría
conservante

conservar	cromosoma	engrasar	fideicomiso	lisa
conservatorio	curiosear	engrosar	filosofar	lisiar
considerar	cursar	enlosar	físico	lisonja
consigna	cursi	ensalada	fisonomía	lisonjear
consignar	cursilería	ensaladera	fisura	loseta
consignatario	curso	ensalivar	fósil	mansedumbre
consigo	decomiso	ensalmar	frasear	manosear
consiguiente	defensa	ensalmo	frenesí	marsopa
consola	defensiva	ensamblaje	fusible	marsupial
consolar	defensor	ensamblar	fusilar	masa
consomé	demasía	ensamble	gasa	masacrar
consorcio	densidad	ensanchar	gasificar	masacre
consorte	denso	ensangrentar	géiser	masaje
consuelo	depositar	ensañar	gimnasia	masoquismo
cónsul	deseo	ensartar	gimnasio	masón
consulado	desertar	ensayar	girasol	masonería
consular	desértico	ensayo	glosar	mausoleo
consulta	diapasón	ensenada	glosario	mensaje
consultante	disecar	enseñanza	grosor	mensajería
consultar	diseminar	enseñar	grasa	mensajero
consultor	disentería	ensillar	guasa	menso
consultoría	disentir	ensuciar	guasón	mensual
consultorio	diseñar	ensueño	guisar	mensualidad
consumar	disidencia	envasar	gusano	ménsula
consumir	disidir	envase	hipotenso	mesero
consumo	disimulo	epilepsia	hirsuto	mesías
contuso	disipar	episodio	Hortensia	mísero
convulso	disolución	evasor	huso	misógino
cornisa	disoluto	expansible	iluso	mocasín
corrosible	disolvente	expulsar	impensable	monserga
corrosión	disolver	faisán	inaprensible	morse
corsario	dispositivo	falsa	incienso	mosaico
corsetería	disuelto	falsear	ípsilon	musaraña
cortesía	dosel	falsedad	irisado	museo
cortisona	dosificar	falsete	isabelino	música
cosaco	eclipsar	falsificar	istmo	musitar
cosechar	eclipse	fantasear	jersey	narciso
coseno	elipse	fantasía	jurásico	nasal
coser	embalsamar	fariseo	lapso	náusea
crisálida	emisario	farsa	láser	nosocomio
crisantemo	emisor	farsante	lasitud	obtuso
crisol	engatusar	fase	laso	ocaso

occiso
odisea
ofensa
ofensiva
ofensor
omisible
osadía
osamenta
óseo
paisaje
paisana
paraíso
parásito
parnaso
pausar
payasada
payaso
pelusa
península
peninsular

pensar
permiso
persa
persecución
perseguir
perseverancia
persiana
persignar
persona
personaje
personal
personalidad
personificar
persuadir
persuasible
pesebre
pésimo
pisar
pienso
pisotear

pisotón
pitonisa
plausible
pleitesía
plisar
poesía
poetisa
posada
posar
pose
poseer
posible
positivo
potasio
premisa
prensa
prensar
presea
presencia
presentar

preservar
presidencia
presidir
prisa
pulsar
pulsera
pulso
rapsodia
rasante
risa
risueño
rosa
rosal
tasajo
tasar
tensar
tenso
tensor
tesina
tesitura

tísico
test
tisú
toser
tosigar
transar
transición
transido
tránsito
trasero
travesía
usar
usual
usufructo
usura
usurpar
vastedad
vellosidad

LA LETRA X

Las palabras que tienen **x** son apenas alrededor de 160, las que con sus variantes llegan a la cantidad de 450, y la mayor parte de ellas (231) inician con ex, básicamente con los prefijos **ex-**, **extra-** y algunas con **exa-** (o **hexa-**); otros grupos se componen con palabras griegas que actúan como sufijos: **oxi** (ácido), **xeno** (extranjero, extraño), **xero** (seco) y **xilo** (madera).

LAS PALABRAS QUE INICIAN CON **EX**

La mayor parte de las palabras que tienen **x** empiezan con ex, primordialmente por los prefijos **ex-**, **extra-**, y algunos con **exa-** (o **hexa-**).

NOTA: Existen ocho palabras que inician con **es** y que se les confunde mucho con **ex**. Hay que tenerlas en cuenta porque éstas siempre se escribirán con **s** y nunca con **x**, y son: estrategia, esplendor, espléndido, estrabismo, espontáneo, estremecer, estricto y esófago.

PALABRAS CON EL PREFIJO **EX-**

El prefijo **ex-** indica: fuera de (exterioridad; hacia afuera) y por extensión se le da el significado —de acuerdo a lo que indica la palabra— que ha dejado de ser, de estar o de tener. Ejemplos: **exánime**, con el alma de fuera, sin alma; **exnovio**, que ya no es novio; **excautivo**, que ha dejado de estar en cautiverio; **expatriado**, que está fuera de su patria; **exorbitar**, estar fuera de órbita; **expresidente**, que ha dejado de ser presidente.

Palabras con el prefijo **ex-**:

exalumno	excombatiente	exorbitar	expresión
exalcalde	excomulgar	expatria	expresionismo
exánime	excomunión	expatriación	expresionista
excarcelar	exculpado	expatriado	expresividad
excautiva	exculpar	expatriar	expresivo
excéntrico	exdiputado	expedir	expreso
excentricidad	exesposo	exportación	expropiación
exclaustrado	exministro	exportar	expropiar
exclaustrar	exnovia	expresar	extemporáneo
exclaustro	exorbitante	expresidente	

Las palabras siguientes al iniciar con **-ex**, tienen también el sentido de exterioridad, hacia fuera, más allá de. Ejemplos: extraer (llevar hacia fuera), expeler (llevar al exterior), exhalar (echar hacia fuera), extender (alargar, llevar más allá de lo normal).

exaltar	excusa	exocrino(a)	explayar	externo
exaltación	excusar	éxodo	explicar	exterminar
examen	exedente	exógeno	explicación	exterminio
examinar	exégesis	exonerar	explícito	extinguir
exangüe	exégeta	exoneración	explorar	extinción
excavar	exención	exorable	exploración	extirpar
excavación	exentar	exorcisar	explotar	extirpación
exceder	exento	exorcismo	explotable	extorsión
exceso	exequible	exordio	explosión	extorsionar
excesivo	exfoliar	exótico	explosivo	extraer
excelsitud	exhalar	expandir	explotar	extracción
excelso	exhalación	expansión	exponer	extradición
excelencia	exhausto	expansivo	exponente	extraditar
excepción	exhaustivo	expectación	exposición	extranjero
excepcional	exhibir	expectativa	expositor	extraño
excepto	exhibición	expectorar	expositivo	extrañar
exceptuar	exhortar	expedición	expreso	extrañez
exceso	exhortación	expedicionario	exprimir	extremidad
excesivo	exhorto	expediente	exprimidor	extremo
excipiente	exhumar	expedito	expulsar	extremoso
excitar	exhumación	expeler	expulsión	extracto
excitable	exigir	expendio	expulsor	extractar
excitación	exigencia	expensas	exquisito	extremaunción
excitante	exigente	experimentar	exquisitez	exuberancia
excluir	exiguo	experimental	extasiar	exuberante
exclusión	exigüidad	experimento	éxtasis	exudar
exclusivo	exiliar	experto	extático	exudación
excoración	exilio	experiencia	extender	exvoto
excoriar	eximir	expiación	extensión	
excremento	eximio	expiar	extensivo	
excresión	existir	expiatorio	extenuar	
excretar	existencia	expirar	exterior	
excursión	éxito	expiración	exteriorizar	
excursionismo	exitoso	explanada(o)	externar	

La palabra **extra**, utilizada como prefijo, es una palabra con existencia propia. Ejemplos: Un artículo extra (un artículo adicional); hacer un esfuerzo extra (hacer un esfuerzo fuera de los ya hechos); trabajar horas extra (trabajar horas fuera del horario asignado).

Extra, usado como prefijo, al igual que **ex-** indica: fuera de; más allá de. Ejemplos: **extra**ordinario (fuera de lo ordinario), **extra**limitarse (estar fuera de los límites), **extro**vertirse (vertirse hacia fuera), **extra**vío (estar fuera de la vía, del camino).

Palabras con **extra**:

extraescolar	**extra**natural	**extra**terrenal	**extra**vío
extrajudicial	**extra**oficial	**extra**territorial	**extro**vertir
extralimitarse	**extra**ordinario	**extra**uterino	**extro**versión
extralimitación	**extra**polar	**extra**vagante	**extro**vertido
extramarital	**extra**sensorial	**extra**viar	
extramuros	**extra**terreno	**extra**viado	

EXA o HEXA

Exa o hexa, que se puede escribir de una u otra forma, es un prefijo numeral que indica: seis. Los ejemplos que existen son: **hexa**edro, **exa**gonal, **exá**gono, **hexa**grama, **exá**metro, **hexá**podo y **hexa**sílabo.

Con la misma significación de seis son: sexta, sextilla, sexenio y sexenal.

La palabra **NEXO** (vínculo) y sus variantes, se escriben con **X**:

nexo	anexión	inconexión	conexivo	desconexión
anexar	anexo	conexión	conexo	

OXI (ácido)

antioxidante	oxidable	oxidar	oxígeno
desoxidar	oxidación	óxido	peróxido
hidróxido	oxidante	oxigenación	

SEXO

asexual	heterosexual	sexista	sexólogo
bisexual	homosexual	sexología	sexualidad

TÓXICO (que envenena)

atóxico	desintoxicar	toxicología	toxicomaniaco
autointoxicación	intoxicación	toxicómano	toxina
desintoxicación	toxicidad	toxicomanía	

XENO (extranjero)

xenofobia	xenófobo	xenomanía
xenofilia	xenografía	

XERO (seco)

xerocopia	xerófilo	xerografía	xerógrafo
xerocopiar	xeroftalmia	xerografiar	

XILO (madera)

xilófago	xilografía	xilógrafo	xilórgano
xilófono	xilográfico	xiloprotector	

OTRAS PALABRAS QUE LLEVAN X, SON:

anorexia, anoréxico.

asfixia, asfixiante, asfixiar.

auxilio, auxiliador, auxiliar, auxiliatorio.

axila, axial, axilar, biaxial.

axioma, axiomático, axiomatización, axiomatizar.

box, boxeador, boxear, boxeo, bóxer, boxístico.

claxón.

clímax, anticlímax.

cóccix o coxis.

complexión.

convexo.

crucifixión.

dislexia, disléxico.

dúplex.

elíxir.

fax, telefax.

fénix.

flexión, flexibilizar, flexible, inflexión, reflexible.

fluxión.

galaxia.

heterodoxo.

látex.

laxar, laxante.

laxo.

lexema.
léxico.

luxar.

maxilar, submaxilar.

máxima, máximo.

máxime.

México, mexicano, mexiquense.

mixtificar.

mixto.

mixtura.

nixtamal.

Oaxaca, oaxaqueño.

ónix.

ortodoxo.

plexo.

praxis.

profilaxis.

próximo, aproximación, aproxima-damente, aproximado, aproximar, próximamente, proximidad.

reflexión, reflexionar, irreflexión, reflexivo, relax.

saxofón, saxófono.

taxi, taxímetro.

taxidermia, taxidermista, taxonomía.

taxqueña(o).

télex.

textil.

texto, contexto, contextual, contextuar, pretexto, textual.

textura.

tórax.

xenón.

yuxtaponer, yuxtaposición.

LA LETRA C

En el alfabeto del idioma español la letra **c** es la más polifacética y cambiante a otras letras, y, por tanto, es la letra que más se debe analizar y estudiar por lo siguiente:

• LA C Y SU CORRELACIÓN CON LA K

La **c** tiene sonido fuerte de **k** en tres casos:

1) Ante las vocales **a, o, u**: **c**asa, **c**orazón, **c**uchara.

2) Ante las consonantes **l** y **r**: a**c**lamar, **c**lase, pul**c**ro, a**c**rílico.

3) Al final de sílaba: **ac**né, **ac**tivo, **ac**triz, afe**c**tuoso.

• LA C Y SU CORRELACIÓN CON LA QU

Toda palabra que en su última sílaba lleve el vocablo **ca** o **co** y al derivarse deba conservar su sonido fuerte, pero la vocal **a, o**, cambie a vocal **i, e**, la **c** cambia a **qu**; a su vez, las palabras que tienen **que** y **qui** y al derivarse la palabra la vocal **e, i**, cambie a vocal **a, o**, la **que** o **qui** cambia a **ca** o **co**.

Ejemplos:

de lo**co**: lo**qu**ero	de **c**er**qui**ta: **c**er**ca**
de ar**co**: ar**qu**ero	de boti**quí**n: boti**ca**
de azte**ca**: azte**qui**smo	de ter**qu**edad: ter**co**

• LA C Y SU CORRELACIÓN CON LA H

La unión de la **c** con la **h** forman la **ch**. Las palabras que llevan **ch** no representan dificultad para bien escribirlas ya que la **ch** tiene un sonido muy característico que no se confunde con otro. Ejemplos: le**ch**e, ron**ch**a, sal**ch**i**ch**a, ta**ch**e, tru**ch**a, bu**ch**e, **ch**amarra, **ch**ula, a**ch**icopalar, etc.

• LA C Y SU CORRELACIÓN CON LA Z

La **c** ante vocales **e, i**, tiene sonido suave, pero si la palabra que contiene este vocablo (tor**c**er, abra**c**ito, bra**c**ero, co**c**er) al derivarse deba conservar su sonido suave pero está ante vocal **a, o**, entonces la **c** se convierte en **z** (tuer**z**o, abra**z**o, bra**z**o, cue**z**o). Esta regla es la misma, pero a la inversa, respecto a la letra **z**, porque: En las palabras que la lleven, se escribe **z** ante las vocales **a, o, u**, ante consonante y al final de sílaba, y se escribe **c** ante las vocales **e, i**.

Ejemplos:

cruz, cruzada, cruzado   cruce, cruceiro, crucero, cruces
cruzamiento, cruzar, cruzas   cruceta, crucial, crucificar
cruzar, cruzamos, cruzaría   crucifican, crucificamos, crucifijo
cruzabas   cigrama, encrucijada
                                crucecita, crucecilla

• CUANDO LA C CAMBIA AL SONIDO SUAVE-FUERTE DE LA ZC

Existen 131 verbos —que terminan en -ecer (106), en -acer (6), en -ocer (3) y en -ucir (16)—, los cuales, al conjugarse, la **ce** o **ci** de sonido suave, adquiere un sonido suave-fuerte al convertirse en **zc** ante **a, o**.

Ejemplos:

crecer: crezca(o), crezcas, crezcamos, crezcan.
nacer: nazca(o), nazcas, nazcamos, nazcan.
conocer: conozca(o), conozcas, conozcamos, conozcan.
lucir: luzca(o), luzcas, luzcamos, luzcan.

• CUANDO LA C CAMBIA A J

Existen 13 verbos irregulares que terminan en -**ducir** —autoin**ducir**, adu**cir**, con**ducir**, copro**ducir**, de**ducir**, in**ducir**, intro**ducir**, pro**ducir**, recon**ducir**, re**ducir**, repro**ducir**, se**ducir** y tra**ducir**— que en sus pretéritos del indicativo y subjuntivo la **c** cambia a **j**. Ejemplo, verbo producir: produje, produjiste, produjo, produjimos, produjeron; produjera o produjese, produjeras o produjeses, produjéramos o produjésemos, produjeran o produjesen.

En virtud de todo lo anterior, para entender el correcto uso de la letra **c** según corresponda, es necesario que primero se estudie a la letra **k** y a la **qu**.

LA LETRA K
Y SU CORRELACION CON LA C

Es muy importante señalar que la letra K no existe en el idioma español (no, como letra; sí, como sonido) y su función se limita a los dos casos siguientes:

1) La letra **k**, básicamente, es para escribir las palabras extranjeras que llevan esta letra. (De igual manera sucede con la letra **w** que es sólo para nombrar palabras de origen extranjero.)

Algunos ejemplos de palabras extranjeras con **k**, son:

¡Eureka! *(griega)*   kimono *(japonesa)*

Kafka *(checa)*   kindergarden *(alemana)*

Káiser *(alemana)*   Kuwait *(persa)*

Karate *(japonesa)*   sake *(japonesa)*

Kentucky *(inglesa)*   tanka *(japonesa)*

Kéops *(egipcia)*   whisky *(anglosajona)*

Cuando una palabra extranjera que contiene la letra **k** se ha españolizado, la **k** cambia a **qu** ante las vocales e, i, y a la letra **c** ante las vocales fuertes **a, o,** como se muestra en los siguientes ejemplos:

bikini/biquini   telekinesis/telequinesis

kermés/quermés   póker/póquer/pócar

kiosco/quiosco   vodka/vodca

La palabra griega **kilo** que significa mil y que es usada como prefijo, también se puede escribir con **qu**, aunque es más usual escribirla con la letra **k**, como se muestra a continuación:

kilocaloría/**quilo**caloría   **kilo**metraje/**quilo**metraje

kilociclo/**quilo**ciclo   **kilo**métrico/**quilo**métrico

kilogramo/**quilo**gramo   **kiló**metro/**quiló**metro

kilolitro/**quilo**litro   **kilo**vatio/**quilo**vatio

Sin embargo, en cuanto a las abreviaturas de las palabras con el prefijo **kilo**, se seguirán usando con la letra **k**: km: kilómetro; km²: kilómetro cuadrado; kg: kilogramo; kv: kilovoltio.

2) La segunda función y la más importante que tiene la **k**, es su sonido fuerte que le otorga a la **c** y a la letra compuesta **qu**, en los dos casos siguientes:

- La **c** tiene sonido de **k** ante las vocales **a, o, u: ca, co, cu** ("ka, ko, ku").

Ejemplos: **c**abello, **c**able, **c**alifi**c**ar, **c**olo**c**ar, embar**c**ar, gratifi**c**ar
colmar, **c**olegial, **c**omer, lo**c**o, didácti**c**o, ar**c**o, **c**as**c**o
cuello, **c**uatro, **c**uchara, **c**ubrir, dis**c**urso, a**c**uífero, **c**ulto

- La **qu** tiene sonido de **k** cuando va —única y exclusivamente— ante las vocales **e, i**, y con ello forma los vocablos **que, qui** ("ke, ki").

Ejemplos: **qu**erer, **qu**emar, **qu**ebrado, blo**qu**ear, pe**qu**eño, ban**qu**eta.
quieto, **qu**incena, **qu**ijote, res**qu**icio, requisito, tran**qu**ilo.

LA LETRA QU
Y SU CORRELACION CON LA C

La letra **qu**, al igual que la ch (che) y la ll (doble l), es una letra compuesta (**q** + **u**), pero a diferencia de la ch y ll que pueden escribirse separadamente, la **q** no puede escribirse sola; siempre se escribirá con la **u** para quedar **qu**, y, además, solamente puede escribirse ante las vocales **e, i**, para entonces escribirse **que** y **qui**, y siempre, también, con sonido fuerte de **k** ("ke" y "ki").

Por lo anterior, en todas las palabras del idioma español y las ya españolizadas (bi**qu**ini, **qu**ermés, **qu**iosco, tele**qu**inesis, pó**qu**er y **qu**ilo), existe una sola y única regla para escribir **qu**:

- Siempre se escribe **qu** ante la vocal **e** o **i** —**que, qui**— en todas las palabras que tengan el sonido fuerte de **k** ("ke" o "ki").

Ejemplos: **qu**erubín, **qu**ehacer, empa**qu**e, ma**qu**eta, trá**qu**ea, **qu**eja.
quiniela, **qu**irófano, tran**qu**ilo, tequila, **qu**ieto, bi**qu**ini,
es**qu**í, es**qu**ina.

En la siguiente lista, omitiéndose palabras derivadas, se encuentran las palabras de uso común que tienen **qu**. Obsérvese que la **qu** siempre va unida a la vocal **e** o la **i**. Nunca podrá ir ante las vocales **a, o**, porque entonces la **qu** cambia a **c**.

abaniqueo	bloquear	equino	maquila	queroseno
acequia	bodoque	equipaje	maquillaje	querubín
adondequiera	bolchevique	equipar	máquina	queso
adoquinar	boquerón	equis	marqués	quetzal
adquirir	bosque	equitativo	marroquí	quicio
alambique	bosquejo	equivaler	masoquista	quiché
albaricoque	boutique	equivocar	meñique	quiebra
alcornoque	branquia	esmoquin	mezquinar	quietar
alfeñique	broquel	esquela	mezquita	quijada
almanaque	buque	esqueleto	níquel	quijote
alquilar	caciquil	esquema	obsequiar	quilo-
alquimia	caqui	esquí	oligarquía	quilogramo
alquitrán	catequismo	esquilar	orquesta	quilolitro
anaquel	chaquetero	esquilmar	orquídeo	quilómetro
anarquía	chaquira	esquina	palanqueta	quilla
aniquilar	cheque	esquirla	palenque	quimera
anquilosar	Checoslovaquia	esquite	paquete	química
apoquinar	chiquero	esquivo	parque	quimono
aquejar	chiquigüite	esquizofrénico	parquímetro	quince
aquel	coinquilino	etiqueta	pasquín	quinina
aquelarre	coloquial	exequible	pequeñez	quinqué
aquí	comoquiera	faquir	pesquisa	quinta
aquietar	conque	finiquito	pique	quiosco
aquilatar	conquista	franquicia	plaqueta	quirófano
arlequín	coqueta	hemistiquio	póquer	quirógrafo
arqueador	cosquillas	horquilla	porqué	quiromancia
arqueología	cualesquiera	iraquí	portaequipaje	quiróptero
arquería	delinquir	jaque	pulque	quisquilloso
arquetipo	desempaque	jeque	quebrada	quiste
arquitectura	desequilibrio	jerarquía	quebrantar	quita
atraque	desquebrajar	jocoque	quechua	quizá
aturquesado	desquiciar	liquidar	quedar	raqueta
aunque	desquitar	líquido	quehacer	raquídeo
banqueta	electroquímica	malaquita	quejar	raquítico
barquillo	empaque	malquerer	quelonio	reliquia
besuquear	equidad	maniquí	quemar	requebrar
biquini	equilátero	maqueta	querella	requemar
bioquímica	equilibrar	maquiavélico	querencia	requerir

requesón	rosquilla	taquigrafía	terquedad	trasquila
requiebro	saques	taquilla	terráqueo	trinquete
requinto	sequedad	taquimecanógrafo	tlachique	triquinosis
requisa	séquito	tauromaquia	torniquete	troquel
requisito	sinécdoque	telequinesia	tosquedad	turquesa
resquebrar	soliloquio	tembleque	tranquilizar	valquiria
resquemor	tanque	tepiqueño	tráquea	yanqui
resquicio	taquicardia	tequila	traqueteo	

LOS VERBOS CON TERMINACIÓN -CAR, AL CONJUGARSE, LA C CAMBIA A QU AL IR ANTE LA VOCAL E

Los verbos que terminan en -car, al conjugarse y cambiar la **a** por **e**, entonces **ca** cambia a **que** para seguir conservando su sonido fuerte (de K).

Con la terminación -car existen 250 verbos (be**car**, colo**car**. Ver pags. 120-123) y el cambio que tienen de **ca** a **que** es de la siguiente forma:

Verbo abar**car**:

Pasado del indicativo: yo abar**qué**.

Presente del subjuntivo: yo/él abar**que**, tú abar**ques**, nosotros abar**que**mos, ustedes/ellos abar**quen**.

Imperativo: abar**que** él, abar**que**mos nosotros, abar**quen** ustedes/ellos.

Hay un verbo especial en cuanto a su derivación, el verbo caber, en el que la **ca** inicial cambia a **que** de la manera siguiente:

Presente del indicativo: yo **que**po.

Presente del subjuntivo: yo/él **que**pa, tú **que**pas, nosotros **que**pamos, ustedes/ellos **que**pan.

Imperativo: **que**pa él, **que**pamos nosotros, **que**pan ustedes/ellos.

Y un sólo verbo que actúa a la inversa, el verbo delin**quir**, en el que el vocablo **qui** cambia a **ca** y **co** de la siguiente manera:

Presente del indicativo: yo delin**co**.

Presente del subjuntivo: yo/él delin**ca**, tú delin**cas**, nosotros delin**ca**mos, ustedes/ellos delin**can**.

Imperativo: delin**ca** él, delin**ca**mos nosotros, delin**can** ustedes/ellos.

LA LETRA C

Para evitar equívocos al escribir la letra **c** en las palabras que la lleven, lo primero que se debe aprender es que la **c** tiene tres sonidos: sonido fuerte, sonido suave, y sonido suave-fuerte.

Las palabras que llevan **c** son alrededor de 6,400 (sin considerar derivaciones verbales) y la mayor parte —3,800—, no representan problema para su escritura, porque 3,250 tienen sonido fuerte (de K) y 550 están unidas a la **h** para formar el sonido inconfundible de la **ch**. Donde existe algo de confusión es en el resto de las 2,600 palabras porque en 2,200 casos la **c** va ante **e, i (ce, ci)** y este sonido suave se confunde con la **se** y la **si**; en las otras 400 palabras, éstas se forman con **cc, sc, zc** y **xc**.

EL SONIDO FUERTE DE LA C

La **c** tiene sonido fuerte (de **k**) en tres casos:

1) Ante las vocales **a, o, u**.

2) Ante las consonantes **l** y **r**.

3) Al final de sílaba.

Ejemplos:

C ante **a** = **Ca** (sonido de ka) : **c**ara, bar**c**a, **c**apricho, **c**amino, **c**arga.
C ante **o** = **Co** (sonido de ko) : **c**orazón, **c**olegio, **c**olina, didá**c**tico, lo**c**o
C ante **u** = **Cu** (sonido de ku) : a**c**uífero, dis**c**urso, **c**úspide, **c**ultura, **c**ulto
C + **l** o **r** (sonido de k) : a**c**lamar, a**c**rílico, **c**límax, **c**lase, pul**c**ro
C **al final de sílaba** (sonido de k) : a**c**né, a**c**tivo, a**c**triz, afe**c**tuoso.

Cambio de la letra c a qu, y de qu a c

Cuando una palabra contenga el sonido fuerte de **ca** o **co** ("ka", "ko") —bar**c**a, A**c**apulco, atran**c**ar— y al derivarse cambie la **a** o la **o** a vocal **e** o **i**, debiendo conservar el sonido fuerte de **k**, entonces la **c** cambia a **qu**: bar**qu**ero, acapul**qu**eño, atran**qu**e.

Esto hay que tenerlo en consideración porque los verbos que en su última sílaba puedan llevar los vocablos **ca** y al conjugarse cambie la **a** por **e**, la **c** tendrá que cambiar a **qu** para seguir conservando su sonido fuerte de **k**. Ejemplos: de sacar, saqué; de arrancar, arranqué; de tocar, toqué; de caber, quepo; etc. De igual forma sucede con cualquier palabra que originalmente lleva el vocablo **que** o **qui**, y, al derivarse, la **e** o **i** cambie a la **a** o la **o**; entonces la **qu** cambia a **c**. Ejemplos: de parroquia, párroco; de almanaque, almanecazo.

Todo lo anterior es explicación, pues sólo hay que recordar que...

Siempre, para todos los casos y para todas las palabras:

- La **c** ante **a, o, u** (**ca, co, cu**) tiene sonido de **k**.

- La **qu** ante **e, i** (**que, qui**) tiene sonido de **k**.

Ejemplos: de azteca : aztequismo   de cerquita : cerca
           de banca : banquero   de boquiabierto : boca abierta
           de sacar : saqué   de botiquín : botica
           de arco : arquero   de choque : chocar
           de asco : asqueroso   de terquedad : terco
           de casco : casquete   de oquedad : hueco
           de arrancar : arranqué   de atraque : atracar
           de tosco : tosquedad   de muñequita : muñeca
           de bizco : bizquear   de sequedad : seco

Las palabras con **c** que no tienen ningún problema para bien escribirse porque tienen sonido fuerte de **k** en su pronunciación, 2,650 tienen el vocablo **ca, co** o **cu**; en 350 casos la **c** va ante **l** o **r** (**cl, cr**); y 250 palabras tienen **c** al término de sílaba.

Con **c + h**, la **che**, no existe ningún problema para su escritura por su sonido característico de **ch** con el que existen alrededor de 550 palabras. Algunos ejemplos son:

abucheo	cancha	chulada	flechar	noche
acechar	capricho	churro	garrocha	ocho
achacar	chaleco	chusco	hechizo	peluche
achatar	chango	derecho	hinchazón	poncho
bicho	chanza	ducha	leche	ranchero

El total de palabras con **h** se encuentran en el tratamiento de la **h**, páginas 326-328.

A continuación se encuentran algunas de las 2,650 palabras que contienen **ca, co** o **cu**, y aunque no tienen problema para su escritura por su sonido fuerte de **k** que las identifica, sí es necesario familiarizarse con ellas y, de paso, ampliar el léxico. Ver pags. 120-123 donde están los 250 verbos que terminan en **-car**: abarcar, abdicar, achacar, etc.

PALABRAS CON *C* DE SONIDO FUERTE (DE *K*)
ANTE VOCALES FUERTES (a, o, u)

abocardar	acuario	añicos	cafetal	chacoteo
acabar	acuático	apático	cargar	chaleco
acacia	acudir	aplacar	caja	chusco
academia	acuerdo	armónico	caucho	decaer
acalorado	acumular	aromático	canción	decorar
acallar	acuñar	artículo	capital	decoro
acampar	acuoso	asterisco	capricho	deificar
acantilado	acusar	atlético	caracol	demarcar
Acapulco	achocolatar	atómico	caramelo	drástico
acariciar	africado	auricular	cautivar	educación
acarrear	alberca	auténtico	científico	elocuencia
acaso	alcachofa	azteca	cobertura	encanastar
acatar	alcahuete	azúcar	cobija	encantar
acatarrar	alcalde	bacalao	cobrar	encomio
acaudalado	alcalino	balcón	cocina	encuesta
acocil	alcancía	barco	cocotero	entrecano
acoger	alcanfor	báscula	codo	ética
acojinar	alcantarilla	beca	confín	fabricar
acometer	alcanzar	blanco	confortable	facultar
acomodar	alcaparra	boca	consumar	fecundo
acompañar	alcayata	broca	contar	franco
acondicionar	alcoba	cabal	cuaderno	gesticular
aconsejar	alcornoque	caballero	cuadrado	idiomático
acontecer	alcurnia	cabello	cuadril	jicote
acopiar	alfabético	caber	cuadro	jurásico
acoplar	América	cabeza	cuanto	lacustre
acordar	amnésico	cabina	cubierta	manicurista
acordeón	amoniaco	cable	cuchara	mercado
acordonar	anacoreta	cabra	cuché	ocular
acosar	anatómico	cacahuate	cucho	ocultar
acostar	angelical	cacao	cuenta	ocupar
acotar	anímico	cada	curar	
acuarela	antártico	caer	curso	

En la siguiente lista están algunas de las 350 palabras que tienen **c** más consonante **l** o **r** y aunque no tienen problema para escribirlas por su sonido fuerte de **k** que las caracteriza, sí es necesario familiarizarse con ellas con el fin de ampliar el léxico.

PALABRAS CON *C* DE SONIDO FUERTE (DE *K*) ANTE CONSONANTES *L* Y *R*

aclamar	clásico	crecer	cristiano	encrudecer
aclaración	clasificar	credencial	criterio	endocrino
aclimatar	claudicar	crédito	crítica	folclor
acre	claustro	credo	croar	hipercrisis
acrecentar	cláusula	creencia	croata	hipocresía
acreditar	clausurar	creído	cromático	incluir
acreedor	clavar	crema	cromo	inclusive
acribillar	clave	crepitar	cromosoma	incrementar
acrílico	clavel	crepúsculo	crónica	lacrimoso
acrisolar	clavicordio	crespo	cronología	macrocéfalo
acróbata	clavícula	cresta	croqueta	malcriar
acrópolis	clavija	cretáceo	croquis	mediocre
acróstico	clavo	cretense	crótalo	micra
anacrónico	claxon	cretino	crucero	microbio
ancla	clemencia	creyente	crucial	microbús
apócrifo	cleptómano	cría	crucificar	nuclear
aristocracia	clérigo	criada	crudeza	núcleo
cataclismo	clic	criadero	cruel	ocluir
cíclico	cliché	criar	cruento	ocre
ciclismo	cliente	criatura	crujía	páncreas
ciclón	clima	criba	crujido	preclaro
cíclope	clímax	crin	crustáceo	proclamar
ciclorama	clínica	crío	cruzar	proclive
clamor	clip	criollo	cuclillas	pulcritud
clan	cloaca	cripta	debacle	sacrificio
clandestino	cloro	criptografía	decrépito	sacro
clara	cloruro	crisálida	decretar	secreción
claraboya	clóset	crisantemo	demacrarse	secreto
claridad	club	crisis	democrático	sincronía
clarín	concretizar	crisol	diacrítico	suscripción
clarinete	conscripto	crispar	eclesiástico	
clarividente	cráneo	cristal	eclipsar	
claro	cráter	cristalino	eclosión	
clase	creación	cristero	encrespar	

Las palabras de uso común que tienen **c** al final de sílaba, quitándose algunas derivadas, son las que están en la siguiente lista y en las páginas 241 y 247 las que llevan **cc**. Estas palabras, por su sonido fuerte de **k**, tampoco representan dificultad para escribirlas.

PALABRAS CON *C* DE SONIDO FUERTE (DE *K*) AL FINAL DE SÍLABA

acné	clic	dúctil	jactancia
acta	colecta	ductivo	jactar
actitud	colectividad	ductor	lactancia
activar	colectivo	edicto	lactar
actividad	colector	efectivo	lácteo
actor	cómic	efecto	lector
actriz	compactar	efectuar	lectura
actual	compacto	electoral	luctuoso
actualizar	conducta	eléctrico	néctar
actuar	conductividad	electrocutar	noctambular
actuaria	conducto	electrodo	nocturno
adicto	conductor	electrónica	octagonal
adoctrinar	conectar	eréctil	octanaje
aerobic	conectivo	eructar	octava
afectar	conflicto	estructura	octogenario
afectividad	constructor	facsímil	oviducto
afecto	contactar	factible	pectoral
afectuoso	contacto	factor	perfecto
arácnido	contradictorio	factoraje	pictórico
arquitecto	convicto	facturar	pirotecnia
arquitectura	coñac	ficción	plancton
aspecto	correcto	ficticio	práctico
aspectual	defecto	fluctuar	radiactivo
atractivo	delictivo	frac	recolectar
autóctono	dialéctica	fractura	rictus
bacteria	dialecto	fricción	secta
benefactor	dictar	fructífero	sectorial
bistec	dictador	fructificar	selecto
bloc	dictamen	galáctico	senectud
cactáceo	directivo	hectárea	táctica
cactus	directo	humectar	tacto
calefactor	director	ictericia	técnica
calefactorio	directorio	impactar	tracción
carácter	docto	improductivo	vector
característica	doctor	inaccesible	víctima
caracterizar	doctrina	infectar	

EL SONIDO SUAVE DE LA C

La **c** tiene sonido suave ante las vocales **e, i,** para formar **ce** y **ci** (**Cecilia**), las que, por el actual seseo, se pronuncian como "se" y "si" ("Sesilia") y de aquí la confusión al escribirlas.

Las palabras que llevan **ce** o **ci**, sin considerar derivaciones verbales, son alrededor de 2,200, siendo 300 con **ce** y con **ci** 1,900. Dentro de estas últimas, 1,200 palabras llevan la terminación o sufijo **-ción**; por tanto, es la norma número uno a estudiarse.

LAS TERMINACIONES -CIÓN, -SIÓN y -XIÓN

Estas tres terminaciones presentan confusión porque se pronuncian de manera parecida; pero es fácil, en un 93%, saber su correcta escritura. Las palabras que existen con **-ción** son 1,200; con **-sión**, 155; y con **-xión** sólo existen 11 palabras.

LAS PALABRAS CON -XIÓN

De uso común existen, nada más, seis palabras; una, **anexión**, con las variantes **conexión**, des**conexión** e in**conexión**; otra, **flexión**, con la variante in**flexión**; una más, re**flexión**, con **irreflexión**; además de **fluxión, complexión** y **crucifixión**.

Es importante que estas palabras sean aprendidas para que —de una vez y para siempre— se eviten confundir con las palabras con terminación **-ción** y **-sión**.

LAS PALABRAS CON -CIÓN

De las 1,200 palabras que existen con la terminación **-ción**, con la siguiente sencilla regla se resuelve su correcta escritura en 1,040 palabras:

Siempre se escribe -ción cuando le anteceden las letras a, c o p (-ación, -cción o -pción).

Se exceptúan seis palabras que es importante aprendérselas para no confundirlas: com**pasión**, e**vasión**, in**vasión**, o**casión**, **pasión** y per**suasión**.

LAS PALABRAS CON LA TERMINACIÓN -ACIÓN

El total de palabras que tienen -**ación** son 940. De la siguiente lista, para no hacerla tan extensa, se han quitado los 63 verbos que terminan en -**ficar** (verlos en la pags. 120-121) y los 270 verbos con terminación -**izar** (verlos en la pags. 116-117), que se complementan con -**ación**. Ejemplos: amplificar, amplificación; certificar, certificación; gratificar, gratificación; actualizar, actualización; agilizar, agilización; localizar, localización.

abdicación	aleación	arrugación	captación
aberración	alimentación	articulación	castellanización
abnegación	alineación	aseguración	castración
abreviación	alteración	asentación	catalogación
aceleración	alternación	aseveración	cavilación
acentuación	alucinación	asignación	celebración
aceptación	amalgamación	asimilación	cementación
aclamación	amonestación	asociación	centrifugación
aclaración	amortiguación	aspiración	cimentación
acotación	ampliación	atenuación	circulación
activación	amputación	atestación	circunnavegación
actuación	anhelación	atestiguación	circunvalación
acumulación	anidación	auguración	citación
acusación	animación	aumentación	claudicación
adaptación	aniquilación	auscultación	cloración
adecuación	anonadación	autenticación	coagulación
adivinación	anotación	autodeterminación	coeducación
adjetivación	antelación	autointoxicación	cogitación
adjudicación	anticipación	autorregulación	cohabitación
administración	anulación	avaluación	colaboración
admiración	anunciación	averiguación	colación
adoración	apelación	aviación	colectación
adulteración	aplacación	avocación	colocación
aeronavegación	aplicación	axiomatización	coloración
afectación	aportación	bifurcación	combinación
afeminación	apreciación	biodegradación	comendación
afiliación	apresuración	bipedación	compactación
afinación	aprobación	calcinación	compaginación
afirmación	apropiación	calculación	comparación
agitación	aproximación	calibración	compartimentación
aglomeración	apuntación	calorificación	compenetración
aglutinación	arbitración	cancelación	compensación
agrupación	argumentación	capacitación	compilación
aislación	arrendación	capitulación	complementación

complicación	conservación	degustación	disecación
comprobación	consideración	delegación	diseminación
compulsación	consignación	deliberación	disimulación
computación	consolación	demarcación	disipación
comunicación	consolidación	demostración	dislocación
concatenación	consonantización	denominación	disociación
concentración	conspiración	depilación	divagación
conceptuación	constatación	depravación	divulgación
concertación	constelación	depreciación	documentación
concienciación	consternación	depuración	dominación
conciliación	constipación	derivación	donación
concordación	consultación	derogación	dotación
condecoración	consumación	desaceleración	ecuación
condenación	contaminación	desactivación	educación
condensación	contemplación	desafinación	elaboración
condimentación	contentación	desanimación	elevación
condonación	contestación	desaprobación	emanación
confabulación	continuación	desarticulación	emancipación
confederación	contraprestación	descarburación	embarcación
configuración	contratación	descompensación	emulación
confinación	conversación	descongelación	enajenación
confirmación	cooperación	desconsideración	encarnación
confiscación	coordinación	desecación	encuadernación
conflagración	coparticipación	desesperación	ensoñación
conformación	coronación	desfiguración	entonación
confortación	corporación	deshidratación	enumeración
confrontación	correlación	designación	enunciación
congelación	corroboración	desintoxicación	equivocación
conglobación	corrugación	desocupación	erogación
conglomeración	creación	desolación	erradicación
conglutinación	cremación	despreocupación	especulación
congratulación	crepitación	destilación	estación
congregación	curación	destinación	estimación
conjugación	declamación	desviación	estimulación
conjuración	declaración	determinación	estrangulación
conmemoración	declinación	detonación	evacuación
conmensuración	decoloración	devaluación	evaluación
conminación	decoración	devastación	evaporación
conmiseración	dedicación	difamación	evocación
conmutación	deformación	digitación	exacerbación
connotación	degeneración	dilación	exageración
consagración	degradación	diputación	exaltación

exanimación
excavación
excitación
exclamación
exclaustración
excomulgación
excoriación
execración
exhalación
exhortación
exhumación
exoneración
expatriación
expectación
experimentación
expiación
expiración
explicación
exploración
explotación
exportación
expropiación
extenuación
exterminación
extirpación
extralimitación
exudación
fabricación
facturación
fascinación
fatigación
fecundación
federación
felicitación
figuración
fijación
filiación
filmación
filtración
financiación
floración
fluctuación

formación
formulación
frustración
fumigación
fundación
generación
gestación
gesticulación
glorificación
gobernación
grabación
gradación
graduación
gustación
habitación
hibernación
hidratación
humillación
iluminación
ilustración
imaginación
imanación
imitación
implantación
implicación
imploración
importación
impregnación
improvisación
impugnación
imputación
inauguración
incineración
incitación
inclinación
incomunicación
incrustación
inculpación
indagación
indicación
indignación
inflación

inflamación
información
inhalación
iniciación
inmigración
innovación
inoculación
inseminación
insinuación
insolación
inspiración
instalación
instrumentación
insubordinación
integración
intercomunicación
interpretación
interrogación
intimidación
intoxicación
inundación
investigación
invitación
invocación
irradiación
irrigación
irritación
jubilación
laceración
lamentación
legislación
levitación
libación
liberación
libración
licitación
limitación
liquidación
locación
lubricación
malversación
manifestación

maquinación
marcación
masticación
masturbación
mediación
medicación
meditación
menstruación
microfilmación
migración
mitigación
moderación
modulación
motivación
multiplicación
murmuración
mutación
mutilación
nación
narración
natación
navegación
negación
negociación
nominación
numeración
obcecación
objetivación
obligación
observación
obstinación
ocultación
ocupación
operación
oración
orientación
ornamentación
orquestación
oscilación
ostentación
ovulación
oxidación

oxigenación	pulsación	representación	tergiversación
paginación	puntuación	reprobación	terminación
palpación	purgación	repudiación	titulación
palpitación	ración	reservación	tramitación
participación	radiación	resignación	transformación
pavimentación	radicación	resonación	transportación
penetración	radiocomunicación	respiración	traslación
peregrinación	reactivación	restauración	trepanación
perforación	reacuñación	resucitación	triangulación
perturbación	reanimación	retractación	tribulación
pigmentación	reanudación	revalidación	trifurcación
plantación	recaudación	revaluación	tripulación
población	recitación	revelación	trituración
ponderación	reclamación	reverberación	tumoración
postergación	reclinación	revocación	turbación
postración	recomendación	rotación	ubicación
precipitación	reconciliación	salivación	ulceración
predestinación	recopilación	salvación	unificación
predicación	recordación	saturación	usurpación
predominación	recriminación	segmentación	vacación
premeditación	recuperación	segregación	vacilación
preocupación	reeducación	sensación	vacunación
preparación	reencarnación	separación	vaporación
presentación	reformación	simulación	variación
preservación	refutación	situación	vegetación
prestación	regeneración	sofisticación	vejación
prestidigitación	reglamentación	solicitación	velación
privación	regulación	subdelegación	veneración
proclamación	rehabilitación	sublevación	ventilación
procreación	reinstalación	sublimación	verberación
procuración	reintegración	subordinación	vibración
profanación	reiteración	subrogación	vinculación
programación	reivindicación	supeditación	violación
proliferación	relación	superación	visitación
prolongación	relajación	supervaloración	vocación
promulgación	relegación	suplantación	vociferación
pronosticación	rememoración	suplicación	votación
pronunciación	remuneración	supuración	
propagación	renovación	susurración	
prorrogación	renunciación	tabulación	
provocación	reparación	telecomunicación	
publicación	repatriación	tentación	

LAS 85 PALABRAS QUE, SIEMPRE, DESPUÉS DE C LLEVAN -CIÓN, SON LAS SIGUIENTES:

abstracción	deducción	insurrección	refacción
acción	destrucción	interjección	refracción
adicción	detección	intersección	reproducción
aducción	dicción	introducción	restricción
afección	dirección	inyección	resurrección
aflicción	distracción	jurisdicción	retrospección
atracción	elección	lección	satisfacción
autoinducción	erección	micción	sección
calefacción	estupefacción	obstrucción	seducción
circunspección	extracción	perfección	selección
coacción	facción	predicción	subdirección
cocción	ficción	preselección	succión
colección	fracción	producción	superproducción
conducción	fricción	protección	tracción
confección	imperfección	proyección	traducción
constricción	inacción	putrefacción	transacción
construcción	incorrección	reacción	transducción
contracción	inducción	recolección	tumefacción
contradicción	infección	reconstrucción	vivisección
convicción	infracción	redacción	
coproducción	inspección	reducción	
corrección	instrucción	reelección	

LAS 17 PALABRAS QUE, SIEMPRE, DESPUÉS DE P LLEVAN -CIÓN, SON LAS SIGUIENTES:

acepción	corrupción	inscripción	recepción
adopción	decepción	interrupción	suscripción
anticoncepción	descripción	opción	
circunscripción	erupción	percepción	
concepción	excepción	prescripción	

OTRAS NORMAS PARA ESCRIBIR -CION

• Se escriben con **c**, las palabras que llevan **consonante + ición**, menos visión, misión, cisión —que indica rotura—, y colisión, con sus variantes.

Las 60 palabras que tienen consonante + **ición**, son las siguientes:

abolición	condición	imposición	prohibición
aburrición	contraposición	inhibición	proposición
adición	contrición	inquisición	reaparición
admonición	definición	guarnición	reedición
adquisición	demolición	inanición	rendición
afición	desaparición	medición	requisición
ambición	descomposición	munición	repartición
aparición	desinhibición	nutrición	repetición
audición	desnutrición	oposición	reposición
bendición	disposición	partición	superstición
coadquisición	edición	petición	suposición
coalición	erudición	posición	tradición
cohibición	exhibición	perdición	transición
comparición	expedición	predisposición	
competición	exposición	premonición	
composición	extradición	preposición	

• Los vocablos **vención, función,** y **moción,** con sus variantes, se escriben con -**ción:**

convención	función	moción
intervención	defunción	automoción
invención	disfunción	conmoción
prevención	hiperfunción	emoción
	hipofunción	locomoción
		promoción
		remoción

OTRAS PALABRAS CON -CION, SON:

adjunción	distinción	loción	sanción
asunción	disyunción	mención	secreción
canción	excreción	objeción	sujeción
conjunción	exención	porción	traición
desproporción	extinción	presunción	
devoción	fruición	proporción	
discreción	indiscreción	redención	

TENCIÓN Y TENSIÓN

A efecto de que se conozcan y escriban bien las palabras que terminan con -**tención** o -**tensión**, a continuación se presentan:

-tención		-tensión	
abstención	intención	distensión	intensión
atención	manutención	extensión	ostensión
contención	obtención	hipertensión	tensión
detención	retención	hipotensión	pretensión

-UCIÓN Y -USIÓN

Existen algunas palabras que tienen la terminación -**ución** y otras con -**usión**. Considerándose la importancia de escribirlas bien ya sea con **c** o **s**, a continuación se detallan a fin de que se conozcan:

-ución

atribución, contribución, distribución, retribución.

consecución, persecución.

constitución, destitución, institución, restitución, sustitución.

evolución, devolución, involución, revolución, contrarrevolución.

locución, interlocución.

solución, absolución, resolución, disolución.

unción, extremaunción.

Otras palabras con -**ución**, son: ablución, caución, deglución, disminución, ejecución y polución.

-usión

alusión, colusión.

conclusión, exclusión, oclusión, reclusión.

discusión, percusión, repercusión.

fusión, confusión, difusión, efusión, infusión, profusión, radiodifusión, teledifusión, transfusión.

ilusión, desilusión.

LAS PALABRAS QUE TERMINAN CON -SIÓN

Las palabras que terminan con **-sión**, son únicamente 155, siendo su norma más importante la siguiente:

Después de **l** y **r** se escribe **-sión**, salvo cuatro excepciones: absorción, diserción, inserción y porción.

Las 35 palabras en que después de **l** o **r** se escribe **-sión**, son:

animadver**sión**	distor**sión**	extor**sión**	reinver**sión**
asper**sión**	diver**sión**	impul**sión**	repul**sión**
autopropul**sión**	emer**sión**	incur**sión**	retor**sión**
aver**sión**	emul**sión**	inmer**sión**	rever**sión**
compul**sión**	espar**sión**	inver**sión**	subver**sión**
contor**sión**	ever**sión**	perver**sión**	sumer**sión**
conver**sión**	excur**sión**	propul**sión**	tor**sión**
convul**sión**	expar**sión**	pul**sión**	ver**sión**
disper**sión**	expul**sión**	reconver**sión**	

La mayor parte de las palabras que terminan con **-sión** se determinan a través de grupos, siendo los más importantes los que tienen las siguientes terminaciones:

misión	**visión**	**presión**	**fusión**	**-cisión**
ad**misión**	cosmo**visión**	com**presión**	con**fusión**	abs**cisión**
co**misión**	di**visión**	de**presión**	di**fusión**	circun**cisión**
di**misión**	impre**visión**	descom**presión**	e**fusión**	con**cisión**
e**misión**	multi**visión**	ex**presión**	in**fusión**	de**cisión**
inad**misión**	pre**visión**	im**presión**	pro**fusión**	impre**cisión**
intro**misión**	pro**visión**	o**presión**	radiodi**fusión**	in**cisión**
o**misión**	re**visión**	reim**presión**	teledi**fusión**	inde**cisión**
per**misión**	subdi**visión**	re**presión**	trans**fusión**	pre**cisión**
pro**misión**	super**visión**	su**presión**		res**cisión**
read**misión**	tele**visión**			
re**misión**				
subco**misión**				
su**misión**				
trans**misión**				

tensión	gresión	cesión	prensión	clusión
distensión	agresión	concesión	aprensión	conclusión
extensión	egresión	procesión	comprensión	exclusión
hipertensión	ingresión	recesión	incomprensión	inclusión
hipotensión	progresión	sucesión	represión	oclusión
intensión	regresión			reclusión
ostensión	transgresión			
pretensión				

cusión	pensión	hesión	censión	lusión
discusión	propensión	adhesión	ascensión	alusión
percusión	suspensión	cohesión	descensión	colusión
repercusión				desilusión
				ilusión
				elusión

fesión	rosión	sesión	pasión
confesión	corrosión	sesión	pasión
profesión	erosión	obsesión	compasión

OTRAS PALABRAS CON -SION, SON:

colisión	eclosión	invasión	persuasión
contusión	evasión	fisión	posesión
dimensión	expansión	mansión	prisión
dispersión	explosión	ocasión	

RESUMEN DE LAS TERMINACIONES -CIÓN, -SIÓN Y -XIÓN

Una vez aprendidas las once palabras con terminación -xión (anexión, conexión, desconexión, inconexión, flexión, inflexión, reflexión, irreflexión, fluxión, complexión y crucifixión) quedan eliminadas de una posible confusión con palabras terminadas con -ción y -sión.

Existen 1,200 palabras con terminación -ción.
Existen 155 palabras con terminación -sión.

Se resuelve, casi en su totalidad, escribir con -ción o -sión una palabra, al considerar lo siguiente:

-ción

• Las palabras que terminan en -ación van con el sufijo o terminación -ción. (Son 940 palabras); existen 6 excepciones: compasión, evasión, invasión, ocasión, pasión y persuasión.

• Después de c siempre va -ción: acción, afección, construcción, elección, reducción, etc. (Existen 85 palabras).

• Después de p siempre va -ción: adopción, erupción, opción, etc. (Son 17 palabras).

• Después de consonante va -ición: adición, afición, suposición, etc. (Son 62 palabras). Se exeptúan: visión, misión y cisión.

-sión

• Después de r y l se escribe -sión: aspersión, aversión, emulsión, etc. (Son 35 palabras). Hay 4 excepciones: absorción, diserción, inserción y porción.

• Se escriben con -sión las palabras que terminan con: misión, visión, presión, fusión, cisión, tensión, gresión, cesión y prensión. Son 80 palabras.

Con lo anterior, de 1,355 palabras con -ción y -sión, se resuelve su correcta escritura, de una manera sencilla e inmediata, en casi 1,225 palabras.

CC, SC, ZC y XC

La segunda regla más importante para bien escribir la letra **c** ante **e**, **i**, es muy sencilla y contiene alrededor de 610 palabras:

Siempre, después de **c**, **s**, **z** y **x** se escribe **c**, y con ello se forma **cc**, **sc**, **zc** y **xc**.

Nota importante: Salvo la **cc**, no existen en el idioma español palabras que lleven juntas **ss**, **zz** o **xx**; en caso de que exista alguna, es una palabra extranjera o inventada, como dossier (francesa), pizza (italiana), express (inglesa), y oxxo (inventada).

CC

Siempre, después de c se escribe c. Estas palabras que llevan **cc** no tienen problema para bien escribirse porque la primera **c** tiene sonido fuerte (de ka) y la segunda **c** es de sonido suave al ir ante las vocales **e**, **i**.

Las palabras que llevan **cc** son 130, y 85 de ellas se forman con **-cción** (verlas en la pag. 241); las 45 restantes se presentan a continuación:

acceder	accionado	coleccionista	inaccesible
accesibilidad	accionador	confeccionado	infeccioso
accesible	accionario	confeccionador	occidental
accesoriamente	accionista	confeccionar	occidente
acceso	aleccionador	confeccionista	occipital
accesoriamente	aleccionamiento	correccional	occiso
accesorio	aleccionar	diccionario	perfeccionar
accidentadamente	coaccionar	equinoccio	seleccionador
accidentado	cóccix	fraccionable	seleccionado
accidental	coleccionador	fraccionado	succionar
accidentar	coleccionar	fraccionamiento	
accidente	coleccionismo	fraccionar	

SC

Existen 315 palabras que llevan **sc** y en 140, que se presentan a continuación, no puede haber confusión porque la **c** tiene sonido fuerte al ir ante **a**, **o**, **u**, **r** o **l**.

asterisco	cascanueces	disco	mascarilla
asco	cascar	discografía	masculino
ascua	cáscara	discográfico	masculinizar
atascadero	cascarilla	discontinuar	mascullar
atascado	cascarón	discontinuo	menoscabar
atascamiento	cascarrabias	discordancia	microscopio
atascar	casco	discordia	mosca
atasco	chamuscar	discoteca	moscatel
auscultar	charamusca	discreción	muscular
boscaje	charrasca	discrecional	odalisca
boscoso	chascarrillo	discrepancia	ofuscar
brusco	chasco	discrepar	oscurantismo
bufonesco	churrigueresco	discreto	oscuridad
busca	chusco	disculpa	oscuro
buscada	cinemascope	disculpar	parentesco
buscador	circunscribir	discurrir	pesca
buscamiento	circunscripción	discurso	pescante
buscapié	circunscripto	discutible	pescuezo
buscapleitos	circunscrito	discutir	picaresca(o)
buscar	ciscar	emboscar	pintoresco
buscón	cisco	enfrascar	prescribir
caballeresco	confiscable	fiasco	prescripción
calidoscópico	confiscación	fiscal	prisco
calidoscopio	confiscado	fisco	risco
cantinflesco	confiscar	frasco	rosca
caricaturesco	confiscatorio	gresca	sánscrito
carnavalesco	conscripto	grotesco	soldadesco
cascabel	dantesco	hojarasca	suscripción
cascabelear	descapitalizar	horóscopo	verdusco
cascabeleo	descollado	hosco	viscosidad
cascabelero	descollar	inmiscuir	
cascada	descontón	lambiscón	
cascado	describir	mascada	
cascadura	descuartizar	mascar	
cascajo	discapacidad	máscara	

De las 175 palabras restantes, existen 77 con **sc** en que la **c** tiene sonido suave al ir ante **e, i**, y son las siguientes:

absceso	adolescente	arborescente	ascender
abscisa	antifascismo	ascendencia	ascendiente
adolescencia	arborescencia	ascendente	ascenso

asceta	disciplina	evanescencia	oscilación
ascético	disciplinable	evanescer	oscilar
ascetismo	disciplinado	fascículo	oscilatorio
condescendencia	disciplinar	fascinación	piscina
condescender	discípulo	fascinar	piscívoro(a)
condescendiente	condiscípulo	fascismo	plebiscito
condiscípulo	doscientos	florescencia	prescindir
consciencia	efervescencia	fluorescencia	putrescente
consciente	efervescente	fosforescencia	susceptible
descendencia	escena	imprescindible	suscitar
descendente	escenario	jalisciense	víscera
descender	escénico	lascivia	visceral
descendiente	escenificar	lascivo	
descenso	escenografía	luminiscencia	
descentralizar	escepticismo	miscelánea	
discernir	escéptico	obsceno	

En cuanto a las palabras que llevan **sc**, para saber con certeza cuándo se escribe **s** y evitar el error de poner **z** o **x**, existe lo siguiente:

- Las palabras que llevan **zc** son, básicamente, por derivaciones verbales de los 133 verbos terminados en: **-ecer** (106) (merecer: merezco(a), merezcan, merezcamos); **-acer** (6) (nacer: nazco(a), nazcan, nazcamos); **-ocer** (3) (conocer: conozco(a), conozcan, conozcamos); y en **-ucir** (18) (lucir: luzco(a), luzcan, luzcamos). (Ver pags. 130-131 y 148).

- Sí se pueden confundir algunas palabras que empiezan con **esc** con las que comienzan con **exc**. En esta posible confusión de escribir una u otra, se eliminan las que llevan el prefijo **ex** (que indica: que fue o ha dejado de ser «lo que indica la palabra») como son: **ex**cautivo, **ex**claustro, **ex**combatiente, **ex**comunión y **ex**culpar.

De igual forma, no existe problema para escribir 42 palabras que empiezan con **esca** ya que sólo existe una, con sus variantes, que lleva **exca** y es: **exca**var, y sus derivaciones: **exca**vación, **exca**vado, **exca**vador.

Las 42 palabras que llevan **esca**- al inicio de palabra son:

escabechado	escalar	escalinata	escalonado
escabechar	escaldado	escalofriante	escama
escabeche	escaldar	escalofrío	escamado
escala	escalera	escalón	escamar

escamotear	escaparate	escarlata	escarpar
escampar	escapulario	escarmenar	escasear
escandalizar	escarabajo	escarmentar	escaso
escándalo	escaramuza	escarmiento	escatimar
escandinavo	escarbar	escarnecer	escavar
escaño	escarceo	escarnio	
escapar	escarcha	escarpado	

De forma similar a lo anterior, tampoco existe problema con algunas palabras que tienen mucho uso y que llevan **sc**, las cuales son:

escena	escolaridad	escribir	escuincle
escenario	escolta	escritor	esculcar
escénico	escombrar	escritorio	esculpir
escenificar	esconder	escritura	escultor
escenografía	escondite	escuadra	escultural
escoba	escopeta	escuchar	escupir
escoger	escorpión	escudo	escurrir
escolar	escote	escuela	

Algunas palabras con **sc** que se podrían confundir con **xc**, son:	Algunas palabras con **xc** que se podrían confundir con **sc**, son:

esceptismo	escroto	excedente	exceptuar	excoriar
escéptico	escrúpulo	exceder	exceso	excoriación
esclarecer	escrutar	excelso	excesivo	excreción
esclavitud	escuálido	excelencia	excipiente	excremento
esclerótica	escudriñar	excelente	excitar	excursión
escocer	escueto	excelsitud	excitación	excursionista
escolapio(a)		excelso	excitante	excusa
escollo		excéntrico	excluir	excusable
escorbuto		excepción	exclusivo(a)	excusado(a)
escotilla		excepcional	exclusión	excusar
escozor		excepto	exclusividad	

EL SONIDO SUAVE-FUERTE DE LA C
AL CAMBIAR A ZC

El cambio que tiene la **c** al sonido suave-fuerte de **zc**, obedece a los verbos que tienen las terminaciones siguientes: 106 en -**ecer** (se excluye el verbo mecer); los 13 verbos -**ducir**; 6, con -**acer** representados por **nacer** y re-**nacer**, **placer** y com**placer**, **yacer** y sub**yacer** (se excluye hacer); 3 en -**ocer** con los verbos con**ocer**, descon**ocer**, recon**ocer**; y 3 con **lucir**, des**lucir** y re**lucir**. Todos estos verbos al conjugarse, la **c** se convierte en **zc** en la primera persona del presente del indicativo, en el presente del subjuntivo y en el imperativo.

Ejemplos:

Verbo	Presente del indicativo 1ª persona	Presente del subjuntivo	Imperativo
amanecer	yo amanezco	yo/él amanezca tú amanezcas nos. amanezcamos uds./ellos amanezcan	amanezca él amanezcamos nos. amanezcan uds./ellos
nacer	yo nazco	yo/él nazca tú nazcas nos. nazcamos uds./ellos nazcan	nazca él nazcamos nos. nazcan uds./ellos
producir	yo produzco	yo/él produzca tú produzcas nos. produzcamos uds./ellos produzcan	produzca él produzcamos nos. produzcan uds./ellos

Algunos ejemplos de verbos en -**ecer**, son: adolecer, adormecer, convalecer, embellecer, endurecer, rejuvenecer (ver pags. 130-131 donde están todos), y los verbos en -**ducir** que son los 13 siguientes:

a**ducir**	de**ducir**	recon**ducir**	tra**ducir**
autoin**ducir**	in**ducir**	re**ducir**	
con**ducir**	intro**ducir**	repro**ducir**	
copro**ducir**	pro**ducir**	se**ducir**	

Existen los verbos: mezclar, pellizcar y pizcar, en cuya estructura ya contiene **zc** que conservarán en todas sus conjugaciones.

A los verbos anteriores se agregan las siguientes palabras que contienen también **zc**: almizcle, bizco, blancuzco, blanduzco, cuzco, mezcal, mezcalero, mezclilla, mezcolanza, negrizco y negruzco.

Los verbos con terminación en -ecer, -ocer y -ucir, a su vez, la mayor parte de ellos pueden llevar la terminación -cimiento que también va con **c**. Ejemplos:

abaste**cimiento**	desfalle**cimiento**	estable**cimiento**	robuste**cimiento**
aconte**cimiento**	embelle**cimiento**	lu**cimiento**	rena**cimiento**
agrade**cimiento**	engrande**cimiento**	mere**cimiento**	ya**cimiento**
cono**cimiento**	enrique**cimiento**	ofre**cimiento**	
cre**cimiento**	esclare**cimiento**	resplande**cimiento**	

XC

Las palabras que llevan **xc** se caracterizan porque les antecede una **e** para formar **exc** que siempre está al inicio de palabras, la mayoría de ellas con el prefijo **ex-** que indica: exterioridad, que se ha dejado de ser. Ejemplos: excautivo, excomunión, exculpar.

Las 40 palabras que tienen **exc**, son:

excautivo	excéntrico	exclaustro	excreción
excavar	excepción	excluir	excremento
excavación	excepcional	exclusa	exculpar
excavador	excepto	exclusivo(a)	excursión
excedente	exceptuar	exclusión	excursionista
exceder	exceso	excluyente	excusa
excelso	excesivo	exclusividad	excusable
excelencia	excipiente	excomulgar	excusado(a)
excelente	excitar	excomunión	excusar
excelsitud	excitación	excoriar	
excelso	excitante	excoriación	

CIA, CIE y CIO

La tercera regla más importante para bien escribir la **c** es:

Se escriben con c los vocablos cia, cie y cio independientemente de que estén al inicio, intermedio o al final de palabra.

Existen algunas excepciones con **sia, sie** y **sio,** las que hay que tener en cuenta, con sus variantes, para evitar la confusión de escribirlas con la letra **c.**

Excepciones con el vocablo **sia:**

Asia	autopsia	eutanasia	iglesia	Rusia
afrodisíaco	biopsia	extasiar	lisiar	travesía
amasiato	celosía	fantasía	magnesia	
amnesia	controversia	gimnasia	menopausia	
ansiar	cortesía	hipocresía	persiana	
antonomasia	demasía	Hortensia	pleitesía	
Atanasia	epilepsia	idiosincrasia	poesía	

Excepciones con el vocablo **sie:** asiento, siembra, siempre, sien, sierra, siervo, sosiego.

Excepciones con el vocablo **sio:** Anastasio, cesio, Dionisio, fisiología, Gervasio, gimnasio, misión, potasio, prisión, visión.

LAS PALABRAS QUE CONTIENEN CIA, CIE O CIO

Con esta regla existen alrededor de 450 palabras que, al contener 50 verbos, se forman otras 2,150, por derivaciones verbales. A esta cantidad de palabras, se suman las 1,200 que tienen la terminación **-ción** vistas en las páginas 237-243.

En la siguiente lista de palabras que llevan **cia, cie** o **cio,** observar las 215 que llevan los sufijos **-encia, -ancia,** con los que se hacen adjetivos que siempre se escriben con **c:**

abstin**encia**	acomodaticio	advert**encia**	ajusticiar
aboga**cía**	acroba**cia**	aflu**encia**	albricias
abund**ancia**	acucioso	agen**cia**	alcan**cía**
acariciar	adher**encia**	agenciar	alimenticio
aciago	adoleciente	agencioso	altiplanicie
acierto	adolescencia	agraciar	altison**ancia**

ambicioso	cadencia	compareciente	cuatrocientos
ambivalencia	cadencioso	competencia	decadencia
ambulancia	calvicie	complacencia	decencia
anciano	canción	complaciente	deferencia
anunciar	cancionero	concernencia	deficiencia
anuncio	cansancio	conciencia	deficiente
antecedencia	capcioso	conciente	delicia
anticientífico	carencia	concienzudo	delincuencia
apariencia	carencial	concierto	demencia
apreciar	caricia	concordancia	demencial
arborescencia	cartomancia	concurrencia	democracia
aristocracia	cerciorar	condolencia	denuncia
arreciar	cianuro	conducencia	denunciar
arrendaticio	ciego	conferencia	dependencia
arrogancia	cielo	conferenciante	depreciar
artificio	cieno	conferenciar	descendencia
ascendencia	ciempiés	confidencia	desobediencia
aseverancia	cien	confidencial	despacio
asistencia	ciénaga	confluencia	desperdicio
asocial	ciencia	Confucio	desquicio
asociar	cieno	congraciar	diciembre
asonancia	cientificista	congruencia	diferencia
astringencia	científico	consciencia	diferencial
astucia	ciento	consciente	diferenciar
atenencia	cierne	consecuencia	diligencia
audacia	cierre	consistencia	dirigencia
audiencia	cierto	consonancia	discordancia
ausencia	ciervo	consorcio	discrepancia
auspiciar	circunferencia	constancia	disidencia
autocracia	circunstancia	continencia	disonancia
autoservicio	clarividencia	contingencia	distancia
avaricia	Clemencia	contundencia	displicencia
avariciar	codicia	convalecencia	divergencia
batracio	codiciar	convaleciente	divorciar
beligerancia	coeficiencia	convencional	divorcio
beneficencia	coexistencia	conveniencia	docencia
beneficiar	coincidencia	convergencia	dolencia
beneficio	coherencia	convivencia	edificio
benevolencia	coincidencia	corpulencia	efervescencia
Bonifacio	comerciar	correspondencia	eficacia
bullicio	comicios	credencial	eficiencia
burocracia	comparecencia	creencia	egipcio

ejercicio
elocuencia
emergencia
eminencia
endodoncia
enjuiciar
enlaciar
ensuciar
enunciado
enviciar
esencia
espacio
espaciar
estancia
estridencia
evanescencia
evidencia
evidenciar
excedencia
excelencia
exigencia
existencia
experiencia
extravagancia
exuberancia
falacia
farmacia
ficticio
fiduciario
fluorescencia
fosforescencia
fragancia
franquicia
frecuencia
galiciano
ganancia
gentilicio
gerencia
gracia
hacia
hacía
hacienda

herencia
Horacio
hospiciar
hospicio
ictericia
Ignacio
ignorancia
impaciencia
imparcial
impericia
impertinencia
imponencia
importancia
impotencia
impronunciar
imprudencia
impudicia
inapetencia
inapreciar
incidencia
incienso
inclemencia
incoherencia
inconsciencia
incumbencia
indecencia
independencia
indicio
indiferencia
indigencia
indolencia
indulgencia
ineficacia
inexperiencia
influenciar
inherencia
inminencia
inmundicia
inmunodeficiencia
inocencia
impacientar
insignificancia

insistencia
insolencia
instancia
insuficiencia
inteligencia
intendencia
intransigencia
jactancia
judicial
juiciar
jurisprudencia
justicia
laciar
lactancia
licencia
licenciado
licenciar
luminiscencia
magnificencia
magnificiente
maledicencia
maleficio
malevolencia
malicia
marcial
Mauricio
mencionar
menudencia
milicia
militancia
minucia
minucioso
mundicia
naciente
natalicio
necio
negligencia
negociar
noticiar
noticiario
noticiero
noviciado

novicio
nupcias
obediencia
observancia
obstetricia
ocio
oficiar
oficio
omnipotencia
omnipresencia
opulencia
orificio
ortodoncia
paciencia
palacio
parcial
pendenciero
penitencia
penitenciaría
pericia
perjudicial
perjuicio
perseverancia
persistencia
perspicacia
pertenencia
pestilencia
petulancia
planicie
policía
polivalencia
ponencia
pontificio
potencia
potencial
potenciar
precio
preciosa
precipicio
preeminencia
prefacio
preferencia

prejuiciar	renuencia	social	tercio
preponderancia	repelencia	socio	terciopelo
prepotencia	repugnancia	solsticio	tolerancia
prestancia	resistencia	solvencia	topacio
presenciar	resonancia	somnolencia	transferencia
primicia	resquicio	soñolencia	transigencia
procedencia	reticencia	subconciencia	trascendencia
prominencia	reverencia	subconciente	turbulencia
propiciar	rociar	subsistencia	urgencia
providencia	Rocío	suciedad	vaciar
prudencia	sacerdocio	suficiencia	vagancia
purulencia	saciar	suficiente	valencia
querencia	sacrificio	sugerencia	vehemencia
quicio	sancionar	supervivencia	Venecia
quintaesencia	sapiencia	suplencia	viciar
ranciar	secuencia	suplicio	vigencia
rancio	semicadencia	suspicacia	vigilancia
recurrencia	sentenciar	sustancia	violencia
redundancia	servicial	sustancioso	vitalicio
referencia	servicio	temperancia	vivencia
reincidencia	silenciar	tendencia	
reminiscencia	silencio	terciar	

LOS VERBOS DUCIR Y HACER

Existen dos verbos muy importantes que contienen **c** en su estructura simple y al componerse con prefijos o derivarse con sufijos o desinencias verbales, siguen conservando la letra **c**; estos verbos son **ducir** y **hacer**.

EL VERBO DUCIR

El verbo latino **ducir** (ducere, en latín), aunque nunca se usó en español, indica: guiar. Pero si bien es cierto que no se usa como verbo simple, sí se usa mucho con trece prefijos y con ello se tienen trece verbos compuestos, con los que, al conjugarse, se tiene de vocabulario más de 550 palabras a través de las terminaciones verbales, además de las palabras que se derivan y componen.

A continuación se encuentran los 13 verbos que se componen con prefijos y el verbo latino **ducir**, lo que es importante observar porque, al ser verbos irregulares, la **c** se convierte en **zc**; pero lo más interesante es el cambio que tiene la **c** a **j** (ver los cambios a **zc** y a **j**, en la pags. 148-149). Además, en la lista siguiente en que se muestran algunas derivaciones, la **c** de **ducir** también se convierte en **cc** y a **ct**.

Verbo compuesto	Cambio de **c** a **cc**	Cambio de **c** a **ct**	Cambio de **c** a **zc** y **j**
aducir	aducción	aducto(r)	aduzcan
autoinducir	autoinducción	autoinducto(r)	autoindujo
conducir	conducción	conducto(r)	conduzco
coproducir	coproducción	coproducto(r)	coprodujo
deducir	deducción	deductor	deduzcamos
inducir	inducción	inductor	indujeron
introducir	introducción	introductor	introduzcas
producir	producción	producto(r)	produzco
reconducir	reconducción	reconductor	reconduzcan
reducir	reducción	reducto(r)	reduje
reproducir	reproducción	reproductor	reprodujo
seducir	seducción	seductor	seduzco
traducir	traducción	traductor	traduje

Otras palabras que se derivan o componen, son: acue**ducto**, autopro-**ducción**, con**ducencia**, con**ducta**, con**ductividad**, con**ductible**, con**ductismo**, con**ductista**, con**ductividad**, con**ductivo**, con**ducto**, con**ductor**, contrapro**ducente**, **ducto**, **dúctil**, **ductivo**, **ductor**, gaso**ducto**, impro**ductivo**, oleo**ducto**, ovi**ducto**, re**ducto**, salvocon**ducto** y via**ducto**, entre otras.

EL VERBO HACER

La palabra **hacer** es la más rica del idioma español en cuanto al léxico que contiene, pues con significación de **hacer** se correlacionan más de 6,000 palabras, sobre todo, por las derivaciones (desinencias o terminaciones) de los más de 75 verbos que contienen la misma raíz, y por enclíticos.

El verbo **hacer** del latín **facer, facere**, contiene, entre otras, las terminaciones -**facción**, -**facto**, -**fección**, -**fecto**, -**ficar**, -**ficación**, -**fico** y -**ficio**. Esto es digno de tomarse en cuenta porque todas las palabras que se compongan o deriven, tendrán, invariablemente, la raíz **hacer** y, por tanto, su significación. Veremos así, y ante todo entenderemos el significado u origen de muchas palabras que tantas veces hemos dicho o visto y sólo someramente las hemos comprendido.

PALABRAS QUE SE DERIVAN DEL VERBO HACER:

FACCIÓN

cale**facción**	putre**facción**	re**faccion**aria
facción	re**facción**	satis**facción**
licue**facción**	re**faccionar**	tume**facción**

FACTO

bene**factor**	**facto**	**factur**ación
bene**factoría**	**factor**	**facturar**
cale**factor**	**factor**ación	manu**factura**
cale**factorio**	**factor**aje	manu**facturar**
estupe**facto**	**factorar**	manu**factur**ación
factible	**factoría**	putre**facto**
factibilidad	**factura**	tume**facto**

FECCIÓN

afección	imperfección	perfección	perfeccionar
confección	infección	perfeccionamiento	

FICAR / FICACIÓN

En la lista de palabras que a continuación se detalla, todas son verbos; la terminación **ficar** se correlaciona, a su vez, con la terminación **ficación**, la que siempre se escribe con **c**, ya que en todos los casos la terminación es **-ación**. Ejemplos: de amplificar, amplifación; de bonificar, bonificación; de calificar, calificación, etc. Los verbos terminados en **ficar** indican **hacer**. Ejemplos: dulcificar: hacer dulce; pacificar: hacer paz; gasificar: hacer gas; etc. Véase en su conjugación (pag. 123) cómo la terminación **ca** cambia a **que**: dulcifique, pacifiquen, bonifiqué, etc.

amplificar	dismitificar	identificar	rectificar
autentificar	dignificar	intensificar	reedificar
beatificar	diversificar	justificar	sacrificar
bonificar	dosificar	magnificar	santificar
calcificar	dulcificar	mitificar	significar
calificar	edificar	modificar	simplificar
certificar	ejemplificar	mortificar	solidificar
clarificar	electrificar	notificar	testificar
clasificar	escenificar	osificar	tipificar
codificar	especificar	pacificar	unificar
crucificar	falsificar	personificar	verificar
cuantificar	fortificar	petrificar	versificar
damnificar	fructificar	planificar	vivificar
deificar	gasificar	purificar	zonificar
descalcificar	glorificar	ramificar	
descalificar	gratificar	ratificar	

FECTO

afectable	afectivo	efectivo	perfectible
afectación	afecto	efecto	perfecto
afectado	afectuosidad	efectuar	prefecto
afectador	afectuoso	imperfecto	prefectura
afectar	defecto	infectar	refectorio
afectividad	defectuoso	perfectibilidad	

FICO(A)

anticientífico	catastrófico	honorífico	significante
benéfico	científico	horrorífico	significativo
cablegráfico	cinematográfico	magnífico	terrífico
calificación	coreográfico	maléfico	vivificación
calificativo	demográfico	mortificación	vivificador
caligráfico	edificante	pacífico	vivificante
calorífico	edificación	significado	
cartográfico	reedificación	significador	

FICI(O, A, E)

afición	beneficiario	déficit	oficina
aficionado	beneficiencia	edificio	oficinista
aficionar	beneficio	ineficiencia	oficio
artificiado	beneficioso	magnificencia	orificio
artificial	cientificismo	magnificente	sacrificio
artificiar	cientificista	maleficio	suficiente
artificio	coeficiencia	oficial	
artificiosidad	coeficiente	oficializar	
artificioso	deficiencia	oficiante	
beneficiar	deficiente	oficiar	

Otras palabras que se derivan o componen, son: hecho, cohecho, contrahecho, deshacer, hacienda, hacendario, hacendado, hacendoso, hechura, bienhecho, malhechor, perfección y perfeccionar, entre otras.

PALABRAS EN LAS QUE LA LETRA C CON SONIDO FUERTE (CA, CO) CAMBIA A SONIDO SUAVE (CE, CI) Y VICEVERSA.

Existen algunas palabras que en su última sílaba llevan c con sonido fuerte (ca, co) y al derivarse cambian a sonido suave y por ello a ce o ci. Recuérdese que una c tiene sonido fuerte (de k) al ir ante las vocales a, o, u; cuando la c tiene sonido fuerte y está ante e o i se convierte en qu; cuando la c está ante e o i entonces es que tiene sonido suave.

PALABRAS QUE CAMBIAN DE C CON SONIDO FUERTE A SONIDO SUAVE, Y VICEVERSA.

de académico, academicismo, academicista.
de amplificar, amplicidad.
de atómico, atomicidad.
de auténtico, autenticidad.
de automático, automaticidad.
de bélico, belicismo, belicista.
de benéfico, beneficiar, beneficio.
de caduco, caducidad.
de católico, catolicidad.
de cerámica, ceramicista.
de científico, cientificismo, cientificista.
de cómico, comicidad.
de diplomático, diplomacidad.

de magnificar, magnificencia.
de duplicar, duplicidad.
de elástico, elasticidad.
de eléctrico, electricidad.
de excéntrico, excentricidad.
de heroico, heroicidad.
de indicar, índice.
de lúbrico, lubricidad.
de maléfico, maleficio.
de público, publicidad.
de recíproco, reciprocidad.
de romántico, romanticismo.
de técnico, tecnicidad.
de tóxico, toxicidad.
de único, unicidad.

Existen dos palabras, circo y Costarrica, en las que se ve claramente cómo la c con sonido fuerte (ca, co), al derivarse debe seguir con sonido fuerte, pero al estar ante la letra e cambia a qu, y como con c tiene sonido suave.

| circo | cirquero | Costarrica | costarriqueño |
| | circense | | costarricense |

LOS VERBOS EN LOS QUE LA C SE CONVIERTE EN Z AL CAMBIAR LA TERMINACIÓN CE, CI A ZA, ZO

Los verbos que en la última sílaba tienen **c** con sonido suave (**ce, ci**) cambian a **z** cuando al conjugarse vayan ante **a, o, u,** y deban seguir conservando su sonido suave.

La explicación de lo anterior es: La letra **c** ante **a, o, u,** tiene sonido fuerte de **k** ("**ka, ko, ku**") y no cambia a **s** en lugar de **z** porque la letra **s** nunca cambia a ninguna otra letra. Así, por ejemplo, con el verbo ejercer, al conjugarse y cambiar la **c + e** (ce) a **c + a** (ca) diría "ejerca" y por ello es que la **c** cambia a **z** que tiene sonido suave, para entonces decir: ejer**za**, ejer**zo**, ejer**zan**, ejer**zamos**.

En cualquier caso sólo recuérdese lo siguiente:

c + a, o, u, tiene sonido fuerte de **k**: **c**asa, **c**orazón, **c**uchara.

c + e, i, con sonido fuerte de **k**, la **c** cambia a **qu**: **qu**epo, muñe**qu**ita.

c + e, i, tiene sonido suave: **c**eleste, **c**ima.

c + a, o, con sonido suave, la **c** cambia a **z**: de tor**c**er, tuer**za**(o);
de ejer**c**er, ejer**za**(o).

Los 15 verbos que en su última sílaba tienen c con sonido suave (ce, ci) y que cambia a z cuando al conjugarse van ante las vocales a, o, son:

VERBOS: COCER, DESCOCER, DESTORCER, ESCOCER, RETORCER, TORCER

Ejemplo: Verbo **c**o**c**er

Presente del indicativo: yo **c**ue**zo**, tú **c**ue**c**es, él **c**ue**c**e, ustedes **c**ue**c**en, ellos **c**ue**c**en.
Presente del subjuntivo: yo **c**ue**za**, tú **c**ue**zas**, él **c**ue**za**, nosotros **c**o**zamos**, ustedes **c**ue**zan**, ellos **c**ue**zan**.
Imperativo: **c**ue**c**e tú, **c**ue**za** él, **c**o**zamos** nosotros, **c**ue**zan** ustedes, **c**ue**zan** ellos.

VERBOS: CONVENCER, EJERCER, MECER Y VENCER

Ejemplo: verbo vencer

Presente del indicativo: yo venzo.
Presente del subjuntivo: yo venza, tú venzas, él venza, nosotros venzamos, ustedes venzan, ellos venzan.
Imperativo: venza él, venzamos nosotros, venzan ustedes, venzan ellos.

VERBOS: ESPARCIR, FRUNCIR, RESARCIR, REZURCIR Y ZURCIR

Ejemplo: verbo esparcir

Presente del indicativo: yo esparzo.
Presente del subjuntivo: yo esparza, tú esparzas, él esparza, nosotros esparzamos, ustedes esparzan, ellos esparzan.
Imperativo: esparza él, esparzamos nosotros, esparzan ustedes, esparzan ellos.

OTRAS REGLAS PARA EL USO DE LA C

En las siguientes listas de palabras se recuadran los verbos, ya que todas sus derivaciones verbales llevarán el vocablo correspondiente.

• Siempre se escribe con **c** el vocablo **cep**, independientemente de estar al inicio o intermedio de palabra.

acepción	biceps	conceptivo	forceps
aceptabilidad	cepa	concepto	imperceptible
aceptable	cepillar	conceptuación	inaceptable
aceptación	cepillo	conceptual	perceptible
aceptadamente	cepo	conceptualismo	perceptivo
aceptar	concepción	conceptualista	perceptiva
anticoncepción	conceptismo	conceptuar	precepto
anticonceptivo	conceptista	decepción	susceptible

• Se escribe con **c cicl(o)** y **circ(un)**, que indican círculo.

bi**cicl**eta	en**cicl**opedia	**circ**o	**circ**unferir
cíclico	hemi**cicl**o	**circ**ón	**circ**unflejo
ciclismo	moto**cicl**eta	**circ**uito	**circun**navegar
ciclista	moto**cicl**ismo	**circ**ulación	**circun**scribir
ciclo		**circ**ulante	**circun**scrito
ciclomotor		**circ**ular	**circun**stancia
ciclón		**circ**ulatorio	**circun**valar
ciclonal		**círc**ulo	**circun**venir
ciclónico		**circ**uncisión	**circun**volar
cíclope		**circ**undar	micro**circ**uito
ciclorama		**circ**unferencia	
en**cícl**ica			

• Se escribe **c** en el vocablo **cent** con significación de cien.

bi**cent**enario	**cent**enario	**cent**ilitro	**cént**uplo
centavo	**cent**esimal	**cent**ímetro	**cent**uria
centella	**cent**ésimo	**cént**imo	por**cent**aje
centena	**cent**ígrado	**cent**iplicado	por**cent**ual
centenar	**cent**igramo	**cent**uplicar	tri**cent**enario

• Las palabras con las terminaciones **cilla(o)**, algunas diminutivas y otras con sentido despectivo, se escriben con **c**, además de los verbos que terminan en -**cillar**. Excepciones: silla y casilla.

algodon**cillo**	baston**cillo**	flore**cilla**	po**cillo**
aman**cillar**	bodegon**cillo**	man**cillar**	rai**cilla**
ar**cilla**	cabe**cilla**	mane**cilla**	sen**cilla**(o)
ar**cillar**	calzon**cillo**	mor**cilla**	torre**cilla**
ave**cilla**	carbon**cillo**	mor**cillar**	tren**cilla**
balcon**cillo**	catre**cillo**	pane**cillo**	

• Se escriben con **c** los verbos que terminan en -**cinar**, a excepción de asesinar.

abo**cinar**	bo**cinar**	co**cinar**	medi**cinar**
alu**cinar**	cal**cinar**	empe**cinar**	patro**cinar**
ave**cinar**	ce**cinar**	ha**cinar**	

• La palabra **centro,** sus compuestos y variantes, se escriben con **c.**

centrado	**centr**alizar	ex**céntr**ico	**centr**ismo
central	con**centr**ar	geo**céntr**ico	**centro**
centralidad	con**céntr**ico	hipo**centro**	**Centro**américa
céntrico	ego**céntr**ico	**centr**ifugación	**centro**campista
centralista	**centr**ar	**centr**ifugado	
centrifugar	con**centr**able	con**centr**ación	
centralizador	epi**centro**	**centr**ífugo	

• La palabra céfalo (cabeza), sus compuestos y derivaciones, se escriben con **c:** a**céf**alo, bi**céf**alo, **cef**alitis, en**céf**alo, hidro**cef**alia, macro**céf**alo.

• La terminación **cida** —que indica matar— se escribe con **c:** fratri**cida,** germi**cida,** homi**cida,** insecti**cida,** magni**cida,** pesti**cida.**

• Se escriben con **c** las palabras que llevan el sufijo -**áceo:** cet**áceo,** gallin**áceo,** gris**áceo,** herb**áceo,** lil**áceo,** mor**áceo,** viol**áceo.**

PALABRAS CON CE
no contenidas en reglas ortográficas

A
acechar
acedo
aceite
aceituna
acelerar
acelga
acento
acequia
acera
acerbo
acero
acérrimo
acertar
acertijo
acervo
acetato
acetileno
acetona
acrecentar
adyacente
aguacero
alacena
albacea
alce
almacén
ancestro
apéndice
ápice
artífice
Azucena
B
balbucear
becerro
boceto
bronce
broncear
bruces
C
cacerola

cactáceo
cancel
cancelar
cáncer
cárcel
carnicería
carrocería
cauce
cebada
cebar
cebiche
cebolla
cebra
cebú
cecina
cedazo
ceder
cedro
cédula
ceguera
ceiba
ceja(o)
celador
celdilla
celebrar
célebre
celeridad
celeste
célibe
celofán
celosía
celos
celta
celular
celuloide
celulosa
cementerio
cemento
cena
cenagoso

cenit
ceniza
censo
censurar
centeno
centinela
cenzontle
ceñir
ceño
cerámica
cerbatana
cerca
cercar
cercenar
cerciorar
cerdo
cereal
cerebelo
cerebro
ceremonia
cereza
cerillo
cernir
cerradura
cerrajero
cerrar
cerro
certamen
certero
certidumbre
certificar
cerúleo
cervantino
cerveza
cervical
cesar
César
césped
cesto
cetrería

cetro
códice
cómplice
concebir
conceder
concejo
concernir
concertar
corcel
D
decencia
deceso
docencia
doncella
E
encenagar
encender
encerar
encerrar
encestar
F
fauces
forcejear
G
gacela
gaceta
I
lencería
leucemia
licencia
liceo
lince
M
macerar
maceta
mancebo
mecedora
mecenas
merced

N	P	preceder	suceder
necedad	panacea	predecesor	U
necesario	parcela	proceder	úlcera
necesitar	percance	prócer	V
O	pincel	proceso	várice
océano	placenta	S	varicela
ocelote	porcelana	sauce	

PALABRAS CON CI
no contenidas en reglas ortográficas

A	cintura	encimar	O
ácido	cinturón	encina	oficina
acitrón	ciprés	F	P
acocil	cirio	fácil	participar
anticipar	cirrosis	facineroso	participio
arrecife	ciruelo	fagocito	penicilina
avecindar	cirugía	flácido	percibir
B	ciscar	G	pocilga
bacilo	cisne	galicismo	pócima
bencina	cisterna	glacial	porcino
beneplácito	cisticercosis	H	precipitar
C	citar	hocico	precisar
cacique	cítara	I	príncipe
calcio	cítrico	imbécil	R
cancillería	ciudad	implícito	racimo
cibernética	cívico	incidir	rocín
cicatear	civilizar	incinerar	rocinante
cicatriz	civismo	incipiente	S
cidra	cizaña	incisión	simplicidad
cifra	coincidir	incisivo	solicitar
cigarra	conciliar	incitar	T
cigarrillo	concilio	L	taciturno
cigüeña	conciso	latrocinio	tecnicismo
cilantro	D	leucocito	V
cilindro	decibel	lícito	vacilar
cima	decidir	M	vecindario
címbalo	decisión	macilento	vicisitud
cimbrar	déficit	magacín	villancico
cimentar	difícil	mendicidad	Z
cincelar	dócil	municipio	zurcir
cine	domicilio	N	
cinismo	E	Narciso	
cinta	ejército	nocivo	

LA C Y LA S EN LOS DIMINUTIVOS

Las palabras de uso común que se emplean como diminutivos son alrededor de 3,000 y el sufijo que las caracteriza es **-ito(a)**. La mayor parte de los diminutivos (1,860) no tienen confusión para su escritura.

Ejemplos:

de ahulado, ahulad**ito**	de bebé, beb**ito**
de ahora, ahor**ita**	de cántaro, cantar**ito**
de ancho, anch**ito**	de figura, figur**ita**
de azul, azul**ito**	de gacela, gacel**ita**
de banco, banqu**ito**	de jarro, jarr**ito**

Sin embargo, cuando la **c** y la **s** van antes del diminutivo **-ito(a)**, existe cierta confusión sobre cuando deba ir una u otra. Téngase presente lo siguiente a fin de evitar tales equívocos:

LA TERMINACIÓN -CITO(A) EN LOS DIMINUTIVOS

Los diminutivos que llevan **-cito(a)**, son alrededor de 1,100 palabras contenidas en cuatro grupos que, por orden de importancia, son:

LAS PALABRAS QUE TERMINAN EN N, AL HACERSE DIMINUTIVOS LLEVARÁN EL SUFIJO -CITO(A)

Todas las palabras que terminan en **n** al hacerse diminutivos llevarán el sufijo **-cito(a)**. En las páginas 29-31 se pueden sacar más de 400 ejemplos.

abulón	abuloncito	ratón	ratoncito
acitrón	acitroncito	renglón	rengloncito
balín	balincito	refrán	refrancito
canción	cancioncita	salmón	salmoncito
capitán	capitancito	salón	saloncito
cartón	cartoncito	tablón	tabloncito
chupón	chuponcito	zaguán	zaguancito

Las palabras que terminan en **r**, básicamente en **dor**, al convertirse en diminutivos llevarán el sufijo -**cito(a)**. Ejemplos: de actor, actor**cito**; de altar, altar**cito**; de calor, calor**cito**.

agitador	collar	jugador	regular
agricultor	cóndor	labrador	relator
albur	congelador	lanzador	rencor
alfiler	corredor	lector	resplandor
alrededor	cortador	licor	restaurador
amador	creador	limpiador	retador
amasador	cumplidor	mayor	revelador
amor	curtidor	medidor	rizador
anotador	chofer	mejor	roedor
antier	decorador	menor	rumor
apagador	director	mirador	sabor
ardedor	doctor	mostrador	sector
armador	dolor	motor	sellador
asador	echador	obrador	señor
aviador	ejemplar	olor	solar
bailador	elevador	orador	soldador
bar	encantador	par	soñador
barredor	encendedor	pasador	soplador
bazar	entrenador	peinador	sudor
bebedor	error	pensador	suéter
billar	escritor	peor	tabulador
boleador	escultor	pescador	tambor
borrador	esplendor	pintor	telar
botador	favor	platicador	tocador
boxeador	fechador	postor	trabajador
buceador	fervor	profesor	tractor
calor	fijador	promotor	tumor
candor	flotador	proyector	tutor
cantor	fólder	pulidor	vapor
castor	ganador	radar	verdor
catador	hogar	radiador	vividor
clamor	humor	recibidor	voceador
cobertor	imitador	recogedor	vulgar
colaborador	indicador	rector	
colador	infractor	reflector	
color	inventor	refrigerador	

Las palabras que llevan **z** en la última sílaba, al convertirse en diminutivos la **z** al ir ante **i** cambia a **c** de -cito.

Ejemplos:

abrazo	abracito	maza	macita	nariz	naricita
actriz	actricita	panza	pancita	mozo	mocito
cabeza	cabecita	tristeza	tristecita	taza	tacita

abrazo	coraza	loza	rapaz
actriz	corteza	luz	raza
adivinanza	crianza	maíz	rebozo
ajedrez	cruz	maleza	rechazo
alférez	chanza	matriz	refuerzo
alianza	choza	maza	regazo
almuerzo	chuza	mordaza	retazo
alteza	danza	moza	rezo
amenaza	descalzo	mozo	riqueza
añoranza	destreza	nariz	rizo
aprendiz	disfraz	nobleza	sagaz
arroz	doblez	onza	solidez
avestruz	franqueza	panza	sollozo
bagazo	fuerza	pedazo	tamiz
balanza	gamuza	pescuezo	tapiz
banderazo	garbanza	picotazo	taza
batazo	garza	pieza	tenaz
bostezo	gentileza	pinza	tenaza
botellazo	grandeza	plaza	terraza
brazo	hechizo	pobreza	torcaz
buzo	impureza	póliza	torpeza
cabeza	jerez	postizo	traza
calabaza	lanza	poza	trazo
calabozo	lápiz	pozo	trenza
calza	lazo	precoz	tristeza
capataz	lechuza	presteza	trozo
carroza	lienzo	procaz	voz
codorniz	lizo	proeza	zarza
confianza	lombriz	raíz	zonzo

Las palabras que en su raíz no tengan s, al hacerse diminutivos y despectivos será con el sufijo -cito(a).

Este grupo corresponde a una serie de palabras que de manera invariable su terminación en diminutivo se escribe con **c**. La característica de estas palabras es que en su raíz y básicamente en su última sílaba, no llevan **s**.

Ejemplos:

aire	airecito	primor	primorcito	flor	florecita
buey	bueyecito	quieto	quietecito	viejo	viejecito
copia	copiecita	red	redecita	verde	verdecito

LA TERMINACIÓN -SITO(A) EN LOS DIMINUTIVOS

Las palabras que en su última sílaba llevan **s**, la siguen conservando al hacerse diminutivos porque la **s** nunca cambia a otra letra.

Ejemplos:

¡adiós!, adiosito	gasa, gasita	cosa, cosita
caluroso, calurosito	ofensa, ofensita	casa, casita
farsa, farsita	presa, presita	liso, lisito

A la regla anterior, se exceptúan algunas palabras que terminan en -se, las que al hacerse diminutivos se les agrega la terminación **-cito(a)**. Ejemplos: base, basecita; clase, clasecita; pase, pasecito; pose, posecita.

Las palabras que al hacerse diminutivo llevan **-sito(a)**, son:

alcaldesa	blusa	casa	después
alevosa	bolsa	coloso	Dios
anís	boscoso	condesa	despensa
apestoso	brasa	congreso	empresa
aplauso	brioso	cosa	espesa
aprisa	brisa	costroso	esposo
ascenso	bulboso	cremoso	excusa
asqueroso	burgés	curioso	exitoso
atrás	caluroso	curso	fachoso
autobús	camisa	chicloso	famoso
baboso	canoso	chismoso	fangoso
balsa	cariñoso	chistoso	farsa
beso	carnoso	denso	fastuoso

foso	país	recurso	suceso
gangoso	pañoso	regreso	suntuoso
ganso	parabrisa	reimpreso	talentoso
gasa	parnaso	religioso	tasa
generoso	paso	remanso	temeroso
goloso	pastoso	reembolso	tenebroso
grasa	pausa	remesa	tenso
gruesa	payaso	rencoroso	terroso
guasa	pegajoso	repaso	terso
gustoso	pelusa	repisa	tiñoso
hermoso	penoso	reposo	tormentoso
impreso	permiso	represa	tortuoso
impulso	pesa	repulsa	tos
jocoso	peso	res	tramposo
jugoso	picoso	responso	traspaso
laso	pomposo	retraso	tumoroso
losa	poroso	reverso	ulceroso
manso	preciosa	revoltoso	vanidoso
mañoso	prensa	riesgoso	vaporoso
mariposa	presa	risa	vaso
marqués	princesa	rocoso	veleidoso
masa	prisa	roñoso	venoso
meloso	proceso	Rosa	ventosa
menso	progreso	ruidoso	verso
mesa	promesa	sabroso	virtuoso
miedoso	propenso	sabueso	viscoso
milanesa	prosa	salsa	yeso
misa	provechoso	sarnoso	
moroso	pulso	sedoso	
morsa	quejoso	sinuoso	
ofensa	raso	sonrisa	
oso	rasposo	sorpresa	

LA LETRA Z

La **z** siempre tiene sonido suave y se escribe como **z** y como **c**. Se escribe **z** ante las vocales **a, o, u,** y al final de sílaba o de palabra; y se escribe **c** ante las vocales **e, i**. Las pocas excepciones que existen son: ¡zis, zas!, zigzag, zipizape, enzima, Ezequiel, razia, Zenón, Zeus, Zenobia y Zeta. Dos palabras que tienen doble ortografía son: zinc/cinc; y ázimo/ácimo.

Las palabras que llevan **z**, con derivaciones verbales, son alrededor de 17,500 y se concentran en cinco grandes reglas:

- El vocablo **iza** derivado de verbos. Existen 270 verbos en **-izar**, de los que, con sus derivaciones verbales, los sufijos **-dor(a), ble** y enclíticos, se forman 13,500 palabras.

- El vocablo **za** derivado de verbos. Existen 70 verbos en **-zar**, de los que, con sus derivaciones verbales, los sufijos **-dor(a), ble** y enclíticos, se forman 3,500 palabras.

- Las palabras —250— con **z** al final de palabra.

- Las palabras —100— con el sufijo **-azo** que indica, principalmente, golpe, y en algunas: aumento.

- Las palabras —70— con el sufijo **-izo**.

LA Z SE ESCRIBE COMO Z ANTE A, O, U, Y AL FINAL DE SÍLABA, Y SE ESCRIBE COMO C ANTE E, I.

La z, siempre se escribe z ante a, o, u, y al final de sílaba, y se escribe c ante e, i. La norma es para todos los casos ya sea en plurales (arroz, arroces), diminutivos (taza, tacita. Ver pag. 270), despectivos (aprendiz, aprendicillo), palabras derivadas (atroz, atrocidad; belleza, embellecer) y la derivación de los 340 verbos que terminan en **-zar** (ver pags. 116-118 y la conjugación de la pag. 119), en los que, al conjugarse, la **z** cambia a **c** ante **e**, en el pasado del indicativo en la 1ª persona del singular (almorzar: yo almorcé), en el presente del indicativo (yo/él almuerce, tú almuerces, nosotros almorcemos, ustedes/ellos almuercen), y en el imperativo (almuerce él, almorcemos nosotros, almuercen ustedes/ellos).

A continuación se encuentran los ejemplos de palabras que llevan **z** ante **a, o, u (za, zo, zu)**, y algunas al final de sílaba. Obsérvese cómo cambia la **z** a **c** ante las vocales **e, i (ce, ci)**.

actriz, actrizota.

actrices, actricita.

ajedrez.

ajedrecista, ajedrecístico.

almuerzo, almorzar.

almuercito, almuercillo, almuerce, almuerces, almorcemos.

alzar, alzador, alza, realzar, alzada(o), alzadamente, alzamiento, alzadito(a).

alce, alces, alcen, alcemos, alcista, alcita, realce, realces, realcemos.

amenaza, amenazar, amenazado, amenazadas, amenazo, amenazaba, amenazaste, amenazaría.

amenacita, amenace, amenaces, amenacemos, amenacé.

aprendiz, aprendizaje.

aprendicito, aprendicillo, aprendices.

arroz, arrozal.

arrocero, arroces, arrocito, arrocillo.

atroz.

atroces, atrocidad.

audaz.

audaces, audacia.

avestruz.

avestrucita, avestrucilla, avestruces.

bagazo, bagazos.

bagacito, bagacillo.

banderazo, banderazos.

banderacillo, banderacito.

barniz, barnizado, barnizador, barnizados, barnizar, barnizaba, barnizaría.

barnicito, barnices, barnicen, barnicemos, barnicé.

belleza, bellezas.

embellecer, embellecimiento.

bostezo, bostezar, bosteza, bostezan, bostezaba, bostezaría.

bostecito, bostecillo, bostece, bostecé, bostecemos.

botellazo, botellazos.

botellacito, botellacillo.

briza, brizas.

bricita, bricilla.

brazo, abrazadera, abrazador, abrazar, abrazo, antebrazo, brazada, brazalete, brazos, abrazas, abrazan, abrazamos, abrazaste, abrazaba, abrazaría.

abracito, braceada, braceador, bracear, braceo, bracero, braceas, bracear, braceamos, abracemos, abracé.

buzo, buzos.

buceador, bucear, buceo, buceas, buceamos, bucean, bucito, bucillo, buceaste, buceábamos, bucería.

cabeza, cabezada, cabezal, cabezazo, cabezón, cabezota. cabezudo, encabezado, encabezar, rompecabezas, cabizbajo, descabezar, descabezado.

cabeceador, cabecear, cabeceo, cabecera, cabecilla, cabeceas, cabecean, cabeceamos, cabeceaba, cabecearía.

calabaza, calabazar, calabazas.

calabacita, calabacilla.

calabozo, calabozos.

calabocito, calabocillo.

calzar, calzada, calzado, calza, calzador, calzón, calzoncillo, descalzar, descalzo, calzas, calzan, calzamos, descalzamos, calzadura, calzaré, calzaremos, calzaría, calzaba.

calce, calceta, calcetería, calcetero, calcetín, calcita, calcilla, calcen, calcemos. calcé, descalcen, descalcemos.

capaz.

capaces, capacidad, capacitar, capacitación, discapacidad, capacito, capacitamos, capacitan, capacitaré, capacitaremos, capacitaba, capacitaría.

carroza, carrozas.

carrocería, carrocita, carrocilla.

castizo, castizos.

casticidad.

ceguez, cegueza.

enceguecer, enceguecedor, enceguecido.

ceniza, cenizal, cenizo, cenizas.

cenicero, cenicienta.

cereza, cerezal, cerezas.

cerecita, cerecilla.

cerveza, cervezas, cervezota.

cerveceo, cervecería, cervecero, cervecita, cervecilla.

chanza, chanzota, chanzas,
chanzar, chanzaría, chanzaba.

chancita, chancilla, chancear,
chancean, chanceamos, chanceo,
chanceaba, chanceábamos.

chapuza, chapuzas, chapuzota.

chapucear, chapucería, chapucero,
chapuceabas, chapucita, chapuceo,
chapuceamos, chapucean,
chapuceaba.

chorizo, chorizos, chorizote.

choricería, choricero.

choza, chozas, chozota.

chocita, chocilla.

chuza, chuzota, chuzas.

chucita, chucilla.

cicatriz, cicatrizal, cicatrizante,
cicatrizar, cicatriza, cicatrizan,
cicatrizábamos, cicatrizaban.

cicatrices, cicatricial, cicatrice,
cicatricen, cicatricemos.

confianza, confianzota,
desconfianza.

confiancita, confiancilla.

coraza, corazota, corazas.

coracita, coracilla.

corteza, cortezota, descortezada,
descortezar, descortezamos,
descortezaba, descortezaría.

cortecita, cortecilla, descortece,
descortecé, descortecemos,
descortecen.

crudeza, crudezas.

encrudece, encrudecimiento,
encrudecían, encrudecer,
encrudecemos, encrudecen.

cruz, cruzada, cruzado, Veracruz,
cruzamiento, cruzar, cruzas,
cruzan, cruzamos, cruzaban,
cruzábamos, cruzaría, cruzaré,
cruzamiento, cruzable, cruzaba.

cruce, cruceiro, crucero, cruces,
cruceta, crucial, crucificaba,
crucificar, crucifican,
crucificamos, crucificaría,
crucifijo, crucifixión, crucigrama,
crucificábamos, encrucijada,
crucecita, crucecilla, crucífera.

danza, andanza, danzante,
danzar, danzarín, danzón, danzo,
danzan, danzamos, danzarías,
danzabas, danzábamos.

dance, dances, dancemos,
dancita, dancilla, dancé, dancen.

diez, diezotes, diezmo, diezmar.

décimo, decena, diecisiete,
dieciocho, diecinueve, dieciseisavo.

directriz.

directrices.

dulzor, dulzura, endulzar.
endulzante, endulzable,
endulzaría, endulzaba.

agridulce, dulce, dulcemente,
dulcera, dulcificar, Dulcinea,
dulcificante, aguadulce, endulce,
endulcemos, dulcificaría.

dureza, durezas, endurezcas,
endurezco, endurezcamos.

endurecer, endurecido, endureces,
endurecen, endurecemos,
endurecía, endurecíamos.

escozor, escoza, escozas, escozan,
escozar, escozaba.

escocer, escoces, escocemos,
escoceré, escocería, escocía.

faz, desfazar.

faceta, facial, desfaces.

falaz.

falacias, falaces.

feliz.

felices, felicidad, felicitar,
infelicidad.

feroz.

feroces, ferocidad, ferocícimo.

finanza, finanzas.

financiero, financista, financiar,
financiador, financiado,
financiable, financiaré, financiaba,
financio, financié, financiaría.

fortaleza, fortalezas, fortalezco.

fortalecer, fortalecido, fortaleces,
fortalecedor, fortalecemos.

franqueza, franquezas.

franquecita, franquecilla.

fugaz.

fugaces, fugacidad.

garbanza, garbanzo, garbanzas.

garbancita, garbancilla.

garza, garzas.

garcita.

grandeza, grandezas,
engrandezcamos, engrandezco.

engrandecer, engrandecido,
engrandecedor, engrandecemos.

haz, hizo, deshizo.

hacedor, hacendado, hacendoso,
hacer, haciente, hiciera, hicieron,
hacemos, hiciste, hicimos.

hechizo, hechizos.

hechicería, hechicero, hechicito.

lápiz, lapizote.

lápices, lapicero, lapicito, lapicillo.

lechuza, lechuzas, lechuzota.

lechucita, lechucilla.

lienzo, lienzos, lienzote.

lencería, lencero(a), liencito,
liencillo.

lombriz, lombrizota.

lombricita, lombricilla, lombrices.

luz, tragaluz, aluzar, aluzamos, aluzaban, aluzaría, aluzas, aluzaban, aluzábamos.

alucinado, alucinador, alucinamiento, alucinante, alucinar, alucinatorio, alucinamos, alucinan, alucinógeno, dilucidar, deslucido, deslucir, lucesita, luces, lucero, lúcido, luciente, luciérnaga, lucidor, lucir, lucidez, traslúcido, trasluciente, luces, lucidez, lucen, lucimos, lucecita, lucecilla, lucidor, lúcido

maíz, mazorca, mazorcas.

maíces, maicena, maicito, maicillo.

mozo(a), aeromoza, mozalbete, remozar, remozaría, remozaba.

mocedad, mocito, mocillo. remocen, remocemos, remocé.

mudez, mudeza, enmudezca, enmudezcamos, enmudezcas, enmudezco.

enmudecer, enmudeció, enmudecieron, enmudecimos, enmudecería.

nariz, narizón, narizudo, narizota.

naricita, naricilla, narices.

nobleza, noblez, ennoblezco, ennoblezca, ennoblezcan, ennoblezcamos.

ennoblecer, ennoblecido, ennobleces, ennoblecemos, ennoblecen, ennoblecería.

palidez, palidezcas, palidezco, palidezcamos.

palidecer, palideces, palidecemos, palidecen, palidecía, palideceré.

panza, panzón, panzota.

pancita, pancilla.

paz, pazguato.

apacentador, apacentamiento, apacentar, apacible, apaciblemente, apaciguador, apaciguamiento, apaciguar, impaciencia, impacible, impacientar, impaciente, impacientemente, paciencia, paciente, pacificar, pacífico, pacifican, pacificamos, apaciguan, apacentamos, impacientan.

pedazo, pedazote, pedazos.

pedacito, pedacería, pedacillo.

pez.

pecera, peces, pecezote, pececito, pececillo.

pinza, pinzas.

pincita, pincilla.

plaza, plazas, plazota,
emplazar, emplazo, emplazamos,
plazuela, emplazaba.

placero, placita, placilla,
emplace, emplaceré, emplacemos.

pobreza, pobrezas, empobrezco,
empobrezcan, empobrezcamos.

empobrecer, empobrecimiento,
empobrecedor, empobrecimos,
empobrecería, empobrecen.

pozo, poza, pozote, pozole,
pozuela, pozolito.

pocito, pocillo.

precoz.

precocidad, precoces.

procaz.

procaces, procacidad.

raíz, enraizar, raizota,
enraizaba, enraizábamos.

raíces, raicilla, raicita,
enraicemos, enraicen, enraicé.

rapaz, rapazote.

rapaces, rapacidad, rapacería,
rapacito, rapacillo.

raza, razas.

racial, racita, racilla.

razón, razonable, razonamiento,
razonar, razono, razonamos,
razonan, irrazonable, razonaría,
razonábamos, razonaré.

irracional, irracionalidad,
raciocinio, racional, racionalidad,
racionalización, racionalizar.

rebozo, rebozos.

rebocito, rebocillo.

romanza, romanzas.

romance, romancero, romances.

sagaz.

sagaces, sagacidad.

regazo, regazos.

regacito, regacitos,

tapiz, entapizado, tapizar,
tapizo, tapizamos, tapizan,
tapizaría, tapizaba.

tapicería, tapicero, tapice,
tapicen, tapicemos, tapicé.

taza, tazas, tazota.

tacita, tacilla.

tenaz, tenaza, tenazas, tenazota.

tenacidad, tenacear, tenaceador,
tenacita, tenaces, tenacilla.

terraza, terrazas, terrzota.

terracita, terracilla.

torpeza, torpezas, torpezota.

entorpecedor, entorpecer, entorpecido, entorpeces, entorpecen, entorpecemos.

vejez, viejez, envejezca, envejezcan, envejezcamos.

envejecer, envejecido, envejecedor. viejecito, viejecillo, envejeceré, envejecía, envejecería.

veloz.

velocidad, velocímetro, veloces, velocista.

veraz.

veraces, veracidad.

vileza, vilezas.

envilecer, envilecido.

vivez, viveza, vivaz.

vivacidad, vivaces.

voraz.

voraces, voracidad.

voz, altavoz, portavoz, vozarrón.

voceador, vocerío, voces, vociferar, vociferación, vociferas, vociferamos, vociferan, vocecita, vocecilla, vociferaba, vociferábamos.

zonzo, zonzos.

zoncera, zoncito, zoncillo.

LA SEGUNDA REGLA MÁS IMPORTANTE DE LA **Z** ES EL VOCABLO **IZA** DERIVADO DE VERBOS

Los 270 verbos que terminan en -**izar** se escriben con **z** y provienen de palabras que en su estructura no tienen **s**, básicamente en su última sílaba. Ejemplos: de alfabeto, alfabe**tizar**; de computadora, computar**izar**; de civil, civil**izar**; de valor, valor**izar**; de humano, human**izar**. Se exceptúan dos palabras que en su última sílaba tienen **s**; de adonis, adon**izar**; y de síntesis, sinte**tizar**. Los verbos agrisar, alisar, decomisar, divisar, guisar, improvisar, precisar, requisar, revisar y supervisar, que terminan en **isar**, provienen de palabras que en su última sílaba tienen **s**: gris, liso, decomiso, divisa, guiso, improviso, preciso, etc.

Como información complementaria, todos los verbos en -**izar** pueden llevar la terminación -**ación**. Ejemplos: alfabe**tizar**, alfabetización; capital**izar**, capitalización; cot**izar**, cotización; computar**izar**, computarización; etc. Además, como todos los verbos, pueden llevar las terminaciones o sufijos: **ble, dor(a)** y la formación de enclíticos con los pronombres **me, te, se, la, las, le, les, lo, los** y **nos**.

Ejemplos: Computar**izable**, anal**izable**, autor**izable**; computar**izador**(a), anal**izador**(a), er**izador**(a); anal**ízate**, anal**ízame**, anal**ízala**(s), anal**ízale**(s), anal**ízalo**(s), anal**ízanos**, anal**izándome**, anal**izándote**, anal**izándola**(s), etc. Algunos más llevan las terminaciones **ante** y **aje**: alun**izante**, aterror**izante**; acuat**izaje**, colon**izaje**.

Todo lo anterior da la característica principal de las palabras que llevan **z**, ya que de las 17,500 palabras existentes, alrededor de 13,500 llevan el vocablo **iza**.

Recuérdese que las palabras que llevan **z**, se escribe **z** ante **a, o, u** y **c** ante las vocales **e, i**, por lo que en estos verbos, cuando la **z** vaya ante **e, i**, se convertirá en **c**. Ejemplo, verbo alzar: yo alcé, yo alce, tú alces, él alce, nosotros alcemos, ustedes alcen, ellos alcen. Ver la conjugación que contiene a los 340 verbos que terminan en -**zar**, página 119.

Algunos verbos con la terminación -izar, son:

actual**izar**	african**izar**	alcohol**izar**	amac**izar**
acuat**izar**	agil**izar**	alegor**izar**	amen**izar**
adon**izar**	agon**izar**	alfabe**tizar**	american**izar**
adverbial**izar**	agud**izar**	alun**izar**	amort**izar**

Los 270 verbos en -**izar** están en las páginas. 116-117.

Otras palabras que llevan el vocablo **iza** que también llevan **z**, son:

bizantino	cueriza	palizada	Suiza
bizarro	hortaliza	pastizal	tiza
caballeriza	longaniza	pizarra	tizana
cabreriza	nodriza	póliza	triza
cizaña	ojeriza	porqueriza	
cizañar	paliza	quizá(s)	

LA TERCERA REGLA MÁS IMPORTANTE DE LA Z ES EL VOCABLO **ZA** DERIVADO DE VERBOS

Los 70 verbos que terminan con **-zar** provenientes de palabras que en su última sílaba no tienen **s**, se escriben con **z**. Ejemplos: de abrazo, abrazar; de dulzor, endulzar; de cruz, cruzar.

Al igual que todos los verbos, los terminados en **-zar** pueden llevar los sufijos -ble, -dor(a), ado(a) y la formación de enclíticos. De abrazar: abrazable, abrazador(a); abrazado(a); abrázame, abrázate, abrázala(s), abrázale(s), abrázalo(s), abrázanos, abrazándote, abrazándonos, abrázatela, abrázamelos, etc. y con ello se forman alrededor de 3,500.

Los verbos con la terminación **-zar**, son:

abalanzar	avergonzar	destrozar	enzarzar	remozar
abrazar	azuzar	disfrazar	esbozar	retozar
acorazar	balanzar	embarazar	esforzar	rezar
adelgazar	bostezar	empezar	esperanzar	rozar
aderezar	calzar	emplazar	forzar	sollozar
afianzar	cazar	encabezar	gozar	trazar
aguzar	comenzar	encauzar	inalcanzar	trenzar
alborozar	cruzar	enderezar	lanzar	tropezar
alcanzar	danzar	endulzar	lazar	trozar
almorzar	descabezar	engarzar	punzar	
alzar	descalzar	enjaezar	realzar	
amenazar	descortezar	enlazar	rebozar	
amordazar	desmenuzar	enlodazar	recomenzar	
apelmazar	despedazar	enlozar	rechazar	
aplazar	desplazar	ensalzar	reemplazar	
avanzar	destazar	entrelazar	reforzar	

A fin de conocerlos, a continuación se encuentran los 79 verbos que terminan en -sar, los que se escriben con s por provenir de palabras que en su última sílaba tienen s: de brasa, abrasar; de abuso, abusar; de masa, amasar, de curso, cursar.

Verbos con la terminación -sar:

abrasar	casar	dispensar	fresar	rebasar
abusar	causar	dispersar	glosar	rebosar
acompasar	censar	eclipsar	ingresar	recompensar
acosar	cesar	egresar	interesar	reembolsar
acusar	colapsar	embelesar	mesar	regresar
afrancesar	compensar	embolsar	osar	rehusar
amansar	concursar	endiosar	pasar	retrasar
amasar	condensar	endosar	pausar	sonrosar
anquilosar	confesar	engatusar	pensar	sopesar
aprensar	conversar	engrasar	pesar	tasar
apresar	cursar	engrosar	prensar	tensar
arrasar	descansar	enlosar	profesar	transar
asar	desglosar	envasar	progresar	traspasar
atiesar	desgrasar	enyesar	propasar	usar
atrasar	deshuesar	espesar	propulsar	versar
avisar	desposar	fracasar	pulsar	

LAS PALABRAS CON Z AL FINAL DE PALABRA

Existen casi 250 palabras que terminan con z y la mayor parte de ellas se caracterizan por ser palabras abstractas, y por llevar las terminaciones -ez(a), además de -az, -iz, -oz, -uz.

Siempre se escribe con z el sufijo -ez(a)

Con el sufijo -ez que indica: que es «lo que indica la palabra», hay alrededor de 110 palabras. Ejemplos: insipidez, que es sin sabor: vejez, que es viejo; palidez, que algo o alguien está pálido.

Las palabras con el sufijo -ez, son:

acidez	ancianez	amarillez	avidez	brillantez
adultez	algidez	aridez	beodez	brutez
agudez	altivez	asperez	borrachez	cachondez

caduqez   esplendidez   insipidez   palidez   soez
calidez   esquivez   insulsez   pequeñez   solidez
calvez   estrechez   intrepidez   pesadez   sordez
candidez   estupidez   invalidez   pesantez   sordidez
cieguez   exquisitez   languidez   placidez   sordomudez
chochez   estrañez   liquidez   preñez   tartamudez
cojez   fachez   livianez   publiquez   timidez
cojudez   fetidez   lividez   pulidez   tirantez
dejadez   finez   lobreguez   putridez   tozudez
delgadez   frigidez   lucidez   rapidez   tullidez
delicadez   gigantez   madurez   reconditez   validez
desfachatez   gravidez   malcriadez   redondez   vejez
desnudez   hediondez   marchitez   ridiculez   viejez
doblez   honradez   mentecatez   rigidez   viudez
doncellez   idiotez   mojigatez   robustez   vivez
embriaguez   impavidez   mudez   ronquez
enjutez   ingravidez   niñez   salvajez
esbeltez   inmadurez   nitidez   sandez
escasez   inmediatez   ñoñez   sencillez
escualidez   insensatez   ordinariez   sensatez

Las palabras con el sufijo -ez tienen por extensión el sufijo -eza, pero no todas son de uso común. A continuación se presentan las más representativas:

agudeza   destreza   franqueza   llaneza   realeza
alteza   dureza   gentileza   madureza   riqueza
aspereza   entereza   grandeza   naturaleza   rudeza
bajeza   esbelteza   guapeza   nobleza   simpleza
basteza   estrecheza   impureza   pereza   sutileza
belleza   extrañeza   justeza   pobreza   torpeza
braveza   fiereza   languideza   presteza   tristeza
bruteza   fijeza   largueza   proeza   vileza
certeza   fineza   ligereza   pronteza   viveza
clareza   firmeza   limpieza   pulideza
crudeza   flaqueza   lindeza   pureza
delicadeza   fortaleza   livianeza   rareza

Existen otras palabras que también tienen la terminación -ez; éstas son sustantivos y palabras concretas: cabeza, cereza, cerveza, corteza, maleza, pieza.

Los sufijos -az, -iz, -oz, se escriben con z.

Las palabras abstractas con los sufijos -az, -oz, -iz, indican: "que tiene" «lo que indica la palabra». Ejemplos: audaz, que tiene audacia; eficaz, que tiene eficacia; tenaz, que tiene tenacidad; veraz, que tiene veracidad; atroz, que tiene atrocidad; feliz, que tiene felicidad (obsérvese como la z de audaz, eficaz, tenaz, veraz, atroz y feliz, cambia a c al ir ante i: audacia, eficacia, tenacidad, veracidad, atrocidad, felicidad).

Las palabras abstractas que tienen la terminación -az, -iz, -oz, son:

altavoz	felaz	matiz	precoz	veloz
atroz	feroz	montaraz	procaz	veraz
audaz	fugaz	mordaz	rapaz	vivaz
cariz	haz	motriz	sagaz	voraz
capaz	incapaz	paz	secuaz	voz
directriz	ineficaz	perspicaz	solaz	
eficaz	infeliz	pertinaz	suspicaz	
falaz	locuaz	portavoz	tenaz	

Terminaciones -az, -ez, -iz, -oz, -uz, en palabras concretas:

actriz	cáliz	emperatriz	lombriz	pez
ajedrez	capataz	faz	maíz	raíz
alcatraz	cicatriz	hez	matraz	tamiz
antifaz	codorniz	hoz	matriz	tapiz
aprendiz	coz	institutriz	meretriz	tez
arroz	cruz	jerez	nariz	torcaz
avestruz	diez	juez	nuez	tragaluz
barniz	disfraz	lápiz	perdiz	

Se escribe z al final de palabra en algunos patronímicos (apellido derivado del nombre de una persona).

Los más representativos son:

Álvaro	Álvarez	Ramiro	Ramírez	Martín	Martínez
Muño	Muñoz/Muñiz	Enrique	Enríquez	Rodrigo	Rodríguez
Benito	Benítez	Marco	Márquez	Velazco	Velázquez
Fernando	Fernández	Jimeno	Jiménez	Domingo	Domínguez
Gonzalo	González	Hernando	Hernández		

LAS PALABRAS CON **Z** AL FINAL DE SÍLABA

Existen algunas palabras que, al final de sílaba, llevan **z** (az, ez, iz, oz, uz) y son las que a continuación se presentan.

az	ez	iz	oz	uz
Azteca	deleznable	bizquear	gozne	Cuzco
durazno	mezquinar	brizna	tepozteco	espeluznar
gazmoñería	mezquita	izquierda(o)		juzgar
gaznate	mezquital	lloviznar		rebuznar
graznar	mezquite	pizpireta		
Jazmín	Tezcoco	tiznar		
mazmorra				

OTRAS REGLAS PARA EL USO DE LA **Z**

• Siempre se escribe con **z** el sufijo **-azo** que indica, básicamente, golpe, y otras veces, aumento. Las palabras más importantes son las siguientes:

abanicazo	botonazo	cuerpazo	manazo	sablazo
abrazo	brochazo	derechazo	manotazo	sombrerazo
aceitazo	cabezazo	embarazo	mazo	tablazo
aletazo	cachiporrazo	escopetazo	navajazo	talegazo
aguijonazo	calabazazo	espaldarazo	paraguazo	taponazo
almohadazo	campanillazo	espinazo	pedazo	telefonazo
animalazo	cañazo	esquinazo	pelmazo	tijeretazo
arañazo	cañonazo	estacazo	pelotazo	timbrazo
astillazo	capotazo	farolazo	perrazo	tomatazo
azadazo	carabinazo	flechazo	picotazo	tortazo
azadonazo	carpetazo	fogonazo	pinchazo	trancazo
bagazo	catorrazo	frenazo	pistoletazo	trazo
balazo	cazo/cazó	garrotazo	plomazo	trompetazo
banderazo	cedazo	golpazo	plumazo	vistazo
banderillazo	chispazo	gustazo	porrazo	zapatazo
bastonazo	clarinazo	hachazo	portazo	zapatillazo
batazo	codazo	hombrazo	puñetazo	zarpazo
bayonetazo	coletazo	latigazo	ramalazo	zurdazo
bocinazo	colmillazo	lazo	rechazo	
bolazo	costalazo	lengüetazo	reemplazo	
bombazo	cuartelazo	librazo	regazo	
botellazo	cubetazo	macanazo	retazo	

Otras palabras, también con **z**, que llevan el vocablo **azo**, son:

Amazonas	azotar	caparazón	epazote	quemazón
azor	azotea	cazón	lazo	sazonar
azorar	bazofia	corazón	picazón	

• La terminación **-izo** que por lo general proviene de verbos, se escribe con **Z**.

Los ejemplos más usuales, son:

acomodadizo	arrojadizo	coladizo	huidizo	plegadizo
advenedizo	asombradizo	colgadizo	llovedizo	prestadizo
antojadizo	asustadizo	compradizo	macizo	quebradizo
apartadizo	atajadizo	contentadizo	manchadizo	resbaladizo
apegadizo	bautizo	corredizo	mestizo	vaciadizo
apretadizo	bebedizo	encontradizo	movedizo	venedizo
arrastradizo	cambiadizo	enfermizo	olvidadizo	voladizo
arrebatadizo	clavadizo	enojadizo	pasadizo	
arrimadizo	cocedizo	erizo	pegadizo	
arrobadizo	cogedizo	escurridizo	perdedizo	

Otras palabras con el vocablo **-izo** que también se escriben con **z**, son:

ahuizote	castizo	esquizofrenia	mellizo	rojizo
avizor	chorizo	fronterizo	postizo	
cacarizo	cobertizo	granizo	primerizo	
carrizo	cobrizo	horizonte	rizo	

• Se escribe con **z** la terminación **-anza** que indica cualidad. Ejemplos: adivin**anza**, que se adivina; confi**anza**, que se confía; bon**anza**, que es bueno.

acech**anza**	bienaventur**anza**	d**anza**	garb**anza**(o)
adivin**anza**	bon**anza**	desconfi**anza**	holg**anza**
alab**anza**	ch**anza**	desesper**anza**	labr**anza**
ali**anza**	cobr**anza**	destempl**anza**	l**anza**
and**anza**	compar**anza**	dur**anza**	lontan**anza**
añor**anza**	concord**anza**	enseñ**anza**	maestr**anza**
asegur**anza**	confi**anza**	esper**anza**	mat**anza**
aventur**anza**	contrabal**anza**	fi**anza**	mescol**anza**
bal**anza**	cri**anza**	fin**anza**	mud**anza**

ordenanza	romanza	templanza	venturanza
panza	semblanza	ultranza	
pujanza	semejanza	usanza	
remembranza	tardanza	venganza	

• La terminación **-zuela(o)**, se escribe con **z**.

anzuelo	cazuela	portezuela
bestezuela	ladronzuelo	puertezuela
bestizuela	plazuela	Venezuela
bribonzuelo	pozuela	zarzuela

• La terminación **-azgo**, se escribe con **z**.

almirantazgo	compadrazgo	liderazgo
cacicazgo	hallazgo	mayorazgo
comadrazgo	hartazgo	noviazgo

PALABRAS CON Z
no contenidas en reglas ortográficas

Las palabras que inician con **z**, son:

zacapela	zalamería	zángano	zarzuela	zopilote
zacate	zalea	zangolotear	zócalo	zoquete
Zacatecas	zambo	zanja	Zodiaco	zoreco
zafar	zambullir	zanjar	zombi	zorra(o)
zafarrancho	Zamora	zapapico	zona	zorrillo
zafiro	zampar	zapatear	zonificar	zozobrar
zafra	zanahoria	zapato	zoogeografía	zumbar
zaga	zanate	zapote	zoogeográfico	zumo
zagal	zancada	zar	zoografía	zurcir
zagala	zancadillear	zarandear	zoología	zurdo(a)
zaguán	zanco	zarpa	zoólogo	zurra
zaguero	zancudo	zarpar	zoomorfo	zurrar
zaherir	zanganear	zarzamora	zootecnia	zutano

Otras palabras que llevan **z**, son:

agazapar	azulejar	coraza	lodazal	pescuezo
alazán	azulejo	escaramuza	loza	pezuña
alcazar	azuzar	espermatozoide	lozanía	pinza
azabache	bazuca	frazada	lozano	ponzoña
azada	bozal	gamuza	manzana	punzón
azadón	buzo	ganzúa	manzanilla	rebozo
azafata	buzón	hazaña	maza	rezongar
azafrán	calabaza	hilaza	mazapán	rezurcir
azahar	calabozo	hogaza	Mazatlán	rozagar
azar	caperuza	holgazanear	mazurca	taza
azúcar	carroza	jerigonza	melaza	terraza
azucarar	cenzontle	lazarillo	mesozoico	tirabuzón
Azucena	chapuzón	lechuza	mordaza	tozudo
azufrar	choza	lienzo	mostaza	vergüenza
azul	chuza	linaza	onza	
azulear	comezón	lobezno	ozono	

HOMÓFONOS CON LAS LETRAS C, S, X y Z

- abrasar : Quemar con brasas.
  abrazar : Ceñir con los brazos.

- acedar : Agriarse alguna cosa.
  asedar : Dar a ciertas cosas el aspecto de la seda.

- adolecente : El que adolece o padece de algo.
  adolescente: Quien está en la adolescencia, entre la niñez y la juventud.

- as : Primera carta de la baraja. El uno de un dado.
  has : Del verbo haber.
  haz : Del verbo hacer. Manojo de varas, leñas u otras cosas.

- asada : Femenino de asar.
  azada : Azadón, instrumento para cavar.

- asar : Cocer un manjar a fuego directo.
  azar : Casualidad; caso fortuito.
  azahar : Flor del naranjo, limonero, toronjo o cidro.

- ascenso : Subida; paso a un grado superior.
  asenso : Acción de asentir.

- ases : Plural de as; del verbo asar y de asir.
  haces : Plural de haz; del verbo hacer.

- Asia : Continente asiático.
  hacia : Preposición que indica rumbo.

- basar : Asentar algo sobre una base.
  bazar : Tienda donde se venden muebles y objetos varios. Cierto mercado de países orientales.

- bazo : Órgano del cuerpo humano situado a la izquierda del vientre.
  vaso : Pieza cóncava que sirve para contener, principalmente, líquidos.

- beses : Del verbo besar.
  veces : Plural de vez.

- bracero : Persona que trabaja con los brazos.
  brasero : Utensilio, contenedor de lumbre, de brasas.

- brasa : Carbón encendido.
  braza : Medida marina de longitud que equivale a 1.67 metros.

- casa : Habitación; del verbo casar.
  caza : Cacería, acción de cazar.

- casar : Contraer matrimonio.
  cazar : Matar o atrapar animales en una cacería.

- caso : Suceso, lance; del verbo casar.
  cazo : Utensilio de cocina; del verbo cazar.

- casón : Casa grande o señorial antigua.
  cazón : Pez de más de dos metros de largo con dientes agudos y cortantes.

- cause : Del verbo causar.
  cauce : Conducto o lugar por donde corre agua.

- cebo : Alimento con el que se ceba a los animales; carne puesta en el anzuelo para que la muerda un pez; del verbo cebar.
  sebo : Grasa de ciertos animales.

- ce : Tercera letra del alfabeto.
  se : Pronombre de tercera persona utilizable en los verbos (amarse, amase, amese, amándose).
  sé : De los verbos ser y saber.

- cecear : Pronunciar las eses (s) con el sonido de z.
  sesear : Pronunciar la c y z con el sonido de la s.

- cesión : Acto de ceder o donar.
  sesión : Junta, conferencia.

- ceda : De ceder.
  seda : Fibra que produce el gusano de seda.

- cede   : De ceder.
  sede   : Silla. Aplícase a la que ocupa el Papa: Santa Sede; lugar.

- cegar   : Verbo: perder la vista; ofuscarse el entendimiento por alguna pasión.
  segar   : Verbo: cortar hierbas con una hoz.

- cena   : De cenar.
  Sena   : Río de Francia.

- ceno   : De cenar.
  seno   : Concavidad o hueco; concavidad del pecho de las personas; regazo; función trigonométrica.

- cepa   : Ciertos hoyos cavados en el suelo; linaje.
  sepa   : Del verbo saber.

- Ceres   : Hija de Saturno y diosa de la agricultura.
  seres   : Plural de ser.

- cerio   : Metal; nombre de un asteroide.
  serio   : Que tiene seriedad.

- ceso   : Del verbo cesar.
  seso   : Médula del cerebro; juicio, madurez.

- cesto   : Canasto.
  sexto   : Lo que sigue del quinto.

- cien   : Número, apócope de ciento.
  sien   : Parte de la cabeza entre la oreja y la ceja.

- ciento   : Conjunto de cien unidades.
  siento   : Del verbo sentir.

- cierra   : Del verbo cerrar.
  sierra   : Sucesión de montañas o de colinas; instrumento cortante.

- ciervo   : Venado.
  siervo   : Hombre sin libertad, esclavizado.

- cima : La parte más alta de una montaña o de una colina.
  sima : Concavidad profunda y oscura.

- cirio : Vela gruesa de cera.
  sirio : Hombre oriundo de Siria; la más brillante de las estrellas.

- cita : Del verbo citar; indicarse lugar y fecha para una entrevista; dicho o texto de otra persona.
  sita : Situado, fundado puesto.

- cocer : Verbo: preparar algo por medio del fuego.
  coser : Verbo: dar puntadas.

- concejo : Ayuntamiento que administra los negocios públicos de una municipalidad.
  consejo : Reunión de ciertas personas. Aconsejar.

- consciente : El que tiene conciencia de lo que hace.
  consiente : Del verbo consentir.

- contorción : Acción de retorcerse.
  contorsión : Actitud forzada, movimiento convulsivo.

- díselo : Enclítico: se lo dí.
  dícelo : Enclítico: lo dice.

- encima : Del verbo encimar, estar en lugar o puesto superior.
  enzima : Sustancia catalizadora de los procesos del metabolismo. (La enzima **tialina** que está en la saliva, transforma en azúcar el almidón de los alimentos.)

- enlosar : Verbo: cubrir un suelo de losas unidas y ordenadas.
  enlozar : Verbo: cubrir con un baño de loza o de esmalte vítreo.

- escultural : Perteneciente o relativo a la escultura.
  excultural : Que algo ha dejado de ser cultural, que ya no tiene cultura.

- espiar : Observar con cautela.
  expiar : Purgar un delito.

- espirar : Verbo: expeler el aire aspirado.
  expirar : Verbo: acabarse un periodo de tiempo. Acabar la vida.

- estática : Una de las partes de la mecánica.
  extática : Persona que está en éxtasis.

- estirpe : Linaje, tronco de una familia.
  extirpe : Del verbo extirpar, arrancar de cuajo.

- intención : Propósito o determinación de hacer algo.
  intensión : Intensidad.

- lazar : Arrojar un lazo a las bestias o a objetos para sujetarlos.
  laxar : Aflojar, suavizar.

- lasitud : Desfallecimiento, cansancio, falto de fuerzas.
  laxitud : Cualidad de laxo, flojo, relajado.

- lisa : Femenino de liso.
  liza : Pez

- losa : Baldosa, lápida.
  loza : Barro o arcilla cocida.

- masa : Harina mezclada con un líquido para que se conserve sólida; cantidad de materia que tiene un cuerpo.
  maza : Arma, instrumento.

- meces : Del verbo mecer.
  meses : Plural de mes; del verbo mesar.

- pecera : Recipiente de cristal lleno de agua que se utiliza para tener uno o varios peces.
  pesera : Transporte público que con este nombre se le conoce porque antaño cobraba un peso.

- poso : Del verbo posar.
  pozo : Hoyo que se hace en el suelo para extraer agua.

- reboso : Del verbo rebosar.
  rebozo : Cierto chal usado por las mexicanas.

- reces   : Del verbo rezar.
  reses   : Plural de res.

- reciente   : Lo acabado de hacer o de suceder.
  resiente   : Del verbo resentir.

- rosado   : Lo que tiene color de rosa.
  rozado   : Participio de rozar.

- seta   : Cierta clase de hongos comestibles.
  zeta   : Ultima letra del alfabeto.

- sueco   : Nativo de Suecia.
  zueco   : Calzado de madera.

- sumo   : Verbos sumar y sumir; aplícase a lo más elevado y sobre-saliente.
  zumo   : Jugo de frutos y plantas.

- tasa   : Del verbo tasar, poner precio.
  taza   : Vasija para líquidos.

- verás   : Del verbo ver.
  veraz   : El que dice siempre la verdad.

- ves   : Del verbo ver.
  vez   : Ocasión.

LA CONFUSIÓN DE ESCRIBIR UNA PALABRA CON G O CON J

Las letras **j** y **g** ante **a, o, u,** no tienen problema para escribirse: la **j** tiene sonido fuerte; la **g** tiene sonido suave.

Sonido fuerte de la **j**.

abeja	ajo	ajuste
alejar	frijol	júbilo
jarabe	joya	jugo
jamón	viejo	enjuto
manjar	joroba	brújula

Sonido suave de la **g**.

alga	agosto	agua
gato	cargo	igual
pagar	fango	iguana
gacela	gozar	guacal
gala	gorra	guante

Sin embargo, la **j** y la **g**, ante las vocales **e, i,** tienen sonido fuerte de **j**: jefe, gesto, jirafa, gira, y de aquí la confusión de escribirlas con **j** o con **g**.

En términos generales, para escribir **j** o **g**, según corresponda, se debe tener en cuenta lo siguiente:

La j

• La **j** siempre va ante vocal: caja, rodaje, cojín, ojo, julio.

• La **j** siempre inicia con sílaba, salvo una palabra: reloj.

• La **j** siempre tiene su sonido fuerte de **j**: ja, je, ji, jo, ju.

• La **j** nunca cambia a otra letra —ni siquiera a **g**—, por tanto, la **j** se conservará en las palabras que se deriven: ejemplar, ejemplo, ejemplificante, ejemplificador, etc.

La g

• La **g** también va ante vocal; pero también va ante consonante (**l, r**) y con esto, siempre se escribirá **g** ante consonante: aglomerar gracia, **g**ris, **g**lobo, alegría, **g**loria.

• En consecuencia, siempre se escribe **g** al final de sílaba: amí**g**dala, si**g**no, zi**g**zag.

• La **g** tiene dos sonidos: sonido suave ante **a, o, u**: gato, gozo, gusto; y sonido fuerte de **j** ante **e, i**: ángel, álgebra, Egipto, elegir.

• En 35 verbos que terminan en -ger y -gir (menos crujir y tejer) la **g** cambia a **j**: proteger: protejo(a), protejas, protejan, protejamos, protéjase, protéjala(s); dirigir: dirijo(a), dirijas, dirijan, dirijamos, diríjase, diríjanos, diríjalo.

Considerándose las pocas palabras y normas que la **j** tiene para bien escribirse, es conveniente estudiarlas en primer lugar, y ya aprendidas, por eliminación, todas las demás se escribirán con **g**.

LA LETRA J

La letra **j** tiene las siguientes características:

- La **j** siempre va ante vocal: caja, rodaje, cojín, ojo, julio.
- La **J** siempre inicia sílaba —salvo reloj y su derivado contrarreloj que están al final de palabra. Ejemplos: fijar, eje, rojizo, espejo, ajuar.
- La **j** siempre tiene su mismo sonido: **ja, je, ji, jo, ju.**
- La **j** nunca cambia a otra letra, ni siquiera a la **g**; por tanto, las palabras simples y verbos que lleven **j**, la seguirán conservando en sus derivaciones. Ejemplo: La misma palabra ejemplo: ejemplar, ejemplificar, ejemplificador(a), ejemplificado(a), ejemplifico(a), ejemplificaré, ejemplificaba, ejemplificaría, ejemplificábamos, ejemplifícanos, etc.
- La **j** sólo tiene dificultad para escribirse cuando va ante **e** o **i** (**je, ji**), porque se le confunde con la **g**, que también ante **e** o **i**, se pronuncia como **j**.

Las palabras que llevan **j**, sin contar derivaciones verbales, plurales y enclíticos, son alrededor de 665, y de ellas, 380 no representan dificultad para escribirse porque tienen **ja, jo, ju,** cuyo sonido fuerte las diferencia de **ga, go, gu** (jardín, joven, jugo/gato, goce, guasa).

De las 285 palabras que llevan **je, ji** (que se les puede confundir con **ge, gi,** que tienen el mismo sonido de **j**), la mayor parte —210— no tienen problema para bien escribirse ya que:

110 palabras tienen la terminación **-aje**: aprendiz**aje**, hosped**aje**, maquill**aje**, vi**aje**, billet**aje**, aterriz**aje**.

50 palabras son derivadas de otras que llevan **ja** o **jo**: de caja, cajita, ca**je**ro, ca**je**ra; de vie**jo**, enve**je**cer, ropave**je**ro, ve**je**storio, ve**je**z, vie**je**z.

Los 20 verbos que terminan en **-jear** llevan **je**: co**je**ar, o**je**ar, masa**je**ar, can**je**ar.

Otras 20 palabras que llevan **j**, empiezan con **aje-, eje-** (menos agenda y agencia): **aje**drez, **aje**no, **eje**rcer, **eje**rcicio.

Hay otras palabras, aunque son pocas, que inician con **ad** y **ob** y llevan **j**, las que son: **adj**etivo, **adj**etivar, **adj**untar, **obj**eción, **obj**etar, **obj**etivación, **obj**etivar, **obj**etival, **obj**etivo, **obj**eto.

Por lo anterior, sólo existen 75 palabras con **je** o **ji** que pueden confundirse con **ge** o **gi**, y en algunas se elimina dicha confusión al ser pa-

labras de mucho uso común, como son: cojín, conserje, jefe, jerez, jeringa, jícara, jinete, jirafa, jitomate, mejilla, monje, mujer, mujeriego,
perejil, sujetar, sujeto, tarjeta, tejer, tijera, vajilla.

LAS PALABRAS QUE LLEVAN JA, JO, JU.

Aunque las palabras que llevan **ja, jo, ju,** no representan dificultad con
su escritura con las que se escriben con **ga, go, gu,** a continuación se encuentran las listas de palabras que las representan:

Las palabras que llevan **ja,** son:

abeja	baratija	embrujar	jactar	maja(o)
acomplejar	barbaján	emparejar	jade	manejar
acongojar	Benjamín	empujar	jadear	manija
aconsejar	bosquejar	encajar	jaguar	manjar
aflojar	bruja(o)	encrucijada	jagüey	marejada
agasajar	burbuja	enjabonar	jaiba	migaja
aguja	caja	enjaezar	jalapeño	mojar
¡ajá!	candileja	enjambre	jalea	mojarra
ajar	carcajada	enjaretar	jalisciense	molleja
Alejandra	ceja	enjaular	jamaiquino	moraleja
Alejandría	cirujano	enojar	jamás	mortaja
alejar	clavija	enrejar	jamón	navaja
alforja	cobija	fajar	jaque	ojal
alhaja	coneja(o)	festejar	jaqueca	ojalá
alhajar	cotejar	fijar	jarabe	oreja
almeja	cuajar	forjar	jarana	oveja
alojar	dejadez	granja	jardín	paja
amortajar	dejar	granuja	jarra(o)	pajarear
añejar	desgajar	hoja	jarrón	pájaro
aparejar	despejar	hojalata	jauja	pajarraco
aquejar	despellejar	hojalatería	jaula	paradoja
arrebujar	despojar	hojalatero	jauría	pijama
arrojar	desquebrajar	hojaldre	jaz	pintarrajear
asemejar	destajar	hojarasca	Jazmín	pujanza
atajar	desvalijar	jabalí	lagartija	pujar
aventajar	desvencijar	jabalina	lejano	quejar
aviejar	desventaja	jabón	lenteja	quijada
bajada	dibujante	jaca	lijar	raja
bajar	dibujar	jacal	lisonja	rajá
barajar	embajada	jactancia	lonja	rajadura

rajar	sabandija	sonrojar	trabajar	verja
reja	semejante	sortija	ultrajar	viajante
relajar	semejanza	teja	vejación	viajar
rendija	semejar	tinaja	vejar	zanja
resquebrajar	sobajar	toronja	vejatorio	zanjar
rodaja	sonaja	torrija	ventaja	

Las palabras que llevan **jo**, son:

abajo	cajón	enojo	jota	rastrojo
abejorro	cajonera	enojón	joven	reflujo
abrojo	callejón	escarabajo	jovial	remojo
acertijo	cangrejo	escondrijo	jovialidad	renacuajo
agasajo	canijo	espejo	joya	retorcijón
aguijón	cascajo	estropajo	joyel	retortijón
aguijonear	cejo	fajo	joyería	revoltijo
ajo	circunflejo	festejo	lejos	rijoso
ajolote	cojo	fijo	lujo	rojo
ajonjolí	colmillejo	flojo	majo(a)	sajón
andrajo	collarejo	flujo	manojo	sonrojo
andrajoso	complejo	frijol	mejor	sufijo
anteojo	conejo(a)	gajo	mejorar	tajo
añejo	consejo	gorgojo	mejoría	tapujo
aparejo	contrabajo	influjo	migajón	tasajo
arrojo	cortejo	jocoque	ojo	tendejón
azulejo	cortijo	jocoso	orejón	tipejo
bajo	crucifijo	jocundo	parejo	toronjo
bajorrelieve	dejo	jolgorio	pegajoso	trabajo
banjo	desparpajo	jornada	pelirrojo	ventajoso
bermejo	dibujo	jornal	perplejo	verdejo
bosquejo	empujón	joroba	prolijo	viejo
brujo(a)	encajonar	jorobar	quejoso	
cabizbajo	encajoso	jorongo	quijote	

Las palabras que llevan **ju**, son:

adjudicar	brújula	conjunto	enjuto	jubilar
adjuntar	cajuela	conjurar	esdrújulo	jubileo
ajuar	callejuela	corajudo	Guanajuato	júbilo
ajustar	conjugar	enjuagar	injundia	jubiloso
ajusticiar	conjunción	enjuiciar	injuriar	judicial
anteojudo	conjuntar	enjundia	juanete	judo

juego   juicio   jurar   juvenil   prejuicio
juerga   juicioso   jurásico   juventud   prejuzgar
jueves   julio   jurídico   juzgado   quejumbre
juez   jumento   jurisdicción   juzgar   quejumbroso
jugar   junco   jurisprudencia lujuria   reajuste
jugarreta   junio   jurista   orejudo   rejuvenecer
juglar   júnior   justa   perjudicar sanguijuela
jugo   juntar   justicia   perjudicial sobreesdrújulo
juguete   jurado   justiciero   perjuicio   sojuzgar
juguetear   juramento   justificar   perjuro

LAS NORMAS PARA ESCRIBIR JE O JI

• El sufijo -aje siempre se escribe con **j**. Las palabras que existen son las 110 siguientes:

abordaje   comadraje   fichaje   montaje   reportaje
acuatizaje   compadraje   follaje   octanaje   rodaje
almacenaje   concertaje   forraje   oleaje   ropaje
alunizaje   contraespionaje fuselaje   paisaje   sabotaje
amperaje   coraje   gaje   paje   salvaje
anclaje   corretaje   garaje   pandillaje   samblaje
aprendizaje   cortometraje   guaje   paraje   suaje
arbitraje   coyotaje   hebillaje   paralaje   tatuaje
arribaje   cronometraje   herraje   pasaje   tiraje
aterrizaje   desencaje   homenaje   pastizaje   tonelaje
bagaje   desgaje   hospedaje   patinaje   traje
balaje   desmontaje   joyaje   peregrinaje   tutelaje
bandidaje   doblaje   lenguaje   peritaje   ultraje
billetaje   drenaje   libertinaje personaje   vasallaje
blindaje   embalaje   linaje   pilotaje   vendaje
boscaje   encaje   maquillaje pillaje   viaje
brebaje   engranaje   marcaje   plumaje   villaje
camuflaje   ensamblaje   maje   porcentaje   viraje
carruaje   equipaje   masaje   portaequipaje voltaje
celaje   espionaje   menaje   potaje
chantaje   espumaje   mensaje   pupilaje
ciclaje   estiaje   mestizaje   ramaje
coloniaje   factoraje   metraje   reciclaje

• Las palabras con **j** que en su última sílaba llevan **ja** o **jo**, la conservan en sus derivados que principalmente terminan en **-jero(a)**, **-jería**.

alfor**ja**	: alfor**jero**, alfor**jería**.	consejo	: consejero(a), consejería.
alha**ja**	: alhajero, alhajería.	espejo	: espejismo.
azule**jo**	**: azulejero, azulejería.**	fijar	: fijeza.
ba**jo**	**: bajeza, bajío, bajista,**	flojo	: flojera.
	contrabajista.	granja	: granjero, granjería.
bruja(o)	: brujería.	lejos	: lejitos, lejísimos.
burbuja	: burbujear, burbujeo.	ojo	: anteojera, ojera, ojeriza.
caja	: cajera(o), cajita.	oreja	: orejera.
calleja	: callejero, callejear,	reloj	: relojero, relojería.
	callejeo.	rojo	: enrojecer, rojizo.
cangrejo	: cangrejero(a).	toronja	: toronjil.
cerrojo	: cerrajero, cerrajería.	perplejo	: perplejidad.
clavija	: clavijero.	viejo	: avejentar, envejecer,
cojo	: cojera, cojez.		ropavejero, vejestorio,
complejo	: complejidad.		vejez, viejez.

Otras palabras son: agujero, extranjero, extranjería, mensajero, mensajería, tablajero, tablajería y viajero.

• Siempre van con **j** los verbos terminados en **-jear**, los cuales se muestran a continuación:

burbujear	cerrajear	flojear	hojear	ojear
callejear	chantajear	forcejear	homenajear	trajear
canjear	cojear	gorjear	lisonjear	
carcajear	espejear	granjear	masajear	

• Se escribe **j** en las palabras que inician con **aje, eje** (menos agenda y agencia), y son las siguientes:

ajedrez	ajeno	eje	ejecutar
ajedrecista	ajetrear	ejecución	ejecutivo
ajenjo	ajetreo	ejecutador(a)	ejemplo

ejemplar	ejemplificante	ejercicio
ejemplificar	ejemplificador(a)	ejercitar
ejemplificación	ejercer	ejército

• Al inicio de palabra, después de **ad** y **ob**, se escribe **j**. Las pocas que hay son:

adjetivar	adjuntar	objeto	objetivar
adjetival	objeción	objetival	objetivo
adjetivo	objetar	objetivación	

LOS VERBOS EN LOS QUE LA **G** CAMBIA A **J**

Existen 37 verbos que en su última sílaba tienen **ger** y **gir** (excepto tejer y crujir) y, al conjugarse, las vocales **e, i**, cambian a las vocales **a, o,** y con ello la **g** cambia a **j**. La razón de lo anterior obedece a que **ge** y **gi**, que tienen sonido fuerte de **j**, deben seguir conservando este sonido y si conservaran la **g** cambiaría a sonido suave de **ga** y **go**.

Recuérdese que, siempre, **ga, go, gu**, va con **g** al tener sonido suave y se escribe **j** ante **ja, jo, ju**, con sonido fuerte.

Los tiempos, modos y personas donde cambia la **g** por **j**, son:

Verbo diri**g**ir.

Presente del indicativo: yo diri**j**o.

Presente del subjuntivo: yo/él diri**j**a, tú diri**j**as, nosotros diri**j**amos, ustedes/ellos diri**j**an.

Imperativo: diri**j**a él, diri**j**amos nosotros, diri**j**an ustedes/ellos.

Los 37 verbos que terminan en **ger** y **gir** en los que la **g** cambia a **j**, son, con **-ger**: acoger, coger, converger, desencoger, emerger, encoger, escoger, proteger, recoger. Ver pags. 136-137.

Los verbos terminados en **-gir** (ver pags. 150-151), son:

afligir	constringir	divergir	fingir	infringir
astringir	convergir	erigir	fungir	mugir
compungir	dirigir	exigir	infligir	restringir

| resurgir | sumergir | teledirigir | ungir |
| rugir | surgir | transigir | urgir |

Con -**gir** son también los verbos: corre**gir**, ele**gir**, ere**gir**, reele**gir** y re**gir** (ver su conjugación pags. 150-151 porque la **e** también cambia a **i**: ele**gir**, eli**jo**).

• En los trece verbos que se componen con prefijo más **ducir**, la **c** de **ducir** cambia a **j**. Los verbos que llevan -**ducir** son: a**ducir**, autoin**ducir**, con**ducir**, copro**ducir**, de**ducir**, in**ducir**, intro**ducir**, pro**ducir**, recon**ducir**, re**ducir**, repro**ducir**, se**ducir**, tra**ducir**, y en ellos la **c** se convierte en **j** en las siguientes derivaciones verbales.

Pretérito o pasado del indicativo: yo pro**duje**, tú de**dujiste**, él pro**dujo**, nosotros tra**dujimos**, ustedes/ellos pro**dujeron**.

Pretérito o pasado del subjuntivo: yo/él pro**dujera** o pro**dujese**, tú tra**dujeras** o tra**dujeses**, nosotros pro**dujéramos** o pro**dujésemos**, ustedes/ellos se**dujeran** o se**dujesen**.

Futuro del subjuntivo: yo/él a**dujere**, tú a**dujeres**, nosotros a**dujéremos**, ustedes/ellos pro**dujeren**.

• Los verbos **decir** y **traer**, con sus derivados, al conjugarse llevan **g** y **j**. Los vervos que se derivan son: ben**decir**, contra**decir**, mal**decir**, prede**cir**; abs**traer**, a**traer**, con**traer**, ex**traer**, mal**traer**, re**traer** y retro**traer**, y adquieren **g** o **j** de la siguiente forma:

Verbo decir.

Presente del indicativo: yo di**go**.

Presente del subjuntivo: yo/él di**ga**, tú di**gas**, nosotros di**gamos**, ustedes/ellos di**gan**.

Imperativo: di**ga** él, di**gamos** nosotros, di**gan** ustedes/ellos.

Pretérito o pasado del indicativo: yo di**je**, tú di**jiste**, él di**jo**, nosotros di**jimos**, ustedes/ellos di**jeron**.

Pretérito o pasado del subjuntivo: yo/él di**jera** o di**jese**, tú di**jeras** o di**jeses**, nosotros di**jéramos** o di**jésemos**, ustedes/ellos di**jeran** o di**jesen**.

Futuro del subjuntivo: yo/él dijere, tú dijeres, nosotros dijéremos, ustedes/ellos dijeren.

PALABRAS CON JE O JI
no contenidas en reglas ortográficas

acojinar	enajenar	Jeremías	jilote	paraplejía
apoplejía	entretejer	jerez	jinete	parapléjico
apopléjico	forajido	jerga	jinetear	perejil
berenjena	hemiplejía	jerigonza	jiote	prójimo
cojín	hereje	jeringa	jirafa	sujetar
cojinete	herejía	jeroglífico	jirón	tarjeta
comején	injerir	jersey	jitomate	tejer
comejenera	injertar	(o yersey)	lejía	tijera
conjetura	interjección	jeta	mejilla	trajinar
conserje	jefatura	jefatura	mejillón	trajinera
crujir	jefe	jíbaro	mojigatería	troje
descuajeringar	jengibre	jícama	mojigato	vajilla
destejer	jeque	jícara	molcajete	vejiga
dije	jerarca	jicote	monje	
ejido	jerarquía	jilguero	mujer	

LA LETRA G

La letra **g** tiene dos sonidos, uno suave y otro fuerte, el de **j**.

LA G CON SONIDO SUAVE

La **g** tiene sonido suave en los siguientes cuatro casos:

1. **g** + **a, o, u**: **gato, alga, amigo, agosto, gula, ángulo, agosto.**
2. **g** + **r** o **l**—: **gracia, gris, congreso, globo, regla, glacial.**
3. **g** al final de sílaba y de palabra: **digno, igneo, pigmeo, signo, ying, yang, gong.**
4. En los dos casos en que la **u** se intercala entre **ge** o **gi**, para que tengan sonido suave: **gue, gui; güe, güi:** foguear, **guiso, güero, güipil.**

LA G CON SONIDO FUERTE DE J

Las palabras que llevan **g** + **e, i** (**ge, gi**), tienen sonido de **j**, y es en este caso cuando existe la confusión de escribir **g** o **j**. Ejemplos: agencia, ágil, ángel, angina, digital, fotogénito, gelatina, gema, imagen.

LA G CON SONIDO SUAVE
ANTE A, O, U, R, L, Y AL FINAL DE SÍLABA

La **g** + **a, o, u** (**ga, go, gu**) tiene sonido suave y no hay confusión para escribirse como **j** + **a, o, u**, porque ésta tiene sonido fuerte. En la palabra gato se escribe **g**, si se pusiera **j** diría "jato"; de igual manera: agua diría "ajua"; amargo, "amarjo"; jugar, "jujar", etc.

Las palabras que llevan **ga, go, gu**, no tienen problema para escribirse por su sonido suave de **g**; sin embargo, a efecto de que se conozcan y de paso se amplíe el léxico, a continuación se enlistan las palabras con **ga, go, gu**, quitándose las palabras derivadas.

LAS PALABRAS QUE LLEVAN GA

De la siguiente lista, se agregan los 160 verbos que terminan en **-gar** los que se localizan en el capítulo de **gue, gui** (pags. 124-126) ya que, al conjugarse, **ga** pasa a ser **gue**.

agachar	draga	galardón	garantía	hangar
agalla	droga	galaxia	garañón	haragán
ágape	engalanar	galeno	garapiñar	hígado
agarrar	engallar	galera	garbanza	hogaño
agarrotar	enganchar	galería	garbo	hogar
agasajar	enganche	galgo	gardenia	hogaza
ágata	engañar	galimatías	garete	holgazán
agazapar	engargolar	galón	garfio	hormiga
agigantar	engarrotar	galopar	gargajo	hostigar
alga	engarzar	galvanizar	garganta	ilegal
algarabía	engatillar	gallardía	gárgara	jerga
alhóndiga	engatusar	galleta	gárgola	jeringa
alpargata	envergadura	gallina	garita	juerga
amalgamar	eslogan	gallo	garlopa	lagartija
arrogancia	espiga	gama	garnacha	lagarto
asosegar	fatigar	gamba	garra	lechuga
atragantar	fogata	gambeta	garrafa	legado
bagaje	fragancia	gamma	garrapata	legajo
bagazo	fragata	gamo	garrocha	legal
bengala	friega	gamuza	garrote	liga
bigamia	fritanga	ganado	garza	ligamento
bodega	fuga	ganar	gas	longaniza
boga	fugacidad	gancho	gasa	luciérnaga
brigada	gabacho	gandaya	gasolina	luenga
buganvilla	gabán	gandul	gastar	lugar
ciénega	gabardina	ganga	gastritis	llaga
cigarra	gabinete	gangoso	gastronomía	madrigal
cigarro	gacela	gángster	gata(o)	magacín
colega	gaceta	ganguear	gatear	manganeso
congal	gacho	ganso	gatillo	margarina
conjugar	gachupín	ganzúa	gaucho	Margarita
delegación	gaita	gañán	gaveta	megáfono
delgado	gaje	gañote	gavilán	mengano
denegar	gajo	garabatear	gavilla	miga
desgajar	gala	garaje	gaviota	migaja
desgañitar	galante	garambullo	gaznate	mojigatería
desgarrar	galápago	garante	gigante	monogamia

monserga	papagayo	pulga	regazo	tortuga
nalga	pechuga	pulgada	rezongar	vejiga
nogada	pelagatos	purgatorio	sagacidad	verdolaga
oligarquía	perengano	ráfaga	sinagoga	verruga
orgánico	pergamino	raigambre	slogan	viga
organizar	permanganato	refriega	soga	vulgar
órgano	plaga	regalar	talega	yoga
pachanga	plegaria	regañar	tanga	zaga
pagaré	prerrogativa	regata	tobogán	zángano
palangana	propaganda	regatear	toga	

LAS PALABRAS QUE LLEVAN GO, SON:

acongojar	chongo	fagocito	gorila	mondongo
agobiar	ciego	fagot	gorjear	mongol
agolpar	clérigo	fango	gorra(o)	monigote
agonizar	código	fantasmagórico	gorrión	mujeriego
ágora	cogote	fisgonear	gorrón	narigón
agora	congo	fogosidad	gota	negociar
agosto	conmigo	fragor	gótico	ombligo
agotar	consigo	frigorífico	gozar	pagoda
alegoría	contigo	fuego	gozne	parangón
alegorizar	degollar	furgón	hallazgo	pedagógico
algo	demagogia	galápago	Hidalgo	pentágono
algodón	diagonal	galgo	íntrego	pérgola
algoritmo	domingo	gangoso	jerigonza	pliego
amigo	dragón	gárgola	jolgorio	polígono
angosto(a)	dramaturgo	gigoló	jorongo	pregonar
arábigo	ego	gobernar	jugo	prófugo
argolla	egoísmo	goce	lago	protagonizar
argón	ególatra	golf	langosta	rango
argot	engargolar	golfo	langostino	rasgo
avergonzar	engolar	golondrina	largo	regocijo
bigote	engolosinar	golosina	látigo	regodeo
bongó	engomar	golpear	letargo	relámpago
borrego	engordar	goma	liderazgo	remilgo
briago	engorro	gónada	lingote	rezago
cargo	esófago	góndola	luego	riego
categoría	espárrago	gong	mago	riesgo
chamagoso	estómago	gordura	mango	rigor
chango	exágono	gorgojo	mendrugo	sacrílego

sarcófago	trago	vagoneta	vértigo	zangolotear
sinagoga	tragón	vástago	vigor	
solariego	trigo	veraniego	vikingo	
tango	trigonometría	verdugo	virgo	
tarugo	vago	verdugón	vulgo	
testigo	vagón	vergonzoso	yugo	

LAS PALABRAS QUE LLEVAN GU, SON:

agua	asegurar	guaje	holgura	rasguñar
aguacate	atestiguar	guajiro	igual	regular
aguacero	atreguar	guajolote	iguana	retroguardia
aguantar	augurio	guanábana	inaugurar	salvaguardar
aguardar	Augusto	guano	laguna	santiguar
aguardiente	averiguar	guante	legua	según
aguarrás	caguama	guapa(o)	leguleyo	segunda(o)
agudizar	canguro	guarache	legumbre	segundero
aguja	coágulo	guardar	leguminoso	seguro
agujerar	contiguo	guardería	lengua	singular
agujeta	degustar	guardián	lenguaje	tegua
agusanar	disgustar	guarecer	lúgubre	tregua
aguzar	enagua	guarida	magullar	triángulo
algún(o)	engullir	guarismo	menguante	tugurio
amargura	estrangular	guarnición	menguar	vanguardia
amortiguar	exiguo	guasa	nagual	yegua
angula	figurar	guateque	orangután	yogur
ángulo	fraguar	guayaba	orgullo	yugular
angustiar	fulgurar	guayabera	paraguas	zaguán
antiguo	guacal	gula	pazguato	
apaciguar	guachinango	gusano	peliagudo	
argucia	guadaña	gustar	piragua	
argumentar	guaita	gutural	preguntar	

LAS NORMAS PARA ESCRIBIR LA G

- **Siempre se escribe g ante r y l.**

Aparte de **r** y **l** (**gr**, **gl**), hay dos palabras en las que la **g** va ante **s**: gangster y tungsteno, y dos palabras que llevan **gn**, aunque éstas tienen doble ortografía: gnomo/nomo y gnóstico/nóstico.

En la siguiente lista, quitándose derivados, están las palabras que llevan gr. (En la pag. 40 están 38 palabras con -grafía: biografía, de las que también se derivan las de -grafo: biógrafo, pag. 50.)

agraciar	diagrama	granuja	gruyer
agradar	disgregar	granular	ingrediente
agradecer	egregio	grasa	ingresar
agrandar	egresar	grata	inmigrar
agrario	emigrar	gratificar	integrar
agravar	engranar	gratinar	lágrima
agraviar	engrapar	gratitud	lograr
agredir	engrasar	gratuito	magro
agregar	engreír	grava	migraña
agremiar	engrosar	gravamen	milagro
agresión	engrudo	gravar	mugre
agreste	epígrafe	grave	negro
agriar	esgrima	gravidez	ogro
agrícola	esgrimir	graznar	organigrama
agrietar	gangrena	greca	pedigrí
agrio	grabar	gremio	peligro
agrisar	gracia	greña	peregrino
agronomía	grácil	gresca	programa
agropecuario	grada	grey	progresar
agrupar	gradación	grial	quirografario
agrura	gradería	grieta	regresar
alegría	grado	grifo	retrógrado
alegro	graduar	grillar	sagrado
bisagra	gráfico	grillo	sangre
caligrafiar	gramática	gripe	segregar
cangrejo	gramíneo	gris	suegra
conflagrar	gramo	gritar	telegrafiar
congraciar	granada	grosella	telegrama
congregar	granadina	grosería	tigre
congreso	granate	grosor	transgredir
congruencia	grande	grotesco	transmigrar
consagrar	granel	grúa	verbigracia
demográfico	granito	grulla	vinagre
denigrar	granívoro	grumo	vinagreta
desangrar	granizar	gruñir	
desgracia	granja	grupa	
desgranar	granjear	grupo	
desgreñar	grano	gruta	

En la siguiente lista, quitándose derivadas, están las palabras que llevan **gl**:

aglomerar	glacial	glorieta	juglar
aglutinar	glaciar	glorificar	manglar
anglo	gladiador	glosar	negligencia
arreglar	glande	glosario	políglota
conglobar	glándula	glotis	reglamento
conglomerar	glasé	glotonería	reglar
conglutinar	glaucoma	glucosa	sigla
deglutir	gleba	glúteo	siglo
desglosar	glicerina	hemoglobina	tinglado
égloga	globo	iglesia	troglodita
englobar	globulina	iglú	vanagloriar
epiglotis	glóbulo	ingle	
ganglio	Gloria	jeroglífico	

• **Siempre se escribe g al final de sílaba** y en 4 ejemplos al final de palabra, menos reloj y su variante contrarreloj. Las palabras que llevan **g** al final de sílaba, quitándose algunas derivadas, son:

amígdala	enigma	magnánimo	propugnar
amigdalitis	estalagmita	magnate	pugna
asignar	estigmatizar	magnesia	repugnancia
asignatura	fidedigno	magnético	repugnar
astigmático	fragmentar	magnetizar	resignación
benigno	ígneo	magnicida	resignar
consignación	ignominia	magnicidio	segmentación
consignar	ignorancia	magnificencia	segmentar
designación	ignorar	magnífico	sigma
designar	ignoto	magnitud	signar
designio	impregnar	magno	significación
diafragma	incógnita(o)	paradigma	significar
diagnosticar	indignación	persignar	signo
dignarse	indignar	pigmento	sintagma
dignidad	indigno	pigmeo	wagneriano
dignificar	insigne	pragmática(o)	Washington
dogma	insignia	prognosis	

Las únicas cuatro palabras que llevan **g** al final de palabra son: iceberg, zigzag y las palabras chinas ya españolizadas ying y yang, que también se pueden escribir sin **g**: yin y yan.

• **Los siete verbos que en su estructura no tienen g y, al conjugarse, la adquieren con ga y go.**

Los verbos: **caer, hacer, poner, salir, tener, valer** y **venir**, y sus derivados, no tienen **g** en su estructura y al conjugarse la adquieren.

Los tiempos, modos y personas en los que adquieren **g** (**ga** o **go**), son los siguientes:

Verbo **valer.**

Presente del indicativo: yo val**go.**

Presente del subjuntivo: yo/él val**ga,** tú val**gas,** nosotros val**ga**mos, ustedes/ellos val**gan.**

Imperativo: val**ga** él, val**ga**mos nosotros, val**gan** ustedes/ellos.

Los verbos y sus derivados que al conjugarse adquieren la **g,** son:

caer   : decaer, recaer (ver conjugación pags. 138-139).

hacer   : deshacer, rehacer, satisfacer (ver conjugación pag. 135).

poner   : anteponer, componer, contraponer, deponer, descomponer, disponer, imponer, interponer, oponer, posponer, predisponer, presuponer, proponer, reponer, sobreponer, suponer, yuxtaponer (ver conjugación pags. 136-137).

salir   : sobresalir (ver conjugación pags. 152-153).

tener   : abstener, atener, contener, detener, entretener, mantener, obtener, retener, sostener (ver conjugación pags. 138-139).

valer   : equivaler, prevaler (ver conjugación pags. 140-141).

venir   : contravenir, convenir, desavenir, devenir, intervenir, prevenir, reconvenir, sobrevenir (ver conjugación pags. 150-151).

• **Las palabras con gue o gui en las que la u es muda.**

La **g** + e, i (**ge, gi**), tiene sonido fuerte de **j** (**je, ji**); sin embargo existen palabras que llevando **ge** o **gi** deben hablarse con sonido suave de **g,** y para que se entienda que estas palabras se deben pronunciar como **g** y no como **j,** se pone una **u** muda (que no se pronuncia), entre la **g** y la **e** (**gue**), o entre la **g** y la **i** (**gui**).

Las palabras que llevan **gue** o **gui** en las que la **u** es muda, son:

aguerrido	ceguera	**Guer**rero	juguete	renguear
aguijón	chisguete	guerrilla	juguetear	repliegue
aguijonear	churrigueresco	guiar	languidez	sanguijuela
águila	consiguiente	guijarro	largueza	sanguinaria
aguileño	dengue	guillotina	latiguear	sanguíneo
aguinaldo	despliegue	guiñapo	liguero	segueta
albergue	distinguir	guiñar	madriguera	seguir
alguien	droguería	guiñol	maguey	siguiente
amiguero	embrague	guión	manguera	tianguis
bodeguero	embriaguez	guirnalda	merengue	trigueño
borreguero	enceguecer	guisa	monaguillo	triguero
borreguil	erguir	guisar	nalguear	vaguear
bragueta	espagueti	guitarra	perseguir	vaguedad
burgués	extinguir	higuera	prologuista	váguido
burguesía	foguear	hoguera	reguero	vigueta
carguero	guerra	hormiguear	reguilete	zaguero
ceguedad	guerrear	jilguero	relampaguear	

• **Los 150 verbos que terminan en -gar en los que, al conjugarse, ga cambia a gue.**

Como complemento a la norma anterior, existen 150 verbos que terminan en -gar, y al conjugarse deben llevar **u** muda al cambiar **ga** por **ge** porque requieren conservar su sonido suave de **g**: **gue**.

Los tiempos, modos y personas en los que **ga** cambia a **gue** (ver conjugación pag. 126), son los siguientes:

Verbo pa**gar**.

Pasado del indicativo: yo pa**gué**.

Presente del subjuntivo: yo/él pa**gue**, tú pa**gue**s, nosotros pa**gue**mos, ustedes/ellos pa**guen**.

Imperativo: pa**gue** él, pa**gue**mos nosotros, pa**guen** ustedes/ellos.

Los 150 verbos que al conjugarse **ga** cambia a **gue**, están en las pags. 124-125. Algunos ejemplos son:

abnegar	ahogar	castigar	estregar	naufragar
abogar	cabalgar	catalogar	fatigar	navegar
abrigar	cagar	desfogar	fisgar	obligar
agregar	cargar	espigar	mitigar	otorgar

• **Seis verbos cuya terminación -guir cambia a ga, go.**

Existen seis verbos que terminan en **-guir** que tienen sonido suave por la **u muda** interpuesta y al conjugarse y cambiar la **i** por **a, o,** entonces **gui** se convierte en **ga, go,** que tiene sonido natural suave y, por ello, ya no se pone **u** muda para diferenciar **ge** y **gi** (que tiene sonido fuerte de **j**).

Los tiempos, modos y personas, donde la terminación **-guir** cambian a **ga, go,** son los siguientes:

Verbo se**guir.**

Presente del indicativo: yo si**go.**

Presente del subjuntivo: yo/él si**ga,** tú si**gas,** nosotros si**gamos,** ustedes/ ellos si**gan.**

Imperativo: si**ga** él, si**gamos** nosotros, si**gan** ustedes/ellos.

Los verbos con terminación **-guir,** son:

conse**guir,** perse**guir,** prose**guir,** se**guir** (ver conjugación pags. 150-151).

distin**guir,** extin**guir** (ver conjugación pags. 150-151).

• **Las palabras que llevan güe o güi.**

Si una palabra lleva **gue** o **gui** con **u** que no es muda, esto es, que deba pronunciarse, entonces debe llegar diéresis: **güe, güi.**

Las palabras que llevan **güe, güi,** en que la **u** se pronuncia, son:

agüero	chiquigüite	lengüetazo	paragüero	ungüentario
antigüedad	degüello	lingüista	pedigüeño	ungüento
argüir	desagüe	lingüística	pingüe	vergüenza
argüitivo	exigüidad	lingüístico	pingüino	yegüería
bilingüe	güero	monolingüe	piragüero	zarigüeya
bilingüismo	güipil	nicaragüense	piragüista	
cigüeña(o)	halagüeño	nicaragüeño	sinvergüenza	
contigüidad	lengüetada	paragüería	trilingüe	

• **Los 12 verbos que terminan en -guar** en los que, en algunas de sus conjugaciones, **gua** cambia a **güe.**

Existen 12 verbos con la terminación **-guar** que en algunas de sus conjugaciones **gua** cambia a **güe** (con diéresis) al cambiar la vocal **a** por **e** teniendo que seguir pronunciándose la **u**.

Los tiempos, modos y personas, en los que **gua** cambia a **güe**, son los siguientes:

Verbo averi**guar.**

Pasado del indicativo: yo averi**güé.**

Presente del subjuntivo: yo/él averi**güe**, tú averi**gües**, nosotros averi**güe**-mos, ustedes/ellos averi**güen.**

Imperativo: averi**güe** él, averi**güemos** nosotros, averi**güen** ustedes/ellos.

Los 12 verbos con la terminación **-guar**, son:

a**guar**	apaci**guar**	averi**guar**	fra**guar**
amorti**guar**	atesti**guar**	desa**guar**	men**guar**
anti**guar**	atre**guar**	deslen**guar**	santi**guar**

LOS VOCABLOS **GE** Y **GI**
QUE SIEMPRE TIENEN SONIDO FUERTE DE **JE** Y **JI**

La **g** + **e, i** (**ge, gi**), siempre tienen sonido de **j**, y es aquí donde existe la confusión de escribir **ge, gi** o **je, ji**. Ejemplos: agencia, ajenjo, gemir, jerarca; gitano, jitomate, girar, jirafa, higiene, ejido.

Una manera sencilla de saber cuando se escribe **ge** o **gi**, es recordando cuáles son las palabras que llevan **je** o **ji**, ya que son pocas las normas que las contienen:

Las palabras que llevan **je, ji**, son alrededor de 285 y de ellas:

110   palabras terminan con **aje**: carru**aje**, cicl**aje**, breb**aje**, aprendiz**aje**, arbitr**aje**, cor**aje**, dobl**aje**, equip**aje**, mas**aje**, mont**aje**, tr**aje**.

18   verbos terminados en **-jear**, que son: burbu**jear**, calle**jear**, can**jear**, carca**jear**, cerra**jear**, chanta**jear**, co**jear**, espe**jear**, flo**jear**, force**jear**, gor**jear**, gran**jear**, ho**jear**, homena**jear**, lison**jear**, masa**jear**, o**jear** y tra**jear**.

50   palabras se derivan de otras que llevan **ja, jo, ju**, y principalmente llevan la terminación **-jero, jería**: de azule**jo**, azule**jero**, azule**jería**; de cerro**jo**, cerra**jero**, cerra**jería**; de conse**jo**, conse**jero**, conse**jería**.

20   palabras inician con **aje-**, **eje-** (menos agenda y agencia): **aje**drez, **aje**drecista, **aje**njo, **aje**no, **aje**trear, **aje**treo, **eje**, **eje**cución, **eje**cutador, **eje**cutar, **eje**cutivo, **eje**mplar, **eje**mplificación, **eje**mplificante, **eje**rcicio, **eje**mplo, **eje**rcer, **eje**rcitar, **ejé**rcito.

11   palabras inician con **ad** y **ob**, las cuales son: **adj**etivar, **adj**etival, **adj**etivo, **adj**untar, **obj**eción, **obj**etar, **obj**eto, **obj**etival, **obj**etivación, **obj**etivar y **obj**etivo.

Con lo anterior, en sólo 73 palabras sobrantes con **je** y **ji** que no están contenidas en normas (ver pag. 304), existe la posible confusión de escribir **g** o **j**; pero de estas palabras algunas son de mucho uso común: mujer, cojín, conserje, tejer, jefe, jeringa, Jesús, jeta, jícama, Jiménez, jinete, jirafa, jitomate, mejilla, monje, sujetar, tarjeta, tijera, y vajilla.

Como se podrá observar, son realmente pocas las palabras con las que puede existir confusión al escribir **j** o **g**, ya que aprendiéndose las normas de la **j**, casi todas las demás van con **ge** o **gi** las que, también dilucidarlas, no representa gran problema porque la **ge** y **gi**, a su vez, están contenidas en grandes grupos normativos.

LAS PALABRAS CON GE Y GI

Las palabras que llevan **ge** o **gi** son alrededor de 510 (sin considerar derivaciones, enclíticos y plurales) y casi todas están contenidas en dos grandes normas:

* Se escribe **g** en las 167 palabras que tienen **ge** o **gi** + **vocal**. (Las únicas palabras que llevan **je** o **ji** + vocal, son los 20 verbos que terminan en **jear** «homena**jear**», here**jía**, le**jía**, **jio**te, y las palabras técnicas que terminan en -**plejía** que son: apo**plejía**, hemi**plejía** y para**plejía**).

* Por lo general, se escribe **ge** o **gi** ante cualquier consonante, principalmente, ante **n** y **m**. Ejemplos: origen, Angela, congestión, dígito, frágil, gemir, gestión, legible, ligero, margen, registro, vigilar. Las palabras con esta norma son las restantes 343. Existen, en total, 44 excepciones con **j**.

LAS PALABRAS CON GE O GI + VOCAL

* Se escriben con **g** las palabras que llevan **ge** o **gi** más otra vocal, y sus derivados con la terminación -**ico**. Escepciones: here**jía**, **jio**te, le**jía**, y 3 palabras que terminan en -**plejía**: apo**plejía**, hemi**plejía** y para**plejía**.

abigeo	demagógico	hemorragia	nostalgia	regio
adagio	efigie	hemorrágico	nostálgico(a)	regiomontano
agio	elegía	higiene	orgía	región
agiotista	elogiar	higiénico(a)	orgiástico	religión
alergia	elogio	higienizar	plagiar	religiosidad
alérgico	energía	legión	plagiario	religioso
cirugía	enérgico	legionario	plagio	sacrilegio
colegial	estrategia	liturgia	presagiar	siderurgia
colegiar	estratégico	litúrgico	presagio	siderúrgico(a)
colegiatura	florilegio	magia	prestigio	sortilegio
colegio	géiser	mágico	privilegio	sufragio
contagiar	geocéntrico	metalurgia	prodigio	vestigio
contagio	geofísica	metalúrgico	refugiar	vigía
demagogia	geometría	naufragio	refugio	

A la lista anterior se agregan las palabras compuestas con **logía** que tienen **gi** más vocal y a las que se aúnan sus variantes con la terminación -**gico(a)**. Ejemplos: analogía, analógico, biología, biológico, ideología, ideológico. En la pag. 39 están las 53 palabras que tienen -**logía** y a las cuales se les puede variar a **lógico(a)**. Excepciones: apopléjico, hemipléjico y parapléjico.

POR LO GENERAL, SE ESCRIBE GE O GI ANTE CONSONANTE

Como dato, precisamente las palabras que van con **je** o **ji** son ante consonante, las cuales son las pocas excepciones y las que ocasionan la confusión de escribir una palabra con **g** o con **j**; por tanto, es importante estudiarlas para evitar tal equívoco.

• Se escribe **ge** o **gi** ante **n** y **m** (gen, gem, gin, gim). Excepciones: berenjena, cojín, comejen, enajenar, jengibre, prójimo, trajinar y trajinera.

aborigen	colágeno	detergente	fotogénico	generalizar
agencia	compaginar	diligencia	gema	generar
agenda	congénere	dirigencia	gemebundo	género
agente	congeniar	divergencia	gemela(o)	generosidad
angina	congénito	emergencia	géminis	génesis
argento	contingencia	engendrar	gemir	genética
astringencia	contingente	estratagema	gendarme	genio
autógeno	convergencia	exigencia	generación	genital
cancerígeno	degenerar	exógeno	general	gente

gentil	hidrógeno	insurgente	original	régimen
gentilicio	homogeneizar	inteligencia	originar	regimiento
gentío	homogéneo	intransigente	oxígeno	sargento
genuino	imagen	legendario	página	tangente
gimnasia	imaginar	margen	primigenio	transigencia
gimnasio	indígena	marginar	primogénito	urgencia
gimnasta	indigencia	misógino	progenitor	vertiginoso
gimotear	indulgencia	nitrógeno	refulgente	vigencia
Ginebra	ingeniar	octogenario	regencia	virgen
hegemonía	ingeniero	oleaginoso	regenerar	vorágine
heterogéneo	ingenuo	origen	regente	

• Se escribe **ge** o **gi** ante **r** (ger y gir). Aparte de la lista que se da, existen 35 verbos con estas terminaciones (prote**ger**, diri**gir**. Ver pags. 136 y 150). Excepciones: crujir, injerir, injertar, jerarquía, jerez, jerga, jerigonza, jeringa, jeroglífico, jersey, jirafa, jirón, mujer, tejer y tijera.

aligerar	geriatra	gira	ligereza	sobregiro
digerir	germano	girar	ligero	sugerencia
erigir	germen	girasol	refrigerador	sugerir
exagerar	germicida	giratorio	refrigerante	
geranio	germinar	giro	refrigerar	
gerencia	gerundio	ingerir	refrigerio	

• Siempre se escribe **ge** o **gi** ante **s**. Las palabras que existen son:

analgesia	digestivo	gesto	legislación	magistral
analgésico	exégesis	gestor	legislador	registrar
congestión	gestación	gestudo	legislar	registro
congestionar	gestar	gis	legislativo	silogismo
congestivo	gesticular	indigestar	legislatura	sugestión
descongestionar	gestión	indigestión	magisterial	sugestionar
digestión	gestionar	ingestión	magisterio	sugestivo

• Se escribe **ge** o **gi** ante **b, v, d**. Excepciones: ejido, forajido y jíbaro. Las palabras que existen son:

álgebra	frugívoro	jengibre	rígido	tragedia
algidez	ilegible	legible	rigidez	
álgido	incorregible	longevidad	tangible	
frigidez	inteligible	longevo	tergiversar	

• Se escribe **ge** o **gi** ante **l**, menos: jilguero, jilote y perejil.

ágil	angelical	congelar	frágil	vergel
agilidad	angelizar	evangelio	fragilidad	vigilancia
agilizar	arcángel	evangelizar	gelatina	vigilante
ángel	Argel	flagelante	gélido	vigilar
Ángela	argelino	flagelar	púgil	vigilia
Angélica	congelante	flagelo	sigilo	

• Se escribe **ge** o **gi** ante **t**, menos: adjetivo, objetivo, objeto, conjeturar, jeta, jitomate, molcajete, sujetar y tarjeta. Las palabras que existen son:

agitar	dígito	gitanear	longitud	vegetar
cogitabundo	energetizar	gitano	prestidigitación	vegetariano
cogitar	exégeta	ilegítimo	Sagitario	
cogitativo	falangeta	legítima	vegetable	
digitación	faringitis	legítimo	vegetación	
digital	fugitivo	legitimar	vegetal	

HOMÓFONOS
con **J** y con **G**

gira : Del verbo girar. Ir de lugar en lugar y regresar al punto de partida.

jira : Pedazo de tela que ha sido desgarrado.

ingerir : Verbo: introducir por la boca la comida, bebida o medicamentos.

injerir : Verbo: entremeterse, introducirse en una dependencia o negocio; meter una cosa en otra.

LA LETRA H

La letra **h** tiene como característica principal el no tener ningún sonido; sin embargo, unida después de la letra **c**, da como resultado la letra compuesta **ch** que tiene un sonido peculiar y único, el cual tienen alrededor de 400 palabras de las mil que existen con **h**.

De las 600 palabras que tienen la **h** muda —sin contar derivaciones verbales— pocas normas existen para determinarlas, encontrándose como particularidad la formación de grupos básicamente integrados con raíces griegas y latinas. De las palabras que llevan **h**, la mayor parte de ellas —450— la llevan al inicio de palabra, y de las 150 palabras que la tienen interiormente, en la mitad de los casos es porque a una palabra que originalmente iniciaba con **h** se le ha antepuesto un prefijo. Ejemplos: hueco, hacer, heredar, humar, habitable, humano, historia, huir: a**h**uecar, **des**hacer, **des**heredar, **in**humar, **in**habitable, **infra**humano, **pre**historia, re**h**uir.

LAS NORMAS DE LA H

Todos los verbos que al inicio o internamente lleven **h**, la seguirán conservando en todas sus conjugaciones, derivaciones verbales y en la formación de enclíticos: Ejemplo, verbo habitar: habitable, habitador(a), habitante, habitación, deshabitada, habítala, habítalo, habítale, habitarlo(s), habitarla(s), deshabitándola, habitándotela, etc.

Los verbos que llevan **h**, son los que a continuación se detallan; en algunos casos, está separado el prefijo del verbo para que se vea por qué, en ocasiones, la **h** queda en medio de la palabra:

adherir	co-habitar	des-hipotecar	hacer	hervir
a-hijar	co-hibir	des-hojar	halagar	hibernar
ahogar	des-habitar	des-hollinar	hallar	hidratar
a-hondar	des-hacer	des-huesar	hambrear	higienizar
a-horcar	des-hebillar	des-humanizar	haraganear	hilar
a-horrar	des-hebrar	des-in-hibir	hartar	hilvanar
a-huecar	des-hechizar	en-mohecer	hastiar	hincar
a-huevar	des-heredar	ex-hibir	hechizar	hinchar
a-hular	des-herrar	exhortar	helar	hipar
a-humar	des-hidratar	ex-humar	henchir	hipnotizar
a-huyentar	des-hilachar	haber	heredar	hipotecar
alcahuetear	des-hilar	habilitar	herir	hispanizar
alcoholizar	des-hilvanar	habitar	hermanar	hojalatear
anhelar	des-hinchar	hablar	hermosear	hojear

holgar	horadar	hostilizar	hundir	in-humar
holgazanear	hormiguear	humanar	huracanar	pro-hibir
hollar	hornear	humanizar	hurgar	re-habilitar
homenajear	horripilar	humar	hurtar	re-hacer
homogeneizar	horrorizar	humear	husmear	re-huir
homologar	hospedar	humectar	in-habilitar	re-husar
honorar	hospitalizar	humedecer	in-halar	zaherir
honrar	hostigar	humillar	in-hibir	

• El verbo **hibir** y los que compone con prefijos, y las palabras que se derivan, se escriben con **h**.

cohibir	exhibir	desinhibir	inhibir	prohibir
cohibido(a)	exhibición	desinhibición	inhibición	prohibido
cohibición	exhibicionista	desinhibidor	inhibidor	prohibición
	exhibidor		inhibido	prohibidor
				prohibible

• El verbo **hacer** y las palabras que compone y deriva, van con **h**.

hacer	fehaciente	hacendoso	hecho
deshacer	hacedor	hacienda	hechura
deshecho	hacendado	haciente	rehacer

• Las palabras que inician con **um**, y sus variantes, llevan **h**, menos umbra (sombra, de donde se compone **penumbra**: casi sombra) y umbilical. Con **hum**, aparte de **húm**ero, se forman los siguientes 7 grupos:

ahumar	deshumanizar	humor	humildad
ahumado	deshumano	humorismo	humilde
humar	humanamente	humorada	humildemente
humareda	humanar	humorista	
humear	humanidad	humorístico	humillación
humo	humanismo		humillante
humoso	humanista	humectante	humillar
	humanitario	humectar	
exhumación	humanar	humedad	
exhumar	humano	humedecer	
humus	humanizar	húmedo	
zahumar	infrahumano		
zahumerio	inhumano		
	infrahumano		
	sobrehumano		

• Las palabras con **herr** (hierro) y el vocablo latino **horr** (erizado, espantarse), se escriben con **h**.

herr

desherrar	herrar
herradura	herrero
herraje	herrumbar
herramienta	

horr

ahorrar*	horripilante
horrendo	horripilar
hórrido	horrorizar
horrible	horroroso

• **Hidro(a)** que indica agua, siempre se escribe con **h**.

anhídrico	hidráulica	hidrófilo	hidrómetro
deshidratación	hídrico	hidrofobia	hidropesía
deshidratar	hidroavión	hidrofóbico(a)	hidrópico
hidroácido	hidrocarburo	hidrógeno	hidrosoluble
hidratación	hidrocefalía	hidrólisis	hidrostático
hidratante	hidrocéfalo	hidrología	hidroterapia
hidratar	hidrodinámica	hidrografía	hidróxido
hidrato	hidroeléctrico	hidromancia	

• Las palabras que al inicio de palabra o de sílaba tienen los diptongos **ua, ue, ui, ie**, se escriben con **h**.

hua

huasteca(o)
cacahuate
cacahuatero
Chihuahua
huachinango
huarache
Tehuacán
tehua

hue

hueco
ahuecamiento
ahuecar

hueso
ahuesado
deshuesar
huesudo

huelga
huella
huérfano
huerta(o)
huertero
huésped
hueste

huevo
ahuevado
ahuevar
hueva
huevar
huevera(o)
huevón

ahuehuete
alcahuete
alcahuetear

hui

ahuizote
chahuistle
Coahuila
huipil
(o güipil)
huir
huida
huidizo
rehuir

hie

enhiesto
hiedra
(o yedra)
hiel
hielo
deshielo
hiena
hierático
hierba
(o yerba)
hierbabuena
hierofante
hierro

---

* En el verbo **ahorrar**, la **a** inicial actúa como prefijo de negación, con lo cual, etimológicamente, la palabra indica: no andar erizado, espantado.

El verbo oler, al conjugarse, la **o** cambia a **ue** y como es diptongo al inicio de palabra se le agrega **h**. Ejemplos: **huelo, hueles, huele, huelen, huela, huelan**. Ver conjugación pags. 140-141.

• Se escriben con **h** inicial las palabras compuestas con las siguientes raíces o prefijos, griegos y latinos:

hema(o), hemato (sangre)	**hemi** (medio, mitad)	**hex o hexa** (seis)
hemocultivo	**hemi**ciclo	**hexa**edro
hematosis	**hemi**círculo	**hexa**gonal
hemofilia	**hemi**plejía	**hexá**gono
hemofílico	**hemi**pléjico	**hexá**metro
hemoglobina	**hemi**sférico	**hexá**podo
hemorragia	**hemi**sferio(a)	**hexa**sílabo
hemorroides	**hemi**stiquio	

hepta (siete)	**hect o hecto** (cien)	**helio** (sol)	**hepat** (hígado)
heptaedro	**hectá**rea	**helio**céntrico	**hepá**tico
heptagonal	**hecto**litro	**helio**terapia	**hepa**titis
heptágono	**hecto**gramo	**helio**tropismo	**hepa**tología
heptámetro	**hectó**metro	**helio**tropo	

host (extranjero, enemigo)	**homo** (igual, semejante)	**hetero** (diferente)
hostería	**homó**fono	**hetero**doxo
hostelero	**homo**géneamente	**hetero**geneidad
hostigamiento	**homo**geneidad	**hetero**géneo
hostigar	**homo**geneización	**heteró**nimo
hosttil	**homo**geneizar	**hetero**sexual
hostilidad	**homo**géneo	
hostilizante	**homo**logar	
hostilmente	**homó**logo	
hostel	**homo**sexual	

• Se escriben con **h** las palabras que empiezan con **ip** —menos ípsilon—, las que están integradas por los siguientes grupos:

hipno (sueño)	**hiper** (encima, más allá de)	**hipo** (abajo, por abajo de)	**hip, hipo** (caballo)	**hipoteca**
hipnosis	hiperacidez	hipocentro	hípico	hipotecada
hipnótico	hipérbaton	hipocromía	hipismo	hipotecable
hipnotismo	hipérbole	hipodermia	hipocampo	hipotecar
hipnotización	hiperbólico	hipodérmico	hipódromo	hipotecario
hipnotizador	hipercrisis	hipófisis	hipogrifo	
hipnotizar	hipercrítico	hipofunción	hipopótamo	
	hipergélido	hipogloso	hipotecnia	
	hiperinflación	hipotálamo		
	hiperintenso	hiposensible		
	hipermercado	hipotensión		
	hiperrrítmico	hipotenso		
	hipersensible	hipotermia		
	hipertensión	hipótesis		
	hipertérmico	hipotéticamente		
	hipertrofia	hipotético		

Otras palabras con **hip**, son: hipar (hipo), **hipo**condría, **hipo**condríaco, Hipócrates, **hipo**crático, **hipo**cresía, **hipó**crita, **hipo**tenusa.

• Las palabras **historia, hispano, histeria, histrión,** y sus variantes, se escriben con **h.**

historiable	hispánico	histérico	histriónico
historiador	hispanidad	histerismo	histrionismo
historial	hispanizar		
historiar	hispanoamericana		
históricamente	hispanoárabe		
histórico	hispanohablante		
historieta	prehispánico		
prehistoria			
prehistórico			

• El vocablo **hosp** que indica huésped (que **hospeda**), va con **h.** Los ejemplos que existen son: **hospedaje, hospedar, hospedería, hospicio, hospital, hospitalario, hospitalidad, hospitalización, hospitalizar.**

- Se escribe **h** en las palabras que inician con **herm** y **horm**, las cuales son:

herm   **horm**

hermafrodita	hermetismo	horma	hormigueo
hermanar	hermosear	hormero	hormiguero
hermandad	hermoseo	hormiga	hormona
hermano	hermoso(a)	hormigón	hormonal
hermético	hermosura	hormiguear	

- Las siguientes interjecciones llevan **h**:

¡ah!	¡eh!	¡oh!	¡hu!
¡bah!	¡hola!	¡uy!	¡hum!

- Las siguientes palabras no tienen normas en sí mismas que las contengan; sin embargo, con sus variantes, todas llevan **h** y forman los siguientes grupos:

adherir	**alcohol**	**hábil**	**habitar**
adherencia	alcohólico	habilidad	cohabitar
adherente	alcoholismo	habilidades	deshabitable
adherido	alcoholización	habilitado	deshabitado
adhesión	alcoholizado	habilitador	deshabitar
adhesivo	alcoholizante	habilitar	habitable
cohesión	alcoholizar	inhábil	habitación
cohesivo		inhabilidad	habitante(s)
		inhabilitar	inhabitable
		rehabilitación	habitarse
		rehabilitar	habítala

hablar	**halagar**	**halo**	**hebra**
hablado	halagable	exhalado	deshebrado
hablador(es)	halagado(s)	exhalador	deshebrar
habladuría	halagador	exhalación	enhebrar
hablante(s)	halago	exhalar	hebrable
hablarse	halagüeño	inhalable	hebrador
hablándote	halagüeñamente	inhalado	hebrar
hablándose	halagarte	inhalador	hebras
háblame	halagándola	inhalación	hebrarse
		inhalar	

hechicería

deshechizado(a)
deshechizar
hechicera(o)
hechizado(a)
hechizador
hechizar
hechizo

héroe

heroicidad
heroico(a)
heroína
heroísmo

hielo

helada
helado(s)
helador
helante
helar
hielera(s)

**hierba
o yerba**

herbáceo
herbario
herbolaria(o)
herbívoro

herencia

coherencia
coherente
desheredado(a)
desheredar
heredad
heredero(a)
hereditario
incoherencia
inherencia

higiene

higiénico
higienista
higienizable
higienización
higienizado
higienizador
higienizar

hijo

ahijado
ahijada
ahijar
hija
hijos

hilo

deshilachado(a)
deshilar
hilacha(o)
hilachar
hilachos
hilar
hilaza

hoja

deshojado
deshojador
deshojar
hojalata
hojalatear
hojalateado
hojalatería
hojalatero
hojaldra(e)
hojarasca
hojas
hojeado
hojear

holgar

holgado
holgador
holganza
holgazán
holgazanear
holgazanería
holgura
huelgo(a)

hombre

hombrada
hombría
hombruno(a)
superhombre

hondo

ahondamiento
ahondar
honda
hondonada
hondura
Honduras
hundible
hundido
hundidor
hundimiento
hundir

honor	honra	horca	horno
deshonor	deshonra	ahorcado(a)	hornada
deshonorable	deshonrado	ahorcadura	hornear
honorabilidad	deshonroso	ahorcable	horneado(a)
honorable	honrado	ahorcador	hornero(a)
honorablemente	honrar	ahorcar	hornilla
honorar	honras		hornitos
honorario	honroso		hornos
honores			
honorífico			

Las palabras que llevan **ch**, quitándose los derivados verbales, son las siguientes:

abochornar	apechar	cachondo	chamaco	chapucear
abrochar	apechugar	cachorro	chamán	chapucero
abuchear	aprovechar	cambalachar	chamarra	chapulín
acechar	archipiélago	cambalache	chambarete	chapuzón
acolchonar	archisabido	campechana	chambelán	chaqueta
acuchillar	archivar	campechano	chambón	chaquetero
achacar	asechar	Campeche	chambrana	chaquira
achaparrar	aserruchar	cancha	champiñón	charal
achaplinar	bache	capricho	champola	charamusca
achaque	bachear	capucha	champú	charca(o)
achatar	bachiller	capuchino	champurrado	charlar
achicar	berrinche	casucha	chamuscar	charlatán
achicharrar	bicho	cauchero	chancear	charlestón
achichincle	bienhechor	caucho	chancla	charol
achispar	bochorno	cempasúchil	chancro	charrasca
afiche	boliche	chabacanería	chanchullo	charrería
agachar	brocha	chabacano	chanfle	charro
aguilucho	broche	chacal	chango	charrúa
alcachofa	buche	chacotear	chantajear	chascarrillo
amelcochar	cacha	chacoteo	chantillí	chasco
ancha(o)	cachalote	cháchara	chanza	chasis
anchoa	cachar	chahuistle	chapa	chatarra
animalucho	cacharro	chaira	chapar	chato
anoche	cachete	chal	chaparro	chaval
anochecer	cachetear	chaleco	chapitel	chayote
apache	cachiporra	chalet	chapopote	Chencha
apachurrar	cacho	chalupa	chapotear	cheque

chequeo	chiquero	chucho	cuchitril	gachupín
chévere	chiquigüite	chueco	cucho	garnacha
chía	chiquillo	chulada	cuchufleta	garrocha
Chiapas	chiricaya	chulear	dechado	gaucho
chicano	chirimía	chuleta	delgaducho	Guamúchil
chicle	chirimoya	chulo	derecha(o)	guarache
chico	chiripa	chunga	derrochar	hacha
chicotear	chirona	chupamirto	derroche	hechizar
chicuelo	chirriar	chupar	derviche	hecho
chícharo	chisguete	chuparrosa	dicha	hechura
chicharra	chismear	chupón	dicharachero	helecho
chicharrón	chispa	churrasco	dicharacho	henchir
chichicastle	chispar	churrigueresco	dicho	hilacha
chichicuilote	chispear	churro	duchar	hinchar
chichimeca(o)	chisporrotear	churumbel	ducho	horchata
chichón	chistar	chusco	echada	lancha
chiflar	chiste	chusma	echar	leche
chiflón	chivatear	chuza	embuchar	lecho
Chihuahua	chivo	cinchar	empacho	lechón
chilacayote	chocante	cincho	enchilada	lechuga
chilango	chocar	cliché	enchilar	lechuza
chilaquil	chocarrero	cochambre	enchinar	linchar
Chile	choclo	cochera	enchinchar	luchar
chile	chocolate	cochinilla	enchiquerar	machacar
chilindrina	chochear	cochino	enchuecar	machete
Chilpancingo	chochez	colcha	enchufar	machincuepa
chillar	chocho	colchón	fachada	macho
chimenea	chofer	compinche	fachoso	mancha
chimpancé	cholo	Concha	fecha	manchar
chimuelo	chongo	conchabar	fechar	marchante
China	chontal	conchudo	fechoría	marchar
chinaco	choque	corchea	fetiche	marchitar
chinampa	chorizo	corchete	fetichismo	marchito
chinche	choro	corcho	ficha	mariachi
chinchilla	chorrear	cosechar	fichaje	marimacho
chinchón	chorrillo	cucaracha	fichar	mecha
chinela	chotear	cucurucho	flacucho	mechudo
chingar	choteo	cuchara	flecha	melcocha
chip	chotís	cuché	flechar	mochila
chipichipi	choza	cuchichear	francachela	muchacho
chipotle	chubasco	cuchilla(o)	gabacho	muchedumbre
chiquear	chuchería	cuchillar	gacho	mucho

nicho	parlanchín	plancha	rancho	tachuela
noche	pecho	planchar	riachuelo	techo
nochebuena	pechuga	ponche	roncha	tiliche
ochenta	peluche	poncho	salchicha	trasnochar
pachanga	percha	puchero	sancocho	trucha
paliducho	picacho	quechua	serrucho	zafarrancho
panucho	pichón	racha	superchería	
papelucho	pinchar	ranchera(o)	tachadura	
parche	pinche	ranchería	tachar	

OTRAS PALABRAS QUE LLEVAN H, SON

ahínco	hamaca	helicóptero	hito	hotelero
ahíto	hambre	hembra	hocico	hoy
ahí	hamburguesa	hemeroteca	hogaño	hoyo
alhaja	hampa	henequén	hogar	hoyuelo
alhelí	hangar	heno	hogareño	hoz
alhóndiga	haragán	heráldico	hogaza	hule
almohada	harapiento	heraldo	hoguera	hulla
azahar	harapo	hercúleo	holladura	huracán
bohardilla	harén	Hércules	hollín	huracanado
bohemio	harina	herejía	hombrera	huraño
búho	hasta	hernia	hombro	hurón
cohete	hastío	herpes	homenaje	hurtadillas
cohorte	hato	hervor	homicida	huso
Cuauhtémoc	haz	hetaira	honestidad	mohíno
desahucio	hazaña	hez	honesto	moho
haba	hazmerreír	híbrido	hongo	nahua
habanero	hebilla	Hidalgo	honoroso	náhuatl
habichuela	hebra	higo	hora	nihilismo
hábito	hebreo	higuera	horario	nihilista
hacia	hecatombe	hilarante	horchata	rehén
hacha	heder	hilaridad	horda	rehilete
hada	hediondo	hilera	horizontal	tahúr
hado	hedónico	himen	horizonte	vehemencia
hafnio	hedonismo	hincapié	horóscopo	vehículo
halcón	hegemonía	hinchazón	horquilla	whisky
hálito	hegemónico	hindú	hortelano	zanahoria
halógeno	helecho	hinojo	hosco	
halterofilia	helénico	hirsuto	hostia	
hallazgo	hélice	histología	hotelería	

HOMÓFONOS
con **H** y sin **H**

¡bah!   : Interjección de desdén.
va   : Del verbo ir.

hablando : Del verbo hablar.
ablando : Del verbo ablandar.

habría   : Del verbo haber.
abría   : Del verbo abrir.

haces   : Del verbo hacer; plural de haz.
ases   : Plural de as; del verbo asar.

hacia   : Preposición que indica rumbo.
Asia   : Continente asiático.

halagar   : Decir cosas que agraden; adular.
alagar   : Hacer lagos o charcos; hacer agua una embarcación.

haré   : Del verbo hacer.
aré   : Del verbo arar.

hasta   : Indica límite de espacio o de tiempo.
asta   : Cuerno; barra de madera o de metal.

hatajo   : Pequeña porción de ganado; muchedumbre.
atajo   : Senda o vereda que acorta un camino.

hato   : Manada, porción de ganado; lugar donde duermen los re-
              baños en la noche; grupo de gente mala.
ato   : Del verbo atar.

halles   : Del verbo hallar.
ayes   : Lamentos, lamentaciones; plural de ay.

hay   : Del verbo haber.
¡ay!   : Interjección.

hecho   :   Suceso o acontecimiento; participio del verbo hacer.

echo   :   Del verbo echar.

herrar   :   Poner herraduras; marcar con hierro candente a los animales.

errar   :   Cometer un error; vagar sin punto fijo.

hiendo   :   Del verbo hender o hendir.

yendo   :   Gerundio del verbo ir.

hinca   :   Del verbo hincar, arrodillarse.

inca   :   Antiguo habitante sudamericano que moraba en lo que hoy es Perú, Colombia, Ecuador, Chile y norte de Argentina.

hierro   :   Metal empleado en la industria y en las artes que se combina con otros elementos; del verbo herrar.

yerro   :   Del verbo errar.

hojear   :   Verbo: pasar las hojas de un libro o de un cuaderno.

ojear   :   Verbo: pasar la vista por varios puntos en busca de algo, o con algún propósito.

¡hola!   :   Interjección utilizada como saludo inicial.

ola   :   Agua que a intervalos y subiendo y bajando, arroja el mar.

honda   :   Que tiene profundidad; aplicado al sentimiento, que tiene intensidad.

onda   :   Curva a manera de semicírculo de formación natural o artificial: las ondas de las olas del mar, del cabello, de las montañas a la distancia, etc.

hora   :   Unidad de 60 minutos.

ora   :   Del verbo orar; apócope de ahora.

horca   :   Lugar donde se cuelga por el cuello a los condenados a esta pena.

orca   :   Cetáceo que llega a medir hasta diez metros de largo. Vive en los mares del norte y persigue focas y ballenas; a veces llega a costas del Cantábrico y del Mediterráneo.

rehusar   :   Verbo: no admitir alguna cosa.

reusar   :   Verbo: volver a usar algo.

LA LETRAS Y GRIEGA Y LA LL

La **y** se llama **y** griega y la **ll**, doble **l**, y la confusión que tienen para escribirse es porque ambas letras tienen el sonido similar de **ya, ye, yi, yo, yu**. Ejemplos: valla, vaya; llema, yema; calló, cayó. Confundir la **y** con la **ll** se le llama yeísmo.

Para evitar la confusión de escribir una u otra, hay que tener en cuenta lo siguiente:

- Al término de palabra sólo puede ir **y** griega. No existen palabras que terminen con **ll**.

- Salvo cuatro palabras compuestas con prefijos —**con**llevar, **des**llagar, **en**llantar y **des**llantar—, y las pocas que al inicio de palabra llevan **ll**, las 550 palabras que existen con **ll** en intermedio de palabra, todas van entre vocales; por tanto, después de consonante se escribe **y**. Ejemplos: có**ny**uge, in**y**ectar, sub**y**acer.

- De las 550 palabras —sin contar derivaciones verbales— que tienen **ll**, con dos sencillas reglas se resuelve su escritura en más de 400:

  1. Siempre se escribe **ll** en las palabras que llevan **ill** más vocal y vocal más **lli**. Ejemplos: an**illo**, bach**iller**, abr**illa**ntar; a**llí**, au**llido**, be**llí**sima.

  2. Se escribe **ll** en las palabras que llevan vocal más **lle**: ba**llena**, ga**lle**ta, re**lleno**.

- La **ll** nunca cambia a otra letra y no existen verbos que en su raíz no la tengan y puedan adquirirla al conjugarse; ambos elementos sí los tiene la **y** porque puede escribirse como **y** griega o **i** latina, y existen más de 50 verbos que en su raíz no tienen **y** griega y al conjugarse la adquieren. Ejemplos: construir, construyo; dar, doy; estar, estoy; **corroer**, corroyó; **ir**, voy, vaya; **haber**, haya, hayas, etc.

LA LETRA Y

La letra **y** tiene dos sonidos: uno de vocal y otro de consonante:

La **y** tiene sonido vocálico en la palabra y terminación yendo y cuando actúa como conjunción: Saúl **y** Jorge; El cuaderno **y** la pluma. En los casos en que a la **y** como conjunción le siga una palabra que comience con **i** latina, en lugar de la **y** se escribe **e**: Juan e Isabel; Pedro e Inés.

De igual forma, la **y** tiene sonido vocálico de **i** latina al término de palabras en que la **i** no se acentúa: hay, hoy, voy, convoy, ley, etc.

La **y** tiene sonido de consonante al inicio o en medio de palabra, menos en la palabra yendo.

Existen tres palabras que tienen doble ortografía: yerba/hierba; yedra/hiedra; yersey/jersey.

Con la letra **y** existen —sin considerar derivaciones verbales— sólo 200 palabras y salvo las que empiezan con **y** (que se pueden confundir con las que inician con **ll**), casi todas son factibles de dilucidarse.

Pero lo más importante a estudiar con la **y** griega, no es tanto las palabras que en su raíz las contienen, sino los más de 50 verbos que en su estructura no la tienen y que al conjugarse la adquieren.

VERBOS QUE EN SU RAÍZ NO LLEVAN Y, PERO QUE EN ALGUNAS DE SUS CONJUGACIONES LA ADQUIEREN

• Existen 35 verbos que terminan en **-uir** que, en los siguientes tiempos, modos y personas, la **i** latina cambia a **y** griega.

Verbo constr**uir**.

Presente del indicativo: yo construyo, tú construyes, él construye, ustedes/ellos construyen.

Pasado del indicativo: él construyó, ustedes/ellos construyeron.

Presente del subjuntivo: yo/él construya, tú construyas, nosotros construyamos, ustedes/ellos construyan.

Pasado del subjuntivo: yo/él construyera o construyese, tú construyeras o construyeses, nosotros construyéramos o construyésemos, ustedes/ellos construyeran o construyesen.

Futuro del subjuntivo: yo/él construyere, tú construyeres, nosotros construyéremos, ustedes/ellos construyeren.

Imperativo: construye tú, construya él, construyamos nosotros, construyan ustedes/ellos.

Los gerundios de estos verbos también llevan **y**: construyendo, concluyendo, disminuyendo, etc., además de palabras que se derivan como: construyente, concluyente, confluyente, constituyente, contribuyente, etc., y enclíticos: constrúyeme, constrúyete, constrúyela(s), constrúyele(s), constrúyelo(s), constrúyenos, constrúya...me, se, la, las, le, les, lo, los, nos; construyéndo...me, te, se, la, las, le, les, lo, los, nos; etc.

Los 34 verbos que terminan en **uir** en los que, a través de su conjugación, la **i** se convierte en **y**, son:

afluir	contribuir	excluir	instituir	reconstituir
argüir	derruir	fluir	instruir	redistribuir
atribuir	destituir	huir	intuir	rehuir
concluir	destruir	imbuir	obstruir	restituir
confluir	diluir	incluir	ocluir	retribuir
constituir	disminuir	influir	prostituir	sustituir
construir	distribuir	inmiscuir	recluir	

El verbo **ahuyentar** que se deriva de **huir**, en toda su conjugación lleva **y**: ahuyento, ahuyenté, ahuyentaré, ahuyentaba, ahuyentaría, etc.

• Los verbos: **dar, estar, bienestar, malestar y ser**, en la primera persona del indicativo llevan **y**: doy, estoy, bienestoy, malestoy, soy.

• Los verbos: **creer, leer, poseer y proveer**, al conjugarse llevan **y** en los siguientes modos, tiempos y personas. Ejemplo, verbo leer:

Pasado del indicativo: él leyó, ustedes/ellos leyeron.

Pasado del subjuntivo: yo/él leyera o leyese, tú leyeras o leyeses, nosotros leyéramos o leyésemos, ustedes/ellos leyeran o leyesen.

Futuro del subjuntivo: yo/él leyere, tú leyeres, nosotros leyéremos, ustedes/ellos leyeren.

Gerundio: leyendo.

• En los verbos **corroer** y **roer**, aparte de tiempos, modos y personas de los verbos anteriores (creer, leer, poseer y proveer), se agrega el imperativo: corroya él, corroyamos nosotros, corroyan ustedes/ellos.

• Los verbos **desoír** y **oír**, al conjugarse (ver pags. 152-153), cambia la **i** latina por **y** griega de la siguiente forma:

Presente del indicativo: tú oyes, él oye, ustedes/ellos oyen.

Pasado del indicativo: él oyó, ustedes/ellos oyeron.

Pasado del subjuntivo: yo/él oyera u oyese, tú oyeras u oyeses, nosotros oyéramos u oyésemos, ustedes/ellos oyeran u oyesen.

Futuro del subjuntivo: yo/él oyere, tú oyeres, nosotros oyéremos, ustedes/ellos oyeren.

Imperativo: oye tú.

Gerundio: oyendo.

• El verbo **ir** (ver pags. 152-153), al conjugarse lleva **y** en los siguientes casos:

Presente del indicativo: yo voy.

Presente del subjuntivo: yo/él vaya, tú vayas, nosotros vayamos, ustedes/ellos vayan.

Imperativo: vaya él, vayamos nosotros, vayan ustedes/ellos.

Gerundio: yendo.

• El verbo **errar** al conjugarse lleva **y** en las siguientes formas:

Presente del indicativo: yo yerro, tú yerras, él yerra, nosotros yerramos, ustedes/ellos yerran.

Presente del subjuntivo: yo/él yerre, tú yerres, nosotros yerremos, ustedes/ellos yerren.

Imperativo: yerra tú, yerre él, yerremos nosotros, ustedes/ellos yerren.

• El verbo **haber**, al conjugarse lleva **y** en los siguientes ejemplos:

Presente del subjuntivo: yo/él haya, tú hayas, nosotros hayamos, ustedes/ellos hayan.

Imperativo: haya él, hayamos nosotros, hayan ustedes/ellos.

• Los verbos **caer, decaer, recaer** y **raer**, al conjugarse adquieren **y** en los siguientes tiempos, modos y personas:

Pasado del indicativo: él cayó, ustedes/ellos cayeron.

Pasado del subjuntivo: yo/él cayera o cayese, tú cayeras o cayeses, nosotros cayéramos o cayésemos, ustedes/ellos cayeran o cayesen.

Futuro del subjuntivo: yo/él cayere, tú cayeres, nosotros cayéremos, ustedes/ellos cayeren.

Gerundio: cayendo.

• El verbo **traer** y sus variantes, se escriben con **y** en su gerundio y con la terminación **-ente**.

a**traer**, atra**y**endo, atra**y**ente	re**traer**, retra**y**endo, retra**y**ente
con**traer**, contra**y**endo, contra**y**ente	retro**traer**, retrotra**y**endo, retrotra**y**ente
dis**traer**, distra**y**endo, distra**y**ente	sus**traer**, sustra**y**endo, sustra**y**ente
ex**traer**, extra**y**endo, extra**y**ente	**traer**, tra**y**endo, tra**y**ente
mal**traer**, maltra**y**endo, maltra**y**ente	

LAS NORMAS DE LA Y GRIEGA

• Se escribe **y** griega al final de palabra cuando es una **i** latina que no se acentúa (como sucede con: reí, caí, huí, etc.), y son las siguientes:

¡ay!	doy	jagüey	muy	soy
batey	Eloy	jersey	Paraguay	Uruguay
brandy	estoy	(o yersey)	rey	virrey
buey	fray	ley	Ruy	voy
¡caray!	grey	maguey	samuray	whisky
carey	hay	mamey	savoy	
convoy	hoy	Monterrey	siboney	

• Se escribe **y** después de consonante, salvo cuatro palabras: **con**llevar, **des**llagar, **en**llantar y **des**llantar. Las palabras que existen son:

abyecto	desyemar	enyerbar	inyectar	subyacer
circunyacente	desyerbar	enyesado	inyector	subyugar
conyugal	disyunción	enyesar	obyecto	superyó
cónyuge	disyuntiva	inyección	subyacente	

• Se escribe **y** en las sílabas **yec, yer** y en **yerro**, menos taller.

yec   **yer**

abyecto*   trayecto   anteayer   yerbajo
eyector   trayectoria   ayer   yerbero(a)
inyección*   desyerbar*   yermo
inyectar*   enyerbar*   yerno
obyecto*   joyería   yerro
proyectar   playera   yerto
proyectil   playero
proyecto   yerba
                                          (o hierba)

• Se escribe **y** en el vocablo **ayu**: **ayu**dar, **ayu**nar, **ayu**no, **ayu**ntamiento, desayunador, desayunar**, desayuno, rayuela.

• Las palabras que empiezan con **may** y **nay** —menos malla— se escriben con **y**. Las que existen son:

Maya   mayo   mayoral   mayoreo   mayúsculo
mayate   mayonesa   mayorazgo   mayoría   Nayarit
mayéutica   mayor   mayordomo   mayorista

• Los nombres de frutos y semillas —salvo el mismo nombre semilla y avellana— se escriben con **y**, los cuales son:

baya   guayaba   pitahaya   chilacayote soya
chiricaya   papaya   chayote   chirimoya   coyol

• Se escriben con **y** los nombres de países o ciudades, menos Antillas y Versalles.

Camboya   Monterrey   Pompeya   Uruguay   Yugoslavia
Guayaquil   Paraguay   Troya   Yucatán

---

* También están contenidas por la norma: después de consonante se escribe **y**.
** Como información, el yeyuno —por contracción yuno— es el órgano encargado de procesar los alimentos; a-yuno es no comer o no llevar alimento al yuno. En la palabra **des-a-yunar**, **des** y **a** son prefijos de negación y con ello se indica que no se está **ayunando**, esto es que: se va a **yunar**, se **yuna** o se está **yunando**.

• Existen algunas palabras que inician con **y** y **ll** y no están contenidas en normas; se ponen a continuación para que se conozcan:

Palabras que empiezan con **ll**

llaga	llanto
llagante	llorar
llagar	lloriqueo
llama	llave
llamarada	llavecín
llameante	llavero
llamear	
	llegar
llamar	llenar
llamativo(a)	
	llevar
llana	
llanamente	llover
llaneza	llovedizo
	llovizna
llanero	lluvia
llanura	lluviosa
llanta	

Palabras que empiezan con **y**

ya	yersey
yacaré	yeso
yacer	yo
yanqui	yodo
yaqui	yoga
yantar	yogur
yarda	yoyo
yate	yuca
ye	Yucatán
yedra	yudo
yegua	yugo
yelmo	Yugoslavia
yema	yugular
yerba	yunque
yermo	yunta
yerno	yute
yerro	

OTRAS PALABRAS CON Y, SON:

aboyar	coyuyo	leguleyo	secoya
alcayata	desmayar	leyenda	sayal
aleluya	ensayar	onomatopeya	soslayar
apoyar	epopeya	papagayo	tocayo
arroyo	eyacular	pararrayos	tramoya
atalaya	explayar	payaso(a)	tramoyista
baya	gandaya	peyorar	tuyo(a)
cayado	gruyer	playa	yacaré
claraboya	guacamaya	playera	yunta
coyuntura	guayabera	playero	zarigüeya
cocuyo	hayo	prosopopeya	
coyote	hoyuelo	puya	
coyotear	joya	rayar	
cuyo	lacayo	rayo	

LA DOBLE L (LL)

Para escribir debidamente a la doble l hay que tener en cuenta lo siguiente:

- No existe la **ll** al final de palabra. Esto es privativo de la **y**.

- Salvo las palabras compuestas **conllevar**, **desllagar**, **enllantar** y **desllantar**, las 550 palabras que llevan **ll** siempre van entre vocales; sólo algunas van al inicio de palabra.

- La **ll** no cambia a otra letra y tampoco existen verbos sin **ll** que al conjugarse la puedan adquirir.

Existen tres palabras de origen extranjero que ya están españolizadas, en las que la **ll** se pronuncia como doble l: ballet, bal-let; Braille, brail-le; best-seller, best-sel-ler. En cuanto a su división silábica, siguen igual: ba-llet, Brai-lle, best-se-ller.

LAS REGLAS ORTOGRÁFICAS DE LA LL

De las 550 palabras que existen con **ll** —sin contarse derivaciones verbales—, la mayor parte están contenidas en las cuatro normas siguientes:

1. **Siempre se escribe ll en las palabras que llevan ill más vocal y vocal más lli.**

Las palabras que tienen **ill más vocal** (250 sin contarse derivaciones), son las que a continuación se detallan; en ellas, algunas tienen la terminación **illo, illa** que es indicador de palabras diminutivas y en otros casos, despectivas.

aboquillar	amartillar	arenilla	avecilla	bastoncillo
abrillantar	anillar	arenillero	bachiller	becerrillo
acribillar	anillo	arillo	bachillerato	billar
acuchillar	antillano	arrodillar	balconcillo	billetaje
alcantarilla	Antillas	artillería	banderillear	billete
algodoncillo	apostillar	astillar	banquillo	billetero
amancillar	apuntillar	astilloso	barandilla	billón
amarillear	arbolillo	asuntillo	barbilla	blanquillo
amarillecer	arcilla	atolillo	barquilla	boardilla
amarillento	arcillar	atornillar	barquillo	bocadillo
amarillo	ardilla	avanzadilla	bastilla	bodegoncillo

bohardilla
bolillero
bolillo
bolsillo
bombilla
bonetillo
boquilla
Braille
brillante
brillantina
brillar
brillo
buganvilla
buhardilla
cabecilla
cadenilla
cajetilla
calzoncillo
camarilla
camilla
camotillo
campanilla
campanillear
campanilleo
canastilla
canciller
cancillería
capilla
capillero
caracolillo
carboncillo
carrerilla
carretilla
carrillo
cartilla
cascarilla
casilla
casquillo
castillo
catrecillo
caudillo
cejilla

celdilla
cepillar
cepillo
cerilla
cerillo
cervatillo
cigarrillo
cinturilla
ciruelillo
cochinilla(o)
codillo
cojincillo
colilla
colmillo
colmilludo
comidilla
comilla
conejillo
coralillo
corderillo
cordillera
coronilla
corrillo
cosquillas
cosquilleo
costilla
criadilla
cuadernillo
cuadrilla
cuartilla
cuclillas
cuchilla
cuchillería
cuchillo
cursillo
chantillí
chascarrillo
chillar
chillido
chinchilla
chiquillo
dedillo

dobladillo
duraznillo
encasillar
engatillar
escalerilla
escobilla
escotilla
estampilla
estanquillo
estribillo
fajilla
forillo
gatillo
gavilla
grillar
grillete
grillo
guerrilla
guerrillear
guillotina
gusanillo
hebilla
horquilla
humillar
hurtadillas
ladilla
ladrillo
lazarillo
mancillar
manecilla
mantequilla
mantilla
manzanilla
maquillar
martillo
mascarilla
mejilla
membrillo
mentirilla
mezclilla
milla
millar

millonario
mirilla
monaguillo
moquillo
morcilla
mundillo
natillas
novillo
orilla
ovillo
pandilla
panecillo
pantorrilla
papilla
parrilla
pasillo
patilla
perilla
personilla
pesadilla
picadillo
pillo
pitillo
plantilla
platillo
pocillo
polilla
portadilla
puntillismo
quesadilla
quilla
quintilla
quisquilloso
rabadilla
raicilla
ramillete
rastrillo
redondilla
rejilla
rodilla
rodillera
rodillo

rosquilla
semilla
sencillo(a)
servilleta
sextilla
silla
sillón
sombrerillo
taquilla
tinterillo
tobillo
tordillo
tornillo
torrecilla
tortilla
trastabillar
trencilla
trillar
vainilla
vajilla
varilla
ventanilla
verduguillo
villa
Villadiego
villancico
villanía
villano
villar
visillo
zancadilla
zancadillear
zapatilla
zorrillo

Las palabras que llevan **vocal más lli** —30, sin contarse derivaciones verbales—, son:

allí	bullicioso	escabullir	mellizo	tullidez
apellidar	bullir	estallido	mullido	tullido
apellido	caballista	fallido	mullir	zambullida
aullido	caballito	gallina	pellizcar	zambullir
bellísima	deshollinar	gallináceo	pellizco	
botellín	detallista	hollín	rebullir	
bullicio	engullir	maullido	sarpullido	

2. **Las palabras que tienen vocal más lle se escriben con ll,** salvo tres: joyería, gruyer y leyenda, con sus derivados.

Las 60 que existen son las siguientes:

allegado	caballero	cebollero	muelle
allegar	caballerosamente	centellear	muellemente
Allende	caballerosidad	centelleo	pellejo
ampolleta	caballeroso	cremallera	pellejudo
armella	caballete	desfallecer	pollería
ballena	cabellera	detalle	pollero
ballenato	calle	embellecer	rellenar
ballet	calleja	encallecer	relleno
belleza	callejear	fallecer	sobrellevar
best-séller	callejeo	faramallero	talle
bocacalle	callejero	folleto	taller
botellero	callejón	fuelle	toallero
caballerango	callejuela	gallera(o)	valle
caballeresco	camellero	galleta	Versalles
caballería	camello	molleja	
caballeriza	canallesco	mollera	

3. **Se escribe ll en las palabras simples y verbos en infinitivo que tienen ull + vocal**; se exceptúan: aleluya, cocuyo, cuyo, gruyer, puya y tuyo (a).

Nota: Tener cuidado con las derivaciones verbales de los 34 verbos que terminan en -uir: construir, diluir, influir, intuir, instruir, etc., y el verbo que se deriva de huir: ahuyentar, porque sus derivaciones que adquieren la y griega tienen uy + vocal. Ejemplos: construyo(a), construyan; diluyo, diluya; influyó, influyente; instruyo, instruyendo; etc. Ver pags. 152-153.

Las palabras simples y verbos en infinitivo con **ull** + vocal, son:

acullá	barullo	garambullo	mullido*	rebullir*
apabullante	bulla	grulla	mullir*	sarpullido*
apabullar	bullicio*	hulla	murmullo	tullidez*
arrullar	bullicioso*	magulladura	orgullecer	tullido*
aulladero	bullir*	magullar	orgullo	zambullida*
aullar	chanchullo	marrullería	orgulloso	zambullir*
aullido*	engullir*	marrullero	patrulla	
barullero	enorgullecer	mascullar	patrullar	

4. **Se escribe ll en las palabras que tienen ella,** menos las que terminan en **peya:** epopeya, onomatopeya y prosopopeya.

Las palabras que llevan el vocablo **ella,** son:

arrellanar	bellaquear	centella	estrella	querella
atropellado	bellaquería	centellador	estrellado	querellar
atropellador	bella(o)	centellar	estrellar	resellar
atropellar	botella	dentellada	estrellato	sellado
avellana(o)	cabellar	descabellar	grosella	sellador
avellanador	capellán	destellar	huella	sellar
avellanar	castellanizar	doncella	mellar	
bellacada	castellano	**ella**	paella	

OTRAS NORMAS DE LA LL

• Se escribe **ll** en las palabras que tienen **ello, ellu,** menos: leguleyo, peyorar y plebeyo. Las palabras que llevan el vocablo **ello, ellu,** son:

bello	botelludo	cuello	empellón	vello
bellota	cabello	degüello	pabellón	vellosidad
botellón	cabelludo	destello	resuello	

• Se escribe **ll** en las palabras que llevan **ollo,** menos apoyo, arroyo, coyote y hoyo. Las que existen son:

ampollo	criollo	embrollo	pimpollo	rollo
bollo	desarrollo	escollo	pollo	sollozar
cebollón	descollo	meollo	repollo	sollozo

---

* Estas palabras también están contenidas por la norma: en vocal + **lli** se escribe **ll** .

• Se escribe **ll** en la palabra **caballo** y en todos sus derivados:

caballada	caballeriza	caballeroso	encaballar
caballerango	caballero*	caballete	
caballeresco	caballerosamente	caballista	
caballería	caballerosidad	caballito	

• Las palabras **gallo** y **pollo**, con sus derivados, se escriben con **ll**.

agalla	**gallardía**	**gallero**	**pimpollo**	**pollero**
empollar	**gallardo**	**gallina**	**polla**	
engallar	**gallera**	**gallináceo**	**pollería**	

• La palabra **lluvia** y sus derivados, se escriben con **ll**.

llovedizo	llovizna	lluvioso
llover	lloviznar	

• Se escribe **ll** en el vocablo **alla** y aunque existen otras palabras que llevan **aya**, es importante conocer unas y otras.

Las palabras que llevan **aya**, son:

alcayata	desmayar	gandaya	playa	soslayar
atalaya	ensayar	guayabera	raya	subrayar
cayado	explayar	payaso	sayal	

Las palabras que llevan **alla**, son:

acallar	batalla	entallar	metralla	tallarín
allá	batallar	estallar	morralla	toalla
allanamiento	callar	fallar	muralla	valla
allanar	canalla	faramalla	pantalla	vallar
ametrallar	canallada	hallar	rondalla	vasallaje
amurallar	detallar	hallazgo	talla	
apantallar	encalladura	malla	talladura	
avasallar	encallar	medalla	tallar	

---

* Como información, antaño, cuando aún no existía el automóvil, sólo la gente rica tenía caballos y a los hombres que los poseían les decían caballeros. Actualmente, caballero es un hombre educado y de buenas maneras, sobre todo en el trato hacia la mujer.

OTRAS PALABRAS CON LL
no contenidas en normas

abolladura	cebolludo	follaje	llanamente	llevar
abollar	collar	holladura	llanero	llorar
ampolla	collarín	hollar	llanura	medallón
argolla	degollar	llaga	llaneza	olla
arrollar	desarrollar	llagar	llanta	resollar
atolladero	descollar	llama	llanto	rocalloso
callo	desollar	llamada	llanura	tallo
callosidad	embrollar	llamar	llave	vasallo
calloso	encebollar	llamarada	llavero	
cebolla	escollar	llamativo	llegar	
cebollar	fallo	llana	llenar	

HOMÓFONOS
con LL e Y

arrollo : Del verbo arrollar; hacer rollos; desbaratar al enemigo en campaña.

arroyo : Pequeña corriente de agua.

callo : Dureza formada en la piel; del verbo callar.

cayo : Isleta o peñasco; nombre que llevaron algunos romanos ilustres —Ejemplos: Cayo Julio César— y un Papa.

calló : Del verbo callar.

cayó : Del verbo caer.

desmallar : Deshacer o cortar mallas.

desmayar : Verbo: privación de sentido; no tener fuerzas, perder ánimo.

halla   : Del verbo hallar.
aya   : Educadora de un niño.
Haya   : Del verbo haber; capital de Holanda.

hallan   : Del verbo hallar.
hayan   : Del verbo haber.

hollo   : Del verbo hollar; pisotear; humillar, despreciar.
hoyo   : Concavidad u hondura en la tierra.

holló   : Del verbo hollar.
oyó   : Del verbo oír.

hulla   : Carbón de piedra.
huya   : Del verbo huir.

llantar   : Verbo: ponerle llantas a un automóvil.
yantar   : Verbo: comer.

malla   : Tejido metálico, cada una de las aberturas que contiene.
maya   : Habitante de la región Maya que comprendía, principalmente, Yucatán y Guatemala. Lengua hablada por los mayas.

rallar   : Verbo: desmenuzar una cosa restregándola con el rallador.
rayar   : Verbo: hacer rayas; tachar lo manuscrito o impreso con una o varias líneas largas y/o cortas; llegar la luz del amanecer; pagar su jornal a los operarios.

valla   : Cerca o vallado.
baya   : Fruto de ciertas plantas.

LAS LETRAS M Y N

La letra **m** con su sonido labial y la letra **n** con su sonido lengual-palatal no representan dificultad para escribirse cuando están al inicio de palabra o de sílaba. Ejemplos:

Palabras con **m**		Palabras con **n**	
mamá	enigma	nacer	enano
mamila	familia	natural	fanal
mejor	germen	nene	ganar
mes	humor	nervio	honesto
miel	jamón	nombre	isabelino
minuto	lomo	noticia	jinete
monada	norma	novela	laguna
monte	pluma	número	menear
mover	química	nutria	ónix
muscular	ramo	nutrir	penoso
alma	semana	animar	quincena
bromear	tamal	barniz	rana
calma	uniforme	cabina	sereno
chisme	volumen	China	terna
dama	yema	dona	uno

La confusión, que es poca, para escribir **m** o **n** radica:

- Cuando la **n** se convierte en **m**.
- En algunos casos cuando existe **m** al final de palabra.
- Cuando una palabra compuesta adquiere doble **n** (nn).
- Y cuando se escribe **n** antes y después de **m** (nm, mn).

LA N SE CONVIERTE EN M ANTE B Y P

Una de las reglas invariables de la ortografía es: Siempre se escribe **m** ante una **b** o una **p** (mb, mp). En consecuencia, nunca puede ir una **nb** o una **np** en una palabra hispana. Debido a esto, cuando una palabra se componga con otra y básicamente con prefijo que terminen en **n** y vaya ante una **b** o una **p**, la **n** se convierte en **m**.

Ejemplos de palabras compuestas con dos palabras: balón y pie, al fundirse en una sola palabra será: balompié; cien y pies, haciendo referencia al nombre de un gusano, se escribirá: ciempiés.

Como se observa, balón en la palabra compuesta pasa a ser balom, y de igual manera sucede con cien que se convierte en ciem.

El apellido Colón (de Cristóbal Colón, a quien se le atribuye el descubrimiento de América), haciéndose referencia al país que lleva su nombre, Colombia, la n cambia a m porque va ante b; de forma similar sucede cuando se hace referencia a lo colombino o precolombino.

Pero donde más sucede este fenómeno es en las palabras compuestas con un prefijo que termina con n y la palabra simple empieza con p.

El prefijo co, con que indica sociedad (coinquilino, comadre, confiar, conjunto, convivir), con ante b y p, cambia a com. Ejemplos:

combatir	compasión	complacer	comprometer
compadecer	compatriota	componer	compuerta
compadre	compenetrarse	comportar	compuesto
compartir	compilar	comprobar	

El prefijo en —que indica afirmación de lo que indica la palabra— (encimar, engomar, enmudecer) cambia a em ante b y p. Ejemplos:

embarcar	embolsar	empedrar	empollar
embeber	empadronar	empeorar	emprender
embellecer	emparejar	empequeñecer	empujar
embobar	empastelar	emplumar	empuñar

El prefijo in que indica: negación, que no es: (incómodo, inhumano), cuando va ante b y p cambia a im. Ejemplos:

imbatible	impenetrable	impertinente	impracticable	improductivo
imborrable	impensable	imperturbable	imprecisión	improlongable
impaciencia	imperceptible	impiedad	impreciso	impronunciable
impagable	imperdonable	impío	impredecible	impropio
impalpable	imperfecto	implaticable	impregnable	imprudencia
impar	impericia	imponderable	imprevisible	imprudente
imparable	impermeable	impopular	imprevisto	impuntual
imparcial	impermutable	imposible	improbable	impuro
impecable	impersonal	impotencia	improcedente	

En cualquier caso, sólo recuérdese que, siempre se escribe **m** ante **b** o **p** (**mb, mp**) y que no existen palabras hispanas que lleven **nb** o **np**.

Las palabras que tienen **mb** son alrededor de 270 y en ellas existen 75 verbos con los que se forman más de 3,500 derivaciones verbales. Ver pags. 157-160 donde están todas estas palabras. Algunos ejemplos son:

abombar	bomba	combinar	embarrar
acalambrarse	bombacha	costumbre	embaucar
acostumbrar	bombardear	cumbia	embeber
alambrar	bombear	cumbre	embelesar

El complemento de las palabras que tienen mp, es el siguiente:

acampar	compás	comprar	empalagar
amparar	compasar	comprender	empalmar
campamento	compasión	comprimir	empanada
campana	compatible	comprobar	empantanar
campanario	compatriota	comprometer	empañar
campanear	compeler	compromiso	empapar
campante	compelir	compuerta	empapelar
campaña	compendio	compuesto	empaque
campechana(o)	compendizar	compulsión	emparedar
campeón	compenetrarse	compungir	emparejar
campeonato	compensatorio	computar	empastar
campesino	competente	computarizar	empastelar
campestre	competer	contemporáneo	empatar
campiña	competir	corromper	empatía
campirano	compilar	cumpleaños	empecinar
campo	compinche	cumplir	empedrar
cantimplora	complacer	champiñón	empeine
cempasúchil	complejo	champola	empelotarse
columpio	complemento	champú	empellón
compacto	completar	chinampa	empeñar
compadecer	complexión	desacompañar	empeorar
compadre	complicar	descompuesto	empequeñecer
compaginar	cómplice	desempeño	emperatriz
compañero	complot	ejemplar	emperchar
compañía	componente	ejemplificar	emperrarse
comparar	componer	ejemplo	empezar
comparecer	comportar	empacar	empinar
comparsa	compositor	empacho	empírico
compartir	compostura	empadronar	empitonar

empizarrar   impedir   improvisto   siempre
emplastar   impeler   impúber   simpatía
emplasto   imperativo   impudicia   simple
emplazar   imperecedero   impuesto   tampoco
empleo   imperial   impugnar   témpano
emplumar   imperio   impulsar   temperamento
empobrecer   imperioso   impulsión   temperancia
empolvar   ímpetu   imputar   temperatura
empollar   implantar   incompetencia   temperie
emponzoñar   implemento   incomprensión   tempestad
emporio   implicar   intemperie   templar
empotrar   implícito   intempestivo   templario
emprender   implorar   interrumpir   templo
empresa   imponer   lámpara   temporal
empujar   importante   lampiño   temporáneo
empuje   importar   limpiar   temprano
empuñar   importe   olímpico   tentempié
encampanar   importunar   olimpo   tímpano
escampar   impositivo   pampa   trampa
estampa   impostar   pimpollo   trampolín
estampilla   imprecar   pompa   trompa
extemporáneo   imprenta   rampa   trompeta
hampa   impresión   recompensa   trompicar
impacto   impresionar   reemplazo   trompo
impartir   imprimir   relámpago   vampiro
impávido   improperio   romper   zampar
impedido   improvisar   rompope
impedimento   improviso   sarampión

LA M Y LA N AL FINAL DE SÍLABA

- La **m** sólo se escribe ante **b** y **p** (como se acaba de ver); en dos casos ante **m**: Emma y gamma; y ante **n** en 36 casos —que están en la página siguiente— con los que se forman las palabras que llevan **mn**: alu**mn**o, colu**mn**a, hi**mn**o.

- La **n** se escribe ante cualquier consonante, menos **b** y **p**. Algunos ejemplos son:

abundar   bronco   estimulante   lanzar
ahínco   canción   fanfarria   ménsula
anticipo   donde   honra   panzón
añoranza   duende   intenso   redondo

LAS PALABRAS QUE TERMINAN CON **M** Y **N**

En relación a las palabras que terminan con **m** o **n**, casi es nula una posible confusión entre ambas letras porque casi todas las que existen son con **n**. En total son alrededor de 39,900 y de ellas, 38,000 están en todos los tiempos y modos de los 4,200 verbos en las personas ustedes/ellos: cantan, cantaron, cantarán, cantaban, cantarían, canten, cantaran o cantasen, cantaren; 1,200 palabras están en las que terminan en -ción: canción, idealización, adopción, acción; 155 llevan -sión: alusión, compasión, televisión; y 500 palabras son las agudas que principalmente tienen la terminación -on: cartón, plantón, ratón, rayón, etc.

LAS POCAS PALABRAS QUE TERMINAN CON **M**, SON:

Abraham	ídem	médium	quórum	tótem
álbum	Islam	memorándum	referéndum	ultimátum
delírium	ítem	microfilm	réquiem	
film	linóleum	quántum	tedéum	

A las que se agregan las expresiones latinas: in memóriam y post mórtem.

LA **MM**, **MN**, Y LA **NN**, **NM**

En la unión de las letras **mm**, **mn**, **nn** y **nm**, siempre la primera letra —m, m, n, n— está al final de sílaba y la segunda letra —m, n, n, m— es inicio de la sílaba siguiente.

Con **mm** sólo existen dos palabras: Emma y gamma.

CÓMO DILUCIDAR LAS PALABRAS QUE LLEVAN **MN**, **NN** o **NM**

- Las palabras que llevan **mn** son palabras simples o derivadas, y muchas se forman con la palabra griega omni que indica: todo. Todas las palabras que llevan **mn**, son:

alumnado	amnistía	columna	gimnasio
alumno	calumnia	columnista	gimnasta
amnesia	calumniador	damnificación	himno
amnésico	calumniar	damnificar	indemnización
amníotico	calumnioso	gimnasia	indemnizar

insomnio	omnipotente	omnisapiente	solemnizar
ómnibus	omnipresencia	omniscencia	somnífero
omnímodo	omnipresente	omnívoro	somnolencia
omnipotencia	omnisapiencia	solemne	somnoliento

* Las palabras que llevan **nn** y **nm** son palabras compuestas con otras y básicamente con prefijos que terminan con **n** y la palabra simple empieza con **n** (**nn**) o con **m** (**nm**).

La mayor parte de las palabras que tienen **nn** se forman a través de muchos enclíticos (en el ustedes) cuya terminación verbal termina en **n** más el pronombre **nos**. Ejemplos: ustedes... den**nos**, dígan**nos**, abrácen**nos**, obséquien**nos**, ámen**nos**, motíven**nos**, etc.

Las pocas palabras que no son enclíticos y que llevan **nn** por la unión de un prefijo que termina en **n** con la palabra que comienza con **n**, son:

circunnavegación	ennegrecer	innoble	innovar
circunnavegar	ennoblecer	innocuo	innumerable
connatural	innato	innombrable	sinnúmero
connotación	innavegable	innominado	
connotar	innecesario	innovación	
enneciar	innegable	innovador	

Las palabras que existen con **nm**, son:

En palabras compuestas con otra: balonmano y cienmilésimo.

Con el prefijo **con-** (sociedad)

conmemorable	conmigo	conmocionar	conmutable
conmemorar	conminación	conmovedor	conmutador
conmemorativo	conminar	conmutación	conmutar
conmensurable	conmiseración	conmover	conmutativo
conmensurar	conmoción	conmovible	

Con el prefijo **en-** (afirmación)

enmaderar	enmarcar	enmienda	enmugrecer
enmarañar	enmascarar	enmohecer	
enmarcable	enmendar	enmudecer	

Con el prefijo **in-** (negación)

inmaculada(o)	**in**mejorable	**in**moral	**in**móvil
inmadurez	**in**memorable	**in**moralidad	**in**movilizar
inmadurar	**in**merecido	**in**mortal	**in**mundicia
inmaduro	**in**misericorde	**in**mortalidad	**in**mune
inmanente	**in**mobiliario	**in**mortalizar	**in**mutable
inmaterial	**in**moderado	**in**movible	**in**mutar

Otras palabras son: **in**mediato, **in**mersión, **in**merso, **in**migrar, **in**minencia, **in**miscuir, **in**misión, **in**molar, **in**munodeficiencia.

HOMÓFONOS
con **M** y **N**

combino : Del verbo combinar.
convino : Del verbo convenir.

embestir : Verbo: acometer, arremeter contra alguien o algo.
envestir : Verbo: revestir, cubrir.

LA LETRA R

La letra erre se escribe como **r** simple y como erre doble —**rr**—, y tiene dos sonidos: uno suave y otro fuerte.

Sólo como información, en cuanto a la pronunciación suave o fuerte de la erre, se indica lo siguiente:

La r simple tiene sonido suave en tres casos:

1. Al final de sílaba y de palabra: **á**rbol, **car**ta, ama**r**, soñado**r**.

2. Después de consonante que inicia palabra o sílaba: **br**azo, **dr**ama, **tr**ote, act**r**iz, diciemb**r**e, azu**fr**e, ag**r**ado, **br**inco, **fr**uta, let**r**a, pad**r**e, g**r**ato.

3. Entre vocales: a**r**oma, cue**r**o, espe**r**a, llane**r**o, pa**r**a, madu**r**o, ha**r**ina.

La r simple tiene sonido fuerte en dos casos:

1. Al inicio de palabra: **r**ana, **r**ecado, **r**isa, **R**oma, **r**uta, **r**igor, **r**ifar.

2. Al inicio de sílaba antecediéndole consonante: en**r**amar, hon**r**a.

La doble erre —rr— siempre tiene sonido fuerte y siempre va entre vocales: arr**iba, cata**rr**o, ferroca**rr**il, bo**rr**ón, a**rr**ogancia.**

LAS DOS NORMAS ORTOGRÁFICAS DE LA R

1. Siempre se escribe **r** simple:

   • Al inicio o final de palabra: **r**ama, **R**amón, **r**igor, **r**ifar, **r**imar.

   • Antes y después de consonante: ag**r**aciado, lomb**r**iz, fo**r**tuna, te**r**nura.

   • Entre vocales cuando tiene sonido suave: ca**r**a, aé**r**eo, escale**r**a.

2. Siempre se escribe doble (**rr**) entre vocales cuando tiene sonido fuerte: ca**rr**eta, ba**rr**o, ca**rr**iola, bi**rr**ia, a**rr**ojo, co**rr**er, fo**rr**ar, guita**rr**a.

La confusión que suele existir es cómo saber cuando se escribe **r** o **rr** cuando van entre vocales. Al respecto, se pone **r** cuando deba llevar sonido suave, y **rr** cuando deba tener sonido fuerte.

• **Siempre se escribe r simple al inicio o final de palabra.**

Algunas palabras que llevan **r** simple al inicio de palabra, son:

racimo	realizar	riel	robusto	rubia
ración	reata	rifa	roca	rueda
radio	rebozo	rima	Rocío	rugido
ráfaga	recado	rincón	rodeo	rumba
raíz	rector	río	rojo	ruta
ramo	repisa	rizador	roncar	rutina
real	ribera	roble	rubí	

Con **r** al final de palabra son alrededor de 8,000 y están en los 4,200 verbos en su infinitivo (amar, cantar, soñar, beber, comer, raer, ir, reír, exhibir) y en las terminaciones o sufijos derivados de los propios verbos, **-or** y **-dor** (cantor, soñador, bebedor, comedor, trabajador, pintor, etc.).

• **Siempre se escribe r simple antes y después de consonante.**

Algunos ejemplos de palabras con **r** simple después de consonante, que tiene sonido suave:

administrar	dragón	hombre	ofrenda	teatro
agrado	ecuestre	imprenta	ogro	tigre
avestruz	empresa	jengibre	padre	ubre
brinco	fábrica	letra	palabra	umbral
brillante	fragancia	libra	quebrado	vibrar
cabra	fruta	madre	quejumbre	vidrio
capricho	graduado	maestra	sabroso	yedra
chilindrina	grato	nodriza	sacro	zafra
democracia	hembra	nutrir	semestre	zozobra

En las siguientes palabras, que son todas las que existen, la **r** simple que inicia sílaba y le antecede consonante, tiene sonido fuerte.

alrededor	enrarecer	enrocar	honra	israelí
enrabiar	enredadera	enrojecer	honrable	israelita
enraizar	enredar	enrolar	honradez	malrotar
enramada(o)	enrejar	enrollar	honrado	subrayar
enramar	enrielar	enronquecer	honrar	subreino
enramblar	Enrique	enroscar	honroso	subrogar
enranciar	enriquecer	enrudecer	Israel	

Algunos ejemplos de palabras con **r** simple antes de consonante.

acerca	energía	jardín	oferta	universo
acorde	fervor	jornada	oportuno	urbano
bordado	firme	kermés	parte	vanguardia
bursátil	gallardo	linterna	paternal	verso
carbono	garza	lord	reversible	yerno
carpintero	hermosa	marfil	sardina	yersey
deporte	horno	martes	servilleta	zarpar
despierto	importante	Norma	tarjeta	zurdo
ejercicio	interno	norteño	tersura	

Otras miles de palabras con **r** antes de consonante están en los en-clíticos formados con los 4,200 verbos en infinitivo y los pronombres, me, te, se, la(s), le(s), lo(s), nos. Ejemplo: verbo amar: **amarme, amarte, amar-se, amarla(s), amarle(s), amarlo(s), amarnos; estudiarme, estudiarte, estu-diarse, estudiarla(s), estudiarle(s), estudiarlo(s), estudiarnos.**

LA R SIMPLE Y LA RR, AMBAS SIEMPRE ENTRE VOCALES

La **r** y **rr** van siempre entre vocales y lo único que puede determinarlas es el sonido suave que tiene la **r** simple y el sonido fuerte que tiene la **rr**.

Véanse las siguientes palabras para ubicar el sonido suave de **r** y el sonido fuerte de **rr**:

acerar	aserrar	Corea	correa
amara	amarra	coreo	correo
aros	arroz	curo	curro
azorar	azorrar	encerar	encerrar
buró	burro	enterar	enterrar
caro	carro	güera	guerra
careta	carreta	harapo	arrapo
cerillo	cerrillo	jara	jarra
choro	chorro	poro	porro
cora	corra	vara	barra
coral	corral		

Palabras con **r** suave   ### Palabras con **rr** fuerte

acalorar	entero	jarabe	biorritmo	forrar	sarro
acaparar	espera	jurar	arreglar	gorra	susurro
barata	figura	lábaro	pelirrubio	horror	tarro
bombero	furia	laurel	arriba	irritar	terraza
caldera	galería	maduro	borrar	jarro	turrón
cara	Gloria	marea	carro	morral	urraca
charal	harina	nevera	cotorra	narrar	verruga
chícharo	héroe	obrero	derroche	ocurrir	virrey
decoro	ilusorio	puchero	erróneo	perro	zorro
delirio	interés	varilla	farra	porra	zurra

CAMBIO DE **R** A **RR**

Las palabras que inician con **r** tienen sonido fuerte de doble **r** (regular, reglamento, ruina, ropa). Cuando una palabra empieza con **r** y se compone con una palabra o prefijo que termina en vocal, la **r** simple que tiene sonido fuerte se convierte en doble **r** (rr) para seguir conservando su sonido fuerte (autorregular, antirreglamento, arruinar, arropar).

Si la palabra que inicia con **r** se compone con una palabra o prefijo que termina en consonante, seguirá conservando una sola **r** con su sonido fuerte. Ejemplos: **r**eír, son**r**eír; **r**arecer, enra**r**ecer; **r**amar, enra**r**ecer.

Casi todas las palabras en las que la **r** inicial de palabra que tiene sonido fuerte cambia a doble **r** (rr), son las siguientes:

altorrelieve de alto y relieve
antirrábico de anti y rabia
antirrazón de anti y razón
antirreuma de anti y reuma
antirrobo de anti y robo
arreglar de a y reglar
arremangar de a y remangar
arremedar de a y remedar
arremolinar de a y remolino
arrestar de a y restar
arriesgar de a y riesgo
arrítmico de a y rítmico
arrobar de a y robar
arrodillar de a y rodilla
arropar de a y ropa

arruinar de a y ruina
autorregular de auto y regular
autorretrato de auto y retrato
bajorrelieve de bajo y relieve
bancarrota de banca y rota
biorritmo de bio y ritmo
birreactor de bi y reactor
correcto de co y recto
corrector de co y rector
corregir de co y regir
correlación de co y relación
corresponder de co y responder
corroer de co y roer
corromper de co y romper
corrompible de co y rompible

costarricense de Costa Rica
chuparrosa de chupa y rosa
derrama de de y rama
derramar de de y ramar
guardarropa de guarda y ropa
infrarrojo de infra y rojo
irracional de i y racional
irradiar de i y radiar
irreal de i y real
irrealidad de i y realidad
irrealizable de i y realizable
irrebatible de i y rebatible
irreconciliable de i y reconciliable
irrecuperable de i y recuperable
irreductible de i y reductible
irreemplazable de i y remplazable
irreflexivo de i y reflexivo
irregular de i y regular
irrelevante de i y relevante
irremediable de i y remediable
irremisible de i y remisible
irreparable de i y reparable

irrepetible de i y repetible
irreprochable de i y reprochable
irresistible de i y resistible
irrespetuoso de i y respetuoso
irrespirable de i y respirable
irresponsable de i y responsable
irreverente de i y reverente
irrevocable de i y revocable
manirroto de mano y roto
pararrayos de para y rayos
pelirrojo de pelo y rojo
pelirrubio de pelo y rubio
portarretrato de porta y retrato
prerrequisito de pre y requisito
puertorriqueño de Puerto Rico
radiorreceptor de radio y receptor
semirrecto de semi y recto
semirroto de semi y roto
telerrenta de tele y renta
ultrarrápido de ultra y rápido
vicerrector de vice y rector

LAS PALABRAS QUE LLEVAN **RR**

Las palabras que llevan doble **rr** son alrededor de 370 —sin contar palabras derivadas—, y son las siguientes:

abarrancar	achicharrar	arracada	arriba
abarrotar	aferrar	arraigar	arriero
abejorro	agarrar	arrancar	arrimar
aberración	aguarrás	arras	arrinconar
abigarrar	aguerrido	arrasar	arrogancia
aborrecer	ahorrar	arrastrar	arrojar
aburrir	alcaparra	arrear	arrojo
acarrear	amarrar	arrebatar	arrollar
acatarrar	amodorrarse	arrebujar	arroyar
acérrimo	apachurrar	arrecife	arroyo
acorralar	aporrear	arrendar	arroz
acurrucarse	aquelarre	arrendatario	arrugar
achaparrarse	arrabal	arrepentirse	arrullar

arrumaco
aserrar
aterrar
aterrizar
aterrorizar
atiborrar
atorrante
averrugado
barra
barrabasada
barraca
barracuda
barranca(o)
barrenar
barrer
barrera
barrica
barricada
barriga
barril
barrio
barrito
barro
barroco
barrote
baturro
becerra(o)
berrear
berrinche
birria
bizarro
borracho
borrar
borrasca
borrego
borrica(o)
borrosidad
burra(o)
cacharrero
cacharro
cachiporra
cachorro

camorra
camorrear
canturrear
carraspear
carrera
carreta
carretera
carretilla
carril
carrillo
carriola
carrizal
carrizo
carro
carrocería
carroña
carroza
carrusel
cascarrabias
catarro
catorrazo
celebérrimo
cerradura
cerrajería
cerrar
cerro
chamarra
champurrado
chaparro
charrasca
charrería
charro
charrúa
chascarrillo
chatarra
chicharra
chicharrón
chirriar
chismorrear
chisporrotear
chocarrero
chorrear

chorrillo
chorro
churrasco
churrigueresco
churro
cierre
cigarra
cigarrera
cigarro
cimarrón
cimitarra
cirrosis
concurrencia
concurrir
corral
correa
correccional
corredor
corregidor
correo
correoso
correr
corretaje
corretear
corrida
corrido
corriente
corrillo
corroborar
corrosión
corrugar
corrupción
coscorrón
coterráneo
cotorra
cotorreo
curricular
curro
derretir
derribar
derrocar
derrochar

derrotar
derrotero
derruir
derrumbar
desamarrar
desarrapado
desarreglar
desarrollar
desarrugar
desbarrar
descarriar
descarrilar
descorrer
desgarrar
desherrar
despanzurrar
desparramar
despilfarrar
despiporre
desterrar
destierro
diarrea
discurrir
embarrar
emborrachar
emperrarse
empizarrar
encerrar
encerrona
enfurruñarse
engarrotar
engorro
enterrar
errabundo
erradicar
errante
errar
errata
errático
erre
erróneo
error

esbirro	horrendo	pajarraco	terramicina
escurrir	horrible	pantorrilla	terraplén
esmirriado	horripilante	parra	terráqueo
espárrago	horror	párrafo	terrateniente
fanfarrear	horrorizar	parranda	terraza
fanfarria	horroroso	parrilla	terremoto
fanfarrón	imborrable	párroco	terrenal
fanfarronear	incorrección	parroquia	terreno
farra	incorregible	paupérrimo	terrestre
ferretería	incorruptible	perro	terrible
ferrocarril	incorrupto	petirrojo	terrícola
ferroso	incurrir	pintarrajar	terrífico
ferroviario	insurrección	pizarra	territorial
fierro	insurrecto	popurrí	terrón
forraje	interrogar	porra	terror
forrar	interrumpir	porrazo	terroso
forro	irrigar	prerrogativa	terruño
garra	irrisorio	prorratear	tierra
garrafa	irritar	prórroga	tirria
garrafón	jarra(o)	resurrección	torre
garrapata	jarrón	santurrón	torrencial
garrocha	jugarreta	sarro	torrente
garrote	macarrón	seborrea	torreón
gorra	mamarracho	serranía	tórrido
gorrión	marrano	serrano	torrija
gorrón	marro	serrar	turrón
guerra	marrón	serrucho	urraca
guerrero	marrullería	sierra	ventarrón
guerrilla	matorral	socarrón	verborrea
guijarro	mazmorra	socarronería	verruga
guitarra	mediterráneo	socorrer	villorrio
hemorragia	mirra	socorro	virrey
hemorroide	modorrar	soterrar	yerro
herradura	mojarra	subarrendar	zafarrancho
herraje	morral	subdesarrollo	zorra(o)
herramienta	morralla	subterráneo	zorrillo
herrar	narrar	susurración	zurrar
herrería	nubarrón	susurrar	
herrumbrar	ocurrente	susurro	
hierro	ocurrir	tarro	

EMPLEO DE LAS LETRAS MAYÚSCULAS

- Se escribe letra mayúscula en la primera letra con la que se comienza un escrito; después de punto y seguido, y de punto y aparte; frecuentemente, después de los dos puntos; después de un signo de interrogación o de admiración, si no se interpone una coma. Ejemplos:

  ¿Cuándo? No lo sé. Sin embargo sí le digo: Hoy recibiré la información, ¡claro que sí! Y les haré ver de su falta de comunicación por no indicar cuándo entregaban el paquete.

- Se escribe letra mayúscula en todos los nombres propios y en los nombres que los sustituyen, incluyendo los apodos. Ejemplos:

  México, Argentina, San Diego, Monterrey, Acapulco, Pancho, José Quirarte, El Rey Arturo, Cuernavaca es La Ciudad de la Eterna Primavera, Cantinflas, El Jícamas, Universidad Autónoma de México.

- Se escriben con mayúsculas las palabras que designan divinidades:

  Dios, el Creador, la Virgen María, la Virgen de Guadalupe, Redentor, Todopoderoso, Él (refiriéndose a Dios).

- Se escribe con mayúscula la primera palabra del título de un libro, artículo, película u obra teatral. Ejemplos:

  Cien años de soledad; Lo que el viento se llevó; Seis personajes en busca de autor.

- Se escriben con mayúscula los títulos de dignidad o de autoridad y los nombres que designan entidades. Ejemplos:

  El jefe de Estado; Su Majestad; Su Santidad, Su Excelencia, Secretaría de Relaciones Exteriores; Escuela Normal; el Gobierno.

- Estado se escribe con mayúscula cuando se indica a la Nación y con minúscula en los demás casos. Ejemplos:

  El Estado tiene la obligación de ver por los intereses de los ciudadanos; el estado de Guerrero es famoso por la ciudad de Acapulco.

- Se escriben con mayúscula las siglas y los números romanos:

  ONU; OEA; UNAM; SEP; Siglo XX; MCMLXXVIII.

- Cuando se escriba la **ch** o la **ll** y deba ir con mayúscula, sólo la primera podrá llevarla. Ejemplos: Chela, Chile, Lluvia, Llorante.

- Se escribe con mayúscula la primera letra de los nombres de ciencias: Filosofía, Biología, Economía, Matemáticas; pero irán con minúsculas cuando se usan con sentido genérico: Tu filosofía no es tan buena como la mía. Mis matemáticas son mejores que las tuyas. Yo siempre tengo buena economía porque ahorro.

- Se escriben con mayúsculas los nombres de entidades federativas, ríos, mares, ciudades, continentes, océanos. Ejemplos:

  México, Puebla, San Diego; Mar de Cortés; Río Atoyac, Océano Pacífico, América del Norte, Europa.

- Se escriben con mayúscula los nombres de animales, objetos o plantas cuando en una obra literaria —en las fábulas por ejemplo— tienen vida propia al caracterizar seres humanos. Ejemplos:

  El León dijo: Yo soy el rey de la selva.

  La Piedra escuchaba muy atenta.

  La Flor miró alrededor y se complació de ser la más hermosa.

- Se escriben con mayúscula los nombres de las fiestas regionales, nacionales o internacionales. Ejemplos:

  Viernes Santo; Día de la Raza; Día Internacional de la Mujer.

- El Sol y la Luna se escriben con mayúscula cuando se hace referencia a los astros; se escriben con minúscula en los demás casos. Ejemplos:

  El Sol es el astro rey que por millones de años ha iluminado a la Tierra. La Luna es la acompañante de locos y poetas.

  El sol de un hijo es un buen padre. Semejante a luz de luna son mis noches.

- De igual forma Tierra va con mayúscula al referirse al planeta, y Naturaleza cuando se refiere a La Naturaleza como nombre propio:

  La Tierra es vejada constantemente por la ambición del hombre y de forma similar sucede con la Naturaleza que día a día tiene menos ríos y bosques.

- Se escriben con mayúscula los nombres de tiempos históricos:

  Epoca Colonial; Edad Media, el Siglo de Oro.

- Cuando en un texto se usen mayúsculas, éstas se acentuarán de acuerdo a las normas correspondientes. Ejemplos:

  Él se alegró cuando le dí la buena noticia.

  PITÁGORAS FUE UN GENIO DE LAS MATEMÁTICAS.

- No se escriben con mayúsculas porque no se consideran nombres propios: los días de la semana, nombres de meses, épocas del año, nombres de idiomas y gentilicios.

ESCRITURA DE LOS NÚMEROS CARDINALES

1	uno	28	veintiocho
2	dos	29	veintinueve
3	tres	30	treinta
4	cuatro	31	treinta y uno
5	cinco	32	treinta y dos
6	seis	33	treinta y tres
7	siete	40	cuarenta
8	ocho	46	cuarenta y seis
9	nueve	50	cincuenta
10	diez	58	cincuenta y ocho
11	once	60	sesenta
12	doce	70	setenta
13	trece	80	ochenta
14	catorce	90	noventa
15	quince	100	cien
16	dieciséis	101	ciento uno
17	diecisiete	102	ciento dos
18	dieciocho	110	ciento diez
19	diecinueve	114	ciento catorce
20	veinte	115	ciento quince
21	veintiuno, veintiún	120	ciento veinte
22	veintidós	121	ciento veintiuno
23	veintitrés	122	ciento veintidós
24	veinticuatro	130	ciento treinta
25	veinticinco	135	ciento treinta y cinco
26	veintiseis	140	ciento cuarenta
27	veintisiete	141	ciento cuarenta y uno

150	ciento cincuenta	10,000	diez mil
194	ciento noventa y cuatro	10,209	diez mil doscientos nueve
200	doscientos		
201	doscientos uno	17,302	diecisiete mil trescientos dos
205	doscientos cinco		
228	doscientos veintiocho	20,000	veinte mil
260	doscientos sesenta	30,000	treinta mil
283	doscientos ochenta y tres	40,000	cuarenta mil
300	trescientos	90,998	noventa mil novecientos noventa y ocho
341	trescientos cuarenta y uno		
400	cuatrocientos		
476	cuatrocientos setenta y seis	100,000	cien mil
500	quinientos	100,015	cien mil quince
600	seiscientos	200,000	doscientos mil
700	setecientos	300,000	trescientos mil
800	ochocientos	400,000	cuatrocientos mil
900	novecientos	999,999	novecientos noventa y nueve mil novecientos noventa y nueve
1,000	mil		
1,003	mil tres		
1,010	mil diez	1,000,000	un millón
1,995	mil novecientos noventa y cinco	3,723,211	tres millones, setecientos veintitrés mil doscientos once
2,000	dos mil		
2,018	dos mil dieciocho	42,017,104	cuarenta y dos millones, diecisiete mil ciento cuatro
3,000	tres mil		
4,000	cuatro mil		
5,000	cinco mil		
9,999	nueve mil novecientos noventa y nueve		

ESCRITURA DE LOS NÚMEROS ORDINALES

1o.	primero	10o.	décimo
2o.	segundo	11o.	undécimo o décimo primero
3o.	tercero		
4o.	cuarto	12o.	duodécimo o décimo segundo
5o.	quinto		
6o.	sexto	13o.	décimo tercero
7o.	séptimo	14o.	décimo cuarto
8o.	octavo	15o.	décimo quinto
9o.	noveno	20o.	vigésimo

21o.	vigésimo primero	51o.	quincuagésimo primero
22o.	vigésimo segundo	60o.	sexagésimo
23o.	vigésimo tercero	61o.	sexagésimo primero
24o.	vigésimo cuarto	70o.	septuagésimo
30o.	trigésimo	71o.	septuagésimo primero
31o.	trigésimo primero	80o.	octagésimo
40o.	cuadragésimo	90o.	nonagésimo
41o.	cuadragésimo primero	100o.	centésimo
50o.	quincuagésimo		

ESCRITURA DE LOS NÚMEROS ROMANOS

La numeración romana se expresa con siete letras mayúsculas que tienen los siguientes valores: I = 1; V = 5; X = 10; L = 50; C = 100; D = 500; M = 1,000.

Indicar una cantidad con números romanos, a su vez, tiene las siguientes reglas:

- Los números V (5), L (50) y D (500) no se pueden repetir porque dos V sería X; dos L sería C, y dos D sería M. Los números I (1), X (10), C (100) y M (1,000) se pueden repetir, solamente, hasta tres veces: III (3), XXX (30), CCC (300), MMM (3,000).

- Un número a la izquierda de otro de mayor valor indica que actúa como resta numérica, y los números a la derecha del de mayor valor indican suma.

Ejemplos:

IV = 4	XIX = 19	XC = 90	CMLIII = 953
IX = 9	XLIX = 49	CDV = 405	

Por tanto, la lectura de un número romano **se inicia con el número de mayor valor,** después se resta (si lo hay) el número a su izquierda y se continúa a la derecha del número mayor inicial.

Ejemplos:

En el número XLVIII se lee de la siguiente forma: L (50) menos X (10) = 40, más VIII (8) = 48.

En el número CXIX se lee primero C (100) más X (10) más 9 [X (10) menos I (1) = 9] = 119.

Otros ejemplos son:

1,325 = MCCCXXV	98 = XCVIII	928 = CMXXVIII
2,023 = MMXXIII	99 = IC	
749 = DCCXLIX	489 = CDLXXXIX	

Los usos que tienen los números romanos, son los siguientes:

- Para indicar fechas de siglos:
  Siglo XXI; siglo III d.C. (siglo tercero después de Cristo);
  Siglo IV a.C. (siglo cuarto antes de Cristo).

- Para indicar la cantidad y orden de tomos que puede tener una colección temática de libros o enciclopedias.

  Ejemplos:

  Tomos I, IX, XII, XXXVIII.

  También en libros, para indicar capítulos.

  Ejemplos:

  Capítulo XXV; Capítulos V-IX (del capítulo quinto al noveno); y de una manera mixta: Tomo XXII, Capítulo LXI.

- En algunas ocasiones se usan números romanos para indicar el mes de una fecha abreviada. Ejemplos: 7-IX-1974; 13-VIII-1958; 25-XII-1997.

- También se utiliza esta numeración para indicar, con reyes y papas, el número que tienen en relación a sus antecesores.

  Ejemplos:

  Enrique VIII, Carlos V, Juan Pablo II.

ABREVIATURAS Y SIGLAS

Las abreviaturas y las siglas tienen similitud en cuanto a que ambas son abreviaciones, y unas y otras tienen las siguientes características:

Abreviaturas	Siglas
• **El término abreviatura** se utiliza para muchas palabras de uso cotidiano: doctor: Dr. María: Ma. profesor: Prof. Señora: Sra. general: Gral.	• El término **sigla** se utiliza para representar las iniciales de: empresas, instituciones, organizaciones, países, sociedades comerciales, y algunas profesiones. Ejemplos: Organización de Naciones Unidas: ONU; Alcohólicos Anónimos: AA; Estados Unidos de América: USA (Siglas en inglés: United States of America).
• **La abreviatura** se utiliza para abreviar a una palabra o a un máximo de dos palabras.	• **Las siglas** se forman con la letra inicial de todas las palabras que integran el nombre de la empresa, organización, etc.
• **La abreviatura,** de normal, se compone con las letras iniciales de la palabra que abrevia y nunca llevan acento: división: div. arquitecto: Arq. número: núm. o No.	• **La sigla,** de normal, se compone de la primera letra (a veces las dos iniciales) de cada palabra del total que integra el nombre de la institución, razón social, etc. y siempre son mayúsculas. Ejemplo: OEA; Organización de Estados Americanos.
• **La abreviatura** casi siempre termina en consonante, o con la vocal **a** para indicar el género femenino.	• **En la sigla** habrá consonantes o vocales según empiecen las palabras.
• Al final de **la abreviatura** siempre lleva punto.	• No va punto al final de cada letra ni al final de la sigla.

ABREVIATURAS Y SIGLAS DE USO COMÚN

administración	admon.	Este	E.
amplitud modulada	A.M.	(punto cardinal)	
antes de Cristo	a.C.	etcétera	etc.
antes meridiano	a.m.	extensión	Ext.
Apartado Postal	A.P.	familiar	fam.
arquitecto	Arq.	febrero	Feb.
artículo	art.	femenino	fem.
Asociación Civil	A.C.	Fernando	Fdo.
atención	at'n.	ferrocarriles	F.C.
auxiliar	aux.	fraccionamiento	Fracc.
avenida	Av.	Francisco	Fco.
Boulevard	Blvr. Blvd.	frecuencia	
cada uno	c/u	modulada	F.M.
calzada	Calz.	general	gral.
callejón	Cjon.	grupo	gpo.
centavos	cents.	Guadalupe	Gpe.
centímetro(s)	cm. cms.	habitantes	hab. h.
cerrada	Cda.	hacienda	Hda.
ciudad	Cd.	hectárea(s)	Ha(s).
ciudadano	C.	ingeniero	Ing.
código postal	c.p.	izquierda	izq.
colonia	Col.	kilogramo	kg.
compañía	Cia.	kilómetro	km.
Contador Público	C.P.	libras	lbs.
departamento	depto. dep.	licenciado	Lic.
derecha	der.	literatura	lit.
después de Cristo	d.C.	maestro/maestra	Mtro./Mtra.
después del mediodía	P.M.	María	Ma.
(pasado meridiano)		Martínez	Mtz.
diciembre	Dic.	masculino	masc.
diputado	Dip.	México	Mex.
director	Dir.	milímetro	mm.
división	Div.	Moneda Nacional	M.N.
doctor/doctora	Dr./Dra.	nacional	Nal.
dólares	Dls.	Noreste	N.E.
edición	ed.	Noroeste	N.O.
escuela	Esc.	Norte	N. Nte.
español	Esp.	nosotros	nos.
Estado	Edo.	noviembre	Nov.
		número	Núm. No.

octubre	Oct.	Sector/Sección	Sec.
Oeste	O.	secundaria	Sec.
oficina	ofna.	seguro servidor	s.s.
Oriente	Ote.	señor/señora	Sr./Sra.
página	pag. p.	señorita	Srita.
páginas	pags. pp.	septiembre	Sep.
plaza	Pza.	siglo	s.
Poniente	Pte.	sin número	s/n
popular	pop.	Sociedad Anónima	S.A.
por poder	P.P.	Sur	S.
Posdata	P.D.	Sureste	S.E.
Presidente	Pte.	Suroeste	S.O.
privada	priv.	tecnológico(a)	tec.
profesor/profesora	Prof./Profa.	teléfono/teléfonos	tel./tels.
prolongación	Prol.	televisión	T.V.
Puerto	Pto.	usted/ustedes	ud./uds.
República Mexicana	Rep. Mex.	visto bueno	Vo. Bo.
Revolución	Rev.	viuda	Vda.
Santo/Santa	Sto./Sta.	volumen/volúmenes	vol./vols.
Secretaría	Sria.		

ABREVIATURAS DE LOS ESTADOS
FEDERATIVOS DE MÉXICO

No.	Estado	Abreviatura	No.	Estado	Abreviatura
1.	Aguascalientes	Ags.	17.	Morelos	Mor.
2.	Baja California	B.C.	18.	Nayarit	Nay.
3.	Baja California Sur	B.C.S.	19.	Nuevo León	N.L.
4.	Campeche	Camp.	20.	Oaxaca	Oax.
5.	Chiapas	Chis.	21.	Puebla	Pue.
6.	Chihuahua	Chih.	22.	Querétaro	Qro.
7.	Coahuila	Coah.	23.	Quintana Roo	Q. Roo
8.	Colima	Col.	24.	San Luis Potosí	S.L.P.
9.	Distrito Federal	D.F.	25.	Sinaloa	Sin.
10.	Durango	Dgo.	26.	Sonora	Son.
11.	Guanajuato	Gto.	27.	Tabasco	Tab.
12.	Guerrero	Gro.	28.	Tamaulipas	Tamps.
13.	Hidalgo	Hgo.	29.	Tlaxcala	Tlax.
14.	Jalisco	Jal.	30.	Veracruz	Ver.
15.	México	Edomex.	31.	Yucatán	Yuc.
16.	Michoacán	Mich.	32.	Zacatecas	Zac.

SIGLAS NACIONALES MEXICANAS MÁS USUALES

AA	Alcohólicos Anónimos
ADO	Autobuses de Oriente
AMA	Asociación Mexicana Automovilística
AMPRYT	Asociación Mexicana de Periodistas de Radio y Televisión
ANDA	Asociación Nacional de Actores
ANUIES	Asociación Nacional de Universidades e Instituciones de Enseñanza Superior
ASA	Aereopuertos y Servicios Auxiliares
B. de M.	Banco de México
BANAMEX	Banco Nacional de México
BANCOMER	Banco de Comercio
CBETIS	Centro de Bachillerato Tecnológico Industrial y de Servicios
CCH	Colegio de Ciencias y Humanidades
CEBAS	Centro de Educación Básica para Adultos
CELE	Centro de Estudios de Lenguas Extranjeras (UNAM)
CETES	Certificados de la Tesorería
CETIS	Centro de Estudios Tecnológicos Industriales y de Servicios
CFE	Comisión Federal de Electricidad
CNC	Confederación Nacional Campesina
CNOP	Confederación Nacional de Organizaciones Populares
CNP	Consejo Nacional de la Publicidad
CNT	Confederación Nacional del Trabajo
CNTE	Consejo Nacional Técnico de la Educación
CONACULTA	Consejo Nacional para la Cultura y las Artes
CONACURT	Consejo Nacional de Cultura y Recreación para los Trabajadores
CONACYT	Consejo Nacional de Ciencia y Tecnología
CONADE	Comisión Nacional del Deporte
CONAFE	Consejo Nacional de Fomento Educativo
CONCAMIN	Confederación de Cámaras Industriales
CONCANACO	Confederación de Cámaras Nacionales de Comercio
COPLAMAR	Coordinación General del Plan Nacional de Zonas Deprimidas y Grupos Marginados
CTM	Confederación de Trabajadores Mexicanos
CU	Ciudad Universitaria
DDF	Departamento del Distrito Federal
DGPT	Dirección General de Policía y Tránsito

DIF	Desarrollo Integral de la Familia
ENS	Escuela Normal Superior
ESCA	Escuela Superior de Comercio y Administración
ESIA	Escuela Superior de Ingeniería y Arquitectura
ESIME	Escuela Superior de Ingeniería Mecánica Eléctrica
FAM	Fuerza Aérea Mexicana
FIFA	Federación Internacional de Fútbol Asociación
FSTSE	Federación de Sindicatos de los Trabajadores al Servicio del Estado
ICA	Ingenieros Civiles Asociados
IFAL	Instituto Francés de América Latina
IFE	Instituto Federal Electoral
IMECA	Indice Metropolitano de Contaminación Ambiental
IMSS	Instituto Mexicano del Seguro Social
INAH	Instituto Nacional de Antropología e Historia
INBA	Instituto Nacional de Bellas Artes
INEA	Instituto Nacional de Educación para Adultos
INI	Instituto Nacional Indigenista
INSEN	Instituto Nacional de la Senectud
IPN	Instituto Politécnico Nacional
ISR	Impuesto Sobre la Renta
ISSSTE	Instituto de Seguridad y Servicios Sociales para los Trabajadores del Estado
IVA	Impuesto al Valor Agregado
LOCATEL	Localización Telefónica (de personas extraviadas)
OFH	Oficina Federal de Hacienda
PAN	Partido Acción Nacional
PEMEX	Petróleos Mexicanos
PGJDF	Procuraduría General de Justicia del Distrito Federal
PGR	Procuraduría General de la República
PRD	Partido de la Revolución Democrática
PRI	Partido Revolucionario Institucional
PROFECO	Procuraduría Federal del Consumidor
RIP	Descanse en paz (Latín: requiescat in pace)
RTC	(Dirección General de) Radio, Televisión y Cinematografía
SAHOP	Secretaría de Asentamientos Humanos y Obras Públicas
SAM	Sistema Alimentario Mexicano
SARH	Secretaría de Agricultura y Recursos Hidráulicos
SCT	Secretaría de Comunicaciones y Transportes
SDN (SEDENA)	Secretaría de la Defensa Nacional

SECOFI	Secretaría de Comercio y Fomento Industrial
SECOM	Secretaría de Comercio
SECTUR	Secretaría de Turismo
SEP	Secretaría de Educación Pública
SHCP	Secretaría de Hacienda y Crédito Público
SIC	Secretaría de Industria y Comercio
SNTE	Sindicato Nacional de Trabajadores de la Educación
SRA	Secretaría de la Reforma Agraria
SRE	Secretaría de Relaciones Exteriores
STC	Sistema de Transporte Colectivo
UNAM	Universidad Nacional Autónoma de México

SIGLAS INTERNACIONALES

BM	Banco Mundial
BID	Banco Interamericano de Desarrollo
CEE	Comunidad Económica Europea (Mercomún)
COD	Cobrar o Devolver
COI	Comité Olímpico Internacional
FMI	Fondo Monetario Internacional
MCE	Mercado Común Europeo
NASA	National Air Space Agency (Agencia Nacional del Espacio Aéreo. USA)
OEA	Organización de Estados Americanos
OMS	Organización Mundial de la Salud
ONU	Organización de las Naciones Unidas
OPEP	Organización de Países Exportadores de Petróleo
OTAN	Organización del Tratado del Atlántico Norte
SIDA	Síndrome de Inmuno Deficiencia Adquirida
SME	Sistema Monetario Europeo
SMI	Sistema Monetario Internacional
SOS	Llamada Internacional de Auxilio (siglas en inglés)
TLC	Tratado de Libre Comercio (México-USA-Canadá)
UNESCO	Organización de las Naciones Unidas para la Educación, Ciencia y Cultura (siglas en inglés)
USA	United States of America (Estados Unidos de América)
VIP	Persona muy importante (very important person)

LAS PALABRAS
DE ACUERDO A SU ESTRUCTURA

Al escribir una palabra es necesario saber su significado; de nada sirve saber escribirla si no se sabe qué quiere decir. Se aprende a escribir y expresar mejor cuando se hila la ortografía de la palabra y la imagen que representa.

Hay que saber cuándo una palabra es simple, compuesta o derivada porque cuando tenemos enfrente una palabra simple, esto indica que de ella parte su raíz o radical y, por tanto, todas las palabras que se compongan, deriven o conjuguen, la ortografía de esa raíz o radical será siempre la misma. Ejemplo: **casa**, **casita**, **casucha**, **caserón**, **casota**, **caserío**, **casada**, **descasado**, **casamiento**, **casorio**, **casadero**, **casamentero**, **casanova**, **casarse**, **cásate**, **cásala**, **casándolos**, **casarte**, **casándose**, **descasan**, etc.

Aparte de saber el significado de las palabras simples, es vital saber a qué otras se unen (sabiendo también su significado) y, básicamente, cuándo se componen con prefijos o se derivan con los sufijos.

Ejemplo: El sufijo o terminación **-ble** unido a un verbo indica que se puede: bebi-**ble**, indica *que se puede* beber; rompi-**ble**: *que se puede* romper. (Los 4,200 verbos de uso común tienen la factibilidad de llevar la terminación **ble**: armable, visible, conducible).

Otro ejemplo: La palabra **in-astilla-ble** nos indica que: **no** (in) **se puede** (ble) **astillar** (astilla).

En consecuencia, para aprender mejor la ortografía de las palabras, es necesario saber las palabras de acuerdo a su estructura.

LAS PALABRAS SIMPLES,
COMPUESTAS Y DERIVADAS

De acuerdo a su estructura las palabras son simples, compuestas o derivadas.

Raíz o radical es lo que constituye el núcleo del significado de la palabra.

Prefijo es el vocablo que va antes de la palabra simple.

Sufijo es la terminación que va después de la palabra simple.

A los prefijos y sufijos también se les llama morfemas.

LAS PALABRAS SIMPLES

Las palabras simples, llamadas también puras, primitivas o llanas, no tienen prefijos y/o sufijos, ni tampoco están unidas a otra raíz o palabra; son, como su nombre lo indica, palabras simples.

Ejemplos:

sol	portar	agudo	casa	figura
luz	afán	apto	claro	fin
agua	ágil	ceja	danza	isla
abrir	agro	cedro	dar	río

LAS PALABRAS COMPUESTAS

Las palabras compuestas se integran de dos formas:

1. Palabra simple que se une a uno o varios prefijos y con ello la nueva palabra compuesta adquiere un significado diferente; pero siempre en torno al significado original de la palabra simple (**bi**mensual, **co**invertir, **des**ánimo, **sub**cutáneo, **in**domable).

2. Palabra simple unida a otra palabra simple (**peli**rrubio, **cari**chato); palabra simple unida a una raíz o radical (**casa**nova, **radio**actividad) o la unión de dos raíces o radicales (**tele**fono, **taqui**grafía).

LAS PALABRAS DERIVADAS

Las palabras derivadas se integran con una palabra simple o compuesta y uno o varios sufijos, con lo cual aumenta el significado de la palabra, pero siempre en relación al significado original de la palabra simple (region**al**, inmoral**idad**, gentil**eza**, ama**dor**, desama**do**, ama**mos**.)

Ejemplos de palabras compuestas y derivadas

PALABRAS COMPUESTAS: PREFIJO + PALABRA SIMPLE O DERIVADA.

Palabra simple: Portar.

Palabras compuestas con prefijo: **im**-portar, **ex**-portable, **re**-portar, **a**-portar, **de**-portación, **so**-portar

Palabra simple: Tener.

Palabras compuestas con prefijo: **abs**-tener, **a**-tener, **con**-tener, **de**-tener, **entre**-tener, **man**-tener, **ob**-tener, **re**-tener, **sos**-tener

PALABRAS DERIVADAS: PALABRA SIMPLE + SUFIJO.

Palabra simple: Amar.

Palabra simple con sufijo(s): ama-**ble**, ama-**bilidad**, amor-**oso**, amor-**cito**, amor-**ío**, amor-os-**ito**.

Palabra simple con sufijo (o terminación) verbal:

Presente del indicativo: am-**o**, am-**as**, am-**a**, am-**amos**, am-**an**.

Pretérito o pasado del indicativo: am-**é**, am-**aste**, am-**ó**, am-**amos**, am-**aron**.

Palabra simple: Amplio.

Palabra simple con sufijo(s): amplia-**ble**, ampli-**fica-ción**, ampli-**ficar**, amplia-**dor**, ampli-**ado**, ampli-**fica-d-ito**.

Palabra simple con sufijo (o terminación) verbal:

Presente del indicativo: amplí-**o**, amplí-**as**, amplí-**a**, ampli-**amos**, amplí-**an**

Futuro del indicativo: ampli-**aré**, ampli-**arás**, ampli-**ará**, ampli-**aremos**, ampli-**arán**

PALABRAS COMPUESTAS CON PREFIJO(S) Y SUFIJO(S)

VALOR: **re**-valor-**izar**, **des**-valor-**izar**, **supra-re**-valor-**izar**.

AMOR: **en**-amor-**ar-se**, **des-en**-amor-**ar-me**, **re-en**-amor-**ar-se**.

DUCIR: **con**-duc-**tor**, **contra**-pro-**duc-ente**, **tra**-duzc-**amos**.

**EJEMPLOS DE PALABRAS COMPUESTAS POR DOS
PALABRAS SIMPLES:**

peli-rrubio   De Pelo y de rubio. De pelo rubio.

sin-razón   De sin y razón. Falta de razón.

bio-química   De bio y química. Química de la vida.

cardio-vascular   De cardio y vascular. Relativo o perteneciente al corazón
                   y a los vasos sanguíneos.

ped-iatra   De *paidós* (niño) e *iatra* (médico). Médico de niños.

geo-grafía   De *geo* = tierra y *grafía* = descripción.

filo-sofía   De *filos* (amigo, amante) y *sofía* (ciencia, sabiduría). Es-
                   tudio racional del pensamiento humano a través del co-
                   nocimiento y la acción. Sistema particular de un filósofo
                   célebre, de una escuela o de una época.

Las palabras compuestas de dos palabras simples son palabras o raíces
que, no obstante que se juntan para formar una sola palabra, no cambia
el significado que cada una tiene por separado; por ejemplo: la palabra
pediatra proviene de los vocablos griegos *paidós*, **niño**, y de *iater*, **médico**.
De manera más evidente es la palabra **nomeolvides**, que designa a una
flor, y se compone de las palabras **no**, **me** y **olvides**. La palabra **adios**,
se conforma de las palabras **a** y **Dios**.

Como se podrá notar, cada palabra simple mantiene su significado
sin alterar el de su complemento, lo que no sucede cuando a una palabra
simple (raíz o radical) se le añade un prefijo, un sufijo, o ambos.

LOS PREFIJOS

Prefijo es la partícula que se añade antes de una palabra simple o derivada, dando un nuevo significado a la palabra, pero siempre en relación al de la palabra simple.

Los prefijos que a continuación se presentan, como posteriormente los sufijos, son los que no se han puesto en el transcurso de este libro a través de ejemplificaciones o normas estudiadas.

LOS PREFIJOS LATINOS

Palabra latina **a-** «aproximación, unión»

abajeño	acalorado	acortar	aducir
abajo	acallar	acosador	adueñado
abanderar	acampar	acostado	afamado
abaratar	acanalar	acostumbrar	afeado
abatible	acariciar	acotar	afelpado
abetunar	acaudalado	acreditado	afianzador
abobar	aclamar	acreedor	afilado
abocinar	aclarar	acrisolar	afiliado
abochornar	aclimatar	acristalado	afinación
abogado	acobardar	acuartelado	afirmador
abono	acogedor	acuchillado	aflojamiento
abotonar	acojinar	achatar	aflorar
abovedado	acolchonar	achicado	afluir
aboyar	acomedido	achispado	aforado
abrasar	acometer	adelante	afortunado
abrazar	acomodo	además	afrenta
abrazo	acompañante	adentro	afuera
abrevar	acompasado	adeudo	agachada
abreviar	acomplejado	adiestrado	agalla
abrillantar	acondicionado	adinerado	agarrar
abroche	acongojar	adiós	agarrotado
abrumar	aconsejado	adivinador	agente
abucheo	acoplado	adoctrinador	agigantado
abultado	acordonado	adolorido	aglutinar
acalambrarse	acorralar	adorar	agolpar

agraciar
agrandar
agravar
agrietado
agrisar
agrupar
aguardar
ahijada
ahincar
ahondar
ahora
ahuecado
ahuesado
ahuevado
ahumado
ahuyentar
aislado
aislante
ajustado
alargado
aleccionar
alelar
aletargado
aliar
aligerado
alineación
alisar
alistar
aliviano

alocado
alumbrado
alunizar
allegado
amadrinar
amaestrado
amamantar
amansado
amartillar
amasado
ameritar
amolar
amoldar
amontonar
amortajador
amotinado
amueblar
anaranjado
anexo
anidado
aniñado
anoche
anotar
anovelado
anudar
anulado
apacible
apalabrar
apapachar

aparecer
aparejo
aparte
apasionado
apechugar
apenado
apercibir
apersonado
apesadumbrado
apilada
aplacable
aplanador
aplastante
aplomo
apocado
apócope
apodar
apoderar
apostura
aprecio
aprender
aprensado
apresado
aprisionar
apropiable
apropiación
aprovechado
aprovisionar
aproximado

aquejar
aquietar
arrinconado
arrodillada
arropado
arruinado
asalariado
asegurar
asemejar
asentado
asentir
asoleada
atemorizar
atender
aterrorizar
atesorar
atiesar
atino
atontado
atraer
atribuir
atributar
atrincherar
aunar
aventurado
averrugado
avinagrar
avivar

Palabra latina **ad-** «aproximación, unión»

adjudicar
adjunto
admirador

admirar
admonición
adscribir

advenedizo
adverbio
adverso

advertido
advertir
adyacente

Palabra latina **ante-** «antes de»

anteayer
antebrazo
antecámara
antecedencia

antecedente
anteceder
antecesor
antecocina

antecomedor
antedicho
antediluviano
antefirma

antelación
antemano
antenoche
anteojera

anteojos	anteponer	anterior	antesala
antepasado	anteportada	anterioridad	
antepenúltimo	anteproyecto	antes	

Palabra latina **bajo** «inferioridad»: **bajo**rrelieve, **bajo**vientre.

Palabra latina **co-** «asociación, unión, compañía»

coaccionar	coexistir	comandancia	coposesión
coacreedor	cohabitar	comandar	coproducción
coactividad	coherencia	comando	corazón
coacusado	coincidencia	comarca	correa
coadministrador	coinquilino	comentar	corrección
coadquisición	colaborar	comisión	correcto
coalición	colectividad	comisionado	corregir
coarrendador	colectivo	cómoda	correlación
coautor	colega	cómodo	correo
codelincuencia	colegiado	conato	correspondencia
codeudor	colegio	cooperar	corresponder
codificar	colegislador	coordinado	corroer
coeducación	colindar	coordinar	corromper
coeficiencia	coliseo	coparticipar	coterráneo
coexistencia	comadre	copiloto	

Palabra latina **con-** (m*) «unión, asociación, compañía»

compactar	complacer	conciencia	confianza
compacto	componer	concierto	confiar
compadecer	comportar	concisión	confín
compadre	comprobar	concordar	confinar
compaginar	comprometer	concursar	confirmación
compañero	compuerta	condecoración	confiscar
compañía	compuesto	condescender	conflagración
compartir	compulsivo	condolencia	confluencia
compasión	comunión	condonación	confluir
compatible	concavidad	conducir	conformar
compatriota	conceder	conducto	confraternidad
compensar	concernir	confabular	confrontarse
compilar	concesión	confección	confundir

---

* La letra **n**, siempre que vaya antes de **b** o de **p** se convierte en **m** porque la regla invariable indica: Siempre se escribe **m** antes de **b** y de **p**.

confusión   conmover   consuegra   contraer
congelar   conmutar   consumar   contratar
congénere   conmutador   consumir   contrato
congenial   connatural   contable   convencer
congeniar   consabido   contacto   conversar
congénito   consagración   contemplar   convertir
conjunto   consanguíneo   contensión   convivir
conjurar   consecuencia   contender   conyugal
conllevar   consentir   contenido
conmemorar   consigna   contexto
conmoción   consonancia   contornear

Palabra latina contra- «oposición»

contraatacar   contradecir   contraproducente   contrarrevolución
contraaviso   contradictorio   contrapuesto   contrasentido
contrabajo   contraespionaje   contrapunto   contraseña
contrabalanza   contraindicado   contrariar   contrastar
contrabando   contraofensiva   contrario   contratiempo
contracción   contraorden   contrarreforma   contraveneno
contracorriente   contrapeso   contrarreloj   contravenir
contracultura   contraportada   contrarrestar

Palabra latina de- «negación»

decadencia   deformar   demeritar   depreciar
decadente   deformidad   demérito   desazón
decolorar   degenerar   depilar   devaluar
decrecer   degradar   deponer
deficiente   demente   deportar

Palabra latina de- «afirmación»

deambular   degustar   demostrar   derrama
debajo   delegar   denegar   derramar
debatir   deletrear   denigrar   derrocar
decaer   deliberar   denominación   derrota
declamar   delimitar   denotar   desangrar
declarar   delinear   departir   desecar
decorar   demarcar   depender   determinar
dedicar   demasía   dependiente   devastar
defraudar   demoler   deporte   devorar
deglutir   demorar   depurar   devuelto

Palabra latina **des-** «negación, contraposición»

desacalorar
desacato
desaceitar
desacelerar
desacierto
desacomedido
desacomodo
desaconsejar
desacoplar
desacreditar
desactivación
desacuerdo
desafinar
desafortunado
desagraciado
desagradable
desagradecido
desagravio
desahogo
desairado
desajuste
desaliento
desalmado
desalojo
desamor
desamortizar
desamparo
desanimar
desapacible
desaparecer
desapasionado
desapego
desaplicado
desaprobar
desarraigo
desarrapado
desarreglo
desarrollar
desarticulación

desaseado
desatado
desatento
desatino
desatorar
desayuno
desbandada
descabezado
descalcificado
descalzar
descansado
descapitalizado
descarado
descarga
descarnado
descastado
descolorido
descomedido
descomposición
descompresión
descompuesto
desconcierto
desconectado
desconfianza
descongelar
desconocido
desconsiderado
desconsolado
descontado
descontento
descontrol
descorazonado
descortés
descosido
descrédito
descreído
descremado
descubierto
descubrir

descuidado
desdentado
desdibujado
desdicha
desembarazo
desembarque
desembolsar
desempacar
desempate
desempeñar
desempleo
desencanto
desenfado
desenfreno
desengaño
desenlace
desenredo
desentender
desenterrar
desenvuelto
desequilibrio
desesperanza
desestima
desfavorable
desgarbo
desgracia
deshabitar
deshecho
desheredar
deshidratar
deshielo
deshonesto
deshonor
deshonra
deshuesado
desigual
desilusión
desinfectante
desinhibido

desinterés
desleal
deslucir
desmedido
desmentir
desmesurado
desmontable
desnivel
desnutrición
desobedecer
desocupar
desorbitado
desorden
desorganizar
desorientar
despedir
despegar
desperfecto
despiadado
despistado
despoblado
desprecio
despreocupado
desprevenido
despropósito
desprovisto
despuntar
destapar
destemplar
desterrar
destiempo
desunión
desuso
desventaja
desventura
desvergüenza
desvestir
desvivirse

Palabra latina **di-, dis-** «negación, contraposición»

difamación	discordancia	disimilitud	disparejo
dimisión	disculpa	dislexia	
discapacidad	disfunción	dislocación	
discontinuo	disgusto	dispar	

Palabra latina **entre-, inter-** «situación intermedia, entre»

entreabierto	entretejer	interestelar	interpuesto
entreacto	entretener	intergaláctico	interrogar
entrecano	entresacar	interlínea	intersección
entrecomillado	entrevista	interlocutor	intervalo
entrecortado	intercambio	intermedio	intervenir
entredicho	interceder	internacional	
entrelínea	intercomunicación	interoceánico	
entremeter	intercontinental	interparlamentario	
entrepaño	interdisciplinario	interpersonal	
entrepierna	interestatal	interponer	

Palabra latina **i-, in(m*)-** «negación, que no es o que no está»

ilegal	imperceptible	impracticable	inabordable
ilegible	imperdonable	impreciso	inacabado
ilegítimo	imperecedero	impredecible	inaccesible
iletrado	imperfecto	impregnable	inacción
ilícito	impericia	imprevisible	inaceptable
ilimitado	impermeable	imprevisto	inactivo
ilógico	impermutable	improbable	inadaptado
imbatible	impersonal	improcedente	inadecuado
imborrable	impertinente	improductivo	inadmisible
impaciencia	imperturbable	improlongable	inadvertido
impagable	impiedad	impronunciable	inagotable
impalpable	impío	impropio	inajenable
imparable	implaticable	imprudencia	inalámbrico
imparcial	imponderable	imprudente	inalcanzable
impecable	impopular	impuntual	inalterable
impenetrable	imposible	impuro	inanimado
impensable	impotencia	inabarcable	inapelable

---

* La letra **n**, siempre que vaya antes de **b** o de **p** se convierte en **m** porque la regla invariable indica: Antes de **b** y de **p** siempre se escribe **m**.

inapetencia
inaplazable
inaplicable
inapreciable
inaprensible
inarrugable
inarticulado
inasequible
inasistencia
inatacable
incalculable
incalificable
incansable
incapaz
incauto
incensurable
incesante
incierto
incivilidad
inclasificable
inclemencia
incobrable
incoherente
incoloro
incomodidad
incomparable
incompatible
incompetencia
incomprendido
incomprensible
incomunicación
inconciliable
inconcluso
incondicional
inconfensable
inconforme
inconfundible
incongruente
inconmovible
inconquistable
inconsciente
inconsecuente

inconsolable
inconstante
inconstitucional
incontable
incontenible
incontrolable
inconveniente
incorpóreo
incorrecto
incorregible
incorruptible
incrédulo
incuestionable
incultivable
inculto
incumplido
indebido
indecencia
indecible
indeciso
indeclinable
indecoroso
indefenso
indefinible
indemostrable
independencia
independiente
indescifrable
indescriptible
indeseable
indestructible
indeterminado
indigestión
indigno
indirecto
indisciplinado
indiscreto
indiscutible
indisoluble
indispuesto
indisputable
individuo

indivisible
indocumentado
indolente
indomable
ineficaz
inequívoco
inesperado
inestable
inevitable
inexacto
inexistente
inexperto
inexplicable
inexplorado
inexpresable
infalible
infatigable
infecundo
infeliz
infiel
infinito
informal
informe
infortunio
infranqueable
infructuoso
infundado
ingobernable
ingratitud
inhábil
inhabitable
inhalación
inherencia
inhumano
inigualable
inimaginable
inimitable
injusto
Inmaculada
inmaduro
inmaterial
inmerecido

inmoderado
inmoral
inmortal
inmóvil
inmutable
innavegable
innecesario
innegable
innumerable
inofensivo
inolvidable
inoperable
inoportuno
inorgánico
inoxidable
inquebrantable
inquieto
insaciable
insalubre
insalvable
insano
insatisfecho
inseguro
insensato
insensible
inseparable
insepulto
inservible
insignificancia
insociable
insolvente
insoportable
insospechable
insostenible
insubordinación
insubstituible
insuficiencia
insufrible
insuperable
intacto
intachable
intangible

intemporal	inútil	invulnerable	irremediable
intestado	inválido	irracional	irreparable
intocable	invariable	irreal	irrepetible
intolerable	invencible	irrebatible	irreprochable
intraducible	inverosímil	irreconciliable	irresistible
intranquilo	invertebrado	irrecuperable	irrespetuoso
intransferible	invidente	irreemplazable	irrespirable
intransitable	inviolable	irreflexivo	irresponsable
intrascendente	invisible	irregular	irreverente
intratable	involuntario	irrelevante	irrevocable

Palabra latina **infra-** «inferioridad; por abajo de»: **infra**estructura, **infra**humano, **infra**rrojo, **infra**sonido.

Palabra latina **intra-, intro-** «dentro de»

intramuros	intravenosa	intromisión	introvertido
intramuscular	introducción	introspectivo	introvertir

Palabra latina **menos-, minus-** «disminución»: **menos**cabo, **menos**precio, **min**úscula, **minus**valía, **minus**válido.

Palabra latina **multi-** «numeroso, muchos»

multicelular	multiforme	multinacional	multiproceso
multicolor	multilateral	multipartidismo	multiprogramación
multicopiado	multimillonario	multiprocesador	multivisión

Palabra latina **pen-** «casi»: **pen**ínsula, **pen**último, **pen**umbra.

Palabra latina **per-** «más allá de»

perdón	perdurar	permutar	perseguir	perturbado
perdonar	perfecto	peróxido	pertenencia	perturbar

Palabra latina **por-** «inherente a»: **por**centaje, **por**diosero, **por**fiado, **por**menor, **por**venir.

Palabra latina **pos/post***- «despúes, posteridad»

posdata	**pos**guerra	**pos**poner	**post**diluviano
posfechado	**pos**impresionismo	**pos**pretérito	**pos**terior
posgraduado	**pos**operatorio	**pos**romántico	**pós**tumo

Palabra latina **pre-** «anterioridad, antes de»

preámbulo	**pre**escolar	**pre**maturo	**pre**sagio
precaución	**pre**establecer	**pre**meditar	**pre**selección
precaver	**pre**estreno	**pre**molar	**pre**sentar
preceder	**pre**existir	**pre**monición	**pre**sentir
precocinado	**pre**fabricado	**pre**natal	**pre**sumir
precolombino	**pre**facio	**pre**ocupación	**pre**suponer
preconcebir	**pre**figurar	**pre**operatorio	**pre**supuesto
precursor	**pre**fijo	**pre**parar	**pre**térito
predecir	**pre**hispánico	**pre**ponderar	**pre**universitario
predestinado	**pre**historia	**pre**posición	**pre**venir
predicción	**pre**juicio	**pre**potente	**pre**ver
predisposición	**pre**ludio	**pre**rrogativa	**pre**visión

Palabra **pro-** «por o en vez de; impulso hacia adelante; publicación»

Proeza. Esta palabra está compuesta de un prefijo y de un sufijo. El prefijo **pro-** que indica: por, impulso hacia adelante y el sufijo **eza** que indica cualidad. Por tanto, **pro-eza** indica un acto ejemplar o que impulsa hacia adelante, y por ello tiene el significado de: hazaña, valentía o acción valerosa.

proceder	**pro**gnosis	**pro**nóstico	**pro**specto
procesión	**pro**grama	**pro**nunciar	**pro**testa
procesar	**pro**hibir	**pro**nuncio	**pro**testante
proclamar	**pró**logo	**pro**porción	**pro**verbio
procrear	**pro**medio	**pro**posición	**pro**videncia
procurar	**pro**metido	**pro**puesta	**pro**visión
profesión	**pro**misión	**pro**pulsión	**pro**visto
profesor	**pro**moción	**pró**rroga	
prófugo	**pro**motor	**pro**sapia	
profundo	**pro**nombre	**pro**scripto	

---

* Se usa, indistintamente, **pos** o **post**; ambas formas están bien escritas, aunque es común, en la actualidad, usar **pos**.

Palabra latina **radi(o)-** «rayo»

irradiar	**radi**ador	**radio**astronomía	**radio**fónico
radiación	**radi**al	**radio**difusión	**radio**grafía
radioactividad	**radi**ante	**radio**escucha	**radio**rreceptor
radioactivo	**radio**aficionado	**radio**logía	**radio**técnico

Palabra latina **re-** «repetición, intensidad»

reabsorción	**re**corrido	**re**integro	**re**sabio
reacción	**re**corte	**re**inversión	**re**seco
reactivación	**re**cosido	**re**juvenecer	**re**sello
readaptación	**re**creativo	**re**lajación	**re**sentir
readmisión	**re**crudecer	**re**lamer	**re**seña
reafirmar	**re**cuadro	**re**lámpago	**re**solución
reajuste	**re**cubrir	**re**legar	**re**sonar
realce	**re**cuerdo	**re**lleno	**re**splandor
reanimación	**re**curso	**re**manga	**re**stablecer
reaparición	**re**chifla	**re**manso	**re**staurante
rearme	**re**doblar	**re**mate	**re**sucitar
reaseguro	**re**ducción	**re**embolso	**re**tardar
reata	**re**edición	**re**medar	**re**tirar
rebaja	**re**elección	**re**mediar	**re**tomar
rebatir	**re**embolsar	**re**mojar	**re**toque
rebote	**re**encarnar	**re**morder	**re**torcido
recaída	**re**encuentro	**re**nacimiento	**re**torno
recámara	**re**facción	**re**negado	**re**torsión
recaudar	**re**finar	**re**nombre	**re**trato
recelo	**re**flujo	**re**novar	**re**tumbar
reciclar	**re**forma	**re**ojo	**re**unión
recitar	**re**forzado	**re**parar	**re**validar
reclamar	**re**frenar	**re**pasar	**re**valuación
recobrar	**re**friega	**re**pliegue	**re**vender
recodo	**re**frito	**re**poner	**re**visar
recogedor	**re**fuerzo	**re**posar	**re**vista
recolector	**re**generar	**re**prensión	**re**vitalizar
recompensación	**re**habilitar	**re**presentar	**re**vivir
reconciliación	**re**huir	**re**presión	**re**volcar
reconfortante	**re**impreso	**re**probar	**re**volución
reconocido	**re**incidencia	**re**producción	**re**vuelo
reconquistar	**re**ingreso	**re**pública	**re**vuelta
reconstituyente	**re**instalación	**re**puesto	
reconstrucción	**re**instaurar	**re**pugnar	
recopilación	**re**integrable	**re**puntar	

Palabra latina **retro-** «hacia atrás»: **retro**activo, **retro**carga, **retro**ceder, **retro**ceso, **retró**grado, **retro**guardia, **retro**spección.

Palabra latina **sobre-** «por encima de, exceso»

sobrecarga	**sobre**natural	**sobre**proteger	**sobre**esdrújulo
sobredosis	**sobre**nombre	**sobre**puesto	**sobre**valorar
sobregiro	**sobre**pasarse	**sobre**saliente	**sobre**valuar
sobrehumano	**sobre**peso	**sobre**salto	**sobre**vivir
sobremesa	**sobre**ponerse	**sobre**sueldo	

Palabra latina **super-** «superioridad, exceso»

superabundancia	**super**estructura	**super**mercado	**super**visión
superación	**super**hombre	**super**producción	**super**visor
superávit	**super**intendente	**super**sónico	**super**vivencia
superdotado	**super**ior	**super**valoración	**super**yó

Palabra latina **trans-/tras*** «pasar; cambiar; mover; algo más allá de»

transbordar	**trans**migrar	**tras**formar	**tras**patio
transcribir	**trans**mutar	**tras**fondo	**tras**plantar
transcurso	**trans**pirar	**tras**ladar	**tras**poner
transfigurar	**trans**portar	**tras**lúcido	**trans**porte
transfusión	**trans**posición	**tras**misión	**tras**tienda
transición	**tras**andino	**tras**nacional	**tras**tocar
transitar	**tras**atlántico	**tras**nochar	**tras**tornar
tránsito	**tras**cender	**tras**parencia	**tras**trocar

Palabra latina **ultra-** «representa una tendencia extrema; que algo está más allá de»

ultraderecha	**ultra**nacionalista	**ultra**rrápido	**ultra**sonido
ultraísmo	**ultra**corrección	**ultra**violeta	**ultra**tumba
ultraizquierda	**ultra**mar	**ultra**sensible	**ultra**virus
ultramoderno	**ultra**marino	**ultra**sónico	

---

* Se puede poner **trans** o **tras** y ambos están bien escritos. En la actualidad se usa más **tras**.

PREFIJOS GRIEGOS

Prefijo griego **a-, an-** «negación»

acéfalo: sin cabeza.
acromático: que no tiene color.
afónico: persona **sin** voz.
áfono: sin sonido.
amoral: sin moral.
amoralidad: que no tiene moral.
amorfo: sin forma.
analfabetismo: que no se tiene instrucción elemental.
analfabeto: que no sabe leer y escribir.
anarquía: en un país, falta de todo gobierno.
anormal: que no es normal.
anormalidad: inherente a lo que no es normal.
apatía: dejadez, indolencia, que no tiene vigor o energía.
apátrida: persona que no tiene nacionalidad.
ápodo: que no tiene pie, pies.
apolítico: ajeno a la política, que no le interesa.

arritmia: que no tiene ritmo regular. Aplícase, usualmente, al ritmo del corazón.
asexual: que no tiene sexo.
asimétrico: que no tiene simetría (regularidad en la disposición de las partes o puntas de un cuerpo o figura, de modo que posea un centro o un eje).
asocial: que no es social.
asonancia: que no tiene sonido agradable.
ateo: sin dios.
atípico: que no es típico, esto es, que no es peculiar de un grupo, país, región, época, etc.
átono: que no tiene tono, que no lleva acento.
atóxico: que no es tóxico.
atrofia: que no tiene un desarrollo completo.
ayuno: indica no comer, no beber o privarse de un gusto.

Palabra griega **anti-** «opuesto a, en contra de»

antiacadémico	anticonstitucional	antigripal	antinatural
antiácido	anticorrosivo	antigubernamental	antioxidante
antiaéreo	anticuerpo	antihéroe	antiparasitario
antialcohólico	antideportivo	antihigiénico	antipartícula
antiartístico	antideslizante	antijurídico	antipatía
antibiótico	antídoto	antiliberal	antipatriota
anticientífico	antiespasmódico	antillano	antipedagógico
anticlerical	antiestético	antimagnético	antipoético
anticlímax	antifaz	antimateria	antirrábico
anticonceptivo	antifebril	antimilitarismo	antirreglamentario
anticongelante	antifeminista	antimoral	antirreumático

antirrobo   antisocial   antitetánico
antiséptico   antítesis   antitóxico

En(m)*- «interioridad, adquisición de una cualidad»

embarcar	encabezado	encopetado	enmascarado
embeber	encadenar	encrucijada	ennegrecer
embocadura	encajar	encuadernado	enmudecer
embotellar	encamado	encubrir	enojo
embrujar	encampanado	encumbrado	enramado
empanada	encanecer	enchilado	enrejado
empañar	encantado	endeudarse	ensañar
empacar	encañonado	endurecer	enseñanza
empastar	encaprichado	enflacar	ensimismar
empatía	encapsular	enfrascado	ensueño
empedrar	encapuchado	enfrente	entablado
empelotarse	encargado	enfriado	entapizado
empequeñecer	encarnado	engargolado	entarimado
emplumar	encasillar	engomado	enternecer
empobrecer	encéfalo	engordado	entonar
empolvar	encerado	engranado	entornado
empollar	encerrado	engrapado	envasado
empotrar	encestar	enjabonado	envejecido
empuñar	enciclopedia	enjaular	enviado
enagua	encima	enjoyado	envolviendo
enamorado	encogido	enlazado	enyesado
enarbolado	encono	enloquecer	

Palabra griega **epi-** «sobre»: **epi**centro, **epi**demia, **epi**dermis, **epi**glotis, **epí**grafe, **epí**logo, **epi**tafio.

Palabra griega **met(a)-** «más allá de; junto a; entre»: **meta**bolismo, **meta**carpo, **meta**física, **metá**fora, **meta**síquica, **meta**tarso.

Palabra griega **peri-** «alrededor»: **peri**feria, **peri**férico, **perí**metro.

Sin- (m) «simultaneidad, con unión»: **sim**biosis, **sim**patía, **sin**cronía, **sin**fonía, **sin**ónimo, **sin**tagma, **sin**taxis, **sín**tesis, **sin**tonía.

---

* Recuérdese que la **n** antes de **b** y **p** se convierte en **m**.

Palabra griega **acro-** «alto; elevado»: **acró**bata, **acró**polis, **acró**stico.

Palabra griega **aero-** «aire»

aerodeslizador	**aero**lito	**aero**moza	**aero**puerto
aerodinámico	**aeró**metro	**aero**náutico	**aero**sol
aeródromo	**aero**modelismo	**aero**nave	**aero**stático
aerofobia	**aero**naval	**aero**navegación	**aero**transportación
aerolínea	**aero**motor	**aero**plano	**aero**vía

Palabra griega **agro-** «campo»: **agro**logía, **agro**nomía, **agró**nomo, **agro**pecuario, **agro**química.

Palabra griega **antropo-** «hombre»

antropófago	**antropo**logía	**antropó**logo	**antropo**nimia
antropoide	**antropo**lógico	**antropo**morfo	**antropo**piteco

Palabra griega **aristo-** «lo mejor; noble»: **aristo**cracia, **aristó**crata, **aristo**crático, **aristo**cratizar.

Palabra griega **arqueo-** «antiguo»: **arqueo**lítico, **arqueo**logía, **arqueo**lógico, **arqueó**logo, **arqueo**zoología.

Palabra griega **aster(o)-** «estrella»: **aster**isco, **aster**ismo, **aster**oide.

Palabra griega **atmo-** «vapor»: **atmó**sfera, **atmo**sférico.

Palabra griega **auto-** «uno mismo»

autobiografía	**auto**disciplina	**auto**mático	**auto**ritario
autobús	**auto**dominio	**auto**medicación	**auto**ritarismo
autocar	**autó**dromo	**auto**motor	**auto**rización
autocensura	**auto**fecundación	**auto**motriz	**auto**rregulable
autocracia	**auto**financiamiento	**auto**móvil	**auto**rretrato
autocrítica	**auto**gestión	**auto**nomía	**auto**satisfacción
autóctono	**auto**gobierno	**auto**pista	**auto**servicio
autodestrucción	**autó**grafo	**auto**propulsión	**auto**suficiente
autodeterminación	**auto**inducción	**auto**r	**auto**sugestión
autodiagnóstico	**auto**intoxicación	**auto**ría	
autodidáctica	**autó**mata	**auto**ridad	

Palabra griega **bron(co)**- «tráquea»: **bronc**oneumonía, **bronq**uio, **bron**quitis.

Palabra griega **caco**- «malo»: **caco**fonía, **caco**fónico, **caco**grafía.

Palabra griega **cali**- «hermosa, bella»: **cali**doscopio, **cali**grafía, **calí**grafo, **cali**grama, **cali**stenia.

Palabra griega **cardi(o)**- «corazón»

cardíaco	**cardio**grama	**cardió**pata	**card**itis
cardiocirujano	**cardio**injerto	**cardio**patía	
cardiografía	**cardio**logía	**cardio**vascular	

Palabra griega **cinemat(o)**- «movimiento»: **cinemat**eca, **cinematogra**fía, **cinematográ**fico, **cinemató**grafo.

Palabra griega **clepto**- «robar»: **clepto**manía, **clepto**maníaco, **cleptó**mano.

Palabra griega **cript(o)**- «escondido»: **cript**a, **crípt**ico, **cripto**análisis, **cripto**grafía, **cripto**grama, **criptó**gama.

Palabra griega **crom(o)**- «color»: **crom**ático, **crom**atismo, **cromo**.

Palabra griega **cron(o)**- «tiempo»: **crón**ica, **crón**ico, **cron**ista, **crono**logía, **crono**lógico, **crono**metraje, **cronó**metro.

Palabra griega **dactil(o)**- «dedo»: **dactil**ar, **dactíl**ico, **dactil**iforme, **dactilo**grafía, **dactiló**grafo, **dactilo**grama, **dactilo**scopia.

Palabra griega **demo**- «pueblo»: **demo**cracia, **demó**crata, **democrá**tico, **demo**cratizar, **demo**grafía.

Palabra griega **derma**- «piel»: **derma**logía, **derma**titis, **derma**tología, **dérm**ico.

Palabra griega **dinam(o)**- «fuerza»: **dinám**ica, **dinám**ico, **dinam**ismo, **dinam**ita, **dínamo**.

Palabra griega **eco-** «casa, entorno, medio ambiente»: **ecología, ecológico, ecologista, economía, econometría, económico, ecosistema.**

Palabra griega **erot-** «amor»: **erótico, erotismo.**

Palabra griega **esfer(o)-** «globo»: **esfera, esferal, esférico.**

Palabra griega **etimo-** «origen, significado verdadero»: **etimología, etimológico, etimólogo.**

Palabra griega **etn(o)-** «pueblo, raza»: **étnico, etnografía, etnográfico, etnógrafo, etnolingüística, etnología, etnológico, etnólogo.**

Palabra griega **farmac(o)-** «medicamento»

farmacéutico	**farmaco**dependencia	**farmaco**sicología
farmacia	**farmaco**logía	**farmaco**siquiatría
fármaco	**farmaco**pea	**farmaco**terapia

Palabra griega **filo(a)-** «amante; amigo de»: **filantropía, filántropo, filología, filólogo, filosofar, filosofía, filosófico, filósofo.**

Palabra griega **fon(o)-** «voz; sonido»: **fonema, fonética, fónico, fonógrafo, fonograma, fonología, fonológico, fonoteca.**

Palabra griega **foto-** «luz»

fotoalergia	**foto**fobia	**foto**metría	**foto**sfera
fotobiología	**foto**génico	**foto**montaje	**foto**síntesis
fotocomposición	**foto**grafía	**foto**novela	**foto**terapia
fotocopia	**foto**grama	**foto**química	**foto**toxicidad
fotoeléctrico	**foto**mecánico	**foto**sensible	

Palabra griega **geo-** «tierra»: **geofísica, geografía, geográfico, geología, geológico, geólogo.**

Palabra griega **geront(o)-** «viejo»: **gerontocracia, gerontología, gerontólogo.**

Palabra griega **ginec(o)-** «mujer»: **ginec**ología, **ginec**ológico, **ginecó**logo.

Palabra griega **graf-** «escribir, escritura»: **graf**ema, **graf**ía, **gráf**icamente, **gráf**ico(a), **graf**ista, **graf**ología.

Palabra griega **idio-** «propio»: **idio**ma, **idio**mático, **idio**sincrasia.

Palabra griega **lexico-** «lenguaje, vocabulario»: **léxico**, **lexico**grafía, **lexico**logía.

Palabra griega **macro-** «grande»: **macro**biótico, **macro**céfalo, **macro**cosmos, **macro**economía.

Palabra griega **melo-** «canto, música»: **melo**día, **meló**dico, **melo**dioso, **melo**drama, **melo**dramático, **meló**mano.

Palabra griega **metr(o)-** «medida»: **metr**aje, **métr**ica, **métr**ico, **metro**, **metro**logía, **metró**nomo.

Palabra griega **micr(o)-** «pequeño»

micra	**micro**circuito	**micro**electrónica	**micro**onda
microbio	**micro**cirugía	**micro**ficha	**micro**procesador
microbús	**micro**cosmos	**micro**filmación	**micro**scopio
microcéfalo	**micro**economía	**micró**fono	

Palabra griega **mit(o)-** «fábula, ficción»: **mít**ico, **mito**, **mito**logía, **mito**lógico, **mitó**logo, **mito**manía, **mitó**mano.

Palabra griega **morfo-** «forma»: **morfo**logía, **morfo**lógico(a), **morf**ema.

Palabra griega **narco-** «letargo, entumecimiento»: **narco**terapia, **narcó**tico(a), **narco**tizar, **narco**tráfico.

Palabra griega **nau-** «nave»: **nau**fragar, **nau**fragio, **náu**frago, **náu**tico.

Palabra griega **necro-** «muerto»: **necró**filo, **necro**logía, **necró**polis, **necro**psia, **necro**sis.

Palabra griega **neo-** «reciente; nuevo»: **neo**clásico, **neo**colonialismo, **neó**fito, **neo**latino, **neo**lítico, **neo**logismo, **neó**logo, **neo**platónico.

Palabra griega **neumo-** «pulmón»: **neumo**logía, **neumó**logo, **neumo**nía.

Palabra griega **neur(o)-** «nervio»

neuralgia	**neuro**biología	**neuró**logo	**neuro**sis
neurálgico	**neuro**ciencia	**neuro**na	**neuró**tico
neuritis	**neuro**cirugía	**neuro**nal	

Palabra griega **odont(o)-** «diente»: **odont**algia, **odonto**logía, **odonto**lógico, **odontó**logo.

Palabra griega **oftalm(o)-** «ojo»: **oftalm**ia, **oftál**mico, **oftalmo**logía, **oftal**mológico, **oftal**mólogo, **oftal**moscopio.

Palabra griega **oro-** «montaña»: **oro**grafía, **oro**gráfico.

Palabra griega **orto-** «recto, correcto»: **orto**doxo, **orto**fonía, **orto**gonal, **orto**grafía, **orto**gráfico, **orto**pedia, **orto**pédico.

Palabra griega **pato-** «enfermedad»: **pató**geno, **pato**logía, **pato**lógico, **pató**logo, **pato**génico.

Palabra griega **ped-** «niño»: **ped**agogía, **ped**agógico, **ped**agogo, **ped**iatra, **ped**iatría.

Palabra griega **pir(o)-** «fuego»: **piró**geno, **piro**grabado, **piró**grafo, **piro**manía, **piró**mano, **piro**tecnia, **piro**técnico.

Palabra griega **plast-** «formar, modelar»: **plast**a, **plast**ecer, **plast**ía, **plást**ica, **plast**icidad, **plást**ico, **plast**ificar.

Palabra griega **pleur-** «costado»: **pleur**a, **pleur**al, **pleur**itis.

Palabra griega **poli-** «pluralidad; muchos»

policlínica	**poli**facético	**poli**morfo	**poli**teísmo
policromado	**polí**glota	**poli**sílabo	**poli**valencia
poliedro	**polí**gono	**poli**técnico	**poli**valente

Palabra griega **prot(o)-** «primero; superioridad»: **prot**agónico, **pro**tagonista, **proto**colo, **proto**plasma, **proto**tipo.

Palabra griega **psic(o)*/sic(o), psiqui*/siqui-** «alma; actividad mental»

sicoanálisis	**sico**lógico	**sico**pedagogía	**sico**terapeuta	**síqui**co
sicodrama	**sic**ólogo	**psico**sis	**sico**terapia	
sicología	**sic**ópata	**sico**somático	**siqui**atría	

Palabra griega **semi-** «casi, medio»

semibreve	**semi**cromático	**semi**final	**semi**rrecta
semicilíndrico	**semi**culto	**semi**internado	**semi**tono
semicircular	**semi**desnudo	**semi**oculto	**semi**transparente
semicocido	**semi**dios	**semi**permeable	
semiconductor	**semi**esférico	**semi**plano	

Palabra griega **seudo-** «falso»

seudoamistad	**seudo**médico	**seudó**podo
seudoley	**seudó**nimo	**seudo**profesional
seudomatrimonio	**seudo**placer	**seudo**profeta

Palabra griega **taqui-** «rápido»: **taqui**cardia, **taqui**grafía, **taquí**grafo, **taqui**mecanografía.

Palabra griega **tele-** «a distancia»

telecomunicación	**tele**fono	**tele**metría	**tele**tipo
telecontrol	**tele**fotografía	**tele**novela	**tele**vidente
teledifusión	**tele**grafo	**tele**objetivo	**tele**visión
teledirigido	**tele**grama	**tele**patía	**tele**visor
telefax	**tele**guiado	**tele**quinesis	**té**lex
teleférico	**tele**kinesia	**tele**scopio	

---

* En este prefijo griego, actualmente se puede eliminar la **p** inicial de **psico** o de **psiqui**, y está bien escrito: **sico, siqui.**

Palabra griega **teo-** «Dios»: **teo**cracia, **teo**gonía, **teo**logía, **teo**lógico, **teó**logo, **teo**sofía.

Palabra griega **terapeut-** «que cura»: **terapeut**a, **terapéut**ica, **terapéut**ico.

Palabra griega **termo-** «calor»

termal	**termo**eléctrico	**termo**metría	**termo**stato
térmico	**termo**estable	**termó**metro	**termo**tecnia
termodinámica	**termo**logía	**termo**nuclear	

Palabra griega **zoo-** «animal»: **zoo**filia, **zoo**geografía, **zoo**geográfico, **zoo**logía, **zoó**logo, **zoo**morfo, **zoo**plancton, **zoo**tecnia, **zoo**técnico.

PREFIJOS NUMERALES

Mono-/uni- «uno»

monarquía	**úni**co	**uni**forme	**uni**sex
monógamo	**uni**color	**uni**lateral	**uni**sonancia
monolito	**uni**cornio	**uni**ón	**uní**sono
monólogo	**uni**dad	**uni**personal	**uni**tario
monosílaba	**uni**ficar	**uni**polar	**uni**versal
monoteísmo	**uni**formar	**uni**r	**uni**versidad

Bi- «dos»: **bi**color, **bi**lingüe, **bi**mestre, **bi**motor, **bi**focal. (Ver más en las pags. 163-164.)

Tri- «tres»: **tri**logía, **tri**ángulo, **tri**dimensional, **tri**ada, **tri**edro, **tri**nidad, **tri**sílabo, **tri**lingüe.

Tetra-/cuatri-/cuadru- «cuatro»: **tetra**logía, **tetra**edro, **tetrá**gono, **cua**trimestre, **cuatri**enal, **cuadrú**pedo, **cuádru**ple, **cuádru**plo.

Penta- «cinco»: **penta**gono, **penta**edro, **pentá**metro.

Exa- (o hexa) «seis»: exaedro, exápodo, hexágono, hexápodo, hexámetro, hexasílabo.

Hepta- «siete»: heptaedro, heptágono.

Octa- «ocho»: octasílabo, octágono, octaedro.

Nona- «nueve»: nonagésimo.

Deca-/deci- «diez»: decálogo, decalitro, decagramo, decámetro, decimal, decímetro.

Endeca- «once»: endecasílabo.

Dodeca- «doce»: dodecaedro.

Centi- «cien»: centímetro, centígramo, centilitro, centígrado.

Kilo: kilogramo, kilómetro, kilovatio, kilowatt, kilolitro, kilocaloría.

LOS SUFIJOS

Sufijo es la partícula derivativa que se añade a una palabra simple —o ya compuesta con prefijo— y se escribe al final, dando un nuevo significado a la palabra, pero siempre en relación al de la palabra simple. Los sufijos que a continuación se presentan son los que no han sido tratados en el transcurso de esta obra.

LOS SUFIJOS -DAD, -TAD Y -TUD

Con estos sufijos se forman palabras que indican: calidad de. Ejemplos: actividad, calidad de activo; agilidad, calidad de ágil; generosidad, calidad de generoso; fugacidad, calidad de fugaz.

El sufijo -dad*

actividad	celebridad	edad	hospitalidad
adversidad	civilidad	electricidad	humanidad
afectuosidad	clandestinidad	equidad	identidad
agilidad	colectividad	escrupulosidad	ilegalidad
ambigüedad	comicidad	espiritualidad	imparcialidad
ancianidad	compactibilidad	estabilidad	impiedad
anormalidad	complejidad	eternidad	inactividad
anterioridad	comunidad	exclusividad	incomodidad
arbitrariedad	confidencialidad	exterioridad	individualidad
asiduidad	conflictividad	facilidad	ingenuidad
asquerosidad	confraternidad	fatalidad	inmensidad
austeridad	contemporaneidad	fecundidad	inmortalidad
banalidad	continuidad	fertilidad	inmunidad
bastedad	cordialidad	fogosidad	inseguridad
belicosidad	costeabilidad	fragilidad	intelectualidad
bestialidad	creatividad	frondosidad	intensidad
brevedad	criminalidad	fugacidad	intranquilidad
caballerosidad	cualidad	generosidad	irascibilidad
calamidad	deformidad	grandiosidad	irregularidad
cantidad	desigualdad	heredad	laboriosidad
capciosidad	discapacidad	heroicidad	levedad
castidad	divinidad	heterosexualidad	lubricidad
causalidad	dualidad	homogeneidad	masculinidad

maternidad	originalidad	regularidad	trinidad
mentalidad	parcialidad	religiosidad	ubicuidad
modalidad	parquedad	saciedad	unidad
modernidad	parvedad	salubridad	universalidad
moralidad	paternidad	seguridad	universidad
morosidad	penalidad	sequedad	utilidad
movilidad	perpetuidad	seriedad	vaguedad
musicalidad	personalidad	sexualidad	vanidad
mutualidad	pluralidad	sinceridad	vastedad
nacionalidad	popularidad	sinuosidad	veleidad
natalidad	potencialidad	sociedad	vellosidad
naturalidad	prioridad	solidaridad	velocidad
nebulosidad	procacidad	sordedad	veracidad
necesidad	prodigalidad	suciedad	verdad
neutralidad	profundidad	superioridad	verticalidad
notoriedad	propiedad	temporalidad	virginidad
nulidad	prosperidad	tenuidad	virtualidad
obscenidad	puntualidad	titularidad	vitalidad
oportunidad	racionalidad	tosquedad	volatilidad
orfandad	realidad	toxicidad	voracidad

Con el sufijo -tad* son las siguientes palabras:

amistad	facultad	potestad	voluntad
dificultad	libertad	pubertad	
enemistad	majestad	tempestad	

Con el sufijo -tud* son:

actitud	gratitud	longitud	salud
altitud	ineptitud	magnitud	senectud
amplitud	ingratitud	multitud	similitud
aptitud	inquietud	plenitud	solicitud
beatitud	juventud	prontitud	vicisitud
esclavitud	lasitud	pulcritud	virtud
exactitud	latitud	quietud	
excelsitud	lentitud	rectitud	

---

* Cabe señalar que casi todas las palabras que terminan en **d** son palabras abstractas. Las pocas que se exceptúan, por ser concretas, son: alud, ataúd, laúd, vid y áspid.

LOS SUFIJOS AUMENTATIVOS

—ON(A), —OTE(A)

Estos sufijos indican aumento de tamaño en el ser, objeto o en la acción de que habla la palabra.

Los sufijos -on(a) —agarrón, apagón, cachetón, etc.— están en las pags. 29-31.

El sufijo -ote(a)

angelote	camionzote	dadote	hermosota	ojote
bancote	camisota	dedote	garrote	pestañota
brazote	cucarachota	dientote	grandote	
bocota	cucharota	dulzote	narizota	
cabezota	cuernote	hermanote	orejota	

LOS SUFIJOS DESPECTIVOS

—ACO(A), —AJO(A), —ACHO(A), —ASTRO(A), —UCHO(A), —UZA

El sufijo despectivo es el que da una imagen de menosprecio. Los que verdaderamente dan esta impresión son muy pocos, y casi todos están en la próxima lista:

—**aco(a):** chamaco, libraco, pajarraco.

—**ajo(a)-ejo:** andrajo, asuntejo, colgajo, collarejo, colmillejo, espantajo, migaja.

—**acho(a):** borracho, dicharacho, hilacha, populacho, ricacho.

—**astro(a):** camastro, madrastra, padrastro.

—**ucho(a):** aguilucho, babucha, casucha, delgaducha, flacucho, **medicucho**, paliducha, papelucho.

—**uza:** gentuza, peluza.

SUFIJOS DE PROFESIÓN U OFICIO

—ANTE, —ARIO, —DOR(A), —ERO(A), —DERO(A)

El sufijo -ante

almirante	comerciante	fabricante	representante
anunciante	danzante	gobernante	vicealmirante
ayudante	dibujante	navegante	vigilante
cantante	comediante	negociante	
comandante	estudiante	practicante	

El sufijo -ario(a)

actuario	boticario	cavernario	secretaria
agrario	calendario	mandatario	sectario
anticuario	comisario	prontuario	
bibliotecario	carcelario	recetario	

El sufijo -dor(a)

Estos sufijos son alrededor de 3,500 y se derivan principalmente de los verbos; -dor, -dora, indican que realizan una acción. Su contraparte, el participio de los verbos: **-ado, -ada,** indican que reciben la acción. Ejemplos: amador(a), amado(a); entrenador(a), entrenado(a).

Algunos ejemplos son:

libertador	pagador	repartidor	torneador
librepensador	patinador	reseñador	trazador
limpiador	peinador	revendedor	trovador
nadador	pescador	seleccionador	vacunador
narrador	procurador	sembrador	velador
niquelador	proveedor	senador	vendedor
operador	recaudador	servidor	versificador
orador	regidora	soldador	voceador
organizador	renovador	tallador	zurcidor
orientador	reparador	tejedor	

El sufijo -ero(a)

abarrotero	cafetalero	cocotero	hotelero	pollero
abonero	cajera	coctelera	huertero	portero
aceitero	calcetero	cohetero	ingeniero	posadero
aduanero	camarera	colchero	jardinero	pulquero
agorero	camaronero	colchonero	joyero	ranchero
alfarero	cambalachero	comunero	juguetero	recadero
alforjero	camellero	concejero	lavandera	refranero
algodonero	camillero	conchero	lechera	relojero
arquero	camionero	conejero	librero	reportero
arriero	camisero	confitero	limonero	repostero
atolera	camotero	consejera	limosnero	ropavejero
atunero	campanero	costurera	loquero	roquero
aventurero	canastero	coyotero	maletero	tabernero
azucarero	cancillera	cristalero	marinero	talabartero
azulejero	cancionero	curandero	mensajero	tamalera
balsero	cangrejero	chinampero	mesera	tapicero
bananero	cantinera	chocolatero	mezcalero	teatrero
banderillero	cantero	chochero	minero	tesorero
banquero	cañero	dicharachero	misionero	titiritero
barbero	cepillero	droguero	mueblero	usurero
barquero	carbonero	dulcera	naranjero	utilero
barrendero	carcelero	duraznero	naviero	vaquero
bastonera	carguero	escudero	nevero	verdulero
billetero	carnicero	ferretero	novillero	vidriero
bizcochero	carpintero	financiero	pajarero	vinatero
bodeguero	carretillero	florera	panadero	vocero
bolero	carretonero	frutero	partera	yerbero
boletero	cartero	gaitero	pastelero	yesero
bolichero	cartonero	gallero	peletero	zaguero
bolillero	cauchero	ganadero	peluquero	zapatero
bombero	cerillero	granjero	perfumero	zapotero
bonetero	cerrajero	guerrero	perrero	
botonera	cervecero	guerrillero	pionero	
bracero	cigarrera	hechicero	placera	
buñolera	cirquero	herrero	plañidera	
cabrero	clarinera	hilandera	platero	
cacahuatero	clavijero	hojalatero	plomero	
cacharrero	cocinera	hostelero	plumero	

El sufijo -dero(a)

abrevadero	aserradero	cenadero	ensaladera	plegadera
agarradera	asomadera	ceñidero	escupidera	quebradero
ahogadero	atadero	cobradero	fregadero	rascadera
alargadera	atajadero	cocedera	granadero	regadera
amarradero	atascadero	codera	heredero	respiradero
amasadera	atizadero	cogedera	hervidero	revolcadero
ancladero	atolladero	coladera	imperecedero	segundero
andadero	atracadero	colgadero	invernadero	sordera
aparcadero	aulladero	comedero	lanzadera	sudadera
apeadero	bailadero	contadero	lavadero	tembladera
apostadero	bandera	cordero	madera	tiradero
apoyadero	bañadera	corredera	majadero	torpedero
apretadera	batidero	criadero	merendero	trenzadera
apretadero	bebedero	chapoteadero	monedero	trepadera
arrastradera	bombardero	desfiladero	pegadero	verdadero
arremetedero	caldera	despeñadero	pandero	vertedero
arrendadero	caldero	duradero	paradero	voladero
arrobadera	cargadero	echadero	parrandero	zarandero
arroyadero	casadero	embarcadero	perecedero	
asadero	cazadero	enredadera	picadero	

El sufijo -al

El sufijo -al indica: inherente a; lo que pertenece a. Ejemplos: labial, inherente al labio; nacional, inherente a la nación; regional, inherente a la región; animal, inherente al ánima.

abdominal	argumental	bucal	ciclonal	copal
abismal	arrozal	cafetal	cigarral	cordial
accidental	artesanal	campal	clerical	corral
actual	artificial	cañal	colegial	correccional
adicional	asistencial	cardial	coloquial	costal
aduanal	aspectual	carencial	comal	craneal
adverbial	astral	carnaval	comensal	credencial
ambiental	atonal	casual	comunal	criminal
anal	banal	caudal	conceptual	cristal
ancestral	basural	causal	confesional	crucial
animal	bejucal	cenital	congresal	cultural
anual	bitonal	cerebral	controversial	decimal
arenal	branquial	cervical	conyugal	dedal

delantal	floral	lateral	ornamental	subliminal
demencial	fluvial	liberal	otoñal	sucursal
dental	focal	lineal	oval	superficial
diagonal	forestal	literal	palatal	sustancial
diametral	formal	litoral	panal	teatral
diferencial	fraternal	lodazal	pasional	temporal
digital	frontal	madrigal	pastizal	termal
dineral	frugal	magisterial	pastoral	terminal
discrecional	frutal	magistral	paternal	terrenal
doctoral	funcional	manual	patrimonial	territorial
documental	fundamental	manzanal	pectoral	testimonial
dominical	generacional	maquinal	pedernal	textual
dorsal	general	marcial	pedregal	tonal
dual	genial	marital	penal	torrencial
ecuatorial	genital	material	peral	tradicional
editorial	germinal	matrimonial	personal	traqueal
electoral	glacial	medicinal	portal	tribunal
elemental	global	mensual	postal	triunfal
emocional	gradual	mezquital	potencial	tropical
escultural	gramatical	mineral	presidencial	umbilical
esencial	gremial	ministerial	primordial	umbral
espacial	grupal	mundanal	profesional	universal
especial	guayabal	municipal	provenzal	usual
espiritual	gutural	mural	providencial	vacacional
estomacal	historial	musical	puntal	vecinal
estructural	horizontal	nasal	puñal	vegetal
eventual	hormonal	natal	quintal	ventanal
exagonal	hospital	natural	racional	ventral
excepcional	ideal	naval	raudal	verbal
existencial	imperial	neutral	residencial	versal
experimental	incidental	nominal	ritual	vertebral
facial	industrial	normal	rural	vertical
fantasmal	inicial	notarial	sacramental	vestal
federal	institucional	numeral	santoral	viral
femoral	integral	nupcial	sectorial	virginal
fenomenal	intencional	ocacional	semanal	virtual
festival	intestinal	occidental	semestral	visceral
fetal	irracional	ocupacional	sensacional	visual
feudal	jovial	oficial	sensual	vital
filial	labial	ojal	señal	vocal
filosofal	laboral	opcional	sexual	zarzal
final	lacrimal	oriental	social	

LOS GENTILICIOS USUALES

Los gentilicios son las palabras que indican el origen o lugar de una persona. Recuérdese que los nombres de continentes, zonas geográficas, países, capitales y ciudades, son nombres propios y, por tanto, se escriben con mayúscula en la primera letra; las palabras gentilicias se escriben con minúscula.

Los gentilicios normalmente se les presenta a través de las terminaciones o sufijos que tienen (ense, on, ico, és, etc.), pero es mejor verlos de la siguiente forma para que tengan utilidad de aprendizaje.

CONTINENTALES

Africa	africano
América	americano
Antártida	antártico
Asia	asiático
Europa	europeo
Oceanía	oceánico

AFRICANOS

Angola	angolés
Argelia	argelino
Egipto	egipcio
Etiopía	etíope
Ghana	ghanés
Libia	libio
Marruecos	marroquí
Mauritania	mauritano
Nigeria	nigeriano
Ruanda	ruandés
Samoa	samoano
Senegal	senegalés
Somalia	somalí
Sudán	sudanés
Túnez	tunecino
Uganda	ugandés

AMERICANOS

América del Norte

Canadá	canadiense
Estados Unidos	estadounidense
México	mexicano

Centroamérica

Belice	beliceño
Costarrica	costarricense
Cuba	cubano
El Salvador	salvadoreño
Guatemala	guatemalteco
Haití	haitiano
Honduras	hondureño
Jamaica	jamaiquino
Nicaragua	nicaragüense
Panamá	panameño

Puerto Rico portorriqueño o puertorriqueño

Sudámerica

Argentina   argentino
Bolivia   boliviano
Brasil   brasileño
Colombia   colombiano
Chile   chileno
Ecuador   ecuatoriano
Perú   peruano
Paraguay   paraguayo
Uruguay   uruguayo
Venezuela   venezolano

EUROPEOS

Albania   albanés
Alemania   alemán
Austria   austriaco
Bélgica   belga
Bulgaria   búlgaro
Dinamarca   danés
España   español o hispano
Finlandia   finlandés o finés
Francia   francés o franco
Inglaterra   inglés o anglosajón
Escocia   escocés
Grecia   griego
Hungría   húngaro
Irlanda   irlandés
Islandia   islandés
Italia   italiano
Malta   maltés
Mónaco   monegasco
Noruega   noruego
Holanda   holandés o neerlandés
Polonia   polaco
Portugal   portugués
Rumania   rumano
Rusia   ruso

Suecia   sueco
Suiza   suizo o helvético
Vaticano   vaticano

Países de la ex-URSS

Armenia   armenio
Azerbayán   azerbayano
Bielorrusia   bielorruso
Georgia   georgiano
Lituania   lituano
Moldavia   moldavo
Turkmenistán   turcomano
Ucrania   ucraniano
Uzbekistán   uzbeko

Ex-Yugoslavia

Croacia   croata
Servia   servio
Bosnia   bosnio

ASIÁTICOS

Afganistán   afgano
Birmania   birmano
Corea   coreano
China   chino
Filipinas   filipino
India   indio o hindú
Indonesia   indonesio
Irak   iraquí
Irán   iraní
Israel   israelí, israelita
               o hebreo
Japón   japonés o nipón
Jordania   jordano
Kampuchea   kampucheano
               o camboyano
Kuwait   kuwaití
Líbano   libanés
Mongolia   mongol

Pakistán	pakistaní
Siria	sirio
Tailandia	tailandés
Taiwán	taiwanés
Vietnam	vietnamita
Yemen	yemenita

OCEÁNICOS

Australia	australiano
Nueva Zelanda	neozelandés
Polinesia	polinesio
Hawai	hawayano

Gentilicios mexicanos

Aguascaliantes	hidrocálido
Baja California	bajacaliforniano
Campeche	campechano
Chiapas	chiapaneco
Chihuahua	chihuahuense
Coahuila	coahuilense
Colima	colimense
Durango	duranguense
Estado de México	mexiquense
Guerrero	guerrerense
Guanajuato	guanajuatense
Hidalgo	hidalguense
Jalisco	jalisciense
Michoacán	michoacano
Morelos	morelense
Nayarit	nayarita
Nuevo León	neoleonés
Oaxaca	oaxaqueño
Puebla	poblano
Querétaro	queretano
Quintana Roo	quintanarroense
San Luis Potosí	potosino
Sinaloa	sinaloense
Sonora	sonorense
Tabasco	tabasqueño
Tamaulipas	tamaulipeco

Tlaxcala	tlaxcalteca
Veracruz	veracruzano
Yucatán	yucateco
Zacatecas	zacatecano

Urbanos (algunos)

Acapulco	acapulqueño
Atenas	ateniense
Buenos Aires	bonaerense
Caracas	caraqueño
Cataluña	catalán
Dublín	dublinés
Galicia	gallego
Guadalajara	tapatío
La Mancha	manchego
Lima	limeño
Londres	londinense
Los Angeles	angelino
Madrid	madrileño
Monterrey	regiomontano
Morelia	moreliano
Moscú	moscovita
Nueva York	neoyorquino
París	parisino
Pekín	pequinés
Quebec	quebequense
Roma	romano
Santiago de Chile	santiagueño
Tampico	tampiqueño
Toluca	toluqueño
Viena	vienés

Históricos y étnicos

Africa	bantúes
	bereberes
Alemania	teutones
	germanos
Argentina	Patagonés
Babilonia	babilonios
Cercano Oriente	hunos

Cercano Oriente	hititas	Mesopotamia	mesopotánicos
	semitas	México	mexicas
	sumerios		tarascos
Checoslovaquia	eslovacos		maya
	eslovenos		otomíes
Creta	cretenses		olmecas
Egipto	camitas		yaquis
España	moros		mayos
	mozárabes		tarahumaras
	iberos		tariácuris
Esparta	espartanos	Normandía	normandos
Estados Unidos	cheroquis	Noruega	vikingos
	sioux	Oriente	ismaelitas
	apaches		beduinos
	comanches	Persia	persas
Europa	celtas	Perú	Incas
	vándalos	Rusia	eslavos
Grecia	helénicos	Sudamérica	guaraníes
Hungría	magiares		quechúas
India	melánidas	Suecia	varegos
Mediterráneo	etruscos	Troya	troyanos
	italos	Turquía	otomanos
	latinos		

BREVE VOCABULARIO LATINO DE USO COMÚN

ad hoc: hecho para un fin determinado.

alma mater: madre nutricia (se decía de la patria; hoy se aplica a la universidad en que uno ha estudiado).

alter ego: un segundo yo; amigo inseparable.

altius, citius, fortius: más alto, más veloz, más fuerte (lema de los Juegos Olímpicos).

a posteriori: indica que ya se conoce el resultado.

a priori: antes de conocer los hechos.

consummatum est: todo se ha acabado, o destruido.

curriculum vitae: (pron: ...*vite*), resumen de la carrera o actividades públicas de una persona (como el que se presenta al buscar un empleo).

Dei gratia: por la gracia de Dios.

desideratum: lo más deseado; su plural es **desiderata**.

divide et vinces: divide y vencerás.

errare humanum est: equivocarse es propio del hombre.

ex abrupto: de repente; arrebatada e impensadamente.

ex cathedra: en tono magistral y decisivo.

exempli gratia: por ejemplo (se usa en abreviatura: *e.g.*).

ex profeso: de propósito, con particular intención.

facta non verba: hechos, no palabras.

gente non sancta: gente de mal vivir.

honoris causa: por razón o causa de honor; se dice de grados honoríficos que confiere una universidad o instituto.

in articulo mortis: próximo a morir, en artículo de muerte.

in memoriam: en recuerdo de...

in saecula saeculorum: (pron: *in sécula seculórum*), por los siglos de los siglos; por tiempo interminable.

ipso facto: en el acto.

mare magnum: muchedumbre confusa de personas o cosas.

mens sana in corpore sano: mente sana en cuerpo sano.

modus operandi: manera de obrar, de trabajar.

non plus ultra: lo más a que se puede llegar, lo más elevado.

per capita: por cabeza.

per se: por sí propio.

persona non grata: persona no grata.

post data: después de la fecha (lo que se escribe después de la firma de una carta); se abrevia *P.D.*

post mortem: después de la muerte.

rara avis: persona o cosa única en su género.

sic: así (se usa para indicar que una palabra o frase es textual).

sine qua non: aplícase a la condición indispensable.

statu quo: estado de cosas en un determinado momento.

sui generis: excepcional, único en su clase; a su manera.

summun: lo sumo, el colmo.

veni, vidi, vici: vine, vi, vencí (palabras de Julio César al anunciar al Senado una victoria).

verbi gratia: por ejemplo (se usa en abreviatura: *v.g.*).

versus: contra (se usa en contiendas).

vox populi, vox Dei: la voz del pueblo es la voz de Dios.

PALABRAS INDÍGENAS MEXICANAS, BÁSICAMENTE DE ORIGEN NÁHUATL, INTEGRADAS AL IDIOMA ESPAÑOL

achichincle
achiote
acocil
aguacate
aguamiel
ahuehuete
ajolote
amate
apapachar
apipizca
(tener ojos de)
ate
atole
ayate
azteca
barbaján
biznaga
bolo
briago
cacahuate
cacao
cacarizo
cacique
cacle
cacomiscle
calabaza
calmecac
camote
campeche
cantinero
capulín
capulina
catorrazo
cempasúchil
cenote[1]
cenzontle
chachalaca
chacualear
chahuistle

chamaco
chamagoso
champurrado
chapopote
chapulín
charamusca
chaval[2]
chayote
chencha
chía
chicle
chichicastle
chichicuilote
chichimeca
chilacayote
chilango[1]
chilaquil
chile
chilpayate
chimuelo
chinaco
chinampa
chípil
chipote
chipotle
chiquihuite o
 chiquigüite
chocolate
chongo
chuchuluco
chuza
cigarro
coco
cocol
comal
congal
copal
coyol
coyote

cruda
crudeza
cuate
cucho
cuico
ejote
elote
enchilada
epazote
escuincle
esquite
garambullo
guacal
 o huacal
guacamole
guachinango
guaje
guajolote
Guamúchil o
 Huamúchil
guarache
 o huarache[2]
guelaguetza[4]
güila
güipil o
 huipil
henequén[1]
huazontle
huapango
huipil o
 güipil
huitlacoche
hule
huracán[1]
itacate
ixtle
jacal
jícama
jícara

jicote
jilote
jiote
jitomate
jocoque
jorongo
maceta
machincuepa
machote
malacate
malinchismo
manteca
mapache
matatena
mayate
mecapal
mecate
memela
menso
merolico
metate
metiche
México
mezcal
mezquital
mezquite
milpa
mitote
mixiote
molcajete
mole
molote
nagual
naco[3]
nahua o
 náhuatl
neutle
nixtamal
nopal

ocelote
ocote
olote
oyamel
pagua
paliacate
panucho
papadzul[1]
papalote
pepenar
petaca
petate
peyote
pibil
pilmama
pinacate
pinole
piocha
popote
pozole
pulque
quelite
quetzal
quintonil
sarape
socoyote
tajamanil
taco
talacha
tamal
tambache[2]
tapete
tatemar
tecali
tejamanil
tecolote
tejocote
tejuino
temascal

tenate/tanate	tequesquite	tlacuache	tompiate	yute
teocali	tequila	tlachique	totopo	zacate
Teotihuacán	tezontle	tlapalería	trácala	zapote
tepache	tianguis	toloache	trajinera	zopilote
tepalcate	tiza	tololoche	totol	
tepetate	tlaconete	tomate	tule	
teponaztle	tlacoyo	tortillería	tuza	

1 Vocablo maya.
2 Vocablo tarasco.
3 Vocablo otomí.
4 Vocablo zapoteco.

ÍNDICE

Esta obra se terminó de imprimir en el mes de
octubre de 1997, en los talleres de Compañía
Editorial Electro-Comp, S.A. de C.V.
Calzada de Tlalpan 1702,
Colonia Country Club,
México, D.F.